COMPARATIVE STUDY
OF DEVELOPMENT BETWEEN
GUIZHOU AND SWITZERLAND

贵州省哲学社会科学规划（2013年度）重大委托课题成果

贵州与瑞士发展比较研究

主　编／吴大华
副主编／李　洁　潘善斌　黄　勇

社会科学文献出版社
SOCIAL SCIENCES ACADEMIC PRESS (CHINA)

《贵州与瑞士发展比较研究》编委会

主　　编：吴大华

副 主 编：李　洁　潘善斌　黄　勇

撰 稿 人：宋　明　李景勃　姚　旻　黄　昊　郑子运
　　　　　王　彬　邓琳君　魏　霞　蒋楚麟　蒋莉莉
　　　　　郑子运　朱　薇　蔡　伟　陈绍宥　贾梦嫣
　　　　　吴　杰　王　前　刘云飞　卫肖晔　田　洪
　　　　　杨　军　郑云跃　程　进　辛纪元

《贵州与瑞士发展比较研究》课题组长及成员

组　　长：吴大华（省社会科学院党委副书记、院长、研究员）
副组长：宋　明（省社会科学院副院长、研究员）
成　　员：黄　勇（省社会科学院区域经济所所长、研究员）
　　　　　李　洁（省社会科学院工业经济所研究员、博士）
　　　　　朱　薇（省社会科学院区域经济研究所副研究员、博士）
　　　　　黄　昊（省社会科学院文化研究所副研究员、博士）
　　　　　郑子运（省社会科学院文化研究所副研究员、博士）
　　　　　王　彬（省社科院区域经济研究所助理研究员、硕士）
　　　　　邓琳君（省社科院法治研究中心副研究员、博士）

目 录

前 言 ………………………………………………………………… 1

总报告

一 贵州与瑞士发展基础、现状与历程比较 ………………………… 3
　（一）基础条件比较 …………………………………………… 3
　（二）发展现状比较 …………………………………………… 8
　（三）发展历程比较 …………………………………………… 13
二 瑞士发展的经验和启示 ………………………………………… 15
　（一）可持续协调发展是瑞士国土规划的基本理念和原则 …… 15
　（二）严格的生态环保法律是瑞士实现可持续发展的坚实保障 …… 16
　（三）回收资源是重要国策，发展循环经济是瑞士立国之本 …… 17
　（四）制定合理有效的产业发展战略，积极走高、精、尖产业
　　　　技术路线 ………………………………………………… 17
　（五）采取就地城镇化模式，制定多层次多种类型的城镇发展
　　　　规划 ……………………………………………………… 19
　（六）以人为本，优化服务是瑞士旅游业和谐发展的灵魂 …… 20
　（七）教育投入和高质量的职业教育体系是瑞士实现可持续
　　　　发展的保证 ……………………………………………… 21
　（八）科技创新为瑞士的经济社会发展提供了持续动力支撑 …… 22
　（九）全球性的开放政策是瑞士保持世界竞争力前列的重要
　　　　保障 ……………………………………………………… 23

三 借鉴瑞士经验，加快贵州发展的思路和重点 ………………… 24
 （一）实现绿色转型，打造"东方瑞士" ………………………… 25
 （二）大力推进生态文明建设，建成生态文明先行区 …………… 26
 （三）加快贵州特色产业发展，建成内陆山地经济发展示范区 …… 29
 （四）加快贵州文化旅游发展，建成文化旅游创新示范区 ……… 36
 （五）促进经济开放发展，打造内陆山地型经济开放发展
   示范区 ……………………………………………………… 39

四 借鉴瑞士经验，加快贵州发展的保障措施 ………………… 40
 （一）树立绿色发展开放发展的理念 ………………………… 40
 （二）加强基础设施和要素市场建设 ………………………… 41
 （三）加强国际型领军型职业型人才队伍建设 ……………… 42
 （四）加快促进科技信息与产业融合 ………………………… 43
 （五）加快构建绿色发展的政策体系 ………………………… 44

上篇　贵州与瑞士生态文明发展比较研究

一 贵州与瑞士生态文明建设条件和现状比较 ………………… 47
 （一）贵州与瑞士生态文明建设条件比较 …………………… 47
 （二）贵州与瑞士生态文明建设发展现状比较 ……………… 60

二 贵州与瑞士生态文明建设历程比较 ………………………… 70
 （一）瑞士生态文明建设历程 ………………………………… 70
 （二）贵州生态文明建设历程 ………………………………… 73

三 瑞士与贵州国土空间开发优化比较 ………………………… 89
 （一）社会经济背景和制度环境比较 ………………………… 89
 （二）空间规划的法律体系比较 ……………………………… 95
 （三）空间规划的技术体系和构成比较 ……………………… 97
 （四）区域协调和可持续发展比较 …………………………… 98
 （五）瑞士国土空间开发优化给贵州的启示 ………………… 100

四 贵州与瑞士环境保护比较 …………………………………… 105
 （一）贵州与瑞士森林保护比较 ……………………………… 105

（二）贵州与瑞士水资源保护比较 …………………………… 109
　　（三）贵州与瑞士大气污染防治 ……………………………… 112
　　（四）贵州与瑞士废物处置比较 ……………………………… 114
　　（五）贵州与瑞士污染场地修复比较 ………………………… 118
　　（六）环境保护科研比较 ……………………………………… 119
　　（七）环境保护教育比较 ……………………………………… 121
　　（八）瑞士环境保护经验及其对贵州的启示 ………………… 123
五　贵州与瑞士循环经济、低碳经济、绿色经济发展比较 ……… 130
　　（一）贵州与瑞士发展循环经济比较 ………………………… 130
　　（二）贵州与瑞士低碳经济发展比较 ………………………… 135
　　（三）贵州与瑞士绿色经济发展比较 ………………………… 139
　　（四）启示 ……………………………………………………… 142
六　科技创新、教育和人才 ………………………………………… 147
　　（一）贵州与瑞士的科技创新比较 …………………………… 147
　　（二）贵州与瑞士的教育、人才比较 ………………………… 159

中篇　贵州与瑞士山地经济发展比较研究

一　贵州与瑞士经济发展基本情况比较 …………………………… 167
　　（一）经济发展现状 …………………………………………… 167
　　（二）经济发展条件 …………………………………………… 167
　　（三）经济发展条件启示 ……………………………………… 170
二　贵州与瑞士经济发展历程比较 ………………………………… 172
　　（一）瑞士经济现代化发展历程 ……………………………… 172
　　（二）贵州经济快速发展的几个阶段 ………………………… 175
三　贵州与瑞士山地特色产业发展比较 …………………………… 177
　　（一）贵州与瑞士工业发展比较 ……………………………… 177
　　（二）贵州与瑞士现代服务业发展比较 ……………………… 185
　　（三）贵州与瑞士特色农业发展比较 ………………………… 191

四　贵州与瑞士山地城镇化发展比较 …………………………… 196
　　（一）瑞士城市的发展过程 ……………………………………… 197
　　（二）贵州城镇发展和演变过程 ………………………………… 198
　　（三）城镇化发展的基础比较 …………………………………… 200
　　（四）瑞士推进城镇化发展的主要做法和经验 ………………… 202
　　（五）瑞士城镇化发展对贵州的启示 …………………………… 205

五　借鉴瑞士经验，加快贵州山地经济发展的思路、重点和
　　保障措施 ……………………………………………………… 209
　　（一）加快贵州经济发展的基本思路 …………………………… 209
　　（二）加快贵州山地经济发展的重点任务 ……………………… 209
　　（三）加快贵州山地经济发展的保障措施 ……………………… 229

下篇　贵州与瑞士生态文化旅游发展比较研究

一　贵州与瑞士生态文化旅游发展条件和现状比较 …………… 237
　　（一）贵州与瑞士生态文化旅游发展条件比较 ………………… 237
　　（二）贵州与瑞士生态文化旅游发展现状比较 ………………… 250
　　（三）贵州与瑞士生态景观旅游和产业发展比较 ……………… 254
　　（四）瑞士生态文化旅游发展的成功经验和启示 ……………… 262

二　贵州与瑞士生态文化旅游发展历程比较 …………………… 272
　　（一）瑞士生态文化旅游发展历程 ……………………………… 272
　　（二）贵州生态文化旅游发展历程 ……………………………… 276
　　（三）瑞士旅游发展历程对贵州的启示 ………………………… 294
　　（四）贵州旅游产业发展趋势 …………………………………… 297

三　贵州与瑞士特色文化旅游和产业发展比较 ………………… 299
　　（一）贵州与瑞士民族民俗文化旅游比较 ……………………… 299
　　（二）贵州与瑞士传统手工艺文化旅游和产业发展 …………… 302
　　（三）贵州与瑞士文化旅游资源和产业发展 …………………… 306
　　（四）贵州与瑞士的饮食文化旅游和产业发展 ………………… 309
　　（五）贵州与瑞士的传统建筑文化旅游和产业发展 …………… 312

（六）贵州与瑞士的会展节庆文化旅游和产业发展 …………… 316
四　贵州与瑞士旅游管理和发展政策比较 ……………………… 318
　（一）贵州与瑞士旅游管理体制比较 …………………………… 318
　（二）贵州与瑞士旅游营销模式比较 …………………………… 322
　（三）贵州与瑞士的品牌宣传模式比较 ………………………… 329
　（四）贵州与瑞士的营销实践比较 ……………………………… 333
　（五）贵州与瑞士旅游发展政策比较 …………………………… 339
　（六）生态文化旅游景点和非物质文化遗产保护政策、法规
　　　　比较 ……………………………………………………… 343
　（七）贵州与瑞士旅游对外开放政策比较 ……………………… 347
五　加快发展贵州生态文化旅游的基本思路和对策 …………… 350
　（一）思路清，起点高，战略准，动作快 ……………………… 350
　（二）改善和优化经营方式，创新发展模式 …………………… 360
　（三）拓展创新旅游内容，打造核心竞争力产品 ……………… 368
　（四）争取优惠政策，提升国际化程度 ………………………… 371
　（五）启动贵州瑞士旅游合作项目 ……………………………… 374

主要参考文献 ……………………………………………………… 376

后　记 ……………………………………………………………… 380

Contents

Introduction / 1

General Report

1 Comparative Studies on Development Foundation, Present Situation and Developing Course Between Guizhou and the Switzerland / 3

    1.1 Development Foundation / 3

    1.2 Present Situation / 8

    1.3 Developing Course / 13

2 Experience and Inspiration from Development of the Switzerland / 15

    2.1 Principle of Sustainable Development in Territorial Planning / 15

    2.2 Strict Legislation on Ecological Protection / 16

    2.3 Resource Recycling and Circular Economy / 17

    2.4 Reasonable and Effective Industry Development Strategy / 17

    2.5 Multilevel and Diversified Urbanization Planning / 19

    2.6 Harmonious Development of Tourism / 20

    2.7 Education Investment and High-Quality Vocational Education / 21

    2.8 Scientific and Technological Innovation Capacity / 22

    2.9 Open Policy with Global Perspectives / 23

3 Reference from the Swiss Experience and Accelerating the Development of Guizhou: Thought Train and Key Points / 24

    3.1 The Green Transformation and Construction of a "Easten Switzerland" / 25

 3.2 Ecological Civilization and Ecological Civilization Pilot Region / 26

 3.3 Characteristic Industry and Development of Mountainous – Area Economy / 29

 3.4 Cultural Tourism and Demonstration Zone of Cultural Tourism / 36

 3.5 Economic Opening and Demonstration Zone of Economic Opening / 39

4 Reference from the Swiss Experience and Suggestion on Accelerating the Development of Guizhou / 40

 4.1 The Green Development and Open Development Philosophy / 40

 4.2 Construction of Foundamental Infrastructure and Factor Market / 41

 4.3 Development of Human Resource / 42

 4.4 Integration of Technological Information and Industrial Development / 43

 4.5 Development of Policy Systems / 44

Part One Comparative Studies on Ecological Civilization Between Guizhou and the Switzerland

1 Comparative Studies on Construction Conditions and Status of Ecological Civilization Between Guizhou and the Switzerland / 47

 1.1 A Comparative Study on the Construction Conditions / 47

 1.2 A Comparative Study on the Development Status / 60

2 Comparative Studies on Developing Course of Ecological Civilization Between Guizhou and the Switzerland / 70

 2.1 Developing Course of Ecological Civilization in the Switzerland / 70

 2.2 Developing Course of Ecological Civilization in Guizhou / 73

3 Comparative Studies on Territorial Development and Optimization Between Guizhou and the Switzerland / 89

 3.1 A Comparative Study on Social and Economic Background and System Environment / 89

 3.2 A Comparative Study on Legal System of Spatial Planning / 95

3.3 A Comparative Study on Technological System and Constitution of Spatial Planning / 97

3.4 A Comparative Study on Regional Coordinated and Sustainable Development / 98

3.5 Inspiration from Territorial Development and Optimization in the Switzerland / 100

4 Comparative Studies on Environment Protection Between Guizhou and the Switzerland / 105

4.1 A Comparative Study on Forest Protection / 105

4.2 A Comparative Study on Water Protection / 109

4.3 A Comparative Study on Air Pollution Control / 112

4.4 A Comparative Study on Waste Management / 114

4.5 A Comparative Study on Remediation of Contaminated Sites / 118

4.6 A Comparative Study on Scientific Research on Environmental Protection / 119

4.7 A Comparative Study on Education on Environment Protection / 121

4.8 The Swiss Experience of Environmental Protection and Its Inspiration / 123

5 Comparative Studies on Development of Circular Economy, Low–carbon Economy and Green economy Between Guizhou and the Switzerland / 130

5.1 A Comparative Study on Circular Economy Development / 130

5.2 A Comparative Study on Low–Carbon Economy Development / 135

5.3 A Comparative Study on Green Economy Development / 139

5.4 Inspiration / 142

6 Comparative Studies on Scientific and Technological Innovation, Education and Human Resource Between Guizhou and the Switzerland / 147

6.1 A Comparative Study on Scientific and Technological Innovation / 147

6.2 A Comparative Study on Education and Human Resource / 159

Part Two Comparative Studies on Mountainous – area Economy Development Between Guizhou and the Switzerland

1   Comparative Studies on Basic Conditions of Economic Development Between Guizhou and the Switzerland / 167

    1.1   Current Situation of Economy Development / 167

    1.2   Conditions of Economy Development / 167

    1.3   Enlightenments From Conditions of Economic Development / 170

2   Comparative Studies on Economy Developing Course Between Guizhou Province and the Switzerland / 172

    2.1   The Developing Course of Swiss Economy Modernization / 172

    2.2   Several Stages of Rapid Economy Development in Guizhou / 175

3   Comparative Studies on Development of Characteristic Industries Between Guizhou and the Switzerland / 177

    3.1   A Comparative Study on of Industry Development / 177

    3.2   A Comparative Study on Modern Service Industry Development / 185

    3.3   A Comparative Study on Characteristic Agriculture Development / 191

4   Comparative Studies on Urbanization in Moutainous Areas Between Guizhou and the Switzerland / 196

    4.1   Developing Course of Urbanization in the Switzerland / 197

    4.2   Developing Course of Urbanization in Guizhou / 198

    4.3   A Comparative Study on Foundation of Urbanization / 200

    4.4   The Main Approach and Experience of Swiss Urbanization / 202

    4.5   Enlightenments From Urbanization in the Switzerland / 205

5   Ideas, Priorities and Safeguard Measures to Accelerate Economic Development of Guizhou / 209

    5.1   Ideas / 209

    5.2   Priorities / 209

    5.3   Safeguard Measures / 229

Part Three Comparative Studies on Ecological – Cultural Tourism in Guizhou and the Switzerland

1 Comparative Studies on Development Conditions and Present Situation of Eco – cultural Tourism Between Guizhou and the Switzerland / 237

1.1 A Comparative Study on Development Conditions of Eco – cultural Tourism / 237

1.2 A Comparative Study on Present Situation of Eco – cultural Tourism / 250

1.3 Tourism of Ecological Landscapes in Guizhou and the Switzerland / 254

1.4 The Swiss Experience on Eco – cultural Tourism Development and Its Enlightenments / 262

2 Comparative Studies on Developing Course of Eco – cultural Tourism in Guizhou and the Switzerland / 272

2.1 Developing Course of Eco – Cultural Tourism in the Switzerland / 272

2.2 Developing Course of Eco – Cultural Tourism in Guizhou / 276

2.3 Inspirations of the Swiss Experience / 294

2.4 Trends of Tourism Development in Guizhou / 297

3 Comparative Studies on Characteristic Culture Tourism and Industry Development Between Guizhou and the Switzerland / 299

3.1 A Comparative Study on Folk Culture Tourism / 299

3.2 A Comparative Study on Traditional Handicraft Culture Tourism and Related Industry Development / 302

3.3 A Comparative Study on Cultural Tourism Resources and Related Industry Development / 306

3.4 A Comparative Study on Diet Culture Tourism and Related Industry Development / 309

3.5 A Comparative Study on Traditional Architecture Tourism and Related Industry Development / 312

3.6　A Comparative Study on Exhibitions and Festivals and Related Industry Development / 316

4　Comparative Studies on Tourism Management and Development Policy in Guizhou and the Switzerland / 318

 4.1　A Comparative Study on Tourism Management System / 318

 4.2　A Comparative Study on Marketing Model / 322

 4.3　A Comparative Study on Branding Model / 329

 4.4　A Comparative Study on Marketing Practice / 333

 4.5　A Comparative Study on Tourism Development Policy / 339

 4.6　A Comparative Study on Laws and Regulations Related to Eco – Cultural Tourism and the Protection of Intangible Heritage / 343

 4.7　A Comparative Study on Opening Policies of Tourism / 347

5　Countermeasures of Accelerating Development of Eco – cultural Tourism in Guizhou / 350

 5.1　Clear Thoughts, High Starting – Points, Precise Strategies and Prompt Actions / 350

 5.2　Improving and Optimizing Management to Achieve Innovation in Development Model / 360

 5.3　Expanding and Innovating Tour Programs and Making Products with Core Competence / 368

 5.4　Seeking Preferential Policies and Enhancing Globalization Level / 371

 5.5　Launching Cooperative Tourism Projects with Between Guizhou and the Switzerland / 374

References / 376

Postscript / 380

前　言

瑞士是一个典型的内陆国家，人口不足 800 万，国土面积仅 4.1 万平方公里。历史上，瑞士的工业化、城镇化、现代化进程曾比英国、德国、法国落后八九十年。但瑞士制定科学合理的发展战略，扬长避短，充分利用自身禀赋，发挥比较优势，始终坚持后发赶超，迎头追赶发达国家，取得令人瞩目的建设成就。2012 年人均 GDP 达到 8 万多美元，居世界第四位，在全球竞争力排名中连续三年（2010～2012）位居榜首。

贵州位于中国西南部，国土面积 17.6 万平方公里，山地和丘陵占 92.5%，年均气温在 15℃左右，森林覆盖率约 50%，与瑞士在自然地理、生态环境、区位优势等许多方面有相似之处。2002 年，瑞士日内瓦世界经济论坛首席经济学家胡祖六教授到贵州考察后指出，如果把中国版图上的贵州与欧洲版图上的瑞士作一个比较，二者在地理上的相似性显而易见。一百多年前，瑞士比周边国家都要穷，但瑞士通过自己的努力，成功地跃入了富裕社会。如果说瑞士能对地理决定命运的论调说"不"，那么，贵州也有理由通过努力成为"东方瑞士"。原博鳌亚洲论坛秘书长龙永图也曾说过："我进进出出瑞士一百多次，每次都觉得，这多么像贵州。如果贵州有一天像瑞士一样，用今天的话来说，我的梦想就成真了。"[①] 贵州山清水秀、资源丰富，总体生态良好，但山多地少水缺，生态基础脆弱，经济发展长期滞后，贫困人口多、贫困程度深。面对这样的省情，早在 20 世纪 80 年代后期，时任贵州省委书记的胡锦涛同志就亲自倡导建立毕节试验区，以"开发扶贫、生态建设、人口控制"为主题，对贫困地区实现可持

---

① 龙永图：《听，龙永图讲述"东方瑞士"梦》，《贵州都市报》2013 年 7 月 21 日，第 A04 版。

续发展进行了率先探索，取得了明显成效。近年来，贵州认真落实中央关于生态文明建设的战略部署，立足省情，大胆探索，努力走出一条符合贵州实际、体现贵州特色的生态文明建设之路。全省各地都把生态文明建设作为区域发展整体战略来推进，形成了多个试验区同时试验、各具特色、相互促进的发展格局。如贵阳市 2009 年被批准为全国生态文明建设试点市，毕节试验区 2009 年被批准建设国家可持续发展实验区，黔东南州获批建设"生态文明建设试验区"。贵州连续举办了四届生态文明贵阳会议，在中央的关心支持下，2013 年生态文明贵阳会议升格为生态文明贵阳国际论坛，成为我国目前唯一以生态文明为主题的国家级、国际性论坛。

2013 年 7 月 18 日，习近平主席在会见瑞士联邦主席于利·毛雷尔先生时强调，"中国正在加强生态文明建设，致力于节能减排，发展绿色经济、低碳经济，实现可持续发展。贵州地处中国西部，地理和自然条件同瑞士相似。希望双方在生态文明建设和山地经济方面加强交流合作，实现更好、更快发展"。7 月 20 日，生态文明贵阳国际论坛 2013 年年会在贵阳隆重开幕，习近平主席亲自发来贺信，贺信中指出："中国将按照尊重自然、顺应自然、保护自然的理念，贯彻节约资源和保护环境的基本国策，更加自觉地推动绿色发展、循环发展、低碳发展，把生态文明建设融入经济建设、政治建设、文化建设、社会建设各方面和全过程，形成节约资源、保护环境的空间格局、产业结构、生产方式、生活方式，为子孙后代留下天蓝、地绿、水清的生产生活环境。"① 中共中央政治局常委、国务院副总理张高丽出席年会并致辞，就促进生态文明国际合作、携手共建生态良好的地球美好家园与外国政要深入交流。瑞士联邦主席毛雷尔、多米尼克总理斯凯里特、汤加首相图伊瓦卡诺、泰国副总理兼商业部长尼瓦塔隆、意大利前总理普罗迪、中国政协原副主席徐匡迪发表主旨演讲，澳大利亚联邦总理陆克文致贺信，高度评价了中国建设生态文明的理念、推动绿色发展的政策措施以及取得的实践成果，表达了加强国际对话与交流、积极应对气候变化、推动全球可持续发展的愿望。原国务委员戴秉国、联

---

① 习近平：《习近平致生态文明贵阳国际论坛 2013 年年会的贺信》，《贵州日报》2013 年 7 月 21 日，第 1 版。

合国相关机构及国际组织负责人、国家有关部委负责人、知名专家学者和大学校长、部分城市市长、著名企业家、媒体负责人等4000余名海内外嘉宾,围绕"建设生态文明:绿色变革与转型——绿色产业、绿色城镇和绿色消费引领可持续发展"主题,就新能源、绿色建筑、循环经济、绿色金融、生态旅游、生态农业等重点产业,以及水和森林资源保护、PM2.5、食品安全、保障性住房、中国传统生态智慧等热点议题,深入开展前瞻性、趋势性、务实性探讨,举办了35场分论坛以及生态产品(技术)博览会等系列活动,实现了务虚与务实的结合。

为贯彻落实习近平总书记一系列指示要求,贵州省委、省政府积极进行相关部署和准备工作。省委书记赵克志表示要把贵州建设成为"东方瑞士"[①];省长陈敏尔提出要在学习瑞士工业化经验的基础上,"加快构建有贵州特色的产业,为绿色赶超提供有力的支撑"[②]。为此,2013年7月25日,省委副书记李军主持召开贵州省生态文明建设领导小组会议,就贵州与瑞士进行发展比较研究事项进行工作部署,要求贵州省委宣传部常务副部长李建国联系贵州省社会科学院,就贵州与瑞士进行发展比较研究的事项交换意见。贵州省社科院党委对此高度重视,成立由院长吴大华研究员为组长、副院长宋明研究员为副组长的领导小组,拟定了《关于开展〈贵州与瑞士发展比较研究〉的工作方案》,于7月27日成立了贵州与瑞士发展比较研究课题组,课题组成员包括贵州省社科院、贵州省委政策研究室、贵州省政府发展研究中心、贵州省发改委、贵州大学、贵州财经大学、贵州民族大学等单位的专家。8月8日,课题组组长吴大华赴京,特邀中国社会科学院城市发展与环境研究所所长、联合国开发计划署驻华代表处高级气候变化专家、博士生导师潘家华研究员,以及中国社会科学院欧洲研究所、工业经济研究所和中国科学院地理科学与资源研究所知名专家学者成立专家指导组,其中有的专家与瑞士合作已三年多。8月15日,省社科院党委专门研究建立了贵州与瑞士发展比较研究中心(挂靠工业经

---

① 赵克志:《打造生态文明先行区 走向生态文明新时代》,《人民日报》2013年7月20日,第9版。
② 陈敏尔:《携手瑞士 绿色赶超 生态文明贵阳国际论坛举行"贵州与瑞士对话"活动》,《贵州日报》2013年7月21日,第1版。

济研究所），负责对贵州与瑞士进行全面、深入、系统的发展比较研究，以资省委、省政府决策参考。

　　积极开展贵州与瑞士发展比较研究，分析借鉴瑞士绿色发展、后发赶超的经验，不仅对加强贵州与瑞士在生态文明建设、山地经济发展和生态文化旅游方面的交流合作具有重要的现实意义，而且对贵州打造生态文明先行区，对贵州后发赶超、到2020年与全国同步建成全面小康社会，对把贵州打造成为"东方瑞士"，也有很好的借鉴意义。有鉴于此，省委宣传部高度重视本课题的研究，时任贵州省委常委、宣传部部长喻红秋（现全国妇联副主席）作了重要批示，贵州省哲学社会科学规划办公室专门增设了"2013年贵州省哲学社会科学重大招标课题"，拨出了专款进行研究。课题组在时间短、资料欠缺、瑞士工作或留学经验缺乏的情况下，克服一切困难，于9月24日形成了初稿，课题组组织全体专家进行讨论修改，于10月8日形成第二稿。10月16日，决定在三个子报告的基础上，撰写一个提纲挈领的总报告。10月29日，贵州省社科院课题组专程赴京向中国社科院城市发展与环境研究所潘家华研究员、庄贵阳研究员、梁本凡研究员、朱守先副研究员，欧洲研究所党委书记罗京辉、陈新研究员与胡琨博士，中科院地理科学与资源研究所张雷教授，瑞士驻华大使馆环境、发展和人道主义援助处高级项目官员白晨曦博士，中国社会科学院工业经济研究所副所长黄速建研究员，北京市社会科学院外国研究所副研究员任丁秋等专家征求意见。返回贵阳后我们又根据专家意见进行反复修改，于11月中旬形成了修改稿。

　　限于时间，课题组重点围绕瑞士如何通过绿色发展实现后发赶超、瑞士的可持续发展战略、可持续城镇化、文化旅游创新发展等方面进行研究分析。具体来讲，主要对以下四个方面进行发展比较研究。

　　总报告：进行了贵州与瑞士发展基础、现状与历程比较，总结出了瑞士发展的经验和启示；着重在借鉴瑞士经验的基础上，提出了加快贵州发展、打造"东方瑞士"的思路和重点，提出了加快贵州发展的保障措施。

　　上篇：生态文明发展比较研究。通过对贵州与瑞士优化国土空间、节约资源、自然生态系统和环境保护、绿色城镇化、低碳经济、节能减排、生态文明制度建设、绿色消费，以及其支撑系统（科技、教育、政策法规）等方面进行比较研究，探求贵州打造生态文明先行区的路径。

中篇：山地经济发展比较研究。通过对贵州与瑞士的山地新型工业化、山地农业现代化、山地绿色城镇化、山地信息化、山地现代综合交通建设、产业结构调整、山地资源开发，以及发挥区位优势、发展路径等进行比较研究，以探索贵州绿色后发赶超的发展道路。

下篇：生态文化旅游发展比较研究。通过对贵州与瑞士的生态文化旅游资源开发、生态文化旅游业态、生态文化旅游管理、生态文化旅游合作等进行比较研究，以探寻贵州加快生态文化旅游创新示范区建设的绿色发展之路。

总报告

一 贵州与瑞士发展基础、现状与历程比较

（一）基础条件比较

1. 自然资源条件比较

瑞士位于欧洲中部，成立于1848年，首都伯尔尼，总面积4.13万平方公里，总人口为770多万人。瑞士是著名的多山之国，2/3的面积是山区，境内高山林立，南高北低，阿尔卑斯山纵穿整个国家，平均海拔1350米；瑞士森林面积达12523平方公里，占全国面积的30.3%；瑞士有大小湖泊千余个，气候宜人，被评为全球居住环境最佳国度，号称"世界公园"；瑞士耕地严重不足，可耕地面积仅占全国土地的6.3%；瑞士水资源丰富，是欧洲大陆三大河流发源地，有"欧洲水塔"之称；瑞士自然资源匮乏，除了水资源外几乎没有矿产资源，大部分的工业原料和消费品只能依赖进口；瑞士是一个多民族文化的混合体。

贵州地处云贵高原东部，境内地势西高东低，总面积17.6万平方公里，总人口3474万人。贵州山地居多，全省92.5%的面积为山地和丘陵，平均海拔1100米左右；大部分耕地不肥沃，素有"八山一水一分田"；气候温暖湿润，气温变化小，冬暖夏凉。贵州自然资源丰富，是著名的矿产、能源、生物等资源大省。贵州素以"江南煤海"著称，煤炭不仅储量大，且煤种煤质优良；河流数量较多，水资源丰富；生物种类繁多，全省有野生动物1000余种。贵州有17个世居少数民族，占全省总人口的38%。

相同点：

（1）都地处内陆，都是典型的山区，境内山脉纵横，瑞士平均海拔1350米，贵州平均海拔1100米；

（2）都是山清水秀之地，瑞士有"世界公园"的美誉，贵州也以"公园省"驰名，旅游资源丰富；

（3）可耕面积均较少，都缺乏适宜发展农业的可耕地；

（4）文化多样性突出，瑞士人主要由日耳曼人、法兰西人、意大利人、雷托罗曼人构成，贵州则有18个世居民族，都拥有丰富多彩的民族文化资源；

（5）都是交通不便的内陆之地，但同时又都是重要的交通枢纽。

不同点：从自然条件上看，瑞士某些方面自然条件基础不如贵州。如生态环境方面，瑞士森林覆盖率是31%，而贵州是45%；贵州各类矿产资源丰富，而瑞士资源贫乏；从能源资源来看，瑞士水能资源丰富，但是贵州水、电、煤等多种能源兼备，水能与煤炭优势并存。

2. 劳动力、教育科研比较

2011年，瑞士15～64岁人群占总人口62.2%，贵州15～64岁人群占总人口66.2%。2010年，瑞士公共部门和私人分别投资305.39亿美元和28.5亿美元用于公共教育，而2012年贵州省教育经费投入仅为79亿美元，还不到瑞士公共部门投入的1/4。高投入使得瑞士人口教育程度较高，2011年25～64岁人群受高等教育者占35.3%，而贵州2010年受高等教育的人口仅为183.88万人，占人口比例较小。

相同点：

（1）从劳动力占比情况来看，瑞士和贵州相差不大；

（2）都很重视人力资源开发和培训，瑞士始终把人才资源开发摆在重要位置，同时吸引了大批高科技人才，劳动力总体素质很高。贵州省为提升人力资源素质，采取系列措施吸引人才。

不同点：

（1）在劳动力数量上，贵州具有数量优势。瑞士劳动力资源匮乏，约20%的就业劳动力需要依赖外境人口。与瑞士相比，贵州拥有丰富的劳动力资源，但总体素质远远落后于瑞士这样的发达国家，也落后于中国其他发达地区。

（2）瑞士具有高质量的职业教育。瑞士实行"双轨制教育"，只有30%左右的人选择了学术学位，另有2/3的年轻人参与职业教育与培训。训练有素的高水平技术工人，是瑞士的产品和服务优质而闻名于世的保障。贵州职业教育规模不大，发展水平较低。

（3）贵州高等教育发展滞后，培养的人才大量流失到东部沿海发达地区。瑞士拥有高质量的高等教育和科研，全国一共有12所大学，这些大学都是研究型大学，没有单纯以教学为目的的大学；瑞士绝大多数科研机构都依托于这些大学，在研究领域的国际合作与竞争中表现得非常活跃。

3. 生态环境保护条件比较

瑞士在经济发展过程中也曾受到环境污染的威胁，为了恢复优美的环境，瑞士各行政区着手实施了宏大的环境保护战略，制定了相关的环保政策。近年来，贵州省委、省政府秉承保住青山绿水也是最大的政绩理念，坚持不懈地把加强生态环境建设作为经济社会发展的重要任务，并出台了系列环境保护的政策。近年来，通过实施退耕还林、封山育林、天然林保护等工程，贵州森林覆盖率年均提高1个百分点，目前已经接近40%，是全国平均水平的两倍以上，生态条件在全国也是较好的。贵州出台了关于大力发展生态农业、做好建设节约型社会、再生资源回收利用、生活垃圾资源化利用等系列政策和意见。

相同点：

（1）政府是环保统筹安排落实的主体；

（2）环保政策都是以实现生态效益和经济效益为主要目标；

（3）都制定有不同层面的环境保护法律法规；

（4）财政拨款都是两地最重要的资金来源，两地都非常重视资金保障对于环境保护的重要作用。

不同点：

（1）瑞士将环境保护的法律规定上升到国家战略层面，环境立法更为全面而系统，执法严格，对促进瑞士环境保护起到重要作用。

（2）瑞士将征收环境税作为实现环境保护的重要途径，而贵州尚未把征收环境税作为保护生态环境的重要手段。

（3）瑞士政府更重视通过市场经济手段来促进环境保护的发展，重视企业在环保中的作用。虽然行政强制命令行之有效，但瑞士更多地运用经济手段引导污染防治。

（4）瑞士已经建立起完善的生态补偿制度，制定了各种细致的条款，规定了补偿价格。贵州正在政策上探索"生态补偿"的一些做法，但还处于试行阶段，发挥的作用尚不充分。

（5）瑞士在很多环节和细节上注重环境保护的。在环境保护细节方面，贵州做得还不够。

（6）相比瑞士，贵州生态环保投资严重不足，环保资金使用效率较低。贵州主要依靠财政拨款，而瑞士环境保护经费来源多元化。

4. 生态文化旅游发展条件比较

贵州与瑞士的自然旅游资源条件惊人得相似，都属于地质结构复杂地区。贵州和瑞士的气候独特，得天独厚：贵州以山水为魂，瑞士以山为魄。贵州与瑞士的名胜古迹都多，传统节日多，文化积淀深厚。瑞士民族相互包容，共同创造了开放多元的瑞士文化；贵州现有49个民族，共同形成了多姿多彩、和谐共处的多民族文化。同为避暑胜地，不同的地理生态环境使得夏季的瑞士比贵州更为凉爽，冬季却更为寒冷。可见在有形的资源条件下，贵州比瑞士更有优势。瑞士是发达国家，贵州需要抓住机遇，后发赶超。

相同点：

（1）贵州与瑞士都把发展旅游作为经济发展的必然选择。贵州省委、省政府高度重视旅游业发展，提出把旅游业作为重要支柱产业和第三产业的龙头。瑞士政府对外国企业投资生态文化旅游业持十分欢迎的态度，为外国企业在瑞士投资提供便利条件。贵州与瑞士的旅游业都为各自增加就业带来机遇。

（2）二者政府在旅游财政方面都给予资金保障。贵州省制定了"十二五"期间乡村旅游扶贫倍增计划。① 瑞士政府每年安排持续增长的预算资金用于旅游业营销活动，对参加瑞士旅游系统的旅馆减税，给予旅游项目

---

① 新华网网站。

在土地使用上的优惠等。此外，瑞士联邦政府还通过有限度放开博彩业支持旅游业的发展。

不同点：

（1）贵州和瑞士旅游主题不同，贵州以自然风光、民族文化和红色旅游为主题，而瑞士名人名居和名馆名院突出；贵州是多民族聚居杂居共存，瑞士民族相对集中。

（2）所处发展阶段不同。贵州旅游业仍以观光旅游为主，目前正处于由观光旅游向度假旅游的转型过渡阶段，主要依靠门票收入。瑞士旅游已迈入休闲度假阶段，打造的是游购娱吃住行全产业链体系。贵州的国际旅游（外汇）收入仅占全省旅游总收入的0.56%，而瑞士旅游已达到高度国际化。

（3）在旅游管理方面，贵州是政府主导，瑞士是协会管理。瑞士主管部门只对旅游业进行宏观管理，大量与旅游业相关的行业协会、促进组织及研究机构承担了政府的许多职能性工作。

（4）贵州是批量规划景点，瑞士是重视旅游营销策略。贵州省通过100个旅游景区示范带动，引领全省旅游产业转型升级。[①] 瑞士联邦旅游局高效的生态文化旅游营销策略使瑞士旅游业能够不断开拓国内和国际市场。[②] 瑞士全境实施购物退税的鼓励政策，贵州旅游尚无类似激励政策。

（5）贵州旅游业主要依靠财政拨款，而瑞士经费来源多样。2013年度贵州省旅游局部门支出总预算额为17397.60万元，原公共财政预算拨款支出16967.60万元。[③] 瑞士旅游的经费大部分由国家、州、社区财政拨款，一部分由宗教、社团、文化基金会等赞助，还有一部分由企业、私人等赞助。

（6）贵州目前的景点投入未形成综合效益回报，而瑞士已形成产业效益的良性循环。贵州的旅游业仍处在初级阶段，发展方式还比较粗放。而瑞士生态文化旅游基本实现了可持续发展，在瑞士经济和社会发展中起着非常重要的作用。

[①] 贵州旅游政务网。
[②] 齐建华：《瑞士地区经济和谐发展的政策与启示》，《科学社会主义》2006年第1期。
[③] 资料来源：贵州省旅游局。

5. 创新条件比较

以技术为支撑发展高精尖产品获取高附加值，是工业竞争制胜的法宝。贵州应借鉴瑞士经验，着力培育和提升生态科技支撑能力。

相同点：

（1）加强创新是生态文明建设得以顺利实现的重要技术保证，瑞士和贵州都很重视技术创新；

（2）二者都积极开展与科研院所的合作；

（3）二者都积极将创新成果应用于实践。

不同点：

（1）瑞士创新能力远远超越贵州，在世界经济论坛2009年发布的全球竞争力报告中，瑞士在全球科研机构质量排名中名列第一。每万人口中科研人员达到120人，先后培养出20多位诺贝尔奖获得者。

（2）瑞士创新投入远远超越贵州，瑞士每年投入的科研费用高达100亿瑞士法郎，约占国民生产总值的2.7%，按照人均计算科研费用排名第一。贵州创新的投入力度不够，2012年全省148家重点技术创新企业R&D投入强度为2.37%，低于全国平均水平，更远远低于瑞士投入水平。

（3）瑞士积极鼓励创新，具有良好的创新政策环境。作为后发展地区，贵州由于缺乏制度、立法等方面的软性保障，创新的激励不足，制度因素阻止了人才在贵州发挥作用。

（4）进行技术创新的路径不同。中国的创新总是国家主导的自上而下模式，而缺乏自下而上的力量。瑞士科技创新中，企业尤其是中小企业积极参与，企业成为创新的主体。

（二）发展现状比较

1. 经济发展总体状况

2011年，瑞士GDP为5069.8亿瑞士法郎（简称瑞郎），增长率1.9%，人均GDP 71237美元；第一产业产值为60.83亿瑞郎，第二产业产值为1064.65亿瑞郎，第三产业产值为3944.31亿瑞郎，一、二、三产业的比重分别为1.2%、21%和77.8%；固定资产形成总额为1197.26亿瑞郎，财政收入为642亿瑞郎，CPI 0.2%，进出口总额5377.19亿瑞郎，人均收入为76884美元。

而2011年，贵州GDP为5701.84亿元人民币，折合美元不到瑞士的1/6，增长率15%，人均GDP只有16413元，折合美元仅为瑞士的1/27；第一产业增加值为726.22亿元，折合美元约比瑞士多47亿美元，第二产业产值为2194.33亿元，折合美元约为瑞士的1/4，第三产业产值为2781.29亿元，折合美元约为瑞士的9%左右，一、二、三产业的比重分别为12.7%、40.9%和46.4%；固定资产形成总额为3147.5亿元，折合美元不到瑞士的1/2，财政收入1330.08亿元，折合美元不到瑞士的1/3，CPI 5.1%，进出口总额48.84亿美元，仅为瑞士的0.8%，城镇居民人均可支配收入16495.01元，仅为瑞士人均收入的3%，农民人均纯收入4145.35元，仅为瑞士人均收入的0.8%。

表1　瑞士和贵州2011年经济发展情况比较

指　标	瑞　士	贵　州
GDP	5069.8亿瑞郎（约折合5633亿美元）	5701.84亿元（约折合905亿美元）
GDP增长率	1.9%	15%
人均GDP	64114瑞郎（约折合71237美元）	16413元（约折合2600美元）
第一产业	60.83亿瑞郎（约折合68亿美元）	726.22亿元（约折合115亿美元）
第二产业	1064.65亿瑞郎（约折合1183亿美元）	2194.33亿元（约折合348亿美元）
第三产业	3944.31亿瑞郎（约折合4383亿美元）	2781.29亿元（约折合441亿美元）
三产结构	1.2:21:77.8	12.7:40.9:46.4
固定资本形成总额	1197.26亿瑞郎（约折合1330亿美元）	3147.5亿元（约折合500亿美元）
财政收入	642亿瑞郎（约折合713亿美元）	1330.08亿元（约折合211亿美元）
CPI	0.2%	5.1%
进出口总额	5377.19亿瑞郎（约折合5974亿美元）	48.84亿美元
人均收入	76884美元	城镇居民人均可支配收入16495.01元（约折合2618美元） 农民人均纯收入4145.35元（约折合658美元）

数据来源：瑞士统计资料、2011年贵州统计公报。

人口不足800万、国土面积仅4.1万平方公里的瑞士2012年人均GDP达到8万多美元，高居世界第二位。相比而言，同样是重峦叠峰、绵延纵横、山高谷深的山区自然环境，同样没有海岸线，交通不便，贵州还拥有更为丰富的自然资源，经济发展却长期处于全国下端位置，与瑞士的差距更是巨大。

2. 工业发展现状

瑞士的产品之所以可以在竞争激烈的国际市场上立于不败之地，主要得益于其将产业路线定位于高、精、尖，将产品的立足点放在高质量和高品位上。目前，瑞士已形成了机械电子仪器和设备、医药化工、钟表制造、纺织服装、食品和烟草制品等产业。其中，机械电子仪器和设备是瑞士工业领域的第一支柱，在瑞士国民经济中占有重要地位。该产业雇用人员最多，大约有26万名雇员，产值占瑞士GDP的10%，出口额占瑞士总出口额的40%。医药化工产业拥有约65000名雇员，是瑞士雇用劳动力第二多的产业，其生产总值占瑞士GDP的4%。在世界贸易组织2006年的贸易排名中，瑞士是世界第九大化工医药产品出口国，其化工医药的生产和销售居世界领先地位。钟表制造业是瑞士的传统产业，目前大约有4万人受雇于瑞士钟表业，公司数量从1970年的大约1600家下降到如今的600家，但2009年瑞士手表总出口额仍有121亿美元，稳居当今世界第一大钟表货值出口国地位。纺织服装业2008年雇用劳动力1.83万人，产值占瑞士GDP的0.22%。食品和烟草制品业2008年雇用劳动力6.65万人，企业2196家。

3. 特色农业发展现状

瑞士农业用地稳定，进入21世纪以来，瑞士的农业用地面积基本保持不变，2000年，瑞士农业用地面积为107.2万公顷，到2011年，仍保持在105.2万公顷。农场规模逐步扩大，注重发展生态农业。瑞士畜牧业相当发达，在瑞士农业中的地位也最为重要，它在瑞士农业中所占的比例高达75%；林业控制严格，大力发展农业科学研究及技术培训支持农业。

贵州与瑞士比较，具有独特的资源优势和潜力。全省耕地土壤类型多样，适宜不同农作物的生长需要，和瑞士相比，当前贵州农业发展主要面临四个方面的问题：一是投入扶持力度不够，二是农业生产基础设施条件差，设施农业比重低，三是产业化经营水平不高，四是科技支撑能力不足。

4. 现代服务业发展现状

瑞士是服务业高度发达的国度，而贵州现代服务业仍处于较低发展水平。2010年，贵州省服务业产值为2159.22亿元人民币，瑞士服务业产值约为3718亿瑞郎左右，按2010年人民币与瑞郎汇率换算，贵州服务业产值仅占瑞士现代服务业产值的9.3%。瑞士银行业管理着2.8万亿美元的资产，而2012年，贵州省银行业资产总额约为人民币1.34万亿元；瑞士银行业产值占GDP10%以上，而2011年，贵州省金融产业产值为297.27亿元人民币，占全省GDP的5.2%。贵州物流业虽然在规模上大于瑞士，但现代化程度低于瑞士。2010年，瑞士货物周转量为252亿吨公里，货物运输量为4000万吨，而贵州货物周转量为1012.20亿吨公里，货物运输量为40310万吨；瑞士物流业已从电子物流成功迈入现代物流阶段，而贵州省物流业目前处于向电子信息物流迈进阶段。瑞士会展业高度发达，每年举办的国际会议超过2000个，举办的全国性和国际性展览在200个左右，而据有关资料粗略估计，2012年贵州共举办各类会展500场左右；2004年，瑞士会展业综合收益约为25亿美元以上，而2012年，贵州会展业综合收益粗略估计在10亿美元左右。此外，贵州会展业品牌影响力远远低于瑞士。2009年，瑞士国内约75%的企业从事服务业，瑞士国内生产总值中71%来自服务业；2010年，贵州省服务业产值占全省GDP的比重为46.91%，贵州服务业产值仅占瑞士现代服务业产值的9.3%。从产业结构来看，2011年，贵州三次产业结构比为12.7∶38.5∶48.8，瑞士三次产业结构比为1.2∶21∶77.8，瑞士服务业占比高于贵州服务业占比29个百分点。可见，贵州服务业发展水平远低于瑞士服务业发展水平。

5. 城镇化发展现状

瑞士被公认为全球最典型的田园风貌国家。在瑞士的土地上，乡村多坐落在山中，城镇多建在山坳平地，山川、湖泊、田园、城镇串在一起。瑞士1930年的城市人口只占总人口的36%，到1988年达到70%，从城镇化中期过渡到城镇化后期，只用了短短的58年；世界城镇化率在1970年为36%，到2012年为52%，远没达到70%。而贵州2012年城镇化率仅达35%，相当于瑞士1930年城镇化水平。因此，瑞士城镇化发展在贵州进行城镇化发展中是值得学习和借鉴的。

6. 生态文明发展现状

瑞士在"二战"中没有受到战火的摧残,至今还保留了中世纪时期的老街与建筑群,其间留下了许许多多建筑大师的作品。贵州是一个民族文化、历史文化、民俗文化、红色文化、宗教文化、工业文化、建筑文化和饮食文化丰富的区域,但在发展过程中对文化存在一定的破坏和影响,没有好好利用,不过这种状况正在得以改变。瑞士真正实现了农村和城市的无差别化,不论在经济和生活环境方面,农村吸引了大量瑞士人到农村生活。贵州在生态文明建设中取得了显著的进步,通过法制建设开展了生态环境保护的顶层设计,并进行了如"环保法庭"等较多的创新,但比起瑞士仍然有很多不足。瑞士各类环保组织在开展环境保护方面发挥巨大作用,而贵州在利用民间组织力量方面显得不足。瑞士生态环保的理念获得了广泛的民众支持,居民能自觉地在日常生活中采用低碳环保的生活方式,不让有害物质破坏环境。

7. 文化旅游发展现状

贵州和瑞士的旅游总收入、接待旅游总人数均呈每年递增的趋势,旅游收入在GDP中所占的比重越来越大。2001~2011年间贵州省旅游总收入增长迅速,由2001年的81亿元增加到2011年的1429亿元(包括外汇收入,以当年汇率折算),增长了16.64倍,年均增长33.4%,且占全省GDP比重持续增长,由2001年的7.2%提高到2011年的25.1%。[①] 瑞士国家统计局的数据显示,2010年瑞士本国游客酒店留宿率取得2.2%的增长率,总数达到1580万人次,是过去10年间创下的最高纪录。[②]

贵州生态景观旅游发展态势良好,生态景观旅游市场潜力大。贵州冬无严寒、夏无酷暑的宜人气候得天独厚,旅游配套服务逐步完善,乡村旅游发展经济效益明显,正稳步推进生态文明建设。

瑞士是世界20个最受青睐的旅游目的地之一,多次被评为"最佳人居环境"国家,旅游业已经成为瑞士的支柱产业。而旅游业对贵州经济增长所做的贡献还比较有限,但其开发潜力很大。

[①] 周杰、张军以:《2001~2011年贵州旅游业经济贡献及发展对策建议》,《商业时代》2013年第23期。
[②] 《瑞士旅游业蓬勃发展》,《经济日报》2011年3月7日。

（三）发展历程比较

1. 工业发展历程

"二战"结束后至20世纪70年代初期，瑞士工业得到20余年的较快发展期。20世纪70年代初期至80年代中期，受石油价格高涨影响，世界经济进入滞涨期。同一时期，贵州基本结束了"文化大革命"给工业生产造成的混乱状态，尤其是1979年中央十一届三中全会的召开，拉开了改革开放的序幕，贵州在改革开放的大背景下，工业比例关系严重失调的情况得到初步调整，发展形势转好。20世纪80年代中期至90年代初期，瑞士积极推进新型工业化进程，工业再次进入高速发展阶段。同一时期，贵州工业在改革开放政策的推动下，发展取得可喜成绩。20世纪90年代初期至今，瑞士工业进入稳步发展阶段，1990年至2010年间，工业经济仅增长了48%。同一时期，贵州工业发展主要分为两个阶段。一是1992～2009年，贵州工业在改革开放背景下的全面推进阶段。二是2010年至今，贵州工业在改革开放背景下的高速发展阶段，主要表现为工业经济总量明显扩大、投资总量迈上新台阶、产业园区建设加快推进。

2. 农业发展历程

工业革命以前，瑞士还是一个传统贫穷的农牧业国家。19世纪中叶的产业革命使瑞士的经济结构发生了深刻的变化，农业迅速让位于第二、第三产业，在瑞士国民经济中的地位逐年下降，农业人口不断减少，但在"二战"结束前，全国仍有25%的人从事农业；20世纪50年代到1994年，瑞士颁布农业法，目的是确保任何时候都能保证农产品供应，每一寸可利用的土地都要种植农作物。该政策鼓励了农业生产，但造成过剩，国家需要为农产品找销路。1992年，联邦政府发布的"第七次农业报告"推出农业改革计划，对农业大力进行补贴扶持；1994年以后，瑞士加入世界贸易组织，政府对农民直补受到限制，联邦制订了"2002年农业发展计划"，核心是支持农民发展生产，促使瑞士农产品逐步成为商品，逐步减少直至取消直补，向欧盟国家执行的农业政策逐步靠拢。

贵州农业发展经历了稳定快速发展的时期（1950～1957年），耕地面积从2698万亩增加到3136万亩，扩大了16.23%，农作物播种面积由

3011万亩扩大到4738万亩，播种面积扩大了57.36%，一举解决粮食自给问题；三年困难时期（1958~1960年），农业总产值年均下降11.7%，粮食产量年均递减8.8%，整个农业发展停滞不前，农产品奇缺；改革开放以来，实施了改革开放战略和农村家庭承包生产责任制，贵州农业进入快速发展期，粮食总产量由1978年的643.35万吨上升到2012年的1079.50万吨。

3. 服务业发展历程

从战略定位来看，自20世纪40年代以来，服务业一直是瑞士的第一大产业，瑞士把服务业定位为国民经济的命脉；而自1992年国务院颁布《关于加快第三产业发展的决定》之后，贵州才把服务业定位为国民经济的重要组成部分，"十二五"期间，贵州省把加快现代服务业发展作为产业结构优化升级的战略重点。从发展路径来看，瑞士现代服务业走的是一条创新驱动、精细化管理、专业化发展、国际化视野的发展路径；而贵州省现代服务业发展走的是抓主要带普遍、抓特色带一般、抓重点带全局的发展路径。从保障政策来看，瑞士的政策强调层次性和主动性，在重视服务业产值的同时更强调服务业发展的质量，从最初的平衡地区差异逐步转移到提高效率和增强竞争力；而贵州省政策也从较单一的政策目标到综合目标转变，从最初的更多强调服务业产值转变到数量和质量并重，贵州省还在不同时期专门出台了支持服务业发展的政策措施，但执行效果不是很好。

4. 城镇化发展历程

瑞士城镇化发展大致可分为三个阶段：城镇化初期发展阶段（1930年以前），由于自然条件、经济社会、周边环境等因素，瑞士城镇化发展缓慢和曲折；城镇化中期发展阶段（1931~1990年），受工业化影响，城市分化为不同区域，某些地区成为工业区、工人住宅区或服务行业区、小手工业区等，城市面貌逐渐形成现在瑞士城市区域的大致轮廓，到1990年瑞士城镇化率达70%；城镇化后期发展阶段（1991年至今），瑞士城市化稳步发展，追求城镇化发展质量，实现城镇化发展速度与质量相协调。

贵州省的城镇化发展经历了一个曲折的过程，它不仅受全国经济社会发展影响，也受到自身经济、社会、地理和历史条件的约束。根据各个时期发展情况，贵州省城镇化进程可划分为五个阶段。初始起步阶段（1949～1957年），在这一时期内，我国制定了优先发展工业的"一五"计划，随着"一五"计划的推进，贵州城镇化进程也得到了较快的发展。在这一时期，贵州省城镇人口呈低速发展态势，城镇化水平从1949年的7.5%上升到1957年的9.8%。大起大落阶段（1958～1965年），在此期间，贵州省工业基础薄弱，交通闭塞，城镇基础设施建设十分匮乏。1960年，国家作了一些政策调整，动员城镇人口回乡参加农业劳动，并调整市镇设置，贵州省城镇非农人口达到最高峰，城镇人口到1965年为235.52万人，城镇化水平增加到12.4%。停滞徘徊阶段（1966～1978年），贵州省市镇人口比重十余年一直在12%左右徘徊，城镇化进程基本处于停滞状态。稳定发展阶段（1979～1992年），随着改革开放的推进和工业化、市场化的加快，贵州的城镇化出现恢复性发展，城镇人口比重提高到1992年的19.8%，13年间城镇化水平提高6个百分点。持续增长阶段（1993年至今），从1993年起，贵州城镇化进程进入一个比较快的发展时期，贵州正探索一种人口城镇化和地区城镇化双轨制度，户籍、投融资、社会保障制度的创新，为加快贵州城镇化发展开辟了新的路子。贵州省城镇人口不断增加，贵阳在1993年首次突破百万大关，成为贵州省唯一的特大城市。一批中心镇纷纷成为地域开发的增长极，推动着贵州省经济和社会的发展。

二 瑞士发展的经验和启示

（一）可持续协调发展是瑞士国土规划的基本理念和原则

瑞士的城市化走了100多年，对土地需求越来越大。建设用地规模逐渐增加，再加上有些地方受到洪水冲击，农村地区面临居住威胁。为了应对难以满足的居住需求，瑞士在1979年制定并实施《土地利用规划法案》。划定了建设用地、自然景观和保护区、交通和基础设施用地，所有建筑需要严格申请许可，用以大力保护农业用地。

在推进实施空间规划、协调区域发展的过程中，瑞士确立了三点基本原则：一是对大城市周围的住宅区建设进行统一安排，使其相互协调，节约用地；二是避免集中发展特大城市，避免居住用地的分散化，提倡集中与分散发展相结合；三是确保各城市之间交通和信息的畅通。在此原则基础上，形成国家在空间规划方面的四大策略：一是通过引导和协调，使城市空间有序发展；二是加强对城市郊区空间的管理，以更好地应对逆城市化的问题；三是特别强调保护自然环境和景观环境；四是顺应国际化的目标，注重与整个欧洲融为一体，整体考虑有关问题。

为了加强区域协调发展，瑞士制定了《联邦山区投资促进法》和"联邦经济更新地区促进政策"。瑞士非常重视保障空间规划实施的法制建设，其空间规划均具有法律效力，并且有相应的空间规划法以法律形式明确各级空间规划实施主体的责任和义务，以及实施的保障措施等内容。

（二）严格的生态环保法律是瑞士实现可持续发展的坚实保障

瑞士的环境保护立法相当完善且覆盖面广，分别从大气污染防治（空气污染防治、非电离辐射防治、噪音污染防治、震动污染防治）、土壤污染防治、有机体污染防治、化学物质污染防治、废物处置、污染场地修复、水保护、森林保护、气候保护、物种保护、生态系统保护、风景区保护、自然灾害预防等方面对瑞士环境进行了全方位的保护。目前瑞士共有9部关于环境保护的专门立法，分别是：1876年《联邦森林检查团法》（1991年《联邦森林法》）、1877年《联邦水利工程检查团法》（1991年《联邦水利工程法》）、1925年《联邦狩猎法》（1986年全面修改）、1955年《联邦水保护法》（1971年和1991年分别进行了全面修改）、1966年《联邦保护自然和文化遗产法》、1973年《联邦捕鱼法》（1991年全面修改）、1983年《联邦环境保护法》、1999年《联邦二氧化碳法》（2012年全面修改）、2003年《联邦基因技术法》。其中，《联邦环境保护法》是瑞士环境保护的基石。该法对环境保护的一般规定、基本原则以及一些关键领域进行了规定，包括污染物的排放及有害物质、微生物、废物（包括污染地的修复）和土壤处置。此外，该法对基本的环境保护措施如环境影响评价、环境信息的公布、税收刺激以及机构的上诉权都进行了规定。除了对前期预防措施予以关注，该法对污染发生之后的修复工作以及违反相关规定产生的后果也进行了规定。

（三）回收资源是重要国策，发展循环经济是瑞士立国之本

早在半个世纪前，瑞士就将回收资源视为重要国策。虽然行政强制命令行之有效，但瑞士政府还是将更多引入经济手段作为污染防治改革的方向。引入经济手段体现了"谁污染，谁付费""污染大，花钱多"的原则，使企业在制定发展战略时将环境保护置于其成本中，从而达到自愿减少污染的目的。瑞士政府对企业征收垃圾处理税、能源消费税等税种，这些收入的2/3都会被用于相应的环境项目，剩余的则被投入公共基金。

瑞士是世界上垃圾处理最有效、最彻底的国家之一，其资源回收率处于世界先进水平。如为了确保电子制品不造成污染环境，瑞士设立了废品回收税，该税收包括在电子制品的销售价格内。同时，瑞士政府明文规定企业只有在对自己生产的塑料瓶回收率达到75%以上后，才有资格广泛生产或使用塑料瓶。为了回收和充分利用废旧资源，瑞士政府因势利导地发展了一系列有关回收利用设备，不仅满足了国内需要，而且向许多国家出口。由于坚持发展循环经济，瑞士为失业者提供了大量就业机会，仅过去5年就有2.15万人进入废旧物品回收利用工厂。

（四）制定合理有效的产业发展战略，积极走高、精、尖产业技术路线

从实际出发，因地制宜地制定合理有效的产业发展战略。瑞士地处欧洲内陆，无一公里的海岸线，而且多山，耕地严重不足，矿产资源极度贫乏。瑞士在发展工业经济过程中，就根据自身实际，绕开成本高的重化工业之路，重点发展以食品加工、钟表、化工医药、机械制造、纺织业为主的工业，不仅成功规避了运输和资源匮乏的劣势，而且使整个主导产业群都和瑞士的地理区位及资源构成所允许的技术进步路线相匹配，形成了瑞士特有的工业化模式。

积极走高、精、尖产业技术路线。瑞士的产品之所以可以在竞争激烈的国际市场上立于不败之地，主要得益于其将产业路线定位于高、精、

尖，将产品的立足点放在高质量和高品位上，往往只专注于一个或几个最具竞争力的细分产品的生产。如：尽管瑞士是一个医药生产大国，药品种类却相对集中于抗病毒药、呼吸系统疾病药物、头孢类抗生素等特定领域，化工产品绝大部分集中在特种化工领域，占比超过90%，产品的种类尽管超过3万种，但这些产品的全球年需求量仅为几吨或更少的产品；瑞士ABB公司的电站和输配电设备、迅达公司的电梯、苏拉和立达公司的纺织机械、法因图尔公司的万用冲床、阿奇夏米尔公司的电火花机床以及布勒公司的食品加工设备等都是国际同类产品中的精品；纺织服装工业主要以高档纱线和专业的面料为主，还有如圣加仑刺绣、苏黎世丝绸、薄纱、华达呢、蝉翼纱和巴里纱等特种纺织品，高级女式时装纺织面料、家用纺织品、高科技面料分别占纺织行业的40%、30%和30%。

注重品牌培育和维护产品的优良信誉。瑞士对品牌和原产地标志的使用极为重视，如为了确保"瑞士"这个产地名称不致被滥用，瑞士钟表业者发起自律运动。1992年起，凡是对外宣称为"Swiss Made"者必须符合三要件，即一只表的机芯为瑞士制造，零件装配在瑞士完成，出厂前的最后检验也必须在瑞士，从根本上确保"Swiss Made"的声誉不致遭滥用而败坏。据世界品牌实验室（World Brand Lab）编制的《世界最具影响力的100个品牌》显示，瑞士就有劳力士、雀巢和swatch 3个品牌入列；此外还有维氏军刀、SIGG水壶、百达翡丽、江诗丹顿、伯爵、宝玑、欧米茄等手表都是家喻户晓的品牌产品。

重视科研开发，积极将科技成果应用于生产实践。2008年，瑞士联邦政府的研发（R&D）花费占到了国内生产总值的3.01%；在国内R&D上共花费了163亿瑞士法郎，其中研发（R&D）花费的73%来自私营企业的投入，24%来源于大学，而瑞士联邦政府和若干非营利性的私人组织的投入仅占3%；私营企业在国外共花费158亿瑞士法郎用于研发，略高于其在国内花费的120亿瑞士法郎。同时，瑞士还积极将科技成果应用于生产实践。如苏黎世联邦理工学院近年来每年都申请专利80多项，10多年来成功孵化了近200个公司。瑞士拥有良好的科研条件和基础，吸引世界上不少著名的公司到瑞士设立各种研究中心。如美国巴特利研究所和IBM都在瑞士设立了研究中心。据统计数据显示，瑞士在2009年全球创新国家排名中名列第二，在世界经济论坛 2009 年发布的全球竞争力报告中，瑞士在全球科研机构质量排名中名列第一。

（五）采取就地城镇化模式，制定多层次多种类型的城镇发展规划

瑞士农村的城镇化，其特点不是大城市化，而是就地城镇化，即将村庄、村镇改造成具有现代城市生活居住条件，改造乡村的自然环境和人文环境，让乡村变得美丽、舒适，适宜于居住、生活，供全体国民旅游、度假、居住等。良好的居住环境能吸引城市市民，从而使农村居民结构发生变革。今天居住在瑞士乡村的居民除极少量为务农者外，其他主要是继承祖业（房地产）出租房屋者、在城市工作而在乡村购房或租房居住者、自由职业者、在城市退休后的老人等。农村的城镇化作为城市化的重要内容，就是要把农业人口变成城市人口。但这种变化不是简单地将乡镇改成街道、将行政村改为"社区"，在管理意义上把"农民"变成"市民"，而是要真正地让农民市民化、非农业化。瑞士农民非农业化的最主要途径是加快工业化进程。首先在城乡大力发展零售商业、服务业、旅游业等第三产业，促使农村居民的职业非农业化。其次是在管理体制上大胆改革。如取消户籍制度，让人口自由流动，农民能进城，市民可下乡；杜绝硬性将农民固定在本地的做法，改变农民只在本地非农业化就业的做法，转变所谓农民"离土不离乡"的观念；农民既可留在本地生活，也可就近进入周围城镇，更可迁徙至远方大城市，以主要从事非农行业为生。同时还要在农村大力发展教育文化事业，人的现代化才是城镇化和现代化最终完成的标志。

瑞士全国性的交通流向以东西向为主，南北向主要是穿越阿尔卑斯山地区的交通。城镇协调的基本目标和原则是把各个城市联成一个网络系统。其基本思路和做法如下：一是对大城市周围的住宅区建设进行统一安排，使其相互协调、节约用地；二是避免集中发展特大城市，避免居住用地的分散化，提倡集中发展与分散发展相结合；三是确保各城市之间交通和信息的畅通。

瑞士的城市建设非常注重同旅游相结合，其建设布局和有关设施充分考虑了旅游服务的功能。同时，依靠旅游业发展推动了城镇化，建设了一

批特色旅游小镇。如达沃斯小镇以会议旅游著名，天使堡小镇借助铁力士山滑雪和登山胜地扬名，阿彭策尔小镇以特色甜点和融汇东西方保健旅游吸引游客，巴得格拉斯小镇领先欧洲的温泉医疗旅游并通过趣味雕塑形成小镇特色，这些旅游小镇既是"景区"，又是城镇，全国城乡几乎变成一个有机结合的大景区和大度假区。

（六）以人为本，优化服务是瑞士旅游业和谐发展的灵魂

在旅游资源的开发上，强调以人为本。尊重当地居民，让当地社区参与是旅游可持续发展中以人为本的重要体现。如果没有以人文本的理念，旅游资源的开发常常面临不可持续的尴尬境地。

在旅游交通等系列基础设施方面，注重便捷、安全。由铁路、邮政公共汽车、观光缆车和游船构成的公共交通系统，覆盖了瑞士几乎所有城市和风景区（点）。列车发车、停车准时。无论列车、巴士还是缆车，往往采用大的玻璃窗户，保证游客在旅游途中能够轻松自如地欣赏到路旁的美丽风光。

在旅游餐饮和住宿方面，强调干净、卫生和舒适。每一处饭店、餐馆，店堂卫生、干净、整洁，即使是一些小餐馆也能让人体会到它的精细之处，尤其是厕所。瑞士全景观光地点通常位处高寒地带，在这样高寒的地方，如果仅仅注重观光瞬间的满足感是不够的，所以在瑞士的这些地方恰到好处地配置了温暖舒适的餐饮设施和室内观光设施，强调从旅游者的角度认识和改善旅游服务，让人可以在体验"极地"风光之后，回归到如家那种轻松舒适的氛围中，从而能够保证旅游服务按照游客的喜好与满意程度进行相应的完善，真正达到旅游人性化的目的。

"世界眼光，国际品牌"是瑞士打造旅游精品的核心。打造国际旅游目的地，必须用国际化的眼光，始终站在无边界旅游国际化平台上来审视和发展旅游，按照国际化标准和要求，进行规划建设、策划包装、营运管理和宣传促销。瑞士旅游市场秩序规范，超市、品牌专卖店、路边店，均诚信经营，货真价实，同一型号的表标价在全国都是一样的。

（七）教育投入和高质量的职业教育体系是瑞士实现可持续发展的保证

瑞士教育投入力度很大，从学前教育水平的教育系统（幼儿园）到第三级（高等教育机构和高等职业教育）均属于义务教育，作为一种社会公平福利，由组成瑞士联邦的26个州负责，就算是非义务教育其费用也由联邦和各州共同来承担。2010年，瑞士公共部门和私人分别投资305.39亿美元和28.5亿美元用于公共教育，尽管教育支出占GDP的比重略低于世界经合组织的平均水平，但如果考虑每个学生的支出或职业培训，瑞士排名则靠世界前列。

瑞士在国际竞争力的排行中多年居世界前列，其科技创新能力来源于其成功的教育体制。一方面瑞士有高质量的高等教育和科研，另一方瑞士具有高质量的职业教育。高等教育中的学术型教育培养了高级的科研人员和管理人员，保证了其科技创新能力强和企业管理创新的能力强；高质量的职业教育培养了高水平的专业技术人员，保证了瑞士产品与服务的优质。学术型教育和职业型教育的结合是如此完美，使瑞士的教育体制高效运转，培养出社会需求的各种不同类型的人才。同时接受职业教育的专业技术人员还可以继续接受教育获得大学学历，将学历教育和职业教育结合起来成为复合型人才。瑞士很多成功的人士都曾经接受过职业教育。瑞士的学生初中毕业就开始分流，一部分继续读普通高中，约占30%；一部分接受职业教育，约占70%。学生选择普通高中或职业教育依据学生的兴趣，而非成绩。在瑞士，16~21岁的年轻人有2/3以上选择当学徒。根据学习的领域不同，大多数课程持续三到四年，且实行每周一天的在职训练制度。

瑞士职业教育采取企业自愿参与的教育模式，校企直接合作，学员可以学到实实在在的技能，企业不需另招工人和培训工人这一环节，也节约企业的成本，双方实现了互赢。瑞士的高等教育和职业教育以市场为导向，根据市场的需求及时调整专业设置。提供教育的目的不仅保证学生获得必要的知识，而且使他们能够在迅速改变的世界中接受新环境。

（八）科技创新为瑞士的经济社会发展提供了持续动力支撑

创新是国家竞争力的基础。根据世界经济论坛（WEF）《2012～2013年全球竞争力报告》，瑞士已连续4年位居榜首。瑞士一如既往具有出色的革新力量、深具发展力的商业文化及高效率的劳动力市场，有高达49.4%的大学入学率，高度发达的金融市场和完善的基础设施。此外，在高强度研发投资、科研机构与经济部门紧密合作、制度透明以及可持续发展等方面都表现卓越。

首先，瑞士通过立法确立政府及相关机构科技创新的职责。瑞士《联邦宪法》第64条规定："联邦应推动科学研究和创新。"《研究与创新促进法》保障宪法规定得到具体实施。根据2011年最新修订的《研究与创新促进法》，联邦政府对"科学研究和以科学为基础的创新"提供支持并减少职能重叠。基于新《研究与创新促进法》，联邦技术和创新委员会从隶属联邦经济部的职业教育与技术局独立出来，成为专司创新促进的联邦机构。依据该法，政府的创新责任已经由"单纯促进科学和创新"扩展到"将科学和创新政策与科学和创新过程整合成为一个整体的发展进程"。为推动创新发展，政府对科学研究的支持重点也明确放在了增强瑞士的竞争力、附加值和就业市场上。瑞士促进研究和创新的公共资金主要通过两个机构进行支持：国家科学基金会负责促进"以知识为基础的科学研究"，瑞士联邦技术创新委员会负责促进"以科学为基础的创新"。

其次，大量的资金投入为科技创新提供经费支持。为提高瑞士企业在生命科学、工程科学、精密与纳米技术以及IT及其服务等领域产品的竞争力，尽快利用技术创新手段摆脱因瑞士法郎升值给出口造成的困境，2011年底，瑞士联邦议会通过一项特别资助计划，决定增拨1亿瑞士法郎贷款，扶持重点领域企业迅速提高创新能力。这项特别资助计划实施后，瑞士联邦技术创新委员会共收到科研机构和企业提出的申请1064项，截止到2012年2月，共批准资助项目246个，总申请金额达1.4亿瑞士法郎；拒绝申请299项，未审查519项。目前这笔资助款额已全部下拨到位。在这批获得资助的项目中，80%为面向市场的短期开发项目，其余为具有长期打算的风险项目；其中生命科学领域项目占28%、工程科学项目占33%、精密与纳米技术项目占23%，IT及其服务业项目占16%。

再次，实施技术转移战略。2013年1月，瑞士联邦技术创新委员会推出知识与技术转移新战略，目的是为企业尤其是中小企业与公共研究机构的创新合作提供一个高效的合作平台和长期的技术支持。知识与技术转移新战略主要包括三个关键领域，具体内容如下。①开通国家主题网络。通过网站把已确定的与瑞士国民经济发展相关的重要创新主题发送给企业，并通过网络为企业与科研机构建立创新合作关系穿针引线。②建立创新导师制度。"创新导师"就是帮助中小企业寻求和促成创新合作的联系人。创业导师熟悉企业的创新需求，帮助企业寻找合作伙伴，并确定政府资助的可能性。③搭建基于Web的物理网络平台。随着创新导师制度建立和国家主题网络开通，一个基于互联网物理连接方式的创新合作交流平台将在瑞士境内形成。在这个人机交互的界面平台上，企业和科技界人士可建立创新联系并进行互动，中小企业可以谈未来可能面临的主要问题，联系人可以参与信息的维护，为企业集中参与未来重点发展项目和讨论技术需求提供交流空间。

（九）全球性的开放政策是瑞士保持世界竞争力前列的重要保障

瑞士是世界著名的中立国，历史上一直保持政治与军事上的中立，但瑞士同时参与国际事务，许多国际性组织的总部设在瑞士。瑞士有美丽的山水、优良的基础设施和发达的经济。在国际政治舞台上，瑞士扮演着强有力的中立、稳定角色。由于国境接壤的原因，瑞士有5个语言区，这也是瑞士国际化的有利条件之一。联合国将欧洲总部设在日内瓦，这里还云集了世界贸易组织、国际劳工组织和世界卫生组织等23个重要国际机构及250个非政府组织，这里每月举行4500场国际会议和活动，一些国家还把日内瓦作为一些重大和热点问题的谈判地点，日内瓦已成为各国合作与交流的重要舞台。

第一，瑞士联邦政府日趋国际化的经济政策吸引了众多高端经济型移民。瑞士政府的诸多举措使一些有着敏感经济嗅觉的国际移民提早作出了落户瑞士的决定。同时，瑞士用人机制与欧洲大多数国家相比显得更为灵活。瑞士大多企业崇尚多民族文化，很少有种族歧视，从而使得新一代高端经济型移民觉得瑞士工作环境安逸舒适。灵活的用人机制和宽松的工作环境吸引了高端人才。与本国人相比，在瑞士企事业单位工作的外国人不仅工资待遇同等优厚，而且在职位的晋升机会上也没有太多的区别，加上绝大多数移民在瑞士工作普遍勤奋踏实，其中不少人有机会进入瑞士公司的领导层，这使得这些高端移民觉得自己享有同等晋升的空间，可以拥有实现自己抱负的机会。

第二，瑞士竞争力名列世界前茅，主要得益于实行以出口为导向的多元化经济。瑞士是典型的外向型经济。瑞士原料和自然矿产资源匮乏，农产品自给不足，国内市场狭小，劳动力较贵，这诸多因素使得瑞士很早就重视发展对外经济贸易关系，与世界各国广泛建立经济联系，最大限度地利用和开拓海外市场，进口所需要的大部分原材料、能源和半成品，生产并出口高质量的最终产品。

第三，瑞士成为全球主要的国际金融中心，取决于全球化服务理念。瑞士既是中、短期资本的分配中心，又是一个长期资本市场，还是世界主要国际金融中心之一。瑞士国际金融中心的竞争优势在于：经济、金融和货币的长期稳定；低通货膨胀率、低利率；金融机构的业绩和服务质量、银行和保险业的悠久历史和丰富经验；多语言、高素质的员工队伍；适当的金融市场法律；持续而有效的金融市场监管。

第四，瑞士成为了欧洲文化的缩写版，这也正是世界游人趋之若鹜的重要因素之一。瑞士是联邦制国家，又是一个多元文化国家，没有统一的历史、没有统一的语言、也没有统一的文化传统。瑞士官方语言有德语、法语、意大利语和列托—罗马语，每个州都有属于自己的历史。瑞士人格外珍惜和包容不同语区居民的民族、历史和文化传统，这为瑞士旅游业添上了文化的绚丽色彩，从另一角度看，瑞士文化的包容性和多元性促进了瑞士旅游业的开放和发展，传统文化又提升了瑞士的国际化。

三 借鉴瑞士经验，加快贵州发展的思路和重点

当前，中国与瑞士建立自贸区、贵州与瑞士加强合作、贵州加快产业转型升级与建设全国生态文明先行区，都为贵州借鉴瑞士经验，加快贵州

发展，带来了较好的发展机遇。借鉴瑞士经验，加快贵州发展，重点是通过生态文明先行区建设、山地经济发展、山地绿色城镇化，探索贵州实现绿色后发赶超的发展道路。

（一）实现绿色转型，打造"东方瑞士"

1. 基本思路

以科学发展观为指导，借鉴瑞士经验，牢固树立尊重自然、顺应自然、保护自然的理念，以绿色、循环、低碳发展为主要途径，以转变发展方式、改善环境质量、创新体制机制为重点，突出加速发展、加快转型、推动跨越的主基调，重点实施工业强省战略和城镇化带动战略；把积极扩大消费、出口需求作为加快转变贵州经济发展方式的重要举措，把推进经济结构战略性调整和经济转型升级作为加快转变经济发展方式的主攻方向，把科技进步和创新作为加快转变山地经济发展方式的重要支撑，把大力发展循环经济、绿色经济作为建设生态文明示范区的重要内容，把深化改革、扩大开放、优化发展环境作为加快山地经济发展的强大动力，积极促进经济发展与人口、资源、环境相协调，促进生态建设与小康建设同步推进，通过20年的发展，把贵州打造成为经济发展、人民富足、城镇宜居、乡村美丽、生态良好、民生幸福的"东方瑞士"。

2. 主要目标

参照瑞士发展现状数据，对到2020年贵州打造"东方瑞士"的主要指标进行了规划设计。经济总量快速增长，综合实力显著增强，产业示范带动能力不断提升，成为中国西部跨越崛起的重要推动力量，2020年，贵州与瑞士生产总值比值由2011年1:6缩小到1:3左右，人均生产总值比值由2011年的1:27缩小到1:14左右；新型工业化取得显著成效，产业结构优化升级，基本形成以现代化工、绿色能源、资源精深加工、电子信息、航空装备制造、医药食品、现代服务业和绿色高效农业等为主体的绿色产业体系；科技研发投入持续增长，科技人才队伍和创新平台建设稳步推进，科技服务支撑体系日益完善，企业自主创新能力明显提高，到2020年R&D经费支出占GDP的比重达到2.5%，科技进步贡献率达到50%以上，高新技术产业增加值占GDP的比重达到40%以上；经济增长方式由粗放型向集约型转变，工业耗能、耗水明显节约，单位土地产出效率明显提高；工业污染得到有效控制，基本完成创建全国生态文明先行区、文化旅游发展创新区的发展目标，成为环境优美、生态良好、宜居宜业的国家"公园省"。

（二）大力推进生态文明建设，建成生态文明先行区

全面贯彻可持续发展战略，优化生态建设布局，制定特殊的体制机制，建设生态文明先行区，努力把贵州省生态建设推向又好又快发展的新阶段。

1. 健全生态文明先行区发展机制

加快编制《贵州生态文明先行区建设规划》，为打造生态文明建设先行区提供基础性、指导性、纲领性文件。构建符合贵州生态资源禀赋和市场需求的产业体系，着力推进循环经济、低碳产业发展，形成节约资源和保护环境的空间格局，全面推进资源节约型和环境友好型社会建设。完善加强环境生态保护机制，按照贵州省主体功能区规划，以资源禀赋和环境容量为依据，合理确定城乡土地、林地、湿地、绿地等各类生态资源的功能定位，加快构建协调、高效、可持续的空间开发格局。按照国家生态文明建设要求，编制产业发展指导目录，综合运用经济、行政、法律等手段，对鼓励类产业、限制类产业、淘汰类产业实施分类引导，开展淘汰类产业退出补偿试点。加快推进循环经济发展，探索山地循环经济发展新模式，建立循环经济评估体系。实行差别化产业政策，优先规划布局建设具有比较优势的生态环保产业项目。加大财政对淘汰落后生产能力的支持力度。建立绿色公益基金和绿色创业专项资金，建立生态创业基地和生态科技创业园。

2. 建立健全市场化生态补偿机制

建立"污染者付费、治理者受益"的资源开发补偿机制，对土地复垦、植被修复进行补偿。建立流域补偿机制，通过地方政府协调、财政转移支付、市场交易补偿方式，对大流域上下游间、跨省界的中型流域、地方行政辖区的小流域进行补偿；建立生态系统服务补偿机制，通过国家（公共）补偿财政转移支付、生态补偿基金、市场交易、企业与个人参与

方式，对森林生态补偿、草地生态补偿、湿地生态补偿、自然保护区补偿、农业土地进行补偿。建立生态功能区补偿机制，通过中央与地方（公共）补偿、私人企业参与等方式，对水源涵养区、生物多样性保护区、土壤保持区、调蓄防洪区进行补偿。进一步完善生态补偿的管理体制。建立并实施污染物排放总量初始权有偿分配、排污许可证、排污权交易等制度，科学合理地确定排污总量的控制指标，并在目前排污许可证管理的基础上重新核定各污染源企业的允许排污量。建立完善排污权交易一级市场和二级市场，通过招标、拍卖、固定价格出售等方式保证交易公开、公平、公正。组建专业的排污权交易中介机构，建立相关信息网络系统，为交易各方提供中介信息，提高交易透明度，降低排污权交易费用。对积极减少排放、出售排污权的企业从资金、税收、技术等方面予以扶持。积极争取将地方公益林纳入国家公益林的范围，争取国家碳汇造林项目开展森林碳汇交易试点，建设国家重要的碳交易中心以及相应的标准，并制定绿色贸易、环境污染责任等环境经济政策，为企业提供碳交易安全保障。

3. 建立健全自然资源资产产权制度和用途管制制度

完善资源评价机制，促进水权、土地、林权、探矿权、采矿权等的评估、审批、交易等中介服务机构的发展，探索建立统一、开放、有序的资源初始产权有偿取得机制，培育产权交易市场。推行分质供水、阶梯式水价制度，建立绿色电价机制。加强环境消费税、二氧化硫税、水污染税等税种的征收与研究，调整与新区产业结构、消费水平变化不相适应的应税产品税率，提高一次性消费品和消耗资源大、环境污染严重的产品税率，将征收的税款设立为节能环保财政专项资金，支持资源回收利用和节能环保产业发展。

4. 完善绿色投融资保障体制

争取国家对贵州生态建设给予财力支持，以财政专项预算、煤炭价格调节基金、矿业权价款收入为主设立地质灾害防治资金，保证中小型隐患点的治理。将扶持生态建设资金列入财政预算，设立生态文明建设专项资金，集中用于解决大气、水、土壤污染等环境保护突出问题。对推广高效节能家电、汽车、电机、照明产品给予补贴，对装备制造、电子信息、生物医药、新能源等优势产业企业实行固定资产加速折旧政策。建立地方基本财力保障机制，通过建立生态税收体系，改革资源税制度，探索开展环境税试点，开征生态环保税，增强各级政府财政生态转移支付能力。支持加快设立创业投资基金，支持绿色环保产业发展。积极营造有利于生态文明建设的金融支持环境，引导银行信贷、股票债券融资、外国政府和国际组织贷款等多元化资金支持生态产业发展；对金融机构扩大生态产业类项目的信贷资金需求，按规定条件和程序，合理安排再贷款、再贴现；提高绿色信贷规模，积极引导金融机构加大对节能减排、新能源、循环经济、清洁生产等领域的信贷支持；积极培育有条件的生态环保企业上市融资，拓宽直接融资渠道；进一步完善生态保护投融资相关体制机制，鼓励创业投资和民间资本进入生态环保领域，探索对经营生态项目的特许经营权。

5. 创新生态文明建设法治体系

加快出台《贵州省生态文明建设条例》，修订有关法规，为生态文明先行区建设提供坚实的法律保障。制定生态文明建设、循环经济、清洁生产和消费、资源综合利用等地方性法规，完善各种自然资源开发生态影响评价体系，建立健全从源头、过程到结果治理生态文明建设问题的相关法制。建立健全生态文明建设执法监管体系，建立环保司法机构，设立环保审判庭，构建环境诉讼程序机制，明确环境权的法律地位。建立健全环保行政执法体系，完善行政决策机制，推行重大事项行政决策生态环保风险评估制度。健全政府听证会制度和重大决策专家论证、群众评议制度。强化生态文明建设行政追究和行政监察，建立先进的环境监测预警体系、执法监督体系和应急综合指挥系统。

6. 建立国际交流和合作机制

当前，贵州与瑞士合作具有三个良好的宏观背景：一是 2012 年 5 月李克强同志与欧盟签署的"中欧城镇化伙伴关系"，二是 2013 年中国与瑞士签订的"中国—瑞士自贸区"协议，三是瑞士所参与的联合国新千年目标后 2015 年发展议程（主题为"摆脱贫困，绿色发展"）项目。贵州对这三个框架可加以利用，为贵州与瑞士合作提供契机。另外，贵州与瑞士在气候变化领域、清洁空气、河流与地表水系治理、生态环境保护、低碳城市与绿色能源、绿色建筑及先进管理模式、山地开发、人才与能力建设等方面可以商议合作。就目前而言，有两项工作可以先期予以展开，一是与瑞士商议成立人才与能力建设培训中心、贵州—瑞士产业促进中心，瑞士驻华大使馆可提供支持，并形成长效机制；二是利用中国社科院学部委员贵州工作站，设立"贵州—瑞士自贸区域"课题，进行专项研究。另外，还可积极利用世行、亚行、联合国开发计划署等国际组织资金支持，围绕生态环境，在资金、技术、人才、管理等方面全方位开展交流合作。鼓励外商在贵州设立生态建设研发机构，积极开展有关项目的合资合作。

7. 建立生态文明激励评价机制

完善生态文明建设行政管理，率先在全国建立生态文明建设委员会。建立考核指标体系，将加快生态建设的年度和阶段目标完成情况列为各级政府和干部政绩的重要内容。根据全省主体功能区定位设立不同的考核目标，探索分类考核方式，完善年度考核、中期评估和终期考评机制。在项目审批、企业评优、资格认证活动中，实行生态环境保护一票否决制。制定实施生态文明建设道德规范，颁布实施国际性的生态文明公约，大力倡导生态伦理道德，让生态文明先进理念和行为方式渗透到每个单位、每个家庭、每个公民。建立健全鼓励绿色消费、低碳消费的政策措施和服务体系，推行政府绿色采购制度，在机关事业单位率先实施节能、节水、节材行动。大力倡导低碳生活，积极鼓励城乡居民购买使用节能环保产品。建立政府部门与公众、企业有效沟通的协调机制，切实保障公众环境知情权、参与权和监督权，营造生态文明建设的舆论氛围。

（三）加快贵州特色产业发展，建成内陆山地经济发展示范区

借鉴瑞士经验，坚持加速发展、加快转型、推动跨越的主基调，重点实施工业强省战略和城镇化带动战略，大力提高农业产业化和服务业现代化发展水平，加快推进经济结构战略性调整和经济转型升级，建立现代产业体系。

1. 加快推进工业经济转型升级

坚持走新型工业化道路，突出特色，优化布局，以产业园区为载体，着力推进产业绿色发展、循环发展、低碳发展，推动信息化和工业化的深度融合，按生态化理念推动特色优势产业转型升级。

一是实施"五张名片"产业提升工程。以优质烟草、白酒、茶、民族

医药、特色食品等"五张名片"产业为重点，做大做强具有贵州特色和比较优势的特色轻工业，加快把贵州建设成为全国重要的优质烟草基地、优质白酒基地、中药现代化基地和南方重要的绿色食品加工基地。烟草业要着力促进烤烟实现标准化、规模化、集约化生产，努力把"贵烟"品牌培育成烟草行业"461"知名品牌。白酒业要进一步巩固提升和充分发挥"贵州茅台酒"品牌的引领带动作用，发展壮大习酒、董酒、珍酒、金沙回沙酒、青酒、国台等名优白酒，加快构建以名优白酒为主体、上下游配套的产业集群。茶产业要加快推进茶叶规模化、标准化生产，加快品牌资源整合，促进茶叶向精深加工方向延伸发展，形成多个茶旅一体化产业集群。民族医药业要以"专、精、特、新"药为发展方向，加强加快行业整合，大力打造以中成药、民族药、医药中间体、生物技术药物等具有突出产业特色的，上下游产业紧密关联的现代医药产业集群。特色食品业要坚持"基地化、规模化、品牌化、市场化和生态化"发展理念，按照"安全、优质、营养、健康、方便"的要求，加快发展以粮油、茶叶、果蔬、畜禽产品等为主的特色食品产业。

二是实施"四个一体化"推进工程。遵循循环经济发展理念，优化资源配置，大力推进煤电磷、煤电铝、煤电钢、煤电化"四个一体化"发展，构建从矿产开采到精深加工一体化产业协调配套发展的循环产业链。煤电磷一体化产业要大力发展精细磷化工，积极发展材料级、食品级、电子级、医药级、饲料级磷酸盐和阻燃系列、新能源动力电池用磷化物等精细磷化工产品。煤电铝一体化产业着力构建完整铝产业链，积极发展高纯度氧化铝、高强度铝合金，以及铝板、带、箔、管、棒、型材、线材等。煤电钢一体化产业要实施纵向、横向产业链延伸，大力发展优特钢、特殊钢、优特板、带、卷等系列产品，大力发展海绵钛、高纯钛、钛合金以及钛材加工等系列产品，大力发展复合合金、精炼合金等系列产品。煤电化一体化产业重点发展煤炭液化、气化、煤制烯烃、煤制醇醚、煤焦化及焦油深加工和氯碱化工产业，积极推进多产业耦合发展。

三是实施战略性新兴产业培育工程。坚持领先发展，寻求重点突破，优先推动电子及新一代信息技术、新材料、高端装备制造等重点领域突破。电子及新一代信息技术产业要加快规划建设云存储、云计算中心和配套的数据处理基地，积极推进公共计算平台服务、北斗卫星及相关产业等软件和信息技术服务业，促进电子信息产业转型升级发展。新材料制造业要充分发挥钛合金、镁合金、锰合金、精细磷化工等新材料产学研优势，重点发展高性能金属及合金材料、新型无机非金属材料、精细化工材料、高分子材料、电子信息材料、新能源材料等新材料产业。高端装备制造业重点发展航空航天装备、汽车及零部件、工程机械、电力装备、大型数控装备、铁路车辆及备件等产业，形成总装、主机、关键总成及零部件专业化生产、区域化协作、社会化配套的现代高端特色装备制造产业体系。

四是实施产业绿色发展工程。加快建立健全以企业为主体、市场为导向、产学研相结合的技术创新体系，支持鼓励企业通过技术引进、消化吸收与自主研发相结合，加快制定产业技术路线图，着力实施一批重大科技专项进行集中攻关和联合开发，力争在一些重大领域的重点技术研发上率先突破，推进产业链条延伸、产业集群化发展和产业板块技术进步，支撑产业大发展。加快建设生态工业园区，实现土地集约利用、废物综合利用、能量梯级利用、废水循环利用和污染物集中处理，继续推进煤、电、磷、铝、钢铁等重点耗能行业的企业节能改造，限制高能耗、高污染行业发展。

五是实施企业成长工程。积极实施大企业、大集团培育计划，鼓励和支持省内外煤、电、铝、磷、钢铁等行业龙头企业按照大型化、基地化、规模化的要求，形成一批跨行业、跨所有制、跨区域的大型企业集团，引导中小企业围绕大型优强企业重点发展精深加工产业和关联产业，促进产业集群发展。积极实施品牌战略，以品牌引领产业发展，加快形成一批主业突出、核心竞争力强、品牌带动作用明显的规模企业和集团，努力培育一批发展潜力较大、具有较强技术创新能力和产品市场占有率的成长性品牌企业。

2. 加快现代服务业发展

围绕"工业强省"和"城镇化带动"两大战略，大力发展生产性服务业，优化发展生活性服务业，加快发展旅游业，培育发展文化产业，优化服务发展布局，增强服务业与工业、农业互动协调和集聚发展，完善服务功能，提升服务水平，增强服务业的协调竞争力。

（1）大力发展生产性服务业

一是金融业。加快建设多层次金融市场体系，发展一批地方商业银行和投资担保机构，鼓励有条件的地区建立社区银行、农村小型金融组织等金融机构，积极培育和扶持具有良好发展前景的企业上市融资。鼓励各金融机构在贵州设立分支机构或营业场所，对符合国家政策导向的重点工程和在建项目优先进行信贷支持。加快发展保荐券商、证券投资咨询公司等中介机构，积极引进保险金融机构，支持设立西部证券交易所。支持发行地方债券，用于贵州基础设施建设。支持设立创业投资引导基金、科技金融创新投资基金、融资租赁、知识性产权质押等创新金融业务。完善融资性担保体系，鼓励发展私募股权投资基金，引进省外具有实力的股权投资基金和企业投资基金。以基础设施项目等为突破口，试行资产证券化。建立政府引导投资平台，规划各级各类开发投资公司，并支持上市融资。支持贵州积极稳妥发展民间融资。

二是加快发展现代物流业。大力推进物流服务的社会化、专业化和信息化，推动制造业与物流业联动发展，大力发展第三方物流，培育一批服务水平高、竞争力强的大型现代物流企业，打造物流集聚区。按照海关特殊监管区要求，加快建设集保税区、出口加工区、保税物流区、港口功能于一身的贵州综合保税区，重点发展国际中转、配送、采购、转口贸易和出口加工等业务。科学规划航空口岸、铁路口岸建设，争取将"渝新欧""蓉新欧"国际铁路联运模式延伸至贵州铁路口岸，方便进出口货物的快速便捷通关。简化贵州进出境货物通关、转关、过境手续。积极推广运用"属地申报、口岸验放"区域通关模式。

三是加快发展科技服务业。以咨询业、风险投资业、技术信息服务业为重点，构建和完善科技创新、科技中介、科技金融等科技服务体系，推动科技服务业加快发展。要建立健全财政性科技投入稳定增长机制，完善财政资助、贴息政策，落实税收减免政策，鼓励和支持企业增加研发投入。支持外商投资企业设立研发机构，实施科技成果转化的股权激励政策。设立科技型中小企业创新基金，加大对科技型中小企业支持力度。引导金融机构综合运用买方信贷、卖方信贷、融资租赁等方式，加大对科技型中小企业的信贷支持。鼓励科技人员在企业与科研院所、高等院校之间双向兼职和流动,支持他们创新创业,特别是创办科技型中小企业。

四是加快信息服务业。以数字贵州建设为龙头,加强宽带通信网、数字电视网和互联网等信息服务基础设施和公共服务建设,加快发展信息服务业。

五是加快发展商务服务业。大力发展会计、税务审计、法律服务、企业管理咨询、市场调查、资产管理、专利服务、商标代理评估、工商咨询服务、设备租赁、工业和创意设计等中介专业服务业,创新技术手段和服务方式,为企业生产经营、投资、贸易等提供全方位高效优质服务。

(2)优化发展生活性服务业

以提高服务科技含量、规范服务环境和提高服务质量为目标,改造提升商贸流通等传统消费服务业,不断满足人民群众日益增长的消费需求。大力推进家庭服务业市场化、产业化、社会化,积极实施扶持家庭服务业发展的产业政策,建立健全城镇社区服务体系,积极拓展社区服务领域。大力发展面向社区居民的公益性社区服务,大力发展面向家庭的有偿服务项目。增强社区商业服务功能。加大对社区服务业的规范管理和支持力度,制定鼓励和扶持下岗失业人员从事社区服务的相关优惠政策,鼓励社会各类资金参与创办各种便民利民的社区服务企业。

(3)大力发展民生保障性服务业

建立"三位一体"的城乡劳动力就业服务体系。积极推进城镇服务功能向农村延伸。加强城乡就业咨询、培训、劳务代理服务机构建设。加强对城乡劳动力就业职业技能培训,推进职业培训社会化、市场化。培育一批劳务输出服务机构,发展一批专门从事城乡劳动力职业技能培训、劳务代理的综合性劳务中介公司。在街道办事处和县城所在地建立养老服务中心,重点发展健康服务、家庭服务等老年服务,推动老年旅游、文化、娱乐业发展。

3. 加快山地现代农业发展

立足贵州气候、资源和生物多样性的特点和优势,因地制宜、突出重点、统筹规划、分类指导,坚持"农户主体、政府扶持、社会支持、市场运作"相结合的推进机制,发挥好农民的主体作用,强化政府的引导和服务,凝聚各方力量,继续强化政策、科技、人才、装备等基础条件对优势特色产业发展的支撑，加大投入力度，提高农业综合发展能力。

（1）大力发展山区优势品牌农业

充分利用贵州山地特点，根据资源禀赋、产业发展、市场需求等实际情况，以优势明显、特色突出、潜力可观的生态畜牧、蔬菜、茶叶、马铃薯、精品水果、中药材、大鲵和特色杂粮等8个产业为重点，按照高产、优质、高效、生态、安全的要求，以"做大总量，提高质量，拓展市场，增加效益"为主攻方向，深度挖掘资源和市场潜力，走"区域化布局、集约化发展、标准化生产、产业化经营、规模化推进"的道路，扩大基地规模、扶持龙头企业、培育知名品牌、开拓两个市场、拉长产业链条、壮大产业规模、形成产业集群，把贵州优势特色产业提高到一个新水平。

（2）全面建设高效农业示范园区

重点围绕优质稻谷、玉米、油菜、茶叶、中药材、烤烟、苗木花卉、果蔬（辣椒、葡萄、西瓜等）等种植业产品以及肉牛、奶牛、灰鹅、肉鸡、生猪、水禽等畜牧业产品，高标准、高起点、高水平打造150个左右高效农产品示范园，包括：高效优质稻示范园区、油菜生产基地、茶叶示范园区、烤烟示范园区、中药材示范园区、苗木花卉示范园区、特色果蔬示范园区、肉牛养殖基地、奶牛养殖基地、灰鹅养殖基地、肉鸡养殖基地。积极发展支持"菜篮子"工程，加强蔬菜水果、肉蛋奶等产品优势产区建设，扩大"菜篮子"产品生产基地规模。积极建立完善农产品加工中心、农产品交易中心、农技推广服务中心、农产品安检中心、动植物疫病防控服务中心、农业信息服务中心、休闲观光区等农业园区配套工程。促进新一代信息技术与现代农业融合发展，依托"宽带中国"建设，以升级打造智慧型农业园区为抓手，实施"智慧农业"试点工程，积极发展智慧农业。

（3）加大对龙头企业、市场和各种合作社（协会）培育

加快培育新型农业经营主体，每年积极引进3~5家国内外大型农业企业，每年重点培养5~10家本地农业企业、龙头企业，每年积极培育30~50家农业合作经济组织等新型农业组织、市场和合作社（协会）。

（4）推进现代农业与乡村旅游等其他产业融合发展

支持基于特色农产品、民族文化、生态景区、美丽乡村建设相融合的

农业观光项目开发。鼓励以特色农业集中区、农业综合科技示范基地、大中型园艺场和园区、山地生态农业综合开发等为依托，结合山水风光、民族文化、农村景观和新农村建设，因地制宜开发多样化、多功能休闲观光农业项目；优先支持企业、园区、基地基于产业基础的衍生服务开发。重点发展以旅游观光为主的观光农园，以休闲度假为主的休闲农场，以农耕文化体验为主的市民农园。建设集农业生产场所、消费场所和休闲场所为一体，山水相依、林草相伴、风格独特的专业性农业公园和综合性农业公园。积极推进生态农业和循环农业理念，实施生态农业示范工程，推进水资源循环利用、山地生态型综合开发、绿色和有机农业生产示范等项目。实施农村沼气工程，大力推进农村清洁工程建设，清洁水源、田园和家园，结合农业的技术经济特点和水环境综合治理工程项目及集成技术，精心组织、筛选和实验示范多模式循环农业，推进循环农业发展。

（5）提升农业基础支撑体系

优化农业基础设施，提升农业装备和技术水平；建立完善农业产业化支撑体系，大力引进和培育新型农业经营主体，加快培育现代职业农民，加大对农业的补贴和农民培训。大力发展农产品加工和流通业；建立完善高效农业社会化支撑体系，包括农业技术推广服务体系、农产品安检与动植物疫病防控服务体系、农业信息服务、农业人才培养、农业防灾减灾体系等，完善农产品加工中心、农产品交易中心、农业信息服务中心等配套服务设施建设。实施生态农业示范工程，推进水资源循环利用、山地生态型综合开发、绿色和有机农业生产示范等项目，推进循环农业发展。加大农村土地流转，不断扩大农业经营的平均规模，切实将当前户均几亩的经营规模不断提升到户均20亩、50亩等规模阶段发展。

4. 加快推进山地特色的城镇化建设步伐

坚持因地制宜、因势利导，以"美丽乡村、绿色小镇、山水城市、和谐社区、多彩贵州"为发展路径，通过现代基础设施的连接和公共服务的延伸，使城乡发展融为一体，走组团式发展的山地城镇化道路，促进大中小城市和绿色小镇协调发展。

（1）优化城镇发展布局，完善城镇体系

遵循"大中小城市和小城镇协调发展"的原则，按照"中心集聚，轴线拓展，外围协作，分区组织"的非均衡发展策略，积极培育发展黔中城市群，做大做强贵阳省域核心城市和遵义区域核心城市，积极推进安顺、都匀—凯里、毕节—大方、六盘水、兴义—兴仁、铜仁—万山、三穗—岑巩、思南—印江等"八大"城市组团建设，加快培育发展荔波、三都、黎平、黄平、石阡、雷山、罗甸、镇宁等一批旅游城市，积极促进城郊型、工矿型、旅游型、交通枢纽型和商贸型城镇等一批具有发展优势和潜力的重点城镇与特色小城镇，逐步形成"黔中城市群—区域性核心城市—次区域性中心城市组团—卫星城市—重点城镇—特色小城镇（乡）"的"一群、两核、八组团、多星、多点"的城镇空间发展格局。

（2）完善以交通为重点的城市公共服务体系

优先加快贵阳、遵义、安顺、都匀、凯里等中心城市路网基础设施建设，加强铁路、公路、港口、机场、城市公共交通的有机衔接，推进黔中城市群内多层次城际快速交通网络建设，增强中心城市的辐射带动能力。加快城镇市政公用设施建设，重点加强城镇（市）供水设施、节水系统、水源工程、城镇污水处理及再生利用设施、城镇垃圾无害化处理设施、供电网络、城市燃气、信息网络、图书馆、文化馆、科技馆、体育馆（场）、文化广场、城镇绿地等公用设施建设，完善城镇功能，提高城镇吸引人口聚集的能力。

（3）完善城乡一体化发展的政策体系

创新户籍制度，进一步放宽城镇入户条件，把有条件的农村居民转为城镇居民，优先解决在城镇有稳定职业和住所的农民工及其家属、失地农民和农村籍大中专学生的户口问题，促进人口向各类城镇梯度转移。建立农民进城居家就业的土地处置机制，提高农民进城安居乐业能力。加快建立和完善城乡教育、医疗保障机制，促进城乡居民公共服务均等化。

（四）加快贵州文化旅游发展，建成文化旅游创新示范区

坚持以科学发展观为指导，落实〔2012〕国发 2 号文件，以良好的生态环境和丰富的民族文化资源为依托，以加快基础设施要素配套为保障，以"100 个旅游景区"建设工程为抓手，以发展休闲、避暑、养生度假游和原生态民族文化体验、山地户外运动游为重点，把文化旅游业培育成全省战略性支柱产业和新的经济增长点。

1. 打造国际化、精品化、高端化的生态文化旅游目的地

以"100个旅游景区"工程建设为抓手，以国际化标准，加强旅游景区配套基础设施建设，重点建设一批旅游客运集散中心、旅游商品购物中心、旅游咨询服务中心，完善景区交通、旅游标识牌、垃圾处理等，推进主要旅游交通道路沿线绿化及景观建设。抓好行业质量监管，提高景区管理水平，杜绝安全事故和欺客、宰客现象发生。加快构建全省统一、规范的旅游景区信息技术平台，丰富旅游景区市场宣传促销手段。针对日韩、新马、美法英德、瑞士等重点入境市场，长三角、泛珠三角、环渤海及其周边国内重点客源市场，多渠道开展宣传促销。加大旅游招商力度，建立旅游景区金融服务体系，引进一批有实力的战略投资者和管理集团。每年重点培育5~10家龙头旅行社，培育一批骨干旅行社和其他旅游服务商，发展、引进多层次多样化的购物、娱乐休闲中心，打造以旅行商务区（TBD）为主要载体的现代化旅游服务中心，形成辐射贵州省的旅游服务网络体系。进一步优化旅游景区人才发展环境，建立完善多层次的旅游人才培训教育体系，抓好旅游行政管理人才、旅游企业经营管理人才、旅游专业技术人才、旅游高技能人才和乡村旅游实用人才队伍建设。

2. 积极建立完善的旅游配套服务体系

包括旅游服务、餐饮、住宿、旅游集散、购物、娱乐、职业培训等。完善旅游交通体系，促进旅游交通网络、旅游集散地等基础设施建设，大力发展旅游交通业，形成以中心城市为枢纽，重点景区和城镇为节点，以旅游线路为廊道，逐步覆盖到所有旅游区点，形成适应客源地需求和旅游发展需求的国际化、多元化的旅游交通服务网络。大力发展宾馆饭店业，每年重点引进和建设10~20家国内外知名的星级酒店，20~30家知名的经济型酒店，依托旅游目的地积极发展乡村旅游酒店、社会旅馆、农家乐等，提高星级饭店普及率，优化饭店等级结构和空间布局，促进住宿行业的品牌化、集团化、网络化、专业化程度，形成"以高端住宿设施为标志、以经济型酒店为骨干、以民俗民居旅馆为依托，并积极发展汽车旅馆、自驾车营地、宿营地等新兴住宿业态，以及度假酒店、文化主题酒店"等组成的复合型住宿体系。发展地方化与多样化的餐饮业，积极推进

"黔菜"产业化，打造5~10家具有地方民族特色的黔菜餐饮品牌。完善餐饮服务体系，鼓励发掘地方特色餐饮，鼓励企业研制餐饮名品，挖掘创新"黔菜"品牌，通过注册商标、包装宣传民族地方特色菜，提升特色餐饮知名度。扶持培育特色餐饮品牌。培育一批餐饮名店，培养一批本地名厨，提升餐饮业的品牌效应。在重点城镇、景区开设各种风味的餐饮服务，鼓励发展连锁经营。建设特色餐饮街区。规划建设城市中心餐饮集中区、小吃街巷、饮食风味城、美食街区和"农家乐"。促使餐饮文化多元化、国际化。积极引进客源地餐饮项目，针对旅游客源市场的饮食习惯和多样化的需求，开设全国各地多种风味的餐饮。丰富旅游购物功能。积极开发特色产品，加强研发，推出品种多样、特色鲜明、价格合理、纪念性强的地方民族旅游商品。规划建设特色购物场所和网络，集中规划、建立旅游购物场所，规范管理，引导和推动市场经营。培育形成"公司+农户"的经营网络，动员社区居民积极参与，形成特色食品和土特产品加工的专业村、专业乡（镇）。培育研发机构，产、学、研结合，保护传统旅游商品，积极推进旅游商品创新，支持民间资本开发建设旅游商品流通市场，培育一批能工巧匠，走专业化道路。制定"旅游购物场所质量与等级标准"，通过质量等级评定，提高旅游商品经营和服务水平，优化旅游购物环境，整顿旅游商品市场秩序。

3. 推进文化与旅游等其他产业融合发展

积极促进生态文化旅游与生态地产、都市农业、特色食品、旅游小商品加工业、会展、文化创意产业、黔菜产业等融合发展。提升旅游文化含量，打造文化旅游特色品牌，培育"贵州侗族大歌""多彩贵州风""神秘夜郎"等文化旅游品牌和一批博物馆、艺术馆，融入文化元素推动旅游转型升级，重点开发民族文化旅游演艺项目，举办民族体育赛事活动，建立风情演出、大众娱乐、小剧场等多层次演出产品体系。不断加强旅游文化教育，提高旅游从业人员的文化素质。推动文化产业发展，将推进旅游发展与实施文化产业发展结合起来，通过旅游业开拓文化消费市场，不断丰富旅游文化产品的形式和内容，促进娱乐演艺、节庆会展、工艺美术设计等文化产业的发展。深化文化交流传播，使旅游节庆活动成为重要的文化传播载体。开发建设一批民族村寨型、特色观光农业型、古镇型或环城市乡村游憩度假型等乡村旅游示范项目，加快构建以文化探秘、休闲度假、康体健身、生态旅游、体验旅游和农业观光、休闲农业等为一体的特色乡村旅游产品，建设原生态旅游、避暑旅游、文化体验与心灵旅游、体育健身及山地户外旅游、自驾车与自行车旅游、红色旅游、养生与老龄度假、工业旅游、地质旅游新高地。

（五）促进经济开放发展，打造内陆山地型经济开放发展示范区

1. 加快推进"走出去"发展战略

借力贵州与瑞士合作契机，加快推进"走出去"发展战略。一是尽快编制《贵州省"走出去"中长期发展规划》，重点明确贵州"走出去"发展战略中长期发展目标、战略选择、发展思路、发展重点及路径选择，指导贵州产业如何走出去。二是依托贵阳保税港建立贵州与瑞士、日本、韩国、新加坡、美国等国家和中国香港、台湾地区的外向型产业园区。三是培育一批"专、精、优、特"品牌产品，参与国际市场竞争。四是借助贵州贵阳国际生态会议、贵阳国际酒博会、亚洲动漫大赛及积极走出国门参与各种国际博览会、专业展览会和各类出口商品交易会，在营销上四面出击，大力参与国际化市场竞争。五是借助贵州贵阳国际生态会议积极开展与瑞士全方位合作，在贵州打造全国的瑞士研究基地、贵州与瑞士合作论坛。

2. 加快促进外资外贸发展

积极实施"走出去"战略，建立对外招商平台和协调机制，充分利用中国—东盟自由贸易区、大湄公河次区域、泛珠三角地区等平台，积极参与东南亚、南亚等国际区域合作，积极引进海内外资金、技术、人才等要素参与贵州发展。建成国家出口基地和输港澳鲜活产品出口基地，加快推进出口商品结构多元化，大力培育新的对外贸易增长点。加快建设对外投资促进和服务体系，争取设立人民币资本项下可兑换试点，探索建立开放性金融机构，依托贵安新区、贵阳市建成西部地区外资外贸经济高地。加快通关体系建设，进一步加强进出口岸通道规划建设，争取国家赋予贵州省"口岸签证权"，支持在贵阳市、贵安新区增设"综合保税区""出口加工区"海关特殊监管区，适当放宽进出口企业经营资质和配额限制，

加快建立贵州电子口岸，构建大通关信息平台，实现通关、物流等信息资源共享。营造发展服务外包的体制环境，支持规划建设一批绿色环保、智能高效的产业园区，成为国家加工贸易梯度转移重点承接地，争取国家支持设立"贵州—瑞士自贸区"等中外合作经济区域，重点承接国际与沿海技术水平高、增值含量大的加工贸易产业转移。

3. 加强跨区域合作

建立与"长三角"、"珠三角"、成渝经济区等区域口岸合作协调机制，设立扩大属地申报、口岸放行等改革试点，逐步实现一次申报、一次查验、一次放行，争取国家支持建立东西互动产业合作示范园区。

四 借鉴瑞士经验，加快贵州发展的保障措施

（一）树立绿色发展开放发展的理念

要强化以生态文明理念引领经济社会发展，奋力推动新型工业化、城镇化、信息化和农业现代化同步发展，打造全国生态文明建设先行区，把贵州建设成为"东方瑞士"。这就要求贵州必须把生态文明建设融入经济社会发展全过程，优化调整产业结构，促进经济绿色转型，构建符合贵州生态资源禀赋和市场需求的产业体系，着力推进绿色发展、循环经济、低碳产业，形成节约资源和保护环境的空间格局、产业结构、生产方式、生活方式，全面推进资源节约型和环境友好型社会建设。完善加强环境生态保护机制，按照贵州省主体功能区规划和建设全国生态文明先行区的要求，编制新区产业发展指导目录，明确产业分类标准，实施分类引导。在贵州开展产业退出补偿试点，将贵州整体纳入国家循环经济试点，探索山地循环经济发展新模式，建立循环经济评估体系。实行差别化产业政策，优先规划布局建设具有比较优势的生态环保产业项目，在审批核准、资源配置等方面给予大力支持。加大中央财政对淘汰落后生产能力的支持力度。建立绿色公益基金和绿色创业专项资金，扶持具有生机和活力的绿色创业项目。建立生态创业基地和生态科技创业园，鼓励生态环保类中小企

业创业发展，支持特色农产品开展"三品一标"认证。

贵州省长期处于贫困状态在很大程度上是由于自给自足的封闭性经济，这源于区域文化的相对保守性和排他性。因此，要采取内外结合的措施，放眼外界，扩大眼界。要进一步发挥劳动力资源、土地资源、特色矿产资源丰富的优势，与贵州交通物流等硬件环境加快改善和工业化、城市化、农业产业化的大力推进相适应，抢抓实施新一轮西部大开发的战略机遇，以扩大开放促进贵州实现又好又快发展，加大招商引资工作力度，增强贵州参与国际国内市场竞争的能力。积极吸引国内外知名服务企业来贵州投资设立企业总部、地区总部、采购中心、研发中心等。加强CEPA框架下黔港澳台服务业交流与合作，积极参与泛珠三角和长三角区域合作，探索合作途径，进一步增强合作的紧密度，在合作中拓展贵州特色产业发展空间。积极争取国家支持贵州建立承接东部产业转移的示范园区和东西部互动产业合作示范园区。在继续支持传统优势产品出口的同时，进一步加大对农产品、少数民族工艺品、高新技术产品和机电产品的出口支持，积极支持关键设备、核心技术、环保产品和稀缺资源性产品的进口。积极争取国家支持，在贵州建立多种功能的国家级保税园区。进一步推动有实力的企业到国外投资设厂、承包工程。积极建设外派劳务基地，推动服务外包业发展。

进一步优化经济发展环境。建立政府协调服务机制，进一步深化行政审批制度改革，建立和完善重大工业项目审批的绿色通道。推行电子政务，实行行政公示制、行政过错责任追究制、服务承诺制。搞好对企业的引导和服务，努力减轻企业负担。清理并取消各地和各行业中阻碍商品流通的制度规定，积极构建社会信用体系。要高度重视安全生产，着力抓好重点行业的监督管理，切实保障劳动者生命安全。规范政务管理，完善政务监察制度，纠正部门和行业不正之风，切实保护投资者的合法权益。进一步深化改革，改善非公有制经济发展环境，营造有利于企业公平竞争的法制、政策环境，支持非公有制企业进入基础设施、社会事业等领域。

（二）加强基础设施和要素市场建设

一是大力实施"五个一百"成长工程，建设"中瑞产业园"。重点扶持千亿级园区上台阶、上水平，百亿级园区上规模、上档次，民营经济特色产业园区做特色、出亮点，扩区升位一批、培育壮大一批、差异发展一批，实现梯次发展、规模突破、产业突出、效益凸显，把园区建设成为国民经济和工业发展的重要支撑，集聚生产要素、发展区域经济、带动创业就业的有效抓手，承接东部产业转移的主要载体。加强与瑞士的合作，争取在贵州建设"中瑞产业园"，建立贵州与瑞士合作机制。

二是加快构建较为现代化的综合交通运输网络体系。加快建设和改造一批公路、铁路和机场，对外构筑出省大通道，对内加强资源富集区、产业功能区与城镇及大中城市之间的通道建设和改造。

三是提高产业现代化程度。围绕贵州经济发展，按照大产业带动大流通、大流通促进大产业思路，培育发展物流服务业，创新服务产品，发展以现代物流为基础和运用新型营销方式的工业品批发市场，发展区域性矿权、产权、土地、技术、劳动力等各类要素市场。

四是鼓励发展中介组织。促进行业协会、民间商会等中介组织发展，继续整顿和规范市场经济秩序，促进区域经济一体化发展。

（三）加强国际型领军型职业型人才队伍建设

一是加快高素质的企业家、专业技术和技术人才队伍建设。建立经营管理者队伍健康成长的激励机制，努力实现用市场化手段来配置企业经营管理者队伍，完善国企管理者薪酬制度。采取多种形式培养高层次、高新技术产业人才，推行行业技术工种准入制度，加强职工继续教育。

二是设立高层次人才创业特区，对于新办科技型企业实行税收"五免三减半"，企业缴纳的各种税收，除按规定必须上缴国家的外，省级及省级以下需缴纳的各种税费前五年全额返还企业，后三年减半返还。实施人才创新创业激励机制，启动人才柔性流动和管理机制，鼓励高等学校、科研院所的专业技术人员到企业兼职。加大人才引进奖励力度，对于领办、创办企业的领军型高层次人才、创新创业人才，给予奖励。落实好高层次人才购房（租房）补贴、破格进行职称评定、户口迁入、子女入学、社保接续等问题。实施"四个一"人才工程和高层次创新科技人才培养工程，每年选派优秀年轻干部到发达国家或国内发达地区专业机构进行培训，选派优秀年轻高级管理人员到发达地区挂职锻炼。鼓励优秀企业家、高级管理人员到国内知名大学进行专题内容培训学习，选拔培养拔尖人才、后备人才进行培训，在培养期内给予经费资助。

三是借鉴瑞士经验，大力发展职业教育。大力支持省内高等院校、职业院校、科研院所与有条件的服务企业建立实训基地，在各市州县大量建立面向适用技术开发、工业生产、中小企业发展的技工院校，支持各类教育培训机构开展技能型人才再培训、再教育，在企业形成技术工人培训、业余深造、技术考核长效机制。

四是推进贵州与瑞士人才培养合作。加快瑞士帮助贵州在生态文明建设、山地经济发展、生态文化旅游等领域人才培养，积极推进贵州有条件的大专院校与瑞士大专院校结为友好院校，在瑞士建立贵州人才培养基地。

（四）加快促进科技信息与产业融合

一是加强科技创新引领。坚持自主创新、集成创新、引进消化吸收再创新相结合，采取政府引导、社会力量投资与科研单位共建模式，建设和完善特色优势产业技术服务平台，为企业提供研发、实验、测试等技术服务。建立技术研发、公共信息、知识产权交易、科技成果展示、科技信息情报共享、国际技术交流合作等公共技术服务平台，形成完善的创新服务体系。加大各类研发机构的引进资助力度，对于引进或创建的国家级、省级工程技术中心、研发中心、重点实验室等研究机构，经相关部门审核批准，优先享受贵州省奖励政策。强化重点科研科技发展项目支持力度，按照"一企一策"原则，通过科技专项资金支持、减免行政规费等措施，支持园区企业科技成果在新区转化和产业化项目建设。

二是提高产业信息化水平。坚持以信息化带动工业化，实施一批企业信息化应用示范工程，运用信息技术改造提升能源、原材料等传统产业，积极推广先进控制技术、自动控制技术。积极推动信息技术在研发设计水平、工艺技术、产品数据管理技术等领域的应用，提高制造标准化、开放化、柔性化和集成化水平。支持企业运用计算机辅助制造、计算机集成制造系统等信息技术，提高生产、供应、交换、流通的自动化、网络化、数字化和智能化水平，实现企业人、财、物、技术等资源的优化创新。

三是强化技术进步的政策鼓励。贯彻落实国家鼓励企业加大技术创新投入的税收优惠政策，进一步对技术创新、产学研合作、高新技术产业化项目、新技术、新产品给予大力扶持。对申报实施国家级高新技术示范项目、循环经济示范项目、农业标准化示范项目、高端服务标准化示范项目并通过上级验收的企业或单位，给予奖励或补助。

（五）加快构建绿色发展的政策体系

一是实施差别化绩效考核机制。对于园区绩效考核机制，要按照经济产值、结构升级、产业发展、基础设施、生态环境等内容，分季度、半年、年度进行监测考核；根据监测考核结果进行奖惩，并提出考核意见，督促规划分解任务有效完成。对于产业的绩效考核，要根据产业门类发展特点，建立现代服务业、高端绿色制造业、现代都市农业等产业门类的差别化考核体系和考核标准。服务业以配套体系完善程度、产业融合度、品牌影响力等内容为主进行考核；制造业以产值规模、技术创新、研发、节能减排等内容为主进行考核；农业以特色农业项目、农业园区等内容为主进行考核。对于功能区的绩效考核，要按照各功能区定位，分别设定差异化的绩效考核体系和标准，在优化开发区域实行转变经济发展方式优先的绩效评价，在重点开发区域实行产业发展优先的绩效评价，在限制开发的生态功能区实行生态保护优先的绩效评价，在禁止开发的生态功能区实行以生态保护为唯一标准的绩效评价。

二是开展"绿色金融"创新实验，将环境评估纳入企业贷款审核流程，鼓励扶持绿色产业的发展，引导资金流向节约资源技术开发、传统产业升级改造、生态环境保护产业发展等领域。积极发展碳金融服务开发与碳交易相关的 CER、VER 等现货产品、碳远期、碳期货、碳期权、碳掉期等碳金融工具及其衍生产品，并建立碳金融注册和结算平台、碳项目咨询与服务、碳信用评级机构、碳信息数据库等中介服务体系。

三是建立绿色发展的动态监测机制。建立对绿色发展的规划指标的动态监测与定期公布制度，定期发布关于规划指标实施结果的统计公报，建立年度评估与中期评估机制。在形成监测报告的基础上，根据外部环境的重大变化和实际需要的动态变化，对部分规划目标和措施进行适当调整。

上篇

贵州与瑞士生态文明发展比较研究

一 贵州与瑞士生态文明建设条件和现状比较

（一）贵州与瑞士生态文明建设条件比较

1. 自然条件比较

（1）瑞士自然地理特征

瑞士位于欧洲中部，是一个多山多湖的内陆国家，总面积41284平方公里，总人口为770多万人。瑞士是著名的多山之国，全国国土由三大自然山区即汝拉山脉、中央高原及阿尔卑斯山区组成，境内高山林立，南高北低，阿尔卑斯山纵穿整个国家，高于12000英尺的山峰就有50多座，平均海拔1350米。

瑞士有着郁郁葱葱的森林，风光优美，其森林面积达12523平方公里，占全国面积的30.3%。瑞士有大小湖泊千余个，每条河、每个湖泊，人们都可以看到成群的海鸥、野鸭、天鹅、鸳鸯等飞禽。瑞士气候宜人，被有关国际机构评为全球居住环境最佳国度。美丽的雪山、茂密的森林、翠绿的草原组成了一幅幅美丽图画，而清澈湛蓝的湖泊犹如一颗颗蓝宝石，镶嵌在其版图上，瑞士号称"世界公园"。

瑞士全国约2/3的面积为山区，缺少大片平整的耕地，耕地严重不足，除了中央高原有些可耕地之外，其余地区均不宜农耕，可耕地面积仅占全国土地的6.3%，仅有的耕地地块也没有多少肥沃土地。

瑞士自然资源匮乏，除了水资源外几乎没有矿产资源，大部分的工业原料和消费品只能依赖进口。瑞士雨量充沛，瑞士的降雨量是欧洲平均降水量的 2 倍，年降雨量约为 1460 毫米，因此其水资源丰富，是欧洲大陆三大河流发源地，有"欧洲水塔"之称。拥有 2620 亿吨的淡水储蓄，相当于整个欧洲总储量的 6%。其中 51% 是湖泊，28% 是冰川和终年不化的积雪，20% 在地下，1% 在水库、河流和溪流中。

（2）贵州自然地理状况

贵州地处云贵高原东部，境内地势西高东低，自中部向北、东、南三面倾斜，平均海拔 1100 米。全省地貌可分为高原山地、丘陵和盆地三种基本类型，其中 92.5% 的面积为山地和丘陵，由于高原山地居多，素有"八山一水一分田"之说，贵州大部分耕地不肥沃。贵州气候温暖湿润，属亚热带湿润季风气候区。全省大部分地区年平均气温为 15℃ 左右，气温变化小，冬暖夏凉，气候宜人。

贵州矿产资源丰富，至今已发现矿种（含亚矿种）125 种，发现矿床、矿点 3000 余处，有煤、磷、铝土、锑、金、锰、重晶石、水泥原料、砖瓦原料以及各种用途的石灰岩、砂岩和白云岩等矿产资源。水力理论蕴藏量为 18140.3 兆瓦，居全国第六位；煤炭资源储量达 527.98 亿吨，居全国第五位，且煤种齐全、煤质优良。

表 2　瑞士和贵州自然条件状况

	瑞　士	贵　州
地理	欧洲内陆山地，阿尔卑斯山脉横贯中南部；山地面积 60% 以上	地处云贵高原东部，境内地势西高东低，平均海拔 1100 米。地貌分为高原山地、丘陵和盆地三种基本类型，其中 92.5% 的面积为山地和丘陵
气候	年平均气温 8℃ 左右，气候变化较大，夏季温度适中，阳光充足，冬季寒冷	大部分地区年平均气温为 15℃ 左右，气温变化小，冬暖夏凉，气候宜人
国土、人口、行政区划、民族情况	总面积 41284 平方公里，总人口为 770 多万人，26 个州，多民族聚集	国土面积 17.62 万平方公里，人口 3469 万人，6 市 3 州，多民族聚居
自然资源	水资源丰富，矿产资源贫乏；旅游资源丰富，誉为"世界花园"	矿种 125 种，煤、磷、铝土、锑、金、锰、重晶石等矿产资源丰富；旅游资源丰富，"公园省"
交通	远离海洋，是中欧南下入海和南欧北上纵深的必经之路	不沿海、不延边、不沿江，是西南重要交通枢纽

(3) 自然条件的比较

第一，自然条件的相同点

——二者都地处内陆，都是典型的山区，境内山脉纵横，瑞士平均海拔 1350 米，贵州平均海拔 1100 米。

——二者都是山清水秀之地，瑞士有"世界公园"的美誉，贵州也以"公园省"驰名，旅游资源丰富。

——二者可耕地面积均较少，都缺乏适宜发展农业的可耕地。

——二者都是多民族聚居地区，都拥有丰富多彩的民族文化资源；贵州有 17 个世居少数民族，占全省总人口的 38%。瑞士是一个多民族文化的混合体，使用德语、法语和意大利语三种官方语言的人口分别占 65%、22% 和 10%；信仰天主教和新教的人口分别占约 42% 和 35%，还有不少人信仰伊斯兰教和犹太教。

——都是交通不便的内陆地区，但同时又都是重要的交通枢纽。

第二，贵州与瑞士自然地理特征的不同点

从自然条件上看，虽然瑞士与贵州差不多，但从某些方面来看，瑞士自然条件基础还不如贵州。如生态环境方面，瑞士森林覆盖率是 31%，而贵州是 43%；贵州各类矿产资源丰富，而瑞士则相对匮乏；从能源资源来看，瑞士水能资源丰富，但是贵州水、电、煤等多种能源兼备，水能与煤炭优势并存。

(4) 启示

然而，人口不足 800 万、国土面积仅 4.1 万平方公里的瑞士，2012 年人均 GDP 达到 8 万多美元，高居世界第二位。相比而言，贵州经济发展长期处于全国下端位置，2011 年人均 GDP 仅 16413 元（约合 2600 美元），与瑞士差距非常大。

究其原因，主要是：瑞士根据其自然资源极度贫乏以及自然风光秀美的自然地理特点，在经济发展的主导产业群选择时避开了制造业产品运输的成本劣势，绕开了成本高的重化工业之路，致力于发展旅游、金融保险和精工制造等产业，通过品牌管理和创新技术实现了国强民富，成为欧洲乃至世界人均收入最高国家之一（见表 3）。因此，向瑞士学习，制定科学合理的发展战略，扬长避短，将自身的自然资源优势发挥到极致，通过生态文明理念引领经济社会发展，实现绿色后发赶超，是贵州必须选择的路径。

表3 瑞士经济发展战略

基本战略	走工业化道路
产业结构特点	工业和服务业为主
工业经济结构	资源和市场两头在外的出口导向型
主要支柱产业（工业）	高精尖机械制造、化工、医药、高档钟表、食品加工、纺织业
主要支柱产业（服务业）	旅游、金融、保险

2. 政策环境条件比较

（1）经济政策环境条件的比较

第一，经济政策环境条件的相同点。

——都强调政府经济政策调控的重要作用。瑞士通过国家投资、州社区财政拨款，以及重点资助、增拨预算等财政政策促进实现环境保护；贵州为促进以循环经济为重点的生态经济的发展，通过加大财政投入力度、统筹涉农资金，确保各级财政对农业的投入向生态农业项目倾斜。另外，二者都采用了颁发消费许可证和补贴等方式来实现调控。

——都强调税收政策的作用。瑞士和贵州都制定税收政策，利用税收手段对影响生态环境的生产、生活方式予以限制，如对企业征收垃圾处理税、能源消费税等税种。

——都强调金融投资政策的作用。瑞士通过金融政策、信贷政策对经济发展和环境保护进行调节和引导；贵州也多方探索建立多元化投融资体制，探索和创新多种信贷方式支持生态农业和生态工业的发展，支持保险公司开拓生态农业保险和再保险业务，实现发展中的环境保护。

第二，经济政策环境条件的不同点。

——瑞士政府更重视通过市场经济手段来促进环境保护的发展。虽然行政强制命令行之有效，但瑞士将更多引入经济手段作为污染防治的方向。"谁污染，谁付费""污染大，花钱多"经济手段的引入，使企业在制定发展战略时将环境保护置于其成本预算中，从而达到自愿减少污染的目的。贵州也发挥市场机制优化配置生态环境的作用，在政策上探索"生态补偿"的一些做法,明确了生态补偿资金的比例,以加大对生态产业和生态企业的补偿。

——贵州积极制定和实施一批环境经济政策,但还处于试行阶段。在生态文明建设的背景下,贵州高度重视发挥经济政策在环境保护中的作用,并积极进行了大量的探索。如环境财政、环境定价以及生态补偿等经济政策正在逐步向规范性制度建设发展,也建立了绿色信贷、保险、排污交易等政策试点,鼓励和引导各类社会资本参与生态产业的发展,但目前主要还处于试行阶段,发挥的作用尚不充分。

(2) 环境保护政策的比较

第一,环境保护政策的相同点。

——政府是环保统筹安排落实的主体。瑞士在经济发展过程中也曾受到环境污染的威胁,因此,从20世纪70~80年代起,为创造整洁的环境,瑞士各行政区着手实施了宏大的环境保护战略,制定了相关的环保政策。30年来,贵州省委、省政府坚持不懈地把加强生态环境建设作为经济社会发展的重要任务,并出台了系列环境保护的政策。1990年,省委、省政府做出了《关于十年绿化贵州的决议》,开始大力开展生态建设,努力修复生态环境;20世纪末21世纪初,启动实施退耕还林工程,出台了以退耕还林为重点的生态建设具体政策措施;这些年来,通过实施退耕还林、封山育林、天然林保护等重点林业工程,森林覆盖率年均提高1个百分点,目前已经接近40%,是全国平均水平的两倍以上,生态条件在全国也是较好的。出台了关于大力发展生态农业、做好建设节约型社会、再生资源回收利用、生活垃圾资源化利用等系列政策和意见。

——税收是实现环境保护的重要途径。税收政策方面,瑞士国家议会进行了绿色税收改革,与各行政区协商合理提高环境税、生态税、能源消费税,通过经济手段体现了"谁污染、谁治理""污染大、花钱多"的原则,使企业在制定发展战略时将环境保护置于其成本预算中,从而达到自愿减少污染的目的。

——环保政策都是以实现生态效益和经济效益为主要目标。在切实加强生态建设和保护的基础上,高度重视对森林资源、空气资源和水资源的合理利用,促进了生态效益和经济效益的有机统一。

第二，环境保护政策的不同点。

——瑞士已经建立起完善的生态补偿制度。瑞士制定有生态补偿的农业政策，为减少农业生产对环境的污染，政府对农户给予生态补偿，制定了各种细致的条款规定了补偿价格，随着对环保问题的重视程度提高，生态补偿资金占农民收入的比例也越来越高，甚至高达75%左右，超过了农民的农产品销售收入。

——瑞士在很多环节和细节上注重环境保护。比如在设计筑路时，他们整体规划，精心施工，路基路面完工之后，所取沙石土料之处都要严格按规划设计平整翻新，再种上树木草丛，看上去非常和谐优美。瑞士的垃圾回收车有良好的密封性，既不影响市容，也不会散发出难闻的气味。垃圾车就像吸尘器一样，一路开过来就将脏东西吸入车里。

——瑞士政府非常重视企业在环保中的作用。对企业征收垃圾处理税、能源消费税等税种，并采用颁发消费许可证和给予补贴等各种经济调控手段实现环境保护。这使得企业成为瑞士环保的一个重要中坚力量。而贵州企业在环境保护中的作用发挥还很不够。

（3）法治环境

第一，法治环境的相同点。

——全面的环保法律和法规是生态文明建设的重要保障。百余年来，瑞士联邦和各级州政府制定了全面的环保法律和法规，通过法律法规环境的改善，减少行政对市场价格的干预，促进劳动市场的自由化，保障瑞士富于竞争性的生产和服务市场；从立法角度为企业建立和发展提供良好的投资环境，加强了瑞士作为投资场所的吸引力，促进竞争机制的进一步完善，使瑞士成为开发高附加值产品的投资场所。

——贵州与瑞士政府都制定有不同层面的法律法规。在联邦法律框架体系下，瑞士各州参照联邦法律、法规，根据自身条件制定了有关条例以解决经济发展以及环境保护中的问题。针对国家层面的法律法规，贵州将地区法规进一步细化，在省层面有《贵州省红枫湖百花湖水资源环境保护条例》，在市层面有《贵阳市水污染防治规定》《贵阳市饮用水源环境保护办法》等。

——都制定有专门性法规来促进环境保护。在环境保护方面，瑞士联邦政府设立有专门的《保护自然和文化遗产法》《环境保护法》《狩猎法》《水保护法》《森林保护法》等法律，《森林保护法》是瑞士政府于1902年颁布的，该法案成为瑞士历史上第一个环保法规，它及时有效地制止了人们对森林的盲目砍伐和破坏。

第二，贵州与瑞士法治环境的不同点。

——瑞士将环境保护的法律规定上升到国家战略层面。瑞士联邦政府在1874年《宪法》和以后的有关重大法令中对森林、水土、河流湖泊等环境问题做了规定，如瑞士政府一直支持建立环境保护区，出于湿地保护的目的，将湿地保护纳入国家宪法。

——瑞士环境立法更为全面而系统。瑞士环境立法全面、执法严格，对促进瑞士环境保护起到重要作用。1995年12月修订的《环境保护法》规定，对挥发性有机化合物和含硫的取暖燃油征收税，提前征收垃圾处理税；对含铅和无铅汽油采用不同税率；征收机场噪音税，工业企业承担污染费等。瑞士法律、法规体系的完整性保证市场经济体制促进经济发展和环境保护。

——瑞士环保立法强调防范为先的原则。首先通过预防措施尽可能减轻对环境的污染。在违法处罚方面，瑞士法律规定了相当严厉的具体处罚措施，有7种违法可以处以长达6个月监禁或罚款，如果违法行为与《刑法》某些条款所列情况相同，则可适用后者。[①]

（4）建议

第一，将环境保护上升为"国家目标"。完善的法律制度是环境保护的主要保障。瑞士联邦政府在1874年《宪法》和以后的有关重大法令中对森林、水土、卫生环境等问题做出规定，这成为瑞士环保的重要保障，将环境保护上升为国家目标一定要把环境保护纳入法制轨道。全面的环境保护法律体系，有利于环境保护。

第二，政策体系应从碎片化向系统化转变，从导向性向操作性转变。贵州在生态文明建设的探索道路上，不断细化政策，从财政政策、土地保障政策、人才支撑政策等方面综合运用多种手段推进生态文明建设，但需

[①] 解读《瑞士环境保护政策》，http：//www.twwtn.com/Policy/63_181191_2.html。

要政策体系化，并从政策导向性向可操作性转变，以更好地促进生态文明建设。

第三，政策执行应从"软约束"向"硬约束"转变。进一步深化政府行政管理体制改革，以依法行政、公开透明、大幅度实质性减少行政审批为重点，加强质量、安全、环保、节能、技术标准等方面的一线监管，政府管制从人治到法制，从软约束上升到硬约束，提高生态文明制度的稳定性和长效性。

第四，促进政策协同。一方面，是将贵州区域协同与国家部委协作结合起来，在土地扶持、项目引导、资金倾斜、科技合作方面寻求支持并开展合作；另一方面，应将财税政策、金融政策扶持的外推力与环境政策的内控力有机结合，加强财政政策、金融政策向节能减排和环境保护领域倾斜。

3. 资金保障条件比较

（1）资金保障条件相同点。

第一，财政拨款是最重要的资金来源。政府财政拨款是贵州生态文明建设最主要的资金来源。由于缺乏对社会资金进入环保领域的可行性分析，没有很有力的政策支持，结果大量的社会闲置资金找不到投资方向，金融资金对有关环保的贷款惜贷现象严重。瑞士财政也是重要资金来源，但是并不依赖于此。

第二，都非常重视资金保障对于环境保护的重要作用。二者都通过经济手段来促进环境保护，推进实施有利于环境保护的经济政策，以获取环保的资金保障。

第三，税收和金融是环保资金最主要的资金来源渠道。联邦政府及各州政府征收的与环境有关的税收收入的近80%被用于相应的环境项目，20%被投入公共基金。瑞士金融业有一系列安全、快捷的服务方式和制度。贵州与瑞士一样，金融、税收是环境保护资金的重要资金来源。

（2）资金保障条件不同。

第一，贵州主要依靠财政拨款，而瑞士经费来源多元化。瑞士环保资金的来源更加多元化，除了政府财政拨款，宗教、社团、基金会，以及企业和私人赞助也是瑞士环保资金的重要来源。贵州也尝试建立多元化的资金来源保障，如建立了贵阳市"两湖一库"环境保护基金会，以多渠道加大对生态经济以及环境保护的资金投入，但是还不完善。

第二，贵州生态环保投资严重不足。生态文明建设作为一项庞大的社会系统工程，需要大量的资金投入作保障。金融业是瑞士的主导产业，瑞士也是全世界的金融中心之一，保管着世界3/4的私人长期储蓄，外国资金和存款大量流入瑞士银行，从而大大增加了瑞士的金融实力。瑞士金融保险行业十分发达，其金融资本活跃在全球金融市场上，现在国内外银行（包括分支机构）就有4000多家，被世人称之为"金融帝国"。

为促进生态文明建设，针对金融业薄弱情况，贵州省委、省政府深化和完善投融资的体制改革，挂牌成立了贵阳市工业投资（集团）有限公司、贵阳铁路投资建设公司、贵阳市旅游文化产业投资（集团）有限公司等，并通过国有股权重组、盘活国有资产，满足生态文明城市建设的需求。此外，通过举办首届金融博览会等措施，"引金入黔"，加速推进金融机构建设。

第三，贵州环保投资资金使用效率较低。有效投资是指金融资本有利于生态系统组织结构的合理化、生态环保和建设的可持续发展。金融投资的方向、数量、期限等要支持最适宜作物的生产，要有利于土壤改善水土的保持，要有利于污染最小、经济效益最大。相比瑞士，贵州在环保资金的使用方向、使用效果方面都还在探索，寻求更好的效率。

（3）建议

第一，着力加大生态文明建设的财政投入。要加快建立健全生态文明建设财政投入不断增长的机制。各级政府要按照建立公共财政的要求，把生态文明建设投入作为公共财政支出的重点，逐年增加其占财政支出的比例；应正确处理环保投资与生态建设、长远收益与短期收益的关系，规范资金管理和使用，集中投入重点项目建设，确保资金发挥应有效益。充分运用经济杠杆，发挥财政资金的作用，要尽快制定有利于筹集建设资金的各项政策。

第二，在强调政府发挥作用同时，坚持市场化运作方向。资金投入是生态文明建设的资金保障。瑞士实行自由的市场经济体制，其完善的市场经济体系，使其拥有雄厚的资金和高效率的资本市场。推进生态文明建设，政府投入是基础，市场机制是核心，应采取政府引导、社会投入、市场运作的方式，加快建立和完善生态文明建设的投融资机制。

第三，加快建立多渠道、多层次、多元化的投融资体制。贵州作为欠发达、欠开发的省份，经济实力弱，财政收入低，资金不足，生态文明建设的投融资机制是支撑生态文明纵深发展的基础。要建立投资主体多元化、融资渠道多样化、运营主体企业化、运行管理市场化的体制。采取建立政府引导资金、财政贴息、投资补助、安排项目前期经费、政府投资股权收益适度让利等政策措施；要按照"谁投资、谁受益、谁承担风险"的原则，积极引入市场机制，使社会资本对生态建设投入能取得合理回报，以鼓励、支持和引导社会资本进入生态保护与建设领域。

第四，要着力抓好金融体制创新。支持重点生态产业与环保项目申请银行贷款，通过发行建设债券和企业股票上市融资，促进生态环保建设项目落实和企业加快发展；金融部门要增加用于生态环境建设的贷款，并适当延长贷款偿还年限。积极尝试环境保护的资本经营，鼓励不同经济成分和各类投资主体以独资、合资、承包、租赁、拍卖、股份制、股份合作制、BOT、TOT等不同形式参与生态和环保基础设施建设与运营。也可以创新发行生态环保彩票，以动员社会资金支持环保事业。

第五，建立绿色金融、绿色信贷等政策，推进绿色资本市场建设。绿色保险、绿色信贷、绿色贸易等环境经济政策能在环境保护中发挥重要的杠杆作用，应建立绿色金融、绿色信贷等推进绿色资本市场建设，严格上市公司环境保护审查，防范环境风险和金融风险，建立环境损坏赔偿机制。

4. 人力资源条件的比较

（1）人力资源条件相同点。

第一，都很重视人力资源开发。瑞士始终把人才资源开发摆在重要位置，同时以包容的环境从各个国家吸引了大批高科技人才，劳动力总体素质很高。贵州省为提升人力资源素质，采取系列措施，出台《中共贵州省委关于进一步实施科教兴黔战略大力加强人才队伍建设的决定》，采取多种激励措施吸引人才。贵州采取多形式、多方式吸引高层次人才，并实施津补贴政策等诸多人才政策。

第二，都建立起完善的教育体系。瑞士大力发展教育事业，基础教育、职业教育和高等教育均衡发展，尤其是其有特色的职业教育体系，有效提升了人力资源整体素质。贵州大力发展高等教育，积极发展职业教育，并在企业开展以内训方式进行的入职培训、岗位培训、在职培训等常规性培训。

第三，都高度重视人才的培训。企业结合企业和员工情况制订培训计划，围绕企业的发展战略目标来分层次分阶段抓培训。把增强沟通能力、解决问题、完成工作目标作为自我修炼和组织培训的着力点，通过培训增强员工责任意识、创新精神、绩效意识，锻造团队精神。

（2）人力资源条件不同点。

第一，在劳动力数量上，贵州具有数量优势。瑞士劳动力资源匮乏，约20%的就业劳动力需要依赖外境人口，与瑞士相比，贵州拥有丰富的劳动力资源优势，但总体素质远远落后于瑞士这样的发达国家，也落后于中国其他发达地区。

第二，瑞士具有高质量的职业教育。瑞士实行"双轨制教育"，只有30%左右的人选择学术性的学术学位，有2/3的年轻人参与职业教育与培训，职业型的教育一半时间在学校学习理论知识，另一半时间则在企业实习。经过4年的职业培训，他们成为熟练的技术工人。而训练有素的高水平技术工人，是瑞士产品和服务优质而闻名于世的保障。贵州职业教育规模不大，也存在许多问题。如学校专业设置与市场需求不匹配，毕业生无法迅速适应岗位要求；学生实践经验缺乏、动手能力差，特别是对生产流程、工艺要求不熟悉；一个更普遍的情况是，人力资源的创新能力不强，团队工作意识、沟通能力不强。

第三，贵州高等教育发展落后。贵州培养的人才大量流失到东南等发达地区；瑞士拥有高质量的高等教育和科研，瑞士一共有12所大学，这些大学都是研究型大学，没有单纯以教学为目的的大学，瑞士绝大多数科研机构都依托于这些大学，在研究领域的国际合作与竞争中表现得非常活跃。

（3）建议

第一，人力资源是最大的资源，要始终把人才资源开发摆在重要位置。瑞士拥有良好的教育和具有较高素质的劳动者，与瑞士高度重视教育和人力资源的开发相关。人才问题始终是贵州发展的短板。贵州要重视教育事业发展，不断提升人口整体素质，尤其要重视职业教育，为制造业崛起培育合格的技能人才。

第二，制定贵州职业教育发展规划。贵州应认真谋划人才优先发展的战略布局，切实改变人才短板。建议在实施"9+3"计划的基础上，从发展目标、专业设置、空间布局、制度保障、培养方向和监测体系等方面进行细化，制定符合贵州省实际的职业教育发展规划。

第三，完善企业参与的教育模式。让企业参与职业教育，采用"学徒制"教育方法，由具有企业工作经验、实践能力强的专业教师对学生进行指导；大力推行"4+1"模式。即一周1天到1.5天在学校学习，其余4至3.5天在企业实习。

5. 创新条件的比较

（1）创新条件的相同点

第一，都很重视技术创新。各种环保高新技术，尤其是节能减排、污染处理、新能源产品等方面的技术，可以大幅提高效率及提高废物利用。因此，加强创新是生态文明建设得以顺利实现的重要技术保证，瑞士和贵州都很重视技术创新。

第二，都积极开展与科研院所的合作。瑞士企业界也积极与科研机构和大专院校开展合作研究，解决生产中出现的问题，使生产技术不断创新。

第三，都很积极将创新成果应用于实践。瑞士积极将科技成果应用于生产实践，瑞士的众多环保技术一直处于世界前列。如垃圾回收处理、废水处理、仪器和控制系统、利用垃圾燃烧发电、节能以及低污染发电等领域都是领先技术水平。

（2）创新条件的不同点

第一，瑞士创新能力远远超越贵州。据美国康奈尔大学（Cornell University）、欧洲工商管理学院（INSEAD）和世界知识产权组织（WIPO）联合发布的2013年全球创新指数（GII），瑞士排名全球142个国家中的第一，在世界经济论坛2009年发布的全球竞争力报告中，瑞士在全球科研机构质量排名中名列第一。每万人口中科研人员达到120人，先后培养出20多位诺贝尔奖获得者。

第二，瑞士创新投入远远超越贵州。从20世纪80年代开始，瑞士联邦政府就逐渐大量增拨科研经费，大力加强科研开发，瑞士每年投入的科研费用高达100亿瑞士法郎，约占国民生产总值的2.7%，按照人均计算科研费用排名第一。贵州创新的投入力度不够，2012年全省148家重点技术创新企业R&D投入强度为2.37%，低于全国平均水平，远远低于瑞士投入水平。

第三，瑞士具有更良好的创新政策环境。瑞士积极鼓励创新，作为后发展地区，贵州由于缺乏制度、立法等方面的软性保障，创新的激励不足。哈佛大学法学院助理教授伍人英（Mark Wu）认为，是制度因素阻止了人才在中国发挥作用。

第四，进行技术创新的路径不同。中国的创新总是国家主导的自上而下模式，而缺乏自下而上的力量。瑞士科技创新中企业尤其是中小企业积极参与，企业成为创新最重要的主体。

(3) 建议

第一，以技术为支撑发展高精尖产品获取高附加值，是工业竞争制胜的法宝。贵州应借鉴瑞士经验，着力培育和提升生态科技支撑能力，重点发展节能、降耗、增效、减污的生态化技术，建立为生态工业、生态农业和生态服务业提供支持的技术体系，建立连接生产与消费领域的废旧资源再利用和无害化处理技术体系。

第二，创新性人才的培养是个系统性工程，需要在全社会尤其是大中小学教育中开展创新教育，以形成创新文化，促进生态文明建设各方面创新人才大量涌现。

第三，只有科技创新特别是自主创新，才能抢占生态文明建设的制高点。要进一步深化生态文明建设的科研体制改革，理顺管理体制，建立"政产学研"一体化的科研体制，建立新型生态文明创新体系，采取综合措施，优化科研资源，加快建设生态文明科技创新基地和科研中心，努力提高原始创新、集成创新、引进消化吸收再创新三大能力。

第四，让企业成为科技创新的主体。要运用政策、投入、金融、服务等多元化的支持方式，引导各类创新要素向企业集聚，使企业真正成为研究开发投入的主体、技术创新活动的主体和创新成果应用的主体。

（二）贵州与瑞士生态文明建设发展现状比较

1. 生态环境建设的比较

（1）环境保护的做法和措施的相同点

第一，在水资源保护方面共同采取的一些措施。一是防治水污染。在过去的几十年里瑞士投资数十亿瑞郎，开展了全国性的污水净化工程，数百个污水净化装置遍布全国的下水道中，污水净化网遍布城市与村庄，保证了湖泊及河流中的水质洁净。二是加强水资源保护。对主要河流资源做排污治理，保护河道清洁通畅，保证自流引灌优势的持续。同时对水源地加强保护，对单位通过限量用水、建小型处理设施等措施，防止过度利用水资源。

第二，在大气保护方面共同采取的一些措施。瑞士在空气环境保护方面有许多具体措施，如在火车站等人多的地方，一般采用高压水枪进行清扫，以避免扬起尘土；瑞士治理大气污染，除了大力治理工业废气污染，还积极治理机动车尾气，通过实现居民做饭取暖的"煤气化"使废气排放量不断减少。

第三，在森林保护方面共同采取的一些措施。对天然林资源保护工程实施严格的首长负责制，层层落实责任，严管资金使用；在天保工程的管护工作上，由管护人员分区实地巡查管护，及时对管护分区进行调整。通过保障措施使森林资源得到切实有效的保护，改善生态环境。

第四，在资源节约方面共同采取的一些措施。以清洁生产和低碳化为特征，贵州和瑞士在资源节约和生态循环方面都采取了很多具体措施，如综合利用固体废物，主要开展了磷石膏、粉煤灰、赤泥综合等综合利用，实现变废为宝；建筑物都装有专用雨水流通管道，可蓄存雨水，循环利用。湖泊富营养化是瑞士、贵州正在面临或曾经面临的一个重要问题，在"回归自然"的前提下，通过河流恢复工程减小洪水的危害，保护了鱼类生长。

（2）生态环境建设现状的不同点

第一，瑞士始终将"规划"作为生态环境建设最重要的一环。瑞士是一个强调规划的国家，通过实现规划避免了不必要的种种损失，对城乡建设、自然景观、历史风貌、文化遗迹的保护是瑞士获得世界花园美誉的重要原因。如对工业园区中的绿地面积，应按照联合国有关组织的决定，绿地覆盖率达到50%、居民人均绿地面积达90平方米、居民区内人均绿地面积达到28平方米，这样才可维持工业园区生态系统的平衡，[①] 真正达到生态型工业园区的标准。

第二，瑞士强调企业在环境保护中的作用。瑞士政府重视企业在环境污染治理及保护中的作用，而企业也在积极投身环保中获得更多收益因而主动成为环保的宣传者和积极参与者。而贵州企业将严格的环保措施视为给企业带来的成本负担，不能积极主动参与环境保护。

第三，瑞士有更为严格的生态环境保护措施。瑞士有严格的生态环境保护措施，超市一般都设有回收塑料制品和电池的装置。一些旅游城市更是重视环保，比如马特洪峰所在地的策马特镇，就明令禁止燃油类车辆进入，旅客必须搭乘专线火车；各个城市的照明严格执行低能耗标准。

（3）建议

第一，机制创新，提升环保综合决策与协调能力。要建立环境与发展综合决策机制，组织制定重大环境与发展政策，协调解决重大环境问题，使环境保护工作前置。探索实行重大决策、政策的环境影响评价制度，大力推进规划影响评价，将环境影响评价作为重大决策制定的基本依据，确定区域开发和重大建设活动的环境准入条件和环境保护要求。

第二，规划先行，全面指导生态环境建设。不论是区域规划、城市建设规划，还是企业发展规划或是环保项目规划，只有通过规划才可以合理布置生产力，提高布局的经济效益和实现环境保护的最佳效果。抑或在工艺和产品设计时，充分考虑资源的有效利用和环境保护，生产的产品不危害人体健康，不对环境造成危害以获得良好的经济效益和生态效益。

第三，加强环境保护的国际合作。环境问题没有国界，瑞士长期以来把环境领域的国际合作看做是国际政治领域的重要问题，通过国际合作，在世贸组织的框架内给予环境问题更多的考虑，可通过世界银行全球环境

[①] 姬振海：《生态文明论》，人民出版社，2007。

机构获得更多技术和财力帮助。

2. 生态经济建设的比较

(1) 生态经济建设的相同点

第一，在生态农业发展方面，二者都进行了诸多循环经济的试点。比如，贵州普遍在农业生产基地将养殖区畜禽的粪便用来发酵产生沼气，通过采用微生物技术治理养殖污染，并利用养殖污染物生产治理土壤污染必需的新型环保肥料，为无公害食品生产提供了保障，从而形成了种—养—加—沼—肥产业循环链，构建了可持续的农业循环经济模式。瑞士自20世纪60年代以来，通过生态农业措施实现农业生产环境友好，目前已形成一个比较完善的生态产业体系。

第二，在生态工业建设中，二者都强调发展科技节能、清洁生产和循环经济。贵州在企业中大力发展科技节能、清洁生产和循环经济，集约利用土地、水等资源，同时，以"四节"（节能、节水、节地、节约原材料）为重点，推进经济发展向"低投入、低消耗、少排放、高产出、可循环"的集约型增长方式转变。

第三，二者都通过发展产业集群，实现产业空间布局优化。基于产业集群而形成的集群经济是瑞士经济的重要亮点。如瑞士化工医药行业企业主要集中于汽巴—嘉基公司、罗氏药厂、诺华公司和山德士公司，产业地区集中于"化工之都"巴塞尔。在集群优势下，瑞士化工医药业发展迅猛。贵州优化产业发展方式，目前建立起磷及磷化工循环产业集群，铝及铝加工循环产业集群，煤及煤化工循环产业集群以及装备制造循环产业集群，实现生态化发展。

(2) 生态经济建设的不同点

第一，二者三次产业结构比例不同。瑞士自然资源贫乏，其经济结构有自身的特点：旅游、交通、商贸十分发达，第三产业占国民经济的主体地位，有70%的从业人员；第二产业以传统的食品加工、钟表、医药机械、精细化工为主，有26%的从业人员；农业就业人口仅有4%的比例。

第二，瑞士注重品牌建设，数量有限但是附加值很高。工业产品注重品牌，数量有限但附加值很高，都成了出口创汇的主要产品；旅游、金融保险等诸多服务业经过多年的发展，具有良好的品牌形象，在世界都具有重要地位。

第三，瑞士环保产业得到大力发展。环保产业已经在瑞士成为一种具有增长潜力的产业，瑞士环保产业获得很大发展，环境工业从业人员约5万人，占所有劳动力的1.3%，年销售额95亿瑞郎。

第四，生态文明建设的程度方面有所不同。贵州生态经济发展基础良好，但是尚未形成体系，大部分生态产业项目仅停留在示范阶段，没有进行大规模的推广，总体上生态经济占经济总量的比重偏小，生态经济效益未能较好显现；瑞士形成良好完善的生态经济状态。

（3）建议

相比瑞士，贵州有着后发优势，可以借鉴瑞士先进经验，在经济发展中避免工业污染，直接发展绿色生态产业。

第一，调整三次产业结构实现优化。产业结构影响污染防治结构。瑞士以金融服务以及高科技为支撑的制造业结构，使其来自工业的污染非常小。贵州应调整产业结构，充分利用贵州良好的自然资源优势，大力发展特色经济，通过大力发展旅游业、金融业及会展产业等服务业和以高科技支撑的制造业，减少环境破坏。

第二，大力培养企业品牌。通过品牌培育改变生产方式，通过打造品牌获得更多的附加价值，降低资源的消耗和环境的污染。贵州农产品精深加工已经有一定发展，还需要加强市场营销能力，对农业生产由单纯的产量观转向品牌效益观，把特色农产品发展成为品牌价值高的生态农业精品。

第三，循环经济发展模式还未得到普及。贵州是最早开展循环经济试点的省份，培育了循环经济示范型龙头企业，为大力发展循环经济奠定了坚实的基础。但是农业循环经济发展模式并没有广泛使用，生态农业基础薄弱，还停留在无公害阶段，层次比较粗浅，没有真正进入生态农业阶段。

第四，引进先进技术模式，培育标志型农产品。一方面，大力发展特色生态农业，整合资源，加大资金、技术等关键要素的配置力度，引进现代农业龙头企业，引进先进农业技术与模式，发展低投入高收益污染小的农业项目，重点是应用生态环境保护和资源高效利用的技术，开发无公害农产品、有机食品和其他生态类食品；另一方面，按照国际生态农业标准体系，发展生态标志型农产品，即生产过程对生态系统与环境保护有积极贡献、产品中有害物质含量符合国家和国际的限量标准。

3. 生态社会建设

（1）生态人居建设的相同点和不同点

第一，相同点。贵州和瑞士城镇建设注重对古城镇的保护。瑞士的城镇化建设突出旅游小镇的打造，城镇规划建设以不破坏原有自然风貌为前提，在农村地区的田野和山坡上，各种黄色、粉色、蓝色、红色的别致的小村落和农舍自然分布，如同不规则的五彩积木群，掩映在青山绿树间，山就像一块无边的画布，它将城市融于自然，使瑞士农村地区成为适合人们居住和旅游的好地方；在很多小镇，无污染的电动车和马车是主要的交通工具。贵州在生态文明建设中注重对生态小城镇的保护和建设，并以城镇建设带动旅游业的发展。

第二，不同点。瑞士在"二战"中没有受到战火的摧残，至今还保留了中世纪时期的老街与建筑群，其间留下了许许多多建筑大师的作品，他们用精致而唯美的手法将建筑很自然地融入城市。贵州是一个民族文化、历史文化、民俗文化、红色文化、宗教文化、工业文化、建筑文化和饮食文化丰富的区域，在贵州发展过程中存在一定对文化的破坏和影响问题，没有好好利用，不过这种状况正在得以改变。

（2）生态和谐社会建设的相同点和不同点

第一，相同点。瑞士存在区域经济发展不平衡问题，表现为在中央高原与不等的海拔地区之间有不同类型的经济外围或贫困地区，各州之间经济发展的不平衡状态在客观上进一步发展。瑞士联邦政府为此采取了一系列鼓励性措施，实行地区性经济社会政策。如联邦通过的1974年6月28日法案，决定设立山区投资项目，着手解决作为贫困主体部分的山区及农村的问题。瑞士的多民族和谐发展，近两个世纪来瑞士从来没有发生过民族之间的激烈冲突，是一个独具特色的多民族和睦相处的和谐社会。

贵州少数民族地区大部分居住在深山区、石山区，这些地区基础薄弱、贫困度深。生态文明和谐社会建设始终将民族地区经济社会建设作为重要目标，实现各民族团结繁荣。

第二,不同点。瑞士真正实现了农村和城市的无差别化,不论在经济还是在生活环境方面,吸引大量瑞士人到农村生活。而贵州目前城乡差别还是很大,但是贵州通过生态文明建设进行了大量的努力。表现如下。

贵州高度重视人口素质提高,重视和谐社会建设,通过社会主义新农村建设、"百村试点"建设,建设党员活动室、村卫生室、文化体育场所等硬件设施,同时各试点村还完善软件配套,通过实施、完善新型农村合作医疗、养老保险、最低生活保障和深化农村各项改革,全面提高村民道德素质。

贵州2005年以来,开展了"四在农家 美丽乡村"的新农村建设,加快农村生活环境综合整治。贵州省委农村工作会议统一部署,选择了103个经济发展水平不同的建制村建设"美丽乡村",作为开展新农村建设的省级试点,采取对农村生活垃圾集中收集并实施无害化处理等一些措施,考核指标包括饮用水100%的合格率以及关爱帮扶救助等43项,改善了农村环境质量。

在城市领域,实施生态综合建设工程,加强城市立体绿化系统建设,实现人居环境生态化。城市生态建设与环境治理,包括河道整治、污水处理和绿化景观建设等,最终形成生态型河道,以提高水源涵养、水土保持和气候调节能力;建设与维护城市公共设施及街面,开展道路拓展工程,积极构建园林型生态城市;严格控制新开发房地产项目的绿化率,从而构建居住小区和庭院多层次的立体绿化系统。

(3)公共服务现状的相同点和不同点

第一,相同点。都高度重视交通路网的建设。瑞士虽然山区很多,道路交通却很发达,不管去哪里都很方便。贵州经过西部大开发建设尤其是"十一五"以来建设,道路交通有了很大改善,建立起四通八达的交通网络体系。

第二,不同点。瑞士通过完善的公共机构和服务部门为经济发展和环境保护创造好的外部环境。如瑞士积极为中小企业营造良好的发展环境,中小企业占瑞士注册公司的98%,这些中小企业为瑞士发展贡献巨大作用。贵州目前的生态文明建设还是以生态安全为目标,以生态重点工程为抓手,围绕建设国家级、省级生态区的目标,以一些示范点探索开展的,还没有成为体系。

(4) 建议

第一,开展"生态细胞"工程建设,构建立体化生态人居体系。开展优美乡镇、生态村、绿色社区、绿色学校、生态家园、生态工业园区的创建活动,扩大生态文明建设的范围,实现城市与乡村的和谐共存。

第二,借鉴瑞士经验建设特色旅游小镇。贵州可借鉴瑞士小城镇发展的做法,现代文明与自然环境深度融合,凸显城镇个性,因地制宜,走组团式、点状式发展的山地城镇化道路,将代表人类现代文明的家园和风光旖旎的自然环境最大限度地融合,并通过有特色的旅游小镇的建设带动旅游经济的发展。

第三,在构建现代社会生活中要尊重自然、尊重传统。瑞士在规划城镇建设的过程中,尊重传统文化和传统生活方式,至今还保留了中世纪时期的老街与建筑群。贵州应学习瑞士的社会管理理念,瑞士布克曼博士说"如果在贵州的小村庄里,有几所漂亮的小木屋可以出租给游客度假的话,我想这也是服务意识的一种"。贵州可在城市建设和社会管理中将传统融入现代,在现代中保持传统。

4. 生态政治制度的比较

(1) 贵州与瑞士生态制度建设现状的相同点

第一,瑞士法律制度的最突出特点,是经济决策的民主化与分权化。更为重要的是,在瑞士,事情无论大小,许多都要借助公民投票来进行决策,保证了民众对政府的有效监督。

第二,法律制度是瑞士和贵州进行生态制度建设的最主要内容。瑞士正是由于有了比较完备的环境保护法律和法规体系,并能切实有效地贯彻执行,环境保护才取得了显著成效。而贵州也通过法制建设搭建好生态环境保护的顶层设计,并进行了如"环保法庭"等较多的创新。

第三,完善的管理制度是环境保护的保障。贵州在组织结构顶层设计上,成立了第一个生态文明建设委员会;在执法监督方面,建成第一家生态保护法庭、生态保护公安分局和生态保护检查分局;技术和管理方面,不少企业通过循环发展和低碳发展成为资源节约型企业。管理制度的完善是生态文明建设的重要保障。

（2）贵州与瑞士生态制度建设现状的不同点

第一，瑞士拥有完善的制度体系。瑞士实施了包括法规制度、经济措施、宣传教育、管理模式交易平台等一系列配套措施。贵州经过20余年持续探索，将制度建设作为生态文明建设的重要内容，在体制机制、政策设计、措施安排上不断创新，在全国创造了诸多"首个"和"第一"。

第二，瑞士拥有健全管理评估等制度体系。贵州目前仍存在部门职能交叉重叠、部门间衔接不足等现象，比如对水利的管理分属两个体系，这种情况很难在生态文明建设中形成合力。

第三，瑞士实行的是民主制度。瑞士是联邦制国家，分三级政府：联邦、州和市镇，每一个州都按照该地区的特点制定最适合本地区实际情况的地方性法律制度，自主决定采用何种选举制度，自己负责本州内的警察、卫生、教育、交通等各项事务。瑞士实行的"直接民主"特别是"人民倡议"制度，保证了民众对政府的有效监督，也保证了政府政策和行为的高效正确。

（3）建议

第一，进一步加强民主政治和法制建设。民主和法制是生态文明建设的根本保障。只有扩大民主、增加人民群众的有效监督，才能增强决策效率和效果。应建立由多学科专业组成的环境与发展咨询机制，对经济与社会发展的重大决策、规划及开发建设可能带来的环境影响进行充分的研讨和咨询；同时，建立健全信息发布机制，推进公众参与综合决策，保障公众对综合决策的知情权、参与权和监督权。

第二，落实政府环境保护的目标责任制。强化地方政府环保目标责任考核，提高环保考核在地方政绩考核中的权重，对关键环保目标指标考核实行一票否决制；完善各级政府实施环境保护的相关规划和计划的评估机制，定期向同级人大报告各种环境保护相关规定和计划执行情况。

第三，要尽快健全完善生态环境建设补偿机制。生态文明建设的补偿机制，是根据项目在生态资源与生态系统保护、建设中的作用和地位，进行科学合理的环境成本与收益核算，制定合理的利益补偿和财政转移支付政策。加快建立和完善生态补偿机制，可推进生态资源的合理配置。

5. 生态文化建设

生态文明是以生态文化为核心和灵魂的，生态文明建设要靠生态文化的引领和支撑。生态文化在宏观上影响和诱导决策管理行为与社会风尚按客观生态规律办事；在微观上诱导人们的生产及生活价值取向，合理开发和利用自然资源，实现社会经济的可持续发展。

（1）生态文化建设现状的相同点

第一，政府都高度重视环境保护。瑞士利用各种渠道在全社会积极倡导和宣传生态文明，促进环保知识的普及。贵州重视生态文明的宣传教育工作，针对不同群体，突出宣传重点。首先，充分利用本地媒体，依靠社区、学校、企事业单位、社会团体等基层组织，采取街头宣传、入户宣传、集中培训等多种形式，普及生态科学知识，在全社会培育形成节约和保护环境的社会价值观念。其次，贵州还通过每年的"生态文明会议"加大对生态文明建设的宣传。最后，利用世界无烟日、世界环境日等活动日，宣传绿色产业、绿色消费、生态人居等科普知识，促进公众生态价值观念的形成。

第二，都把环保教育作为中小学教育的一项重要内容。贵州和瑞士都大力加强生态文化教育，将生态文明教育融入大中小学教育中。瑞士重视环保教育，在中小学都开设了"人与环境"的课程。贵州编制有《生态文明读本》，同样在中小学开设"生态文明"课程。

第三，在低碳生活方面做了许多努力。有关部门经常免费向居民分发环保的宣传资料，都采用了举办新闻发布会和送发宣传品等方式让公众直接、便利地获取信息。如鼓励民众使用公共交通工具，以减少汽车尾气所造成的空气污染；鼓励顾客使用纸质或布质的购物袋以减少白色污染。

（2）生态文化建设现状的不同点

第一，相比瑞士，贵州在生态文明建设中取得了显著的成绩，但仍然有很多不足。如社区资源循环利用率不高，社区居民生活垃圾的回收利用率较低；节约意识不强，节能电器的运用率不高；生活污水的处理能力不足，基本没有得到循环利用，等等。可见，市民的生态文明理念还有待普及，生态文明的理念还没有深入人心，环保意识还没有成为文化影响下的自觉行为。由于对生态文明的内涵认识模糊,因而在实践上不能自觉践行生态文明观。

第二,瑞士各类环保组织在开展环境保护方面发挥巨大作用,贵州在利用民间组织力量方面则显得不足。贵州生态文化已经成为主流文化,企业不仅接受而且积极参与各类环保行动。因为有企业的参与,瑞士在垃圾回收利用、废水处理、环保仪器和控制系统、垃圾燃烧发电、节能及低污染发电等领域都处于世界先进地位。

第三,瑞士生态环保的理念获得了广泛的民众支持。瑞士对环保重视的文化已经深化为全民意识,并渗透到市民行为中,因此,瑞士公众更能自觉参与环保行动和环保监督。保护生态环境的理念成为瑞士人的自觉行为,居民能自觉地在日常生活中采用低碳环保的生活方式,不让有害物质破坏环境。

(3) 建议

第一,打造生态文化,注重培育生态文明理念。加强生态文化建设,要继续深入进行生态文明意识的培育。生态文明意识是建设生态文明的思想基础,也是现代文明与进步的表征。[1] 只有增强全民生态文明意识,积极弘扬人与自然和谐相处的价值观,将生态文明的理念渗透到生产、生活各个层面,增强全民的生态忧患意识、参与意识和责任意识,使得生态文明观念在全社会牢固树立,并成为全民的自觉行为,融入日常生活中,才能形成公众参与生态保护的主动力量。

第二,在全社会培养绿色生活方式与消费方式,奠定生态行为基础。开展生态文明宣传活动,提倡绿色生活方式,让公民从自己身边的小事做起,自觉抵制那些直接或间接危害环境的事情,如少用甚至不用一次性筷子、方便饭盒、塑料袋,不乱扔废弃物,不在公共场所吸烟,尽量使用无氟冰箱、空调器,使用无磷洗衣粉,家庭装修时尽可能地考虑环境的保护因素,平时注重节约用水,等等。[2]

---

[1] 靳国胜:《西部地区生态文明建设与法治环境的建构》,第三届西部法治论坛获奖论文,2008。

[2] 《提倡绿色生活方式》,http://www.cxyx.cn/sms/news/readnews.jsp? id = 3581。

二 贵州与瑞士生态文明建设历程比较

(一) 瑞士生态文明建设历程

1. 起步阶段（19世纪初至19世纪末）

瑞士成立于1848年，在这之前，真正的"瑞士历史"并不存在。准确地说，只存在各个独立地区的历史，而这些独立地区逐渐形成了今日的瑞士。瑞士是一个欧洲内陆国家，它的地理环境与今天的中国贵州并无两异，国土面积为41284平方公里，在欧洲，它只能算是一个小国，国土形状为不规则的四边形。地形非常复杂，众多的山脊、谷壑，起伏的高原构成了一系列或宽或窄的带状地形，从西南向东北延伸。瑞士是一个山多地少的内陆城市。

19世纪中期之前，瑞士是形成阶段，尚未开展工业化、城镇化的进程。当时行业主要是工场手工业。在饱受天灾之苦的同时，还承受人祸导致的环境污染问题，森林破坏、洪水、滑坡、山林火灾等自然或人为灾害不断发生。19世纪中期以后的瑞士，也即正式成立后的瑞士，经济迅速腾飞。这个时期，瑞士除了此前由天灾人祸导致的环境问题之外，还出现了以环境换取经济发展而出现的生态环境问题。这一阶段，瑞士还没有可持续发展的理念，只是在资源节约、生态系统和环境保护领域进行了一些初步的探索。瑞士议会在1876年通过了第一部有关森林保护的法律——《联邦森林检查团法》，但该法的适用范围仅限于山岳林。1877年，继而制定了《联邦水利工程检查团法》（1991年修订为《联邦水利工程法》）。瑞士在生态环保方面的这两部法律，为以后构建起可持续发展的法律体系奠定了重要的基础。总的来说，瑞士属于那种从一开始就对城市化进行规范的国家，因此得以避免不必要的种种损失，对城乡规划、自然景观、历史风貌、文化遗迹的一系列生态保护是今天瑞士赢得"世界花园""世界公园"美誉的基本条件。

2. 发展阶段（19世纪末至21世纪初）

在19世纪中期以后，瑞士进入了工业化、城市化的发展阶段，经济与科技得到了快速的发展。在此过程中免不了对土地的大规模开发,自然环境和人文景观也免不了要遭到破坏等。这个时期,瑞士的工业废水、家庭废水都是直接排放到河流、湖泊,没有经过任何的处理,随处可见漂着泡沫的溪流和奇怪颜色的河水以及成群的死亡鱼类。汽车数量的急剧增多也带来了此前没有的噪音与空气污染。城市面积不断扩张,农村地区的环境不断遭到严重的破坏。

从19世纪末开始,瑞士联邦和各州政府就开始为这个国家由于工业化和城市化所带来的污染而担忧。针对日益严重的环境问题,瑞士采取了一系列措施。第一,政府根据本国环境资源的状况,合理地在各州安排与分布各个产业的比例。第二,国土空间规划起步早。瑞士对国土空间的规划全面、层次分明。既有全国的空间发展概念规划,又有专题规划;既有联邦制定的空间规划基本原则,又有州的结构规划和市镇的土地利用规划。在规划的制定和实施中,注重协调与合作,强调可持续发展和公众参与。第三,经济发展逐步走向绿色经济、循环经济和低碳经济。在绿色经济方面,瑞士开创和不断完善了环境保护技术与能源的节能减排技术。增强与其他发达国家的信息与技术交流,加深研发经济能源清洁技术,提高能源的利用率。在低碳经济方面,积极发展低碳旅游,并在一些国内大城市进行自发节水止水制度,把个别大城市发展成为世界"生活质量最好的城市"。在循环经济方面,有理、有利、有步骤地回收利用废弃物,使其在对垃圾循环利用上达到了世界最高水平。第四,瑞士的教育为实现可持续发展提供了充足的技术人才与坚实的技术基础。瑞士国民教育高度重视职业技术培训,并制定《职业培训法》和《职业进修法》。在瑞士,每年的中学毕业生有70%进入职业技术院校,只有30%的学生进入普通高等院校。这种教育制度培养了被教育者的职业道德,更重要的是使被教育者具有了可靠的技能,源源不断地向社会发展的各方面输送充足的技术性人才,也为生态文明建设提供了坚实的节能高效技术。第五,完善的法律体系为可持续发展提供了保障。1955年颁布了《联邦水保护法》(1971年、1977年、1997年分别予以修订),该法不仅保证了水力发电所需的水量,并且通过建立污水处理网络为水资源提供了保护。针对瑞士地貌迅速改变的现象,1962年《联邦宪法》增加了关于保护自然和文化遗产的条文,并于 1966 年 7 月 1 日通过了《保护自然和遗产保护法》，第一次将本地动植物、风景以及遗址保护以联邦法律的形式进行了保护性规定，但是没能起到明显的作用。1987 年 12 月 6 日，瑞士选民通过了《罗滕图姆倡议》，将风景优美和重要的沼泽、湿地置于严格的保护之下，相应规章自此得到全面的实施。1970 年，90% 以上的选民投票赞同在《联邦宪法》中加入环境保护的条文。在旅游方面，1979 年出台了一个专门的《瑞士旅游方案》，规范旅游业的建筑和各类设施。1983 年 10 月 7 日通过了《联邦环境保护法》，作为各州必须执行的基本法。有关森林的立法于 1993 年年初生效。法律规定，只有在重新种植相同面积和有同等生态价值的树木的条件下，才能批准砍树。在这段时期瑞士并未对废物处理作出任何规定，民众随处倾倒的废物引起了水体污染和难闻气味。针对这种环境问题，瑞士虽然在《联邦环境保护法》中对废物处理作出了相关规定，但并不足以对环境有足够的保护，于是专门制定了《废物技术条例》。1983 年，"死亡森林"现象迅速将空气污染带入了大众的生活，瑞士联邦环境保护署也很快针对此现象制定了《空气污染防控条例》。为了保持本国生态的可持续发展和物种的平衡繁衍，根据宪法的精神及其相关规定，于 1986 年 6 月 20 日制定了《狩猎法》。瑞士联邦当局为进一步贯彻本国的宪法精神与规定，并结合本国实际的国情，与 1991 年同时出台了《捕鱼法》（1991 年 6 月 21 日）与《森林法》（1991 年 10 月 4 日），以保持鱼类的可持续繁衍和森林的高度覆盖率。但根据以上这些立法规定，废物必须在处理之后循环再利用或者安置在合适的地点，以防止对环境造成二次损害，并使受到污染的场地迅速得到修复。1998 年修改的宪法专门设有"环境保护和领土政治"的章节，内容包括可持续发展、环境保护、国土整治、水资源保护、森林保护、自然与文化遗产保护、渔业和狩猎、动物保护等部分，以基本法的形式表达了瑞士人民坚持环保的决心。在伯尔尼设置了联邦环境、森林和风景保护总局，此总部拥有 330 名工作人员，为全国环保工作提供服务。为了更好地执行《京都议定书》所规定的内容，瑞士于 1999 年制定了《二氧化碳法》，旨在减少温室气体的排放，以自己努力在保护本国气候环境的基础上进一步对世界的环境做出应有的国际贡献。总的来说，在 19 世纪末到 20 世纪末的一百多年里，瑞士在工业化与城镇化的进程初期就已经意识到保护生态环境的重要性，也可以说瑞士的经济发展与生态环境是同时进行的，完全摒弃了"先污染后发展"理念，值得贵州学习与效仿。

3. 成熟阶段（20世纪末至今）

1999年，在联邦宪法中提出了可持续发展理念。2002年，瑞士联邦议会通过了瑞士可持续发展策略，逐步形成了目前相对完善的生态环境保护的法律体系。在执行各项有关生态环境的法律时，瑞士充分考虑了人为因素与自然因素的有机结合，体现人与自然的和谐统一，使可持续的生态环境发展与和谐发展融为一体，促使整个国家、社会、社区、民众、生态环境及其相互之间平衡发展、协调发展。进入21世纪的瑞士已经是全球生态环保领头羊和倡议者。2009年12月，时值全球经济危机，虽然在哥本哈根召开的第15届联合国成员国气候变化研讨会时并未做出实质性决议，但如何在社会、经济和生态发展等多层面上推进"可持续发展"，尤其是如何保护气候，仍然是当前重要而紧迫的议题。瑞士在该领域的影响力日益强大，不但环境保护意识始终保持在最高的国家之列，而且节能技术也排在全球最先进的行列，如"瑞士洁净科技"，对全球的节能技术运动产生了积极有力的推动。在绿色建筑、可再生能源、废弃物处理和绿色交通等领域，瑞士发起和推动了多项研究活动和政策措施，赢得了国际声誉，2010年国际环境绩效指数排行中高居第二位，在2009年欧洲最具创新的国家评选中荣获提名。

瑞士在环境保护和国土治理方面所取得的成绩举世公认。瑞士环境立法全面、执法严格，各级政府官员和民众的生态文明意识极强。开创了有瑞士特色的生态文明建设，为世界树立了一面生态文明的鲜明旗帜，并提供了丰富的生态与环保建设经验。现在贵州正在全面建设小康社会，如何在发展经济的同时保持自然环境的优美和谐，瑞士的做法和经验无疑会给贵州带来一些有益的启示和借鉴。

（二）贵州生态文明建设历程

在人类社会的发展史上，"生态兴则文明盛，生态衰则文明亡"的实例并不鲜见。面对资源约束趋紧、环境污染严重、生态系统退化的严峻形势，中国共产党主动引领人类文明发展潮流，深刻总结我国改革开放以来的发展实际，积极顺应人民群众对幸福生活的新期待，大力倡导"建设生态文明"。早在1972年，中国就参加了在瑞典斯德哥尔摩召开的联合国第一次全球人类环境会议；1992年中国在《里约宣言》中向全世界作出了可持续发展的庄严承诺；1994年《中国21世纪议程》问世，标志着中国可持续发展基本国策正式确立。继中国共产党第十七次全国代表大会提出建设生态文明、牢固树立生态文明观念之后，党的十八大把建设生态文明提升到"关系人民福祉、关乎民族未来"的高度，上升到中国特色社会主义"五位一体"总体布局的战略。这既是全面建设小康社会和建设中国特色社会主义的重要战略任务，更是中华民族实现伟大复兴和推进全球从工业文明向生态文明绿色变革的重要举措，对全球可持续发展新路径和新模式的探索具有引领性和突破性的作用。

1. 起步阶段

在贵州几十年的发展历程和几个特定时期的开发片段中，低转化度的非理性开发，不仅未能改变贵州落后的面貌而走向发达，还付出了惨痛的开发代价。

"大跃进"时期。在"以粮为纲""以钢为纲"的主导思想引导下，在资源的开发上，全省形成了一种"只顾投入、不计效果"的资源大开采的畸形格局。土法炼钢在全省遍地开花，全省对森林的大战一触即发；在"以粮为纲"口号的鼓动下带来的是"人有多大胆、地有多大产"的思想，导致了人们采取"大协作"和深翻土地等非理性开发行为，为片面追求粮食的高产量而采取的高度密集种植作物的行为，叫停了粮食以外的多种经营方式，严重破坏了整个农业生态系统。

"文化大革命"时期。贵州农田系统的开发遵循着"以粮为纲"的思想，资源系统遭到了更具灾难性的破坏。这一时期资源遭到了严重的非理性开发，具体表现为黔西北高原乌蒙山麓上的一颗璀璨明珠——威宁草海的失色。草海是贵州地域上最大的淡水湖泊，面积达45平方公里。由于受1958年"以粮为纲"思想的指引，草海被人们泄水造田，面积缩减为31平方公里，1970年人们更是明确提出了"向草海要粮"的口号。到1972年，历时两载，在动用了150多万个劳力和耗资130余万元之后，人们挖通了一条长达13.5公里的排水渠，放干了草海里的水，一颗璀璨的高原明珠随即消失。草海水被放干后，不仅没能实现"向草海要粮"的预期目标，人们反而受到了生态系统失衡的严重惩戒。

改革开放时期。农村开始实行家庭联产承包责任制，大大提高了农民久被禁锢的生产积极性，促进了生产力的极大发展。但由于受到中国传统小农思想的影响，滋生了那些对土地有着极强依赖性的农民尤其像贵州这种农业大省的农民，怕政策朝令夕改，担心不能长久地拥有土地及依附于土地上的资源的使用权，而采取片面索取土地资源的短期经营行为。于是资源开发又进入新的误区：随意提高土地的重复种植率，土地质量每况愈下；滥伐森林、破坏草地以开垦荒地，把草地烧毁，把草皮烧成灰，在陡坡上耕种，以此来增加耕地面积，使得植被覆盖率大幅减少甚至趋近于零。与此同时，在矿产资源开发方面，在"'有水快流'国家、集体、个人一起上方阵"思想的引导下，小煤窑、小冶炼、土铅锌、土硫黄、土法汞、小土焦等如雨后春笋般争相涌现，不仅严重浪费资源，也极大破坏了生态环境。

十六大以来，以胡锦涛同志为总书记的党中央领导集体在继承和发展历届党中央优秀成果的基础上，在十七大报告中第一次提出了"建设生态文明"这个重要命题。胡锦涛同志指出："建设生态文明，基本形成节约能源资源和保护生态环境的产业结构、增长方式、消费模式。"

贵州毕节，因地处珠江流域、横跨长江被誉为两江上游的"生态屏障"。毕节又因汇集了世界上贫困地区的特征，曾被联合国相关机构认为许多地方已经不适合人们居住。贵州对毕节贫困地区的可持续发展实践正在进行中。

胡锦涛同志在20世纪80年代任中共贵州省委书记时，针对毕节人口多、生态严重破坏、经济落后贫困的典型岩溶山区进行调研后提出，利用毕节的自身环境特点把毕节改造建设成一个生态实验区，明确了将生态建设、扶贫工作、控制人口增长作为三大建设主题。三大发展主题的侧重点不一样，但三者之间又相辅相成。把物质、自然、人口生产力整合成为一个具有强大的实践推动力，实现经济、生态、社会效益互惠的实验区总体发展的目标。就目前来看，贵州的生态环境在全国具有突出的竞争优势，要想继续以该优势立足社会，必须提出可实施的战略。故中共贵州省委九届五次全会在发扬上个世纪 90 年代优良策略的基础之上，提出了实施可持续发展及"生态立省"的战略。

地处贵州西北部的毕节试验区，于 1988 年经国务院批准设立，是我国首个在贫困地区建立的开发扶贫、生态建设试验区，毕节试验区发展经验的总结和发展改革的深化对全国贫困地区后发赶超具有积极的指导和探索意义。

2. 发展阶段

贵州的春天不再像往常一样单调。毕节试验区建设的经验、理性发展生态文明建设这一理念，在贵州可持续发展的范围实践中快速蔓延。

2007 年，党的十七大报告首次提出建设生态文明。同年，在省第十次党代会上，省委又提出了实施"环境立省"战略。这里所说的环境包含了许多方面，贵州既有硬环境，也有软环境；既有自然环境，也有人文环境；既有环境建设，更有环境保护。因此，这一战略是对可持续发展战略、生态立省战略的继承和提升。其间，各地也有许多的创新实践，比如贵阳市，在 2000 年的时候开始探寻发展循环经济，在两年后正式明确以建设循环经济生态城市为目的，同时被国家环保总局设立为全国建设循环经济生态城市的首家试点城市，在 2004 年初又被联合国环境规划署确认为全球循环经济试点城市。2007 年底，中共贵阳市委又作出了建设生态文明城市的决定。2007 年 11 月，在最高人民法院大力支持下，在省高院的指导下，贵阳市在全国率先成立环保"两庭"，统一司法管辖权，运用法律武器保护饮用水源和森林资源。2008 年 10 月，贵阳市在全国率先发布"生态文明城市指标体系"。2010 年 3 月 1 日，国内首部促进生态文明建设的地方性法规《贵阳市促进生态文明建设条例》在贵阳正式实施。

国酒之乡遵义市，近年来贯彻"绿色、生态、健康、文化、亲和"的理念，着力建设具有西部山区和革命老区特色的森林城市。中国凉都六盘水市，近年来按照"生态立市"的要求，不断加大环境保护力度，相继实施了加大产业机构调整力度、淘汰落后产能、"一江两河"重点流域污染治理、污染物总量控制、城市环境综合整治、农村环境保护等工程，全市工业污染防治取得重要进展，生态环境状况持续改善。中国瀑布之乡安顺市，于"十一五"规划期间深入贯彻落实科学发展观，以生态规划为引领，以自然生态、旅游生态、农业生态、工业生态、循环经济为重点，加强生态保护制度建设，完善生态经济核算体系，扎实推进生态文明建设和全市经济社会发展，昔日的石头城正绽放出今日的生态花。"森林之州"黔东南，加快了对现有工业企业进行整合提升的步伐，关闭、转移了对环境、城市污染较大的企业，淘汰了一批落后产能，正在倾力构建民族花园。绿色黔南州，2005年在全国31个省、自治区、直辖市的数十家报纸和多家著名网站参与的"中国最美的地方"评选活动中，该州荔波县以绝对优势摘取了"中国最美的地方"这项桂冠，其茂兰喀斯特森林被命名为"中国最美的森林"。"水墨金州"黔西南，几年来发扬"不怕困难、艰苦奋斗、攻坚克难、永不退缩"的贵州精神，按照"一二三四"发展思路，稳步推进全州生态文明建设。梵天净土铜仁市，2013年提出"以科学发展观为统领，以经济社会发展的历史性跨越为根本主题，集中力量努力构建'两带两圈'产业体系"，按照"产业集群布局，土地集约利用，资源节约使用，污染集中治理"的要求，努力形成全区新型工业化发展的战略平台和经济增长极。

西部大开发以来，贵州实施了以退耕还林和石漠化综合治理为重点的生态建设。截至2009年底，全省累计投入林业建设资金167.86亿元，为新中国成立以来前50年的13.9倍，全省营造林平均每年以500万亩速度向前推进，全省累计投入石漠化治理资金近200亿元，使全省生态得到了前所未有的改善。一是森林覆盖率极大提高。贵州通过实施天然林资源保护、退耕还林、珠江防护林体系建设、野生动植物保护和自然保护区建设、石漠化治理、速生丰产用材林基地建设等重点林业工程，实现了10年来森林覆盖率每年增长1个百分点的目标，2009年贵州森林覆盖率已超过40%，高出全国平均水平20余个百分点。二是石漠化治理成效大。近年来，贵州55个县开展了首批国家石漠化综合治理试点工作，各地因地制宜地探索了包括小流域综合治理模式，生态农业模式，退耕还林还草、林草结合的草、畜（禽）生产模式，草地畜牧业模式，坡耕地防治水土流失的坡改梯模式，生态移民与开发式扶贫模式，典型脆弱生态环境综合治理模式等治理模式，取得较好效果。2009年，贵州省55个县石漠化综合治理试点完成治理面积653.71平方公里，全年综合治理水土流失面积133.88

千公顷，治理长江、珠江"两江"上游水土流失面积1334.6平方公里，石漠化趋势得到初步遏制，生态环境恶化有了根本好转。三是城市污水处理率和生活垃圾无害化处理率有较大提高。到2009年底，全省已建成78个城镇污水处理设施和15个城镇垃圾处理设施，城市污水处理率和生活垃圾无害化处理率从1999年的几乎为零分别提高到41.4%和40.3%。四是二氧化硫等污染物排放基本得到控制。2009年底，全省98%的火电机组建成脱硫设施并投入运行，在全国率先实现了10万千瓦及以下小火电机组全部关停，有效减少了二氧化硫等污染物排放。

此外，文化与旅游高度结合，"五带"旅游产业布局正在形成，即：一是贵阳—遵义—赤水带，呈现革命历史文化、名酒文化、梭罗珍稀植物相结合的文化产业带；二是贵阳—安顺—黄果树带，把喀斯特地貌景观与历史文化相结合，形成集大瀑布、屯堡文化、红枫湖景区为一体的文化产业带；三是贵阳—都匀—荔波带，形成了以水族风情文化和喀斯特原始森林生态旅游为重点的文化产业带；四是贵阳—凯里—黎、从、榕带，打造以苗侗风情、民族文化旅游为特色的文化产业带；五是贵阳—毕节—威宁带，通过对夜郎文化的挖掘开发和对杜鹃花、草海景区的宣传开放，形成历史文化与自然景观相结合的又一文化产业带。22年来，毕节试验区围绕开发扶贫、生态建设、人口控制三大主题建设，实现了经济社会又好又快发展。山更青，水更绿，天更蓝，空气更清新，人民生活水平得到了不断改善和提高。到2009年，全区生产总值达到500亿元，是1988年23.40亿元的21倍多，22年年均增长均在两位数以上，高于全国、全省同期增幅。2007年12月，贵阳市第八届委员会第四次全体会议通过了《中共贵阳市委关于建设生态文明城市的决定》，并提出了生态文明建设蓝图，即：生态环境良好，生态产业发达，文化特色鲜明，生态观念浓厚，市民和谐幸福，政府廉洁高效。

3. 成熟阶段

党的十八大指出，中国特色社会主义事业总体布局要求做到经济建设、政治建设、文化建设、社会建设以及生态文明建设全面推进，实现五位一体的发展新格局，这是总揽国内外大局、贯彻落实科学发展观的一个新部署。

十八大报告中明确提出,生态文明的建设与人民的幸福生活息息相关,与文明民族的未来紧密相连。面对现在污染严重、生态受损、资源对发展限制趋紧的严峻趋势,提出"尊重自然、顺应自然、保护自然"的生态文明理念是生态文明建设应有的题中之义。只有把生态文明建设问题摆在前面,使其与经济建设、政治建设、文化建设和社会建设的各个环节相融合,创造良好生活环境、维护全球生态安全,才能真正实现中华民族的可持续发展,实现建设美丽中国、走向生态文明的新时代。中国有句成语叫"应天合人"。这个天命就是"贯彻落实科学发展观,推进生态文明建设";这个人意就是"着力推进绿色发展、循环发展、低碳发展,为人民创造良好生产生活环境"。

但是,在以往的经济发展实践中,贵州省经济社会发展存在"发展速度不快、经济总量不足,经济质量不高和发展方式粗放"的突出问题。要加快发展速度,必须严格贯彻工业强省和城镇化带动的战略方针,要转变发展方式,必须认真落实建设生态文明、保护青山绿水的发展理念。也就是说,既要坚定地走好工业文明的发展路子,也不能忘记发展生态文明的重要前提,只有二者并重才能实现又快又好的发展,实现加快经济社会发展速度和经济发展方式科学转型的统一。为此,在2010年召开的全省工业发展大会上,时任贵州省委书记的栗战书指出,要走出一条以科技进步为依托,能耗低、污染少、产业链条延长的新型工业化道路,就必须坚持"生态文明"的发展理念,实现新型工业化道路和可持续战略的完美结合。栗战书还在贵州省第十一次党代会上进一步强调,贵州省未来五年的经济社会发展必须以生态文明理念为先导。从可持续发展战略到贵州省生态立省,再从生态立省环境立省到新型工业化、城镇化战略,这是贵州省生态文明理念的孕育进化过程,这一重大进步的深刻价值在于从"保护理性"到"发展理性"的跨越,或者说实现了"为保护而发展"对"为保护而保护"的替代。

从2009年以来,每年都要召开主题鲜明的生态文明贵阳会议,分别达成了2009贵阳共识、2010贵阳共识、2011贵阳共识。与会者强烈呼吁,生态文明是人类智慧的结晶,生态文明建设是一项利国利民、功在当代、泽被后世的伟大事业,能为这一事业作出贡献,是一种光荣和幸运。中共贵州省委宣传部、贵州省社会科学联合会举办了"中国·贵州生态文明大讲坛",从2008年至2010年,讲坛先后邀请了中共贵州省委副书记王富玉等省领导及北京大学叶文虎教授等若干国内知名专家,在传播生态文明理念、探索生态文明实践,把广大干部群众的思想认识统一到中央和省委的精神上来,发挥了积极作用。2008年,以"生态文明与贵州发展"为主题的中国·贵州生态文明高峰论坛在贵州财经学院举行,本次会议旨在统一和深化全省广大干部群众对生态文明建设的认识,为推动贵州省生态文明建设顺利开展提供值得参考的思路和对策建议,收到了较好的效果。

2012年12月,国家发改委批复了《贵阳建设全国生态文明示范城市规划(2012~2020年)》,这也是国家发改委审批的全国第一个生态文明城市规划。该规划将贵阳市定位为全国生态文明示范城市、创新城市发展试验区、城乡协调发展先行区和国际生态文明交流合作平台,将生态文明建设融入贵阳市经济、政治、文化、社会建设的各方面和全过程。这不仅有利于促进贵阳市形成节约资源和保护环境的空间格局,而且对推进全国城市生态文明建设具有重要的引领和示范意义。

目前,贵州已经形成了较为全面的生态文明建设法制保障。在立法方面,2004年贵阳市出台了第一部循环经济地方性法规——《贵阳市建设循环经济生态城市条例》。2013年2月4日,贵阳市第十三届人民代表大会第三次会议通过了《贵阳市建设生态文明城市条例》。为将贵州省打造为"生态文明先行区",同时在推进全省"两加一推"战略中充分考虑自然资源、环境、生态系统的承载能力,实现资源节约、环境保护、循环经济和可持续发展的目标,回应人民保护环境的新期盼和落实完善群众路线教育活动的成果,省人大常委会第十一次主任会议决定,将《贵州省生态文明建设促进条例》列入2014年省人大立法计划,并将于2014年7月生态文明贵阳国际论坛2014年年会召开之前颁布实施。2013年9月30日,《贵州省生态文明建设促进条例》(以下简称《条例》)立法领导小组召开第一次会议,全国第一部省级生态文明建设方面的法规正式启动立法。

2014年5月17日,贵州省第十二届人民代表大会常务委员会第九次会议通过该《条例》,自2014年7月1日起施行。

《条例》的制定是一个开创性工作,目前国家没有大法,全国各省、自治区、直辖市也没有制定有关法规,贵州省率先启动,先行先试。目前,贵州省生态文明建设立法主要有:《贵州省环境保护条例》《贵州省土地整治条例》《贵州省绿化条例》《贵州省森林条例》《贵州省气象条例》《贵州省风景名胜区条例》《贵州省森林公园管理条例》《贵州省夜郎湖水资源环境保护条例》《贵州省红枫湖百花湖水资源环境保护条例》《贵州省赤水河流域保护条例》《贵州省污染物排放申报登记及污染物排放许可证管理办法》《贵州省城市绿化管理办法》《贵州省植物检疫办法》《贵州省防雷减灾管理办法》《贵州省城镇垃圾管理办法》《贵州省陆生野生动物保护办法》《贵州省实施〈森林和野生动物类型自然保护区管理办法〉细则》。部分其他法规规章目录见表4。

表4 贵州省生态文明部分法规规章

名　称	颁布时间	立法机构	性　质
贵州省安顺屯堡文化遗产保护条例	2011.5.31	省人大常委会	地方法规
贵州省城乡规划条例	2009.9.25	省人大常委会	地方法规
贵州省土地管理条例	2010.9.17	省人大常委会	地方法规
贵州省森林地管理条例	2010.7.28	省人大常委会	地方法规
贵州省水路交通管理条例	2007.9.24	省人大常委会	地方法规
贵州省地质环境管理条例	2006.11.24	省人大常委会	地方法规
贵州渔业条例	2005.11.25	省人大常委会	地方法规
贵州省实施《中华人民共和国水法》办法	2005.9.23	省人大常委会	地方法规
贵州省林木种苗管理条例	2004.9.24	省人大常委会	地方法规
贵州省民族民间文化保护条例	2002.7.30	省人大常委会	地方法规
贵州省矿产资源条例	2000.3.24	省人大常委会	地方法规
贵州省人工影响天气管理办法	2004.6.24	省人民政府	政府规章
贵州省水能资源使用权有偿出让办法	2007.4.15	省人民政府	政府规章
贵州省水文管理办法	2010.2.1	省人民政府	政府规章
贵阳市生态公益林补偿办法	2007.10.9	贵阳市人大常委会	地方法规
贵阳市建设循环经济生态城市条例	2004.9.29	贵阳市人大常委会	地方法规
贵阳市公园和绿化广场管理办法	2006.11.24	贵阳市人大常委会	地方法规

续表

名　称	颁布时间	立法机构	性　质
贵阳市水库管理办法	2004.12.10	贵阳市人大常委会	地方法规
贵阳市南明河保护管理办法	2003.11.22	贵阳市人大常委会	地方法规
贵阳市环林带建设保护办法	2002.9.30	贵阳市人大常委会	地方法规
贵阳市水污染防治规定	2002.1.7	贵阳市人大常委会	地方法规
黔东南苗族侗族自治州民族文化村寨保护条例	2008.6.23	黔东南州人民代表大会	单行条例
黔东南苗族侗族自治州镇远历史文化名城保护条例	2009.6.19	黔东南州人民代表大会	单行条例
黔东南苗族侗族自治州里禾水库水资源保护条例	2004.6.22	黔东南州人民代表大会	单行条例
黔东南苗族侗族自治州㵲阳河风景名胜区管理条例	2003.7.26	黔东南州人民代表大会	单行条例
黔西南布依族苗族自治州执行《中华人民共和国森林法》变通规定	1996.8	黔西南州人民代表大会	单行条例
黔西南布依族苗族自治州农作物种子管理条例	2010.6.30	黔西南州人民代表大会	单行条例
黔西南布依族苗族自治州天然林保护条例	2001.7.21	黔西南州人民代表大会	单行条例
黔南布依族苗族自治州荔波漳江风景区管理条例	2001.8.24	黔南州人民代表大会	单行条例
黔南布依族苗族自治州城市水污染防治条例	1999.8.22	黔南州人民代表大会	单行条例
印江土家族苗族自治县非耕地开发管理条例	2001.9.1	印江县人民代表大会	单行条例
印江土家族苗族自治县印江河保护条例	2009.8.26	印江县人民代表大会	单行条例
印江土家族苗族自治县城镇管理条例	2000.5.27	印江县人民代表大会	单行条例
威宁彝族回族苗族自治县畜牧业发展条例	2010.4.20	威宁县人民代表大会	单行条例
威宁彝族回族苗族自治县草海保护条例	2000.1.5	威宁县人民代表大会	单行条例

续表

名　称	颁布时间	立法机构	性　质
务川仡佬族苗族自治县洪渡河生态环境保护条例	2008.8.15	威宁县人民代表大会	单行条例
镇宁布依族苗族自治县水资源管理条例	2002.9.29	镇宁县人民代表大会	单行条例
三都水族自治县都柳江渔业条例	2011.6.28	三都县人民代表大会	单行条例
关岭布依族苗族自治县封山育林条例	2002.7.30	关岭县人民代表大会	单行条例
沿河土家族自治县乌江沿岸生态环境保护条例	2001.5.25	沿河县人民代表大会	单行条例
紫云苗族布依族自治县格凸河穿洞风景区管理条例	2000.5.27	紫云县人民代表大会	单行条例

资料来源：《贵州生态文明发展报告》。

除了需要全面的法律法规进行保障外，建设生态文明还需要完善的司法体系。司法是维持社会公平的手段，解决社会纠纷的最后途径，贵州省生态文明建设同样需要司法的支撑。目前，贵州省的环境司法主要集中于法院解决环境纠纷，主要包括以下几点。

（1）环保法庭

2007年，贵阳市在全国率先成立环境保护审判庭。根据贵阳中院的指定管辖决定，清镇市环保法庭负责审理贵阳市辖区内包含刑事、民事、行政所有涉及环境保护的一审案件，同时负责环保案件生效后的执行工作，在全国率先建立起环境保护类案件三类审判合一、集中专属管辖的崭新模式。并在环保任务最重的清镇市成立环境保护法庭，运用法律武器保护生态环境资源。2012年后，贵阳市进一步完善生态文明建设的法制体系，将环境保护"两庭"更名为生态保护"两庭"，内涵更丰富。同时，在贵阳市检察院、清镇市检察院分别设置生态保护检察局，办理涉及生态保护的公诉案件和环境公益诉讼案件、涉及生态保护领域的职务犯罪预防，对涉及生态保护的刑事侦查和审判活动开展法律监督；在贵阳市公安局设置生态保护分局，办理涉及生态、环境保护的各类刑事、治安案件，加大对破坏生态文明建设的各类违法犯罪行为的打击力度，对森林公安相关业务进行指导、协调。

作为先行者，贵阳市注重生态保护体制机制的创新，司法制度围绕环保法庭实践不断创新突破，破解了案源较少、判决执行难等难题。6年多来，贵阳市环保法庭共审结涉及水体、土地、大气等被污染的各类案件619件，惩治罪犯477人，成为一把"环保利刃"。

(2) 环境公益诉讼

一是创建了从水的自然属性出发的环保诉讼管辖模式。作为贵阳市居民的主要饮用水源来源地，红枫湖、百花湖与阿哈水库是市里的三口水缸。然而，"两湖"流域内有60多个污染源，年排放各种废水约2.2亿立方米，使得水质达V类甚至劣V类。自2007年，贵阳市确立了建设生态文明城市的发展战略，治理水污染成了当务之急，贵阳市中级人民法院环保审判庭和清镇市环保法庭应运而生。

二是确立了法律规定的机关和组织为原告的环境主体资格。《环境保护法》第六条规定："一切单位和个人都有保护环境的义务，并有权对污染环境和破坏环境的单位和个人进行检举和控告"。新民诉中并没有直接的体现，但根据2013年新修改的《民事诉讼法》第五十五条规定："对污染环境、侵害众多消费者合法权益等损害社会公共利益的行为，法律规定的机关和有关组织可以向人民法院提起诉讼。"2007年12月27日，清镇环保法庭对受理的第一起污染案"两湖一库"饮用水水源的民事案件做出了宣判，判决被告天峰化工公司停止对红枫湖水源的侵害，采取措施排除妨害、消除危险。其意义不仅仅在于个案的解决和个别污染行为的制止，而且是一次公权力与私力救济契合的有益尝试，从程序上确认了贵阳市"两湖一库"管理局作为原告提起诉讼，不仅能使由国家特设的管理机构真正介入公益诉讼维护公民、法人和国家的环境权益，将侵害社会公共利益的行为置于严密的监督和有效遏制下，还可以在最大程度上保证起诉标准的统一和公正，避免私人起诉可能产生的报复和滥诉等弊端，实现诉讼的效率和效益。

(3) 多元环保纠纷司法调解机制

以往在实现解决环境纠纷的过程中往往重行政、轻司法，重处罚、轻预防。对于环境违法案件，除了注重审判方式外，也需要注重利用化解的方式。也许，环保法庭出现"无案可审"的情况未必不是好事。贵阳市中级人民法院在化解环境纠纷方面，积累了丰富的经验，并以这些经验为基础，出台了《重大、群体性环境纠纷协调工作机制》，使环境纠纷有专章可循，以便在处理环境纠纷过程中更加规范化与制度化。

2009年，贵州省清镇市人民法院的环保法庭运用方式灵活的"大调解"机制，使多起有关环境污染侵权损害赔偿纠纷的案件得到有效的调解，使社会矛盾得到有效的化解，从而使社会更加和谐稳定。环保局作为环境保护执法的第一线执行机关，他们认识到，首先要对一些双方争议焦点较为明确的环境污染侵权纠纷进行调处。因此，环保法庭在审理环境污染侵权纠纷的民事案件中，坚持"调解优先，调判结合"的办案原则，并邀请熟悉案件情况的环保局等相关行政机关共同参与法院调解工作，从而提高环保法庭审判环境污染纠纷的能力。环保法庭成立至今的一年多时间里，共受理了9件环境污染侵权纠纷民事案件，有6起案件得到顺利调解或经调解而撤诉了。在已调撤的6起案件中，环保法庭为了强化法院调解与社会调解的有机结合，都邀请相关行政机关共同参与了调解工作，使环境污染侵权纠纷案件得以顺利解决。

执法方面主要包括生态文明建设执法机构的设置和生态文明建设专项行动。在机构设置方面，一方面，行政部门为了有效整合执法资源，进一步加强生态文明建设领域执法工作，加大对破坏生态文明建设的各类违法犯罪行为的打击力度，2013年3月贵阳市公安局筹建了生态保护分局。其主要职责为：办理涉及生态环境保护各类刑事、治安案件；加大对破坏生态文明建设的各项犯罪行为的打击力度；负责生态保护和生态环境区的治安防范工作；以及对森林公安的相关业务进行指导、协调。2012年11月28日，贵州省贵阳市首家"生态局"——清镇市生态文明建设局挂牌成立，该市林业绿化局等8个部门涉及生态文明建设的相关职责全部划转，将加强生态文明建设执法，严厉查处和打击破坏生态、污染环境等违法行为。另一方面，司法部门也设置了相应的机构。2013年3月1日，贵阳市法院生态保护审判庭、清镇市法院生态保护法庭、贵阳市检察院生态保护检察局、清镇市检察院生态保护检察局集中授牌，标志着该市建设完备的生态文明司法体制迈出重要步伐，又一次走在全国前列。2007年，贵阳市在全国率先成立环境保护审判庭，并在环保任务最重的清镇市成立环境保护法庭，运用法律武器保护生态环境资源。党的十八大后，贵阳市进一步完善生态文明建设的法制体系，将环境保护"两庭"更名为生态保护"两庭"，内涵更丰富。

此外，贵州针对生态文明建设开展了一系列专项行动。

一是开展生态环境专项执法检查工作。根据贵州省委、省政府关于开展2006年"整脏治乱"活动工作总体部署，贵州省环保局组织开展了生态环境专项执法检查工作，对全省37个自然保护区（其中国家级6个）、32个风景名胜区（其中国家级12个）、15个森林公园（其中国家级10个）、6个国家地质公园范围内的乱垦滥伐及乱采滥挖行为、建设项目执行环境影响评价制度及"三同时"制度情况、环保设施运行情况、污染物排放情况等进行了认真检查，并对造成水土流失的麻尾新火车站和麻尾工业集中区企业、大方百里杜鹃风景区内15家未上环保设施的煤矿、威宁草海保护区缓冲区内的建宁砖厂、污水处理设施不能正常运行的红枫湖旅游开发实业总公司和贵州省水上运动中心等单位按环保法律法规的规定进行了处理。通过开展生态环境监察工作，使贵州省生态破坏得到遏制，生态环境质量得到改善，有效推动了贵州省"整脏治乱"活动深入开展。

二是强化野生动物保护执法工作。2012年12月5日，省政府办公厅经贵州省政府同意，下发了通知，要求全省要进一步强化野生动物保护执法工作，推进生态文明建设。通知指出，最近这段时间，媒体曝光了江西、湖南、天津等地非法捕猎野生动物和候鸟等恶性事件，引起了社会的高度关注和热烈争议。通知还要求，为深入贯彻落实党的十八大会议精神，全面推进全省生态文明建设，要严厉打击非法捕猎野生动物的违法行为，全省各地有关部门要将野生动物保护执法工作纳入重要的议事日程，要在充分吸取外省对野生动物保护不力的经验教训基础之上，进一步做出部署，充实执法机构队伍，提高保护执法人员的素质，建立长效保护机制。

当前破坏野生动物资源的违法犯罪活动屡禁不止，针对此种恶劣现象，各市州的林业、公安、工商等执法部门要联合行动，凝聚各部门人力、物力，形成联动保护合力，迅速开展野生动物保护执法的专项行动，花大力气迅速扑灭乱捕、滥猎、滥食、非法经营野生动物等违法犯罪活动嚣张气焰。并及时对执法的专项行动经验进行总结，建立部门联动保护机制，形成各有关部门齐心协力、共同管理的良好格局。

三是开展生态环境执法"绿色风暴"行动。为贯彻贵阳市生态文明建设委员会《关于在全市开展对生态环境违法行为进行专项整治的通知》精神，白云区生态文明建设局结合本区实际迅速制定专项行动方案，拉开了生态环境执法"绿色风暴"行动的序幕。专项行动方案以"控违、治水、护林、净气、保土"为主要内容，对城市噪声污染、大气污染、饮用水源地污染及市政设施排污不达标，重污染行业违规建设和违法排污，盗伐、滥伐、非法收购、非法运输林木，破坏野生动植物资源，非法占用林地、集中式饮用水源保护地，故意或过失烧毁森林，人民群众反映强烈的其他破坏生态环境案件及其他热点、难点环境问题等方面的生态环境违法行为进行严厉打击。

2012年12月18日白云区生态文明建设局成立以来，生态环境监察大队共出动执法人员50余人次，出动车辆10余辆次，检查企业15家，处理投诉14件，共下达执法文书8份，提出整改要求10余条。教育制止毁林开荒、破坏林地5起，查获涉嫌非法占用林地2起。执法人员对被举报、投诉的企业进行调查取证，对无环评审批手续及木材经营加工许可证的沙文镇四方坡村一木材加工厂当即下达了执法文书，责令其立即停止生产。

四是川滇黔三省将对赤水河流域环境保护联合执法。川滇黔三省环保部门2013年在贵阳市签署三省交界区域环境联合执法协议，将以赤水河流域为重点，全面推进环境联合执法工作，确保流域内生态破坏得到遏制并好转，落实跨界水污染防治工作及水污染纠纷的协调解决，建立赤水河联合保护长效机制。赤水河发源于云南省镇雄县，流经云南、贵州、四川三省，在四川省合江县注入长江，是长江流域唯一没有修建水坝的主要支流。

根据协议，赤水河流域跨省界断面、省界分水线将作为省与省之间双方监控、监管的重点，执行省省联合环境执法制度；通过三省联合对一省开展"三查一"式的环境执法检查，对重点污染源进行联合交叉执法，实现相互监督、共同治理、协作监管。同时，为确保流域环境监管、整治工作畅通有序，联合执法、联防联控还将延伸至三省相邻市县，实现市市联合、县县联合。针对流域内发生的重、特大环境突发事件，由三省进行联合处置，最大限度地控制污染损害。

据了解，川滇黔三省将通过建立联席会商、信息通报、联合监测预警、环境应急联动、环保准入统一门槛、三省跨界河流水污染防治专项资金协调等多重保障制度，确保环境联合执法工作有效开展。

五是提高林区控违执法力度。2013年4月，贵阳市白云区森林公安派出所积极在长坡岭国家级森林公园（新编）范围内开展宣传活动，严厉打击破坏森林资源违法行为，禁止违法占用林地修建房屋。2013年4月9日，白云区森林公安派出所结合区城管、公安等部门及艳山红镇政府在尖坡老虎洞附近开展拆违行动。抓住有利时机，派出所民警加大了长坡岭国家级森林公园（新编）林区范围的宣传力度，通过进村入户方式发放、讲解《森林法》《贵州省林地管理条例》的相关内容，对白云区关于违法侵占林地资源、确保群众利益的工作进行宣传；在醒目地段张贴宣传资料20余份。开展此次宣传行动，使附近村民了解了生态环境的重要性，大大提高村民对林业相关法律法规的正确认识，使生态文明保护得到进一步加强。

在"十二五"期间乃至今后相当长的时期内，贵州应该牢固树立尊重自然、顺应自然、保护自然的理念，加强国际交流与合作，将生态文明建设融入经济社会发展的全过程，打造生态文明先行区，努力建设"东方瑞士"，走向生态文明新时代。坚持走新型工业化和具有山区特色的绿色城镇化道路，大力加强生态建设与环境保护，加快推进扶贫生态移民，形成节约资源、保护环境的空间格局、产业结构、生产方式、生活方式，更加自觉地推动绿色发展、循环发展、低碳发展。积极探索建立符合贵州实际的生态文明制度体系，强化人们的生态忧患意识、绿色消费意识和环境保护意识，为子孙后代留下天蓝、地绿、水清的生产生活环境。

三 瑞士与贵州国土空间开发优化比较

（一）社会经济背景和制度环境比较

1. 社会经济背景比较

（1）瑞士的自然地理条件

瑞士位于欧洲中南部，是一个多山内陆国。东界奥地利、列支敦士登，南邻意大利，西接法国，北连德国。南北长220.1公里、东西长348.4公里，总面积41284平方公里。瑞士全境分为中南部的阿尔卑斯山脉（占总面积的60%）、西北部的汝拉山脉（占10%）、中部高原（占30%）等三个自然地形区。瑞士因其境内的阿尔卑斯山是连接欧洲南北的主要干线而被称为"欧洲的心脏"。平均海拔1350米，海拔最高点4634米，海拔最低点-193米。瑞士作为一个内陆山国，山清水秀，风光旖旎。森林面积达12523平方公里，占全国面积的30.3%，农业、绿地面积（10166平方公里）占全国面积的24.6%，全国一半以上的土地被绿地所覆盖。瑞士还是欧洲大陆三大河流发源地：莱茵河在瑞士境内有375公里，是瑞士最大的河流；阿尔河在瑞士境内295公里，是瑞士最长的内陆河；罗讷河在瑞士境内264公里，是瑞士第二大内陆河。瑞士共有湖泊1484个，其中最大的是莱蒙湖（又名日内瓦湖），面积582平方公里，最深处310米。瑞士的河湖面积达1726平方公里，占瑞士全国面积的4.2%。瑞士夏季不热，冬季很冷。地理位置与多变的地形，造成当地气候的多样性。瑞士有欧洲水塔、世界公园、世界花园、钟表王国、欧洲乐园、金融之国的美誉。瑞士的城市及2/3人口集中于中部高原区，工业、交通、农业及畜牧业也都集中在该地区。在瑞士，各个州的情况不相同，各地发展也不平衡，瑞士州与州之间的贫富差距较大，据统计，苏黎世、日内瓦等较为发达的州，经济发展水平比一些州高出1.5~2倍。[①]

---

① swissworld.org，瑞士官方信息平台。

贵州地处云贵高原东部，自中部向北、东、南三面倾斜，平均海拔1100米。全省东西长595公里，南北相距509公里，总面积176167平方公里，占全国国土面积的1.8%，全省常住人口3475万人，少数民族人口占全省总人口的36.1%。全省地貌为高原山地、盆地和丘陵三种基本类型，山地和丘陵占全省面积的92.5%，是全国唯一没有平原支撑的省份。贵州资源丰富，矿产资源分布相对集中，与能源的配位组合良好，具有十分优越的开发条件。贵州属于亚热带季风气候，大部分地区温和湿润，气候垂直变化明显，有"一山有四季，十里不同天"之说。由于特殊的地理环境，贵州四季分明、春暖风和、冬无严寒、夏无酷暑、雨量充沛、雨热同季，气候十分舒适宜人，境内自然风光优美、民族文化灿烂，奇山秀水、瀑布峡谷、溶洞石林等构成了迷人的"天然公园"，有苗族、布依族等17个世居少数民族，是"文化之州、生态之州、歌舞之州、美酒之州"，是一个山川秀丽、气候宜人、资源丰富、人民勤劳、少数民族聚集、发展潜力很大的省份。①

贵州和瑞士有很多相似之处，同是多山的地理特征，都是地处内陆、山区地貌、文化多元，都有丰富的生态文化旅游资源。平均海拔在1100~1400米，贵州的山地比例约为92.5%，瑞士大于75%。同属和谐的多民族聚集地区，同处重要交通枢纽位置。瑞士旅游资源丰富，享有"世界花园，世界公园"的美誉，是全球游客的向往之地；贵州有"天然公园"之称，是海内外游客休闲度假的理想地方。

（2）人类发展水平

1990年5月，联合国开发计划署（UNDP）首次公布了世界各国人文发展指数（HDI），从此，联合国开发计划署每年都会发布《人类发展报告》，使用人类发展指数（HDI）来衡量各个国家人类发展水平，人类发展指数的指标值是"预期寿命""教育年限"和"生活水平"三个分指标的几何平均数，具体指数几乎涵盖了经济和社会生活的多个方面，联合国公布的人类发展指数排名比较完整地反映出各国人民的生活现状。根据联合国开发计划署的界定，人类发展指数高于0.800的属于高人类发展水平，

---

① 贵州省人民政府网，http://www.gzgov.gov.cn。

在 0.500～0.790 之间的属于中等人类发展水平，低于 0.500 属于低人类发展水平。

根据联合国公布的 2013 年全球人类发展指数报告，在国民生活富裕程度的指数中，挪威排在 187 个国家和地区的榜首，其后是澳大利亚，第 3 位是美国，排名前 10 位的均为经济发达国家。瑞士排名第 10 位，人类发展指数 0.913，处于极高人类发展指数行列，中国由于人口众多及经济发展的不平衡性等因素，人类发展指数仅为 0.699，排名第 101 位，处于中等人类发展指数行列，距离世界发达国家的标准仍有较大差距。

贵州与瑞士尽管很多方面相似，但贵州经济发展水平远远落后于瑞士。中国发展研究基金会所出版的《2009/2010 年中国人类发展报告》，根据 2008 年的数据整理中华人民共和国各省级行政区人类发展指数的排名，贵州人类发展指数 0.690，预期寿命 0.683，教育程度 0.860，人均 GDP 0.526，倒数第二，相当于中阶发展中国家水平。

社会发展方面。瑞士高度重视教育发展，其教育对整个国家的经济发展起着决定性的作用。瑞士没有联邦教育部，其教育系统较为分散，每个州拥有各自的教育部长，共同组成瑞士州教育部委员会（简称 EDK）。尽管大部分中小学的管理决策和资金是由州政府决定和提供的，但瑞士州教育部委员会在讨论和协调教育政策上起着十分重要的作用。瑞士的教育体系分为学龄前、小学、中学、高等教育和成人教育四个阶段。小学和中学阶段属于义务教育，共 9 年。学龄前或幼儿园教育大部分由社区出资。高中教育（二级中等教育），通常为 3～4 年。瑞士根据普通高中文凭或职业中等教育文凭等不同类型的中等教育毕业证书提供各种丰富多样、极富吸引力的高等教育，学生可以进入高校（大学、联邦理工大学、高等专科学院、师范学院）或者其他类的高等教育机构（高等职业教育：职业专科考试和高等专科考试、高等专科学校）就读。瑞士的医疗保健服务非常发达，其医药卫生体制以相对较低的投入，实现了国民健康的高质量。瑞士 1994 年颁布《医疗保险法》，并于 1996 年开始在全国强制推行，目前已形成覆盖范围广泛、医疗待遇齐全的医疗保险制度。2010 年瑞士公共卫生支出占国民生产总值的比例居世界第二，2011 年排名降至第七，但公共卫生支出已达 610 亿瑞士法郎，占国民生产总值的 11.4%，大大高于世界经济合作与发展组织（OECD）成员国平均9.5%的水平。瑞士没有联邦卫生部，内政部下设公共卫生局，该局与健康促进基金会共同制定实施全国促进健康政策和预防战略。瑞士各州均设有卫生局，其公共卫生系统主要由联邦及州政府的卫生部门和各类医疗机构两部分组成，医疗机构主要有医院和私人诊所两种类型。政府对公立医院采取管办分离的模式，对医院的经费划拨主要通过医院联合会实现，医护人员则实行合同制管理，其数量根据州卫生局核准的病床数量，按比例确定。瑞士医院对病人不收费，医疗服务发生的费用由保险公司和州政府各承担50%，医院日常运转的全部费用和购买大型设备等则由州政府承担。

人口变化方面。自1972年以来，瑞士的出生率一直低于人口增长。1998年，死亡率超过了出生率。2012年，校龄儿童（7岁到15岁）减少到10万人。在儿童与青少年的人数减少的同时，瑞士的老龄人口在不断增长。2004年底，就有近16%的人口在65岁以上。2011年，瑞士有永久居民7954662人，其中瑞士居民6138668人，占总人口的77.2%，外国居民1815994人，占总人口的22.8%。导致瑞士人口增长缓慢的原因主要有两点，一是自1993年来，瑞士外国人口的比例不断增加，二是瑞士人相对结婚较晚，女人平均结婚年龄为29岁，男人为30岁。

经济发展方面：17世纪后期，瑞士即成为当时欧洲先进的工业化地区之一。瑞士由于奉行"武装中立"原则，得以免遭两次世界大战的破坏。战后社会稳定，实行自由的市场经济体制，经济持续快速发展，瑞士实行市场经济的同时，并不完全放弃国家干预，联邦可通过国家投资的重点资助、增拨预算、信贷、税收政策等手段进行调节和引导。瑞士人均国民生产总值等位居世界前茅，成为当今世界上发达国家之一。

科学技术方面：瑞士是世界公认的国际科研中心，其科学研究和发展水平均位列世界前列，特别是在太空研究、纳米技术等领域具有突破性的研究。欧洲粒子物理学实验室和IBM公司欧洲实验室两大欧洲科研基地设在瑞士。为了维持科研及创新的高水平，瑞士特别注重国际合作和创意竞争。位于苏黎世和洛桑的两所联邦理工大学大约半数以上的讲师是外国人。为了提升瑞士科研在国外的优秀形象，瑞士还建立了由瑞士教育研究国家秘书处和外交部共同主办而成的"瑞士馆"。全球共有三家"瑞士馆",一是 2000 年成立于波士顿的"瑞士高等研究与教育馆",二是 2003 年成立于旧金山的科技中心"swissnex",三是 2004 年成立于新加坡的"瑞士馆"。"瑞士馆"主要工作和重要职能:第一,鼓励教育和发展高科技产业。这一目标通过不同的途径得以实现,例如,组织大学的学术交流及合作,鼓励瑞士研究所参与当地的教育会议以及举办关于瑞士科技的小型展览等。第二,与当地人员整体建立关系网络。除建立瑞士馆以外,瑞士在世界各地的瑞士大使馆中还设有科技顾问,这些科技顾问负有类似的职能,只是负责的范围较小。[①]

改革开放 30 年来,贵州经济、社会、政治和科技发生了前所未有的变化。

社会发展方面:贵州在居民收入和健康、教育以及基本生活标准方面都取得了巨大的进步。2012 年贵州城镇居民人均可支配收入 18700.51 元,比上年增长 13.4%;城镇居民人均消费性支出 12585.70 元,增长 10.9%;农民人均纯收入 4753 元,比上年增长 14.7%。2011 年,新型农村合作医疗参合率达到 97.1%,人均基本公共卫生服务经费标准提高到 25 元,比上年增加 10 元。传染病发病率大幅下降。儿童白血病、先天性心脏病等重大疾病医疗保障试点范围扩大到全省。孕产妇住院分娩率提高到 94.27%,其中农村住院分娩率达到 93.57%。孕产妇死亡率、婴儿死亡率、五岁以下儿童死亡率分别从上年的 35.4/10 万、11.86‰、14.99‰降至 24.5/10 万、8.6‰、10.61‰,全省人口自然增长率从上年的 7.41‰下降到 6.38‰。全省年末常住总人口 3484 万人,比上年末增加 15 万人。其中,城镇人口 1268.52 万人,比上年末增加 55.76 万人;乡村人口 2215.48 万人,比上年末减少 40.76 万人。年末城镇化率为 36.4%。

经济发展方面:2012 年,生产总值 6802 亿元,同比增长 13.6%,人均生产总值突破 3000 美元;全省生产总值增速在全国排位由 2011 年的第 3 位上升至 2012 年的第 2 位,全社会固定资产投资增速由第 2 位上升到第 1 位,第一产业和第二产业增加值增速由第 29 位、第 2 位均上升到第 1 位,规模以上工业增加值增速从第 5 位上升到第 3 位。但是经济总量小、

---

① swissworld.org,瑞士官方信息平台。

速度慢、方式粗、工业化和城镇化水平低、农业基础弱、贫困程度深，属于典型的资源型经济发展模式，形成依赖资源和粗放发展的格局和呈现中部凸起，周边低于中部、东南部低于西北部的非均衡增长态势。

科学技术方面：近年来，贵州创新能力建设进一步加强，先后与中国科学院、浙江大学、法国国家科学中心等国内外高端创新资源展开合作，建立30个院士工作站，引进35个院士团队，实施了125项国家和省重大科技项目，专利开工授权1.6万件。2012年，贵州共组织申报国家重点项目114项，获得国家各类项目经费4亿余元。获得国家科技型中小企业创新基金项目174项，争取经费1亿余元。2012年，科技对经济增长贡献率提高到42.2%，科技产出指数全国排名稳定在22位左右。[①]

2. 制度环境比较

（1）管理体制

瑞士是一个联邦制国家，成立于1848年。瑞士联邦体制建立在联邦与州"双重主权"的基础上。目前，全国共有26个州和半州、3020个市镇，实行的是联邦、州、市镇（社区）三级行政管理体制。除首都伯尔尼外，其他主要大城市有：全国经济和金融中心——苏黎世、国际会议中心——日内瓦、化学工业基地——巴塞尔、贸易和文化发达城市——洛桑、纺织工业中心——圣加仑等。瑞士各州拥有自己的疆界、宪法和本州州旗，拥有各自的宪法、政府、议会、法庭及法律，拥有立法权、行政管理自主权、司法权，独立地管理各自的教育系统和社会服务，并拥有自己的警察部队。瑞士宪法规定：各州在联邦宪法的框架内享有主权，凡未交联邦政府的权利，一律由各州行使。瑞士除部分州采取传统的"公民大会"方式作为立法与行政合一的机构外，大多数州的政府组成与联邦委员会大致相似，即设立"州委员会"作为集体领导的机构，州的议会为一院制，均为普选产生。

贵州从新中国成立以来一直沿袭"条块"管理相结合的地方政府管理体制。"条"是指从中央到地方不同层级的政府之间上下贯通的职能部门和机构，即"垂直管理"；"块"是指每一级地方政府内部按照管理内容划

[①] 贵州省人民政府网，http://www.gzgov.gov.cn。

分的不同职能部门。① 全省辖贵阳、遵义、六盘水、安顺、毕节、铜仁 6 个地级市和黔东南、黔南、黔西南 3 个民族自治州,共 88 个县(市、区、特区)(其中,13 个市辖区、7 个县级市、56 个县、11 个自治县、1 个特区),1558 个乡镇(其中 694 个镇、751 个乡、113 个街道办事处)。② 省区现行的管理层次一般设省—州(市)—县—乡镇四个层次。现行行政管理体系包括行政组织体系、行政监督体系、社会管理体系、公共服务体系和行政绩效体系等。③

(2) 政治体制

瑞士为共和体制,实行多党参政、四党组阁和三权分立。多党参政、四党组阁即联邦委员会由 7 名委员组成,人选由联邦议会选出,任期 4 年。联邦委员会实行集体领导,联邦主席、副主席由 7 名委员轮流担任,委员之间权力平等、互不从属。瑞士联邦办公厅是联邦委员会的常设机构,瑞士联邦政府一直保持外交部、内政部、司法与警察部、军事部、财政部、国民经济部、环境运输与能源通讯部等七个部的建制,部与部之间主要通过定期或不定期的部际协调机构,如协调会议、协调委员会、某种提案小组等进行协调与合作。三权分立最高行政机构是联邦委员会,最高立法机构是联邦议会,最高司法机构是联邦法院。

贵州实行的是我国现行的党委、人大、政府、政协、法院、检察院六套分工负责的政治管理体制,是工人阶级(通过共产党)领导的、以工农联盟为基础的人民民主专政,民主集中制的人民代表大会制度及共产党领导的多党合作和政治协商制度。

(二) 空间规划的法律体系比较

1997 年 6 月 1 日生效的瑞士《联邦空间规划法》,涉及全国概念规划、州级空间指导规划和地区级空间规划。瑞士的全国概念规划主要是在全国

---

① 郝国庆、王枫云:《我国政府垂直管理体制超强的原因与利弊分析》,《行政论坛》2002 年第 1 期。
② 贵州省统计局、国家统计局贵州调查总队编《2013 年领导干部手册》。
③ 汪玉凯:《新中国行政管理体系变革的主题与主线》,《中共中央党校学报》2013 年第 6 期。

层面编制原则性、框架性的空间发展概念规划，协调区域空间发展，主要采取专项资金扶持等措施引导并鼓励各州、市镇向联邦推进重大基础设施建设，以向政府希望的空间方向发展，规划不具有强制性。地区（市镇）层面规划则是市、镇政府依据《联邦空间规划法》和州的空间指导规划，在配套的《空间规划和建筑法规》《地方政府建筑法规》的要求下，编制极为详尽的土地利用规划。地区（市镇）层面规划，涉及每块土地的开发要求，经市镇委员会批准、州政府审核后，具有法律效力，成为审批具体开发活动的依据。[1]

瑞士非常重视保障空间规划实施的法制建设，其空间规划均具有法律效力，并且有相应的空间规划法以法律形式明确各级空间规划实施主体的责任和义务，以及实施的保障措施等内容。瑞士各州有权在《联邦空间规划法》的框架内制定州的空间规划法规、条令。瑞士空间规划较为注重上下级规划之间的衔接，上级规划以制定空间发展政策为主，是一种战略性、纲领性的规划，对下级规划主要起引导作用；下级规划是根据本级地区或区域发展的实际需求，将上级空间规划政策加以落实。基层的空间规划是结合地方现状，能落实到具体地块的实施性规划，作为具体开发管理的依据。[2] 在《联邦空间规划法》的基础上，瑞士还配套制定了相关的条例，如《联邦空间规划规定》，主要是对《联邦空间规划法》部分内容进行补充和细化。瑞士还制定了有关为空间规划的成本提供财政补贴的规定和为有关指导性规划成本提供财政补贴的规定等。[3]

我国现行的空间规划横向上主要包括土地利用规划、城乡规划、国土规划和主体功能区规划，纵向上包括国家级、省级、市级、县级、乡级、村级以及区域等七个层级。在省级层面有贵州省级主体功能区划、贵州省级城镇体系规划、贵州省级土地利用总体规划和贵州省级生态功能区划等4种空间规划，地（市）级和县级层面主要有城镇体系规划、城市总体规

---

[1] 张丽君、刘新卫、孙春强等：《世界主要国家和地区国土规划的经验与启示》，地质出版社，2000。
[2] 徐靓：《公共空间的未来——由瑞士伯尔尼Westside地区整体开发看公共空间设计的演变》，《北京规划建设》2010年第3期。
[3] 孙春强：《瑞士空间规划及启示》，《国土资源情报》2011年第9期。

划和土地利用总体规划等3类空间规划。贵州由于尚未形成统一的规划体系，不同的空间规划之间仍存在总体协调与局部冲突的问题，难以起到优化空间布局、提高空间效率、改善空间环境、规范空间秩序、统筹城乡和区域资源的作用。

（三）空间规划的技术体系和构成比较

瑞士联邦统一的规划一般为一些大的构想、方案，以及就全国性或国际性的重大项目所做的专项规划，瑞士没有系统和完整的全国性的规划。而州一级则要制定全州的指导性规划，规划中要对全州的一些重要地域加以明确，并且要明确如林地、农地、建设用地等土地利用情况。州一级的规划要经过联邦有关部门的审批认可，一经联邦批准，对各级行政部门和市镇政府均有约束力，并可获得联邦在资金上的支持。州一级的规划对私人则没有直接约束力，但公众个人有权了解并提出意见。

贵州现行的空间规划体系发展起步于新中国成立后，成形于计划经济时期，主要由国民经济与社会发展规划、土地利用规划和城乡规划三大体系构成。三大体系规划在编制目标与内容、编制程序与技术方法上具有不同的特点。

贵州空间规划的编制主要是依据国家相关的政策体系及法规、根据国家确定的原则并结合本省实际进行规划，省级层面主要是依据我国相关法律、法规并结合本省实际对国民经济与社会发展及土地利用和城乡发展进行规划。其中，全省主体功能区规划是基础性、战略性、约束性的规划，是全省在空间开发和布局的基本依据，是全省国民经济和社会发展规划、区域规划、城市规划、土地利用规划、人口规划、生态建设规划、环境保护规划、流域综合规划、水资源综合规划、交通规划、防灾减灾规划等的基本依据。城市和镇的规划主要依照《贵州城乡规划法》《贵州省城乡规划条例》《贵州省主体功能区规划》等有关规定，结合实际制定城市规划和镇规划，县级以上人民政府根据本地经济社会发展水平，按照持续发展、因地制宜、循序渐进、统筹兼顾、切实可行的原则，制定实施县、乡规划及村寨规划。重要规划，如《贵州省城镇体系规划（2001～2020年）》《贵州省主体功能区规划》《黔中经济区核心空间发展战略规划》

《贵安新区总体规划方案》等须经国务院审查同意、相关部委批复后才能施行。

贵州各类空间规划在实施过程中并不是一成不变的，有下列情形之一者，组织编制机关可按照规定的权限和程序进行修改和完善：一是上级人民政府制定的规划发生变更，提出修改要求的；二是行政区划调整确需修改规划的；三是因国家和省批准重大建设工程确需修改规划的；四是经评估确需修改规划的；五是省人民政府认为应当修改规划的其他情形等。

（四）区域协调和可持续发展比较

在推进实施空间规划、协调区域发展的过程中，瑞士有三条基本原则和四大策略。

三条基本原则：首先，避免集中发展特大城市，避免居住用地的分散化，提倡集中与分散发展相结合。其次，对大城市周围的住宅区建设进行统一安排，使其相互协调，节约用地。再次，确保各城市之间交通和信息的畅通。

四大策略：第一，通过引导和协调，使城市空间有序发展；第二，特别强调保护自然环境和景观环境；第三，加强对城市郊区空间的管理，以更好地应对逆城市化的问题；第四，顺应国际化的目标，注重与整个欧洲融为一体，整体考虑有关问题。①

瑞士为了加强区域协调发展，制定了《联邦山区投资促进法》和"联邦经济更新地区促进政策"。《联邦山区投资促进法》目标主要有两点：一要改善山区的发展条件和竞争力，二要更新或扩建相关基础设施，促进汝拉山区和阿尔卑斯山地区农村的发展和道路等区域性基础设施建设，从而对山区农民给予支持，并减轻城市的压力。

"联邦经济更新地区促进政策"，主要是针对在失业率高的阿尔卑斯山区的建筑业、西北部的汝拉山系一带的手表制造业、东部一些地区的纺织业等工业化地区推行，主要目的在于支持私营经济发展，加强对原有的产业结构进行调整、改造和转型。重点投资支持的对象是工业企业、服务

---

① 高中岗：《瑞士的空间规划管理制度及其对我国的启示》，《国际城市规划》2009年第2期。

业，获得支持的前提条件有两点，一是要有改革创新的方案，二是要多行业全面发展。支持的方式有两种，一是提供经济担保，由联邦和州为私人提供经济担保；二是贴息，提供利息补贴；三是减税，积极减免各种税收。①

瑞士政府十分重视经济、社会和环境的可持续发展，在实施可持续发展战略方面，从20世纪70年代就开始制定一些环境整治及空间规划的法规，80年代以后，政府进一步制定了一系列的法律法规，采取了一些体现和贯彻可持续发展战略思想的有效政策措施，把有关环境保护的条款写入了《联邦宪法》中，如《联邦宪法》第24条明确规定："联邦规定保护全体人民以及自然环境，反对一切破坏性的发展及其对环境造成的压力，尤其要与空气污染和噪音污染作斗争。"对于一些不能完全写入《联邦宪法》的内容，以及一些联邦法律没有涉及的内容，则在州一级的有关法律法规及政策中进一步反映。此外，1985年，瑞士制定了《联邦环境保护法》，在《联邦环境保护法》中引入了"环境承受力评估审查"，充分体现了瑞士在经济社会中的可持续发展思想。

贵州是一个多山的内陆省份，近年来，经济发展水平虽然呈现平衡增长的态势，但横向比较，不仅明显落后于全国平均水平，与西部省区相比也处于劣势，尚处在工业化发展初期阶段，是全国城镇化率唯一没有达到30%的省份（西藏除外），全省经济社会发展总体相对落后，省内区域经济失衡现象严重。具体表现：一是地区经济发展不平衡，城市首位度较高，达到2.57倍，中心城市对周边城市的辐射带动力较弱，人口集中度高，城市体系不合理，经济发展水平的地域差异明显；二是城乡差距不断扩大；三是产业布局分散，整合度不高，且产业结构趋同化；四是省内各市州地经济发展不平衡，加上各地的区位和资源禀赋等条件不一，导致地区差距明显。9个地州（市）可分为四大类，即省内发达地区、省内较发达地区、省内一般发达地区、省内欠发达地区，其中，以欠发达地州个数最多。②贵州省"十一五"规划中，把全省9地州市的88县（市、区）划

---

① 高中岗：《瑞士的空间规划管理制度及其对我国的启示》，《国际城市规划》2009年第2期。
② 帅亮乾：《贵州省区域经济差异分析与协调发展对策研究》，重庆大学硕士学位论文，2010。

分为"一圈二区一带"四大经济区域单元,即贵阳城市经济圈、黔北综合经济区、毕水兴经济带和东南部特色经济区的区域发展格局。在多种因素综合影响下,贵州四大区域发展不平衡,经济发展水平差异明显,表现为:中部凸起,东部、南部、西部和北部均低于中部,且东南部低于西北部。①从绝对差异来看,贵阳市、遵义市和六盘水市3个区域人均地区国民生产总值、农村居民人均收入高于全省平均水平。从相对差异来看,各区域经济增长的速度差异也很大,其中又以六盘水市和贵阳市、遵义市的速度最快。从城乡经济差异来看,贵州所有地区的城市经济发展速度都高于农村经济的发展速度。②

贵州现有4个地级市、9个县级市,共13座城市,其中4个地级市均分布在中西部和北部,而面积广大的东部和南部区域无地级市。县级市也主要分布在西北部和东南部,东北部的铜仁地区和西南部的黔西南地区形成城市空洞,特别是铜仁地区受省级经济圈的辐射和带动的作用明显弱于其他地州市,因此,该地区经济水平、城乡人均收入等远远落后省内其他区域。《贵州省国民经济和社会发展第十二个五年规划纲要》指出:全面落实区域发展总体战略和主体功能区战略,优化区域发展布局,健全区域协调互动机制,举全省之力把黔中经济区打造成为全省经济社会发展的"火车头"和"发动机",形成中部崛起、带动全省和各区域优势互补、竞相发展的区域经济发展新格局。一是优先发展黔中经济区;二是加快推进遵义统筹城乡发展试验区、毕水兴经济带、东南部特色综合经济区、民族地区、毕节试验区、安顺试验区、贵阳生态文明城市、黔东南生态文明试验区、黔西南"星火计划"科技扶贫试验区和铜仁营养健康产业示范区等不同区域协调发展;三是促进县域经济加快发展,把发展县域经济作为统筹城乡发展、承接城市经济辐射带动作用的有效载体。

(五)瑞士国土空间开发优化给贵州的启示

贵州与瑞士尽管很多方面相似,但贵州省情和瑞士国情之间存在较大

---

① 蒋涣洲:《贵州省区域经济差异及协调发展对策的探讨》,《国土与自然资源研究》2012年第4期。
② 林华:《州区域经济差异及空间一体化发展对策》,《安徽农业科学》2008年第18期。

的差异，特别是在政治体制、经济体制有上很大的不同，贵州经济发展水平远远落后于瑞士，因此，两者在进行比较的时候，难免会出现一些可比性不高的问题。但尽管如此，瑞士为同是内陆山区的贵州树立了学习的榜样，贵州要学习好、借鉴好、运用好"瑞士经验"，借鉴瑞士在国土空间开发优化方面的经验，推动经济社会发展。

1. 加强国土空间规划的法律体系建设，强化立法保障、司法保障和执法保障

瑞士州一级政府对市镇政府的规划具有一定的法律约束，都有相关的法律法规可循。瑞士州政府有关空间规划的协调、实施和监督，联邦与市镇间关系的联系和沟通，州政府对市镇土地使用规划的审批等都要遵照法律法规办事，此外，瑞士全部的空间规划管理工作都要在法律的框架内进行，瑞士联邦政府授权一个部门对地域空间依法进行统一的规划管理。

贵州目前还没有建立起完善的空间规划的法律体系，有关空间规划的职能也分别由不同部门承担，因此容易造成部门之间的职能相互交叉和重叠，多头管理、互相扯皮。城乡地域分割明显，致使地域空间规划被分割成"城"和"乡"两个部分，造成土地及空间资源的浪费。

为保障贵州地域空间规划的连贯性和整体性，贵州要借鉴瑞士在空间规划法律体系方面的经验，引入生态文明理念，加强生态文明建设，强化立法保障、司法保障和执法保障，将全部空间规划管理工作在法律的框架内进行，大力推进政府改革，转变政府职能，提高办事效率，改变目前国土规划、区域规划和城市规划分别由不同部门管理的现状，将有关国土规划的职能与城市规划职能合并在一起，授权一个部门对地域空间依法进行统一的规划和管理。

2. 加强国土空间城乡统筹管理，推进大中小城市和绿色小镇的协调发展

在空间规划技术体系方面，瑞士指导性规划是实现城乡统筹管理、强化空间管制的一个非常有效的技术手段，其内容和深度兼有我国城市总体规划与城市土地利用规划的特点。

在贵州，城市总体规划与土地利用规划均作为指导性规划，二者同时并行、分头编制，造成了不必要的劳动重复和规划重复，耗费了大量的人力、物力和财力。

瑞士是全球最典型的田园风貌国家，贵州是中国环境保护最好的省份，可以称为森林之省。贵州乡村美丽，随着西部大开发的进一步推进，通过现代基础设施的连接和公共服务的延伸，依据贵州的旅游优势，保住青山绿水，建设具有山区特色的小城镇是提升贵州未来发展的一个重要载体。贵州要借鉴瑞士的经验，坚持因地制宜，在规划过程中，不要脱离城市规划而单独、重复编制土地利用总体规划，逐步实现城市总体规划与城市土地利用规划"两规"合一，加快推进新型城镇化，推进大中小城市和绿色小镇的协调发展。

在瑞士的空间规划体系中，具体对私人开发商参与规划的编制做了一些规定，明确了私人开发商参与规划编制的前提条件和控制手段。贵州可以借鉴瑞士的经验和做法，制定和完善私人开发商参与规划编制的条件和控制手段，允许有资质、有能力的私人开发商参与各级政府规划的编制，做到人尽其才、物尽其用、地尽其力。在我国，土地归国家所有，这为规划工作提供了一个先天的优势，有利于各省及各市州地等各级政府统一规划和实施管理，同时也为贵州在国土空间规划实施方面进行区域协调和可持续发展提供了瑞士无法同我们比较的有利条件。在空间规划制度创新过程中，在全省统一的技术体系和管理体制框架内，充分赋予各市州等地方政府在国土空间开发规划方面适度的灵活性，如在规划编制技术体系中允许并鼓励非法定规划类型的存在。

此外，贵州一直走在全国生态文明建设的前列，引入生态文明理念，在优化空间开发格局中大胆实践、大胆创新，为生态文明视域下优化我国国土空间格局积累了宝贵的区域实践经验，即顺应生态基本特征，遵循空间发展规律，精心规划全面覆盖，因地制宜分类指导，这是贵阳在生态文明建设中不断优化国土空间开发格局的关键所在。①

3. 加强国土空间区域协调，注重经济、社会和环境的可持续发展

瑞士高度重视区域协调和可持续发展，瑞士在工业化和现代化进程中

---

① 李国平：《生态文明视域下优化国土空间开发格局的宝贵探索》，《贵州日报》2013 年 7 月 19 日。

完好保存生态资源,实现人与自然和谐相处,长期以来,始终保留着巍峨纯洁的雪山、安静宁静的小镇以及乡间田野。1965年在瑞士联邦工业大学(ETH)建立了国土、区域与地方规划研究所(ORL),在学术层面把整个空间规划工作推进了一步,对瑞士空间规划学科的发展、专业人才的培养等,都起到了历史性的作用;1969年,瑞士开始把城市土地划分成两类:"建设地区"(Baugebiet)和"非建设地区"(Nichtbaugebiet),并在《联邦宪法》中增加了"联邦政府有权进行空间规划"的条款,使瑞士的空间规划跨出了法治化的重要一步;1979年修订的宪法中,在制订有关土地规划编制的法律法规方面,赋予了州一级更大的权限,并提出土地的利用应是集约性的,着眼于爱护共同生活的家园;1989年联邦颁布的新规定中,要求各级政府更加注重在建设过度的地区停建、少建,旨在处理好开发和资源保护的关系。根据形势的发展和要求,1991年和1996年两次对1980年的《联邦空间规划法》进行了修改,更加强调了联邦和州级规划主管部门的管理职能以及规划调控的机制、程序、手段等。

贵州可借鉴瑞士的生态保护经验,进一步加强生态文明建设,把环境保护作为发展的底线,促进"金山银山"与"绿水青山"的和谐统一,为实现绿色赶超创造良好的环境。

4. 加强国土空间管理创新,建立联动协调机制

在管理方式和手段方面,瑞士空间规划司拥有良好的协调能力,为协调各部门之间的关系和为联邦各部门提供相互接触和交流的机会,空间规划司每年定期召开4次、约20个有关部门参加的空间秩序部际协调联席会议,每年还举办一次相关的研讨会。同时,瑞士还设有"空间秩序专家组",专门为政府在空间规划方面提供专业的咨询和建议。在此方面,贵州可借鉴瑞士的做法,大胆放权给相关部门,让其充分发挥在本省国土空间开发方面的管理和协调作用,同时,借鉴"联邦空间秩序协调会"这种做法,成立相关的机构,建立和完善适合本省的国土空间开发优化机制,充分发挥贵州在国土空间规划管理方面的优势,建立协商机制,解决多种空间规划并行带来的负外部性效应。在省级层面设立区域空间规划的专门机构来协调空间资源配置,实现统一布局;在部门层面建立相关的会议机制,将不同规划部门定期召集到一起,召开会议,交流各自对空间规划的设想，达到沟通和协调的目的，防止和减少不同类型规划之间的冲突。加强市州及区域的合作及部门间的协调，针对城市一级的规划力量比较强、大多数城市政府均设有单独的规划管理部门以适应大规模建设过程中规划管理工作的需求的情况，应建立省级空间规划模式，使省级层面的空间规划以政策引导性为主，在主体功能区规划的主要任务是"定政策"，在城镇体系规划的主要任务是"定需求"，土地利用规划的主要任务是"定供给"，生态功能区划的主要任务是"供底图"，综合平衡全省国土空间的需求和供给。同时，推进更广泛的公众参与空间规划的制定，充分利用现代通信网络技术，在规划编制过程中以法定文件的形式反馈公众意见，促进市各级政府与民众的沟通。

5. 加强国土空间规划体制机制建设，增强空间规划管理体制约束力

在空间规划管理体制方面，瑞士对不同层次规划的作用和约束力有明确的规定，如空间规划的基本原则和参考目标对联邦有约束力、对州和私人没有约束力，各州之间以及州与联邦之间进行的合作协议对联邦和州有约束力、对私人没有约束力，对有关城市发展的规定和要求（如大型设施的开发建设规划等）对联邦、州、私人有约束力等。贵州要借鉴瑞士在空间规划管理体制方面的经验，对不同层次规划的作用和约束力做出明确规定，不断完善贵州空间规划管理体制机制，使不同层次的规划充分发挥自身的作用、行使各自的职责。此外，在规划的监督和制约机制方面，瑞士空间规划的审批及实施过程中的监督和制约机制比较完善，有一套规划申诉制度，如空间规划司有权监督检查各州的规划是否可行，如果州的规划违背联邦的有关法规和规划的要求，可诉之于联邦法院。州或市镇对上一级政府的规划审批有异议时，各州和市镇可以提出申诉。私人报建的项目，如果对审查结果有异议，则可上诉至州的建筑上诉委员会，或者直接上诉至联邦法院。贵州可借鉴瑞士的经验和做法，加大省级层面对各市州地规划的约束、管理和协调力度，建立和完善规划的实施和监督机制，严格依照相关的制度和法规执行。

国土空间是经济社会发展的主要载体，是各种政治、经济、文化发展的场所，也是人们生存和发展的依托。应优化一个国家和地区的国土开发空间格局，引导人们和经济社会向适宜的开发区域集中，保护农业和生态空间，促进人口和经济社会发展协调。目前，贵州正处于全面建成小康社会的关键时期，也是工业化、城镇化、农业现代化和信息化发展的关键时期。瑞士的经验启示我们，无论是从优化空间结构和开发秩序、还是从扶持落后地区发展等方面，都应该高度重视区域空间规划的调控功能，在资源环境压力越来越大的背景下，贵州要按照生产发展、生活富裕、生态良好和建设资源节约型、环境友好型社会的要求，不断适应人口、经济、资源环境相协调以及统筹城乡发展、统筹区域发展的要求，开展国土空间规划，大力调整空间结构，不断提高空间利用效率，积极引导人口相对集中分布，积极引导经济相对集中布局，不断促进人口、经济、资源环境的空间均衡，统筹经济和社会、城乡和区域协调发展。同时，贵州国土空间规划工作必须走向法制化、民主化和科学化，应进一步加强全省规划管理部门的组织建设和能力建设，尽快制定出台国土空间规划相关的法律法规，保障国土空间规划的持续稳定发展，建立健全符合我国社会主义市场经济发展需要的区域规划法律保障体系。

四 贵州与瑞士环境保护比较

（一）贵州与瑞士森林保护比较

1. 瑞士森林保护

（1）森林保护立法

瑞士森林保护最重要的法律是1991年的《联邦森林法》。该法将可持续管理思想与森林保护相结合，获得了国际社会的广泛认可。为了形成自然、可持续的森林管理方式，该法保证可以在永久性的基础上对森林进行使用。

《联邦森林法》主要有四个目标：第一，保护森林所在区域及其空间分布；第二，将森林视为近自然的生物群落进行保护；第三，保证森林充分发挥其功能，尤其是保护功能、社会功能和经济功能；第四，促进并维持林业部门的发展。从内容上看，该法有以下几个特点：首先，规定森林面积不得减少。该法规定了一系列的禁令,包括禁止砍伐森林树木、禁止滥伐、禁止生产对环境有害的产品、禁止对树木进行转基因。只有在极个别的情况下才可以砍伐森林树木,即砍伐森林树木所带来的利益远远超过了保护森林的利益。例如,关乎公众利益的饮用水水库由于技术原因只能建在森林保护区域而不能在其他地方建立,那么可以允许砍伐森林树木,但是必须种植相同面积的树木予以补偿。其次,整体的保护方式。该法将森林视为一个整体进行保护,生活在其中的动物、植物和菌类与树木一起形成了一个生物群落,而不只是树木。为了保护这些森林群落,各个州在制定相应规划时会将森林的一部分划为保护区,让其可以免受外界的任何干扰自由生长。再次,该法保证了森林的娱乐休闲功能。人们可以在阿尔卑斯山登山、骑车或者采摘蘑菇,也可以在郊区慢跑或者骑马。最后,注重森林的可持续使用。除了保护森林及其各种功能,该法还负有管理森林、实现自然资源可持续使用的责任。大量的木材都是可以进行可持续利用的:不仅因为树木本身是可再生资源,最主要的是近几十年来的禁伐规定为瑞士提供了大量的木材。此外,联邦政府和州政府有义务对森林研究和教育提供支持,保证森林管理人员和木材行业从业人员能够进行相应的研究并接受专业教育,为木材使用与生态保护之间冲突的解决奠定了科学的基础。

(2) 林业发展规划

2004年瑞士发布国家森林纲要,规划了2004~2015年全国林业发展蓝图,该纲要对2004~2015年与森林相关的活动以及林业部门与其他部门之间的合作进行了统筹安排。基于瑞士以及国际上普遍认可的森林可持续管理原则,该规划明确了2004~2015年瑞士要优先实现的5个战略目标,具体包括:第一,森林的功能得到保护;第二,生物多样性得到保护;第三,森林的土壤、树木和饮用水得到保护;第四,木材附加值链得到增强;第五,林业部门经济生存能力得到增强。此外,在森林地区保护、风景多样性、相连的森林(森林边缘)、潜在有害生物、森林娱乐休闲、森林教育和研究领域还规定了需要实现的7个次要战略目标。

(3) 森林保护与开发相结合的可持续发展模式

瑞士联邦森林政策(2020年)旨在协调森林生态保护与经济社会需求

之间的冲突，确保森林可持续管理，为林业和木材业发展创造有利条件。该政策共设定了11个目标，涉及木材采伐潜力、气候变化、森林保护、生物多样性、森林面积、林业部门经济效益、森林土壤（包括饮用水和树的生命力）、防治有害生物、森林与野生动物的和谐共处、森林娱乐、教育和研究（包括知识转移）等领域，具体包括：充分利用可持续的、可收获的木材带来的潜力；减缓以及适应气候变化带来的影响；与森林保护相关的服务要得到保障；有针对性地保护和提高生物多样性；保护森林所在区域；林业部门的经济生存能力要得到提高；森林土壤、饮用水和树木的活力不应受到威胁；森林必须免受有害生物体的侵害；森林与野生动物之间要和谐共处；森林中进行的休闲娱乐活动要得到尊重；教育、研究和知识转移要得到保证。[①]

（4）森林监控

瑞士森林监控包括对瑞士森林的现状、使用情况和中长期发展进行定期观察，监控的数据为森林政策、森林规划和森林最优保护与使用等方面的决定提供了基础。瑞士森林监控由一系列的项目组成，这些项目由联邦环境署、联邦统计局、联邦森林机构等共同开展，主要包括瑞士森林统计、瑞士国家森林详细目录、PhaenoNet详细目录、Sanasilva详细目录、瑞士森林保护、长期森林系统研究、区域永久监控等七项工程。瑞士森林统计是针对森林企业和私人森林所有者的每年一次的全面调查，包括对森林面积、木材使用以及林木种植等的监控。瑞士国家森林详细目录则记录了瑞士森林的基本数据信息，包括面积、结构、现状。目前瑞士已经进行了三次全面的森林统计，第一次是1983~1985年，第二次是1993~1995年，第三次是2004~2006年。第四次统计是一个连续不间断的记录，开始于2009年，其中2009~2011年间关于森林面积、立木材积、森林数量增加、树木砍伐和树木死亡率的相关数据已于2012年3月公布于众，联邦环境署也从森林政策的角度出发，针对数据结果作出了相应的评论。PhaenoNet是一项周期性的、季节性的自然观察活动，主要是由非专业人士、在校学

[①] Federal Office for the Environment FOEN (ed) 2013: Forest Policy 2020. Visions, Objectives and Measures for the Sustainable Management of Forests in Switzerland. *Federal Office for the Environment*, Bern: 66 pp.

生、老师、专家和研究者进行记录和发布的。这些观察数据能够帮助确定森林植被，特别是树木与气候变化之间的联系，也为将来树木种类的选取和森林的维护提供了信息。Sanasilva详细目录开始于1985年，主要是对树顶落叶进行的每年一次的估算，为森林的健康状况提供相应的数据。该项监控的目的是记录瑞士森林的状况以及每年所发生的变化。树顶落叶可以反映森林所承受的压力，造成这种压力的原因有很多种。例如，2011年树顶落叶明显增多，不明原因的树顶落叶由22.2%增加到了30.8%。造成这种结果的原因可能包括过多的果实、春季的极度干旱、害虫的感染等。瑞士森林保护计划开始于1984年，主要针对害虫、真菌、野生动物和其他自然事件对森林造成的损害进行数据的收集，为森林研究学者、森林所有者和公众提供相关的信息。长期森林系统研究计划从人类干扰和自然因素两个方面进行调查，研究其对森林生长所产生的长期影响，同时评估其对人类可能产生的风险。该项监控的主要目的是：第一，记录人类活动以及自然因素对森林生态系统所产生的外部影响（污染物的排放、气候变化）；第二，记录森林生态系统重要成分的变化；第三，对森林状况的各项指标进行记录；第四，针对不同压力场景做出全面的风险分析。区域永久监控计划则得到了七个州的授权，由位于Schnenbuch的应用植物生物学机构对100余个永久实验区的森林发展状况进行监控。

2. 贵州森林保护

贵州省森林面积为732万公顷，森林覆盖率为41.53%。[1] 近年来贵州省森林资源总量一直保持持续增长的良好趋势，森林生态功能也不断得到提升。"十一五"期间，贵州省累计完成营造林面积1580万亩，其中人工造林593万亩，封山育林987万亩。2012年贵州省完成营造林面积420.4万亩，超全年目标任务10.6%，为2011年的101.5%，其中完成人工造林298.9万亩，封山育林121.5万亩。森林覆盖率增长1个百分点，达到42.5%。林业重点工程深入实施，森林火灾受害率和有害生物成灾率均低于年度控制指标。[2]

---

[1] 数据来源：《2012年贵州省统计年鉴》。
[2] 数据来源：《2012年贵州省环境状况公报》。

(1) 森林保护立法

贵州省森林保护立法主要包括《贵州省森林条例》《贵州省森林公园管理条例》《贵州省林地管理条例》《贵州省绿化条例》。《贵州省森林条例》旨在培育、保护和合理利用森林资源，建设良好的生态环境。条例共5章35条，分别对植树造林、森林保护、森林资源管理和法律责任等方面做出了规定。《贵州省森林公园管理条例》则旨在加快森林公园建设步伐，促进森林资源科学保护和合理开发利用，不断拓展林业保护的领域和产业发展的空间，使传统林业以木材生产为主向生态需求为主转变。该条例共5章45条，分别对森林公园规划建设、资源保护、经营管理和法律责任等方面做出了规定。

(2) 森林防火和林业有害生物防治

"十一五"期间，贵州省年森林火灾受害率平均为 0.58‰，年林业有害生物成灾率平均为 1.1‰，均低于年度控制指标。[①]

(3) 保护野生动植物资源

贵州省森林和野生动物及湿地类型自然保护区达到 99 个，总面积 1146 万亩，占国土面积的 4.3%。[②]

(4) 建设森林公安队伍

贵州省森林公安干警全部纳入检法编制，经费保障水平明显提高，队伍正规化建设取得新进展。开展"绿盾""飞鹰"等系列"严打整治"专项行动，进一步提升了森林公安执法水平和社会形象。

(二) 贵州与瑞士水资源保护比较

1. 瑞士水资源保护

(1) 水资源保护立法

瑞士水资源保护立法最主要的是《联邦水保护法》。该法是瑞士第二古老的环保法，1951 年立法，至今已修订了 3 次。这部法律为保护瑞士的水资源起到很重要的作用。该法的主要目的有：第一，保护人类健康和动

---

① 数据来源：《贵州省"十二五"生态建设和环境保护专项规划》。
② 数据来源：《贵州省"十二五"生态建设和环境保护专项规划》。

植物安全；第二，保证饮用水和经济用水的供给；第三，保护原生动植物的自然栖息地；第四，保证水体适合作为鱼类的栖息地；第五，将水作为风景的要素进行保护；第六，保证农业灌溉用水；第七，允许将水作为休闲使用；第八，确保水循环的自然功能。

《联邦水保护法》主要包括三方面内容：一是保持水体干净。该法规定每个人都有保护水体的义务，禁止朝水体排放任何有害水体的物质。所有的家庭污水、工业废水都必须经过处理才能进入水体。将废水排入公共下水道都要收取一定的费用，像工业废水如化学制品厂的废水都必须经过特别处理才能进入污水管道系统。农民不允许在土地上使用超过农作物需要的肥料，并且他们要有足够的空地堆放液态和固态的肥料，这样在冬季就不会将肥料洒落在田野上。此外，由于瑞士80%的饮用水都来自地下，为了保证地下水不被污染，该法规定州政府必须建立地下水保护区。保护区内的楼房建造、设备安装、商业或是农业活动都必须遵照严格的规定。例如地下水水源保护区或者内层保护区内禁止有任何建筑物，外层保护区内的建筑物也不能对地下水造成影响。二是保证良好的水文环境。动植物的生存需要充足的水源，但是水力发电站、洪水防范措施以及修渠工程使得大量的栖息地遭到了破坏。因此，如果一项活动会对水体造成影响，例如建造水力发电站或是农业灌溉，则事先必须得到授权，只有在保证溪流和河流拥有足够余流的前提下才会被允许。三是对水道的保护。该法规定，加固或者修正溪流、河流水道的行为只有在个别情况下才允许，覆盖或是更改河道的行为是严厉禁止的。已经被覆盖、更改的河道都必须恢复原样。此外，州政府必须为地表水留取足够的空间，使它们就能够充分发挥自然功能。

（2）水域综合管理模式

由于水资源保护与水资源使用冲突的升级以及河流系统的复杂性，瑞士水资源管理改变了以往小范围的、区域性管理模式，采取了水域综合管理模式，即将水资源的保护放到整个水域管理系统之中。水域综合管理要求区域协作、利益平衡透明化和突出重点，其主要目标是开发、利用水资源，保护、保存和修复水体的生态、风景和社会功能，保护公众和财产不受洪水伤害。综合管理的关键是各方的协调合作，具体包括三个方面：第一，合作管理。当水资源保护和使用之间产生冲突时，必须用相互协调的方式解决问题。相关利益方都要参与到规划过程之中。第二，关注重合领域。水资源的使用已经脱离了传统的方式，水域管理涵盖了空间规划、农林、自然风景保护等相关领域，必须对这些领域也给予重视，例如空间规划和土地管理措施就可以为水域综合管理提供强制性保障。第三，冲突解决透明化。在水资源保护和使用出现冲突时，冲突的解决过程是公开透明的，相关各方都共同参与其中。

（3）水资源监控

瑞士水资源监控主要体现在对地下水的监控。瑞士超过80%的饮用水和工业用水都来自地下水，因此，防止地下水受到人类活动的污染显得尤为重要。瑞士在全国范围内设置了500多个监控点，从质量和数量两个方面对地下水的状况进行了全面监控。地下水监控的主要目标是：第一，对地下水的质量和数量进行记录；第二，尽早发现问题并对不良的发展趋势进行系统跟踪；第三，对已采取保护措施的有效性进行检测，并确定以后所需的措施；第四，对瑞士最重要的地下水资源进行标记和分类。

瑞士国家地下水监控网络由四个部分组成：QUANT，TREND，SPEZ和ISOT。QUANT主要是对地下水的数量进行监控，在全国设有89个监控点；TREND和SPEZ主要对地下水的质量进行监控，在全国范围内共有545个监控点；ISOT则是对水循环，例如活水、河道中的水同位素进行监控，在全国设有20个监控点。

2. 贵州水资源保护

目前，贵州省城镇集中式饮用水源地水质良好，9个中心城市16个集中式饮用水源地水质达标率为100%。各县城所在城镇集中式饮用水源地水质达标率为91.4%。主要河流、湖（库）地表水水质基本稳定。

（1）水资源保护立法

贵州省水资源保护立法主要包括《贵州省实施〈中华人民共和国水法〉办法》《贵州省赤水河流域保护条例》《贵州省夜郎湖水资源环境保护条例》、《贵州省红枫湖百花湖水资源环境保护条例》《贵州省河道管理条例》《黔东南苗族侗族自治州里禾水库水资源保护条例》《务川仡佬族苗族自治县洪渡河生态环境保护条例》《贵阳市水污染防治规定》《贵阳市城市供水用水规定》。

（2）饮用水源地基础环境调查

自2006年以来，贵州省先后完成了中心城市、县级城镇和典型乡镇集中式饮用水源地基础环境调查与评估工作，初步建立了市、县、乡三级饮用水源地基础环境状况数据库。2010年，贵州省又被环保部列为全国农村地区饮用水源地基础环境调查13个试点省份之一。为扎实做好试点工作，深入推进贵州省饮用水源地基础环境调查，贵州省环保厅匹配83万元，专用于重点调查全省部分农村地区饮用水源地基础环境状况，动态更新市、县、乡三级饮用水源地数据库，为全面掌握贵州省各级饮用水源地环境状况、开展饮用水源地环境综合整治提供坚实的技术基础和支撑。

（3）流域污染防治

对于重点流域污染防治工作，贵州省实施了环境保护河长制。以三岔河为例，其流经的3个市及所辖9县（区）的12位政府主要负责人都积极履行了河长职责，采取了强势有效的治污措施。2009~2012年三年间，贵州省环保专项资金每年安排1000万元用于支持河长制项目的实施，各地也加大资金投入力度，3年累计投入3.9亿元用于三岔河治理，共计开展了三岔河治理项目124个。最新的监测结果表明，三岔河流域监测断面水质综合达标率从2010年的55.3%上升到了2011年的76.8%，水质得到了明显改善，为整体推进流域环境保护发挥了很好作用。

（三）贵州与瑞士大气污染防治

1. 瑞士大气污染防治

在过去的25年中，瑞士空气质量有了显著改善。例如，二氧化硫排放量下降了80%，其中占最主要成分的悬浮微粒减少了90%。然而，瑞士大气污染防治依然面临挑战：高浓度的颗粒物（PM10）、臭氧、氮氧化物和氨对人体健康和自然生态系统造成了严重损害。大气污染每年约造成3000~4000人过早死亡，使39000名儿童患上急性支气管炎，相关医疗费用总额约为51亿瑞士法郎。此外，土壤和地下水质量、森林的稳定性以及生物多样性也受到了影响。

（1）大气污染防治立法

大气污染防治立法主要包括《联邦环境保护法》《大气污染防治条例》《挥发性有机物鼓励税收条例》。《联邦环境保护法》对大气污染相关的五个方面进行了规制：一是污染物的限制排放。该法规定，任何污染物质都必须在源头进行限制排放，这一目的可以通过最大排放值的设定或者对相关设施和装备、交通运输、建筑物节能保温、化石燃料、汽车燃料进行规定达到。例如可以通过规划确保不在污染严重的地区建造新的建筑物，加热系统和发动机的设计都要求尽可能地少向空气排放有毒废气和尽可能地保持安静。限制值的设立也促使科学技术不断革新，例如汽油发动机中催化转化器的出现，柴油发动机内滤波器的发明以及轻质火车车厢的出现等。二是影响阀值的设定。该法对大气污染设置了阀值，要求大气污染不得超过该阀值，具体包括：根据现有科学知识和经验，大气污染不得对人类、动植物以及生物群落和栖息地造成危险；不得严重影响人们的福祉；不得对建筑物造成损害；不得影响土地、植被和水。三是提高设备性能。对于那些达不到法律要求的相关设备要进行升级或更换。四是激励税收。该法规定，任何进口挥发性有机物或者任何使用挥发性有机物的制造商都必须向联邦缴纳激励税收，但是在三种情况下可以免除，一是被用作汽车燃料或化石燃料；二是在运输途中或是用于出口；三是以不向环境排放的方式进行使用。

（2）大气污染防治监控

瑞士的空气质量在联邦层面是由国内空气污染监测网络（NABEL）对全国 16 个监控点的大气进行监控，这 16 个监控点分布于市中心街道、居民区和郊区等各个典型地段。该监控网络于 1979 年投入运营，主要是对一些重点污染物，如二氧化氮、臭氧、微粒等进行测量。这些数据将进一步用于大气污染相关科学研究，并可以用于大气污染预警系统。除了对国内大气污染进行监控，该系统与相关国际监控项目都进行了密切的数据交流，一些郊区的监控点也同样是欧洲监控和评估项目的一部分。2010 年监测的数据显示，自 1990 年至 2010 年，瑞士二氧化硫排放减少了 85%，颗粒物质 PM10 减少了 40%，氮氧化物减少了 50%，而挥发性有机化合物减少了 65%。[1]

---

[1] 数据来源：瑞士联邦环保署。

2. 贵州大气污染防治

通过对全省13个城市空气监测数据进行分析可知，贵阳、遵义、六盘水、安顺、凯里、铜仁、都匀、兴义、毕节、清镇、赤水和仁怀市12个城市达到国家环境空气质量二级标准，福泉市因二氧化硫超标为国家三级标准。在13个纳入监测的城市中，除福泉市二氧化硫年均浓度值劣于国家空气质量二级标准，达三级标准外，其余12个城市的二氧化硫年均浓度值均达到国家空气质量二级标准。所有城市可吸入颗粒物年均浓度值均达到国家空气质量二级标准。13个城市的二氧化氮年均浓度值均达到国家空气质量一级标准。

（1）大气污染防治立法

目前贵州省关于大气污染防治并没有省级层面的立法，贵阳市政府发布的《贵阳市大气污染防治办法》，适用于贵阳市的大气污染防治，主要对大气污染防治的监督管理、燃煤污染防治、机动车船排放污染防治、废气、尘和恶臭污染进行了规定。

（2）机动车污染防治

第一，加大力度治理机动车排气污染问题，加快更新淘汰"黄标车"，两年内力争实现"黄绿标"全覆盖，以优化大气环境。在近日召开的"贵州省主要污染物总量减排暨环境保护工作会"上，贵州省副省长慕德贵说，防治机动车排气污染，是削减氮氧化物的重要措施，贵州省机动车环保检验的总体数量还比较低，"黄绿标"发放率除了贵阳市、黔西南州之外，其余市、州都在40%以下，平均发放率仅为44%。第二，积极促进机动车排气污染检测站建设工作。截至2012年底，贵州省已建或在建的机动车尾气检测站共68个，占"十二五"计划建站总数的70%。全省机动车保有量349.8万辆（其中汽车163.2万辆，占46.64%，其他类型机动车186.6万辆，占53.36%）。全省共发放黄绿标72.1万套，占应发数的44.19%，其中黄标7.58万套，占已发标车比例为10.5%；绿标64.53万套，占已发标车比例为89.5%。

（四）贵州与瑞士废物处置比较

1. 瑞士废物处置

过去40年中，由于人口的增长和经济的繁荣，城市固体废弃物不断增加。在2011年，瑞士总共有548万吨固体废物产生，相当于每人689公斤。相比1989年高峰期的每人443公斤，其中人均不可回收的废物减少到344公斤。这些废物被运送至全国29个垃圾焚化厂进行焚化，其产生的电能和热能占到瑞士能源消费量的2%。①今天，一半的家庭垃圾都进行单独收集和回收利用。自1990年以来，废物回收的比例增加了一倍以上。总体而言，尽管废物数量在增加，但是由于废物不当管理而造成的环境污染大大减少了。可以说，瑞士成为世界上废物处置最有效、最彻底的国家之一。目前，瑞士的大小城镇乡村均设有资源收集中心，废弃物分成十类：玻璃、纸、铁、铝、油、电池、轮胎、家具、砖瓦、化学药品等，食物残渣打碎后可以进入下水道，树叶、草屑在院子里做堆肥，其余的废弃物才可当垃圾。

（1）废物处置立法

目前，瑞士关于废物处理的法律有联邦议会通过的《联邦环境保护法》和《联邦水保护法》。此外，联邦委员会专门针对废物处理制定了相关条例，主要包括《废物技术条例》《废物运输条例》《饮料包装条例》《提前收取玻璃饮料包装处理费用标准条例》《提前收取电池和蓄电池处理费用标准条例》《电器和电子产品退回、回收和处理条例》等。其中，《联邦环境保护法》作为联邦立法，对废物处理原则、废物管理、废物污染修复等方面进行了总的规定，主要内容包括：第一，源头控制原则。瑞士废物处理遵循的是源头控制原则，其处理过程为"源头控制—产出量最小化—循环利用最大化—处理—处置"。首先要尽可能地从源头避免废物的产生，如果废物的产生不可避免，那么要做到产出量最小化。其次才要考虑如何对废物进行循环利用。如果废物不能得到利用，那么要经过无害化处理。最后才能进行掩埋。第二，预付处置费用。如果一个产品在使用之后变成废物，要进行特殊处理或者进行循环利用，其生产者或者进口商必须向联邦指定并接受联邦监督的私人机构缴纳预付处置费用，用来支付废物处理所产生的费用。第三，自行支付废物处理相关费用。废物的丢弃者必须对其丢弃行为支付相关费用，除非联邦委员会有特别的规定。如果因

---

① 数据来源：瑞士联邦环保署。

为丢弃废物而对环境造成了污染,那么修复污染所需的调查、评估、修复费用也应由废物丢弃者自行支付。第四,污染场地的修复。废物的不当处理会给环境,特别是土壤和地下水造成污染。过去几十年中对有害物质的随意处置给瑞士底土造成了伤害。目前瑞士被污染的场地共有38000处,其中4000处污染场地在短期或长期都会释放有害物质而对人体和环境造成伤害。《联邦环境保护法》规定各州政府均有义务对污染场地进行修复,并且要遵循登记、评估、修复、监控和善后的严格步骤。

(2)废物处置方法

一般来说,瑞士所有的废物都必须经过回收利用或者热处理,而不能进行直接填埋。只有在技术上无法处理或者经济上不可行的情况下才能够进行垃圾填埋。目前瑞士废物处理所采取的方法有三种:第一,回收利用。瑞士废物回收利用包括三类:一是对废物的再次使用(例如旧衣服、旧汽车上拆卸的可用部分等),二是从废物中提取原材料进行利用,三是将废物转化为比之前所使用原料低一个等级的原料。瑞士废物的回收率非常高。根据瑞士联邦环保署的统计,2011年瑞士废纸回收率为91%,废玻璃的回收率为94%,聚酯饮料瓶的回收率为81%,锡罐回收率为84%,铝罐回收率为91%。这些被回收的材料最终会变成各种纺织品原料、被褥填充物、巧克力包装袋以及其他一些日用品等。第二,焚化。不适合回收利用的家庭日常可燃性垃圾以及废木材都在垃圾焚烧厂经过热处理后进行发电或者用作建筑物加热。那些具有高热值和低污染物的废物可以替代化石燃料用于水泥厂等。废物处置公司事先会根据焚化厂的要求对废物进行处置,保证燃料达到最大效用并减少事故发生的风险。第三,垃圾填埋。废物燃烧之后的剩余物、不适合材料回收利用或者热处理的废物将会在符合法律要求的前提下进行填埋。对于那些不能被循环利用的废物必须进行填埋,但前提是不能对环境造成风险。这意味着填埋的废物不能再对环境造成损害,也尽可能不能溶于水。根据废物的性质,在填埋之前必须对废物进行物理上或者化学上的处理。废物必须掩埋于被批准的填埋场。根据所埋废物的不同性质,填埋场还必须在技术设备、事后处理等方面达到相关要求。

(3)废物处理体系

瑞士已经形成了一整套完备的废物处理体系,几乎所有的废物都可以对号入座，得到合适的处理而不会对环境造成伤害。瑞士废物处理体系具体可以分为23个子废物处理系统，包括铝包装、电池、可降解废物、CD和DVD、化学废物、电器和电子废物、报废车辆、金属废物、纳米废物、废木材、包装、玻璃包装、废纸和废纸板、聚酯饮料瓶、塑料、冰箱、污泥、医疗废物、节能灯、挖出物、纺织品和鞋类、镀锡铁皮包装和废旧轮胎。

2. 贵州废物处理

（1）废物处理立法

贵州省的废物产生量呈现逐年增多的趋势。2012年贵州省统计年鉴显示，与2006年相比，2011年贵州省工业固体废物总量增长了31%，但是工业固体废物综合利用率仅为52.7%，低于全国的平均水平。

目前，贵州省并没有对废物处理进行专门立法，只有若干与废物处理相关的规定：《贵阳市城市生活垃圾袋装管理规定》《贵阳市建设循环经济生态城市条例》《贵阳市医疗垃圾管理办法》《贵州省城镇垃圾管理暂行办法》《贵州省城镇垃圾管理暂行办法研究与分析》。这些规定大多针对贵阳市废物的处理，并且只涉及与废物有关的少数几个方面。笔者认为有必要结合贵州省省情，针对废物处理进行专门立法。

（2）废物回收体系

贵州目前废物回收主要依靠的是零散的拾荒者。尽管他们对废物回收起到了一定的作用，但也存在着一定的缺陷。一方面，拾荒者只回收有经济价值的东西，如饮料罐、玻璃瓶、报纸杂志等，对一些有害废物或者有资源利用价值的废物如废电池、废塑料等则不予收购。另一方面，拾荒者寻找废物的过程容易对环境造成二次污染。为了寻找他们想要回收的废物，拾荒者经常将已经装入塑料袋中的垃圾倒出来，使垃圾四处飞散。

（3）废物处理水平

目前贵州废物处理主要存在两个问题：一是废物的循环利用率较低。工业固体废物的综合利用率低于全国水平，生活垃圾的处理方式则主要以垃圾填埋为主；二是垃圾填埋场超负荷运行，二次污染风险加剧。《贵州省城市生活垃圾处理现状与对策》指出："目前全省87个县（市）只建有3座大型无害化垃圾处理场，另有7座生活垃圾卫生填埋场在建，建成后全省也只有 10 座，其余县市的生活垃圾均采用简易填埋，基本上不考虑环保措施，未经无害化处理就直接排放到城郊坑洼处裸卸堆积，除了占用大量土地，还形成新的污染源，对我省城市（县城）生态环境造成极大危害。"①

（五）贵州与瑞士污染场地修复比较

1. 瑞士污染场地修复

过去几十年中对有害物质的随意处置给瑞士底土造成了伤害。目前瑞士被污染的场地共有 38000 处，其中 4000 处污染场地在短期或长期都会释放有害物质而对人体和环境造成伤害。因此，瑞士政府决定在 2025 年之前对这些污染场地进行修复。②

（1）污染场地修复立法

关于污染场地修复的法律主要有《联邦环境保护法》《污染场地条例》和《污染场地修复收费条例》。《联邦环境保护法》对各州政府的义务进行了规定：第一，如果垃圾填埋场和其他地点被废物污染并产生了有害的或不好的影响，或者有可能出现有害或不好的影响，那么这些污染场地必须被修复；第二，州政府必须针对污染场地进行注册并公布；第三，在紧急情况或者当事人无能力进行清理或者当事人不作为的情况下，州政府必须亲自进行调查、监控和修复。根据《联邦环境法》的规定，废物没有得到正确处置的地方，如旧的垃圾填埋场、废弃的工厂或者环境事故发生地都被称为污染场地。当存在环境风险，例如，有可能对地下水造成危险时，州政府必须对其进行修复，至少也要进行监控。调查、监控和修复的费用往往比较高昂。某些情况下，联邦政府会进行适当资助，例如，当责任人不明或者污染者无力支付修复费用时，联邦政府会从污染场地基金进行拨款。该基金由废物处置和废物出口中所收取的税收构成。《污染场地条例》对污染场地修复的相关程序，如登记、评估、监控等程序进行了详细规定，《污染场地修复收费条例》则对垃圾填埋场和废物出口的税收进行了

---

① 姜平、刘永霞：《贵州省城市生活垃圾处理现状与对策》，《贵州环保科技》2004 年第 4 期。
② 数据来源：瑞士联邦环保署。

规定，并对这些收入用于污染场地评估、监控和修复进行了规定。

（2）修复步骤

污染场地的修复往往需要大量的财力、人力，因此为了寻求一个有效、合理的方式，污染场地的修复必须按照规定的步骤进行。下一步行动的采取要基于上一步分析所得出的结论。主要分为以下几个步骤：第一，登记。第二，初步评估。主要将其分为对环境无害的污染场地、需要监控的污染场地和需要修复的污染场地。第三，详细评估。当初步评估将其归为需要修复的污染场地时，当局会进行下一步的详细评估，包括污染场地被污染的种类、程度和潜在影响，并依据评估结果决定紧急修复措施和一般修复措施。第四，修复。修复主要遵循四个原则：防止对环境产生不合法的影响；采取可持续的方式对污染产生的危险进行永久排除；污染场地的修复必须能够极大减少污染对环境产生的危险；修复工程必须为其目标和期限提供完整的、易于理解的决策依据，适当的信息和交流是修复过程中不可或缺的。第五，监控以及修复后的护理。第六，合作。当局和污染者并非唯一的两个参与者，在比较复杂的修复工程中必须与相关各方进行合作，这样不仅可以降低费用，节省人力，更能综合各方专业知识，使得修复工程更好实施。修复工程所需的费用遵循的是污染者付费原则。如果污染不是由一人造成，则按其各自应负的责任分别承担。

2. 贵州污染场地修复

贵州省没有污染场地修复的相关立法。目前贵州省污染场地修复主要集中在重金属污染修复领域。贵州省重金属污染问题比较严重，一是矿产采冶引起的多种重金属污染，汞、铅、锌、砷、锰、锑等；二是涉历史遗留和民生保障问题比重高，污染范围和环境影响程度大，规划中该方面的投资占全省总资金的2/3左右（约16亿元）；三是涉重金属企业少、规模小，但工业生产"三废"排放的重金属已成为贵州省重金属污染的另一重要来源。

（六）环境保护科研比较

1. 瑞士环境保护科研

瑞士非常重视环境科研。在气候和环境领域，瑞士的研究机构得到了国际社会的广泛认可。瑞士政府认识到,随着环境问题越来越呈现多样性和复杂性,科学研究以及科研资源的开发也越来越重要。瑞士联邦委员会和国会要求环境政策决定需建立在高质量的基础上,各州政府也希望在实施环境法规时得到专家的支持、充分跟踪环境发展的潮流。科学研究发现成为满足这些不同要求的关键因素。环境研究的目标包括及早发现问题、更好地了解生态系统和人类活动之间的互动,以及开发技术的、生态的、经济的、社会的以及政治的解决方法。近年来,瑞士的环境科学研究为政策发展提供了重要的基础。瑞士在一些领域的研究处于世界领先地位,例如气候变化研究。

瑞士进行环境研究的主体分为三部分:由联邦政府全额负担经费的研究机构,例如 ETH Domain(由联邦苏黎世高等理工学院和联邦洛桑高等理工学院以及四个著名研究机构——联邦环境科学与技术研究所,联邦森林、雪以及地貌研究所,联邦材料测试和研究实验室以及 Paul Scherrer 研究所组成),以及联邦各部门的研究机构,包括农业科学研究站;受到联邦政府资助的研究所,例如州立大学和理工大学;私营研究机构。①

瑞士环保署自身没有研究机构,但它通过向外界的科学家发放研发合同和贷款的方式进行所需要的科研。联邦环境署的环境研究为环境资源政策的有效实施提供了重要基础,对于哪些措施可以采取哪些不可以采取提供了原则,目的是使新的环境问题及早发现,发展创新的环境资源友好技术,并展示新技术带来的机遇和风险。联邦环境署的研究预算每年大约为 800 万瑞士法郎。瑞士环保研究(部门研究)的目标有五个:第一,为有效和高效环境资源政策的制定提供基础;第二,为环境问题的解决和环境政策的实施提供切实可行的建议;第三,提早发现环境问题;第四,将环境问题与其领域的政策结合考虑;第五,利用新技术对机会和风险进行评估。

2. 贵州环境保护科研

贵州省非常重视环境保护科研。目前,贵州省有多个环境保护相关研

---

① 《瑞士的环境保护》,http://ch.mofcom.gov.cn/article/ztdy/200412/20041200313970.html,2013-9-20。

究机构,主要包括贵州省环境科学研究设计院、贵州省环境科学与工程省级实验教学示范中心、贵州大学材料循环与工业生态研究中心。贵州省环境科学研究设计院实行"一所两制",一方面保留占全所人员38%的公益事业类人员,满足为政府实施有效环境政策和环境管理服务、为解决贵州重大环境问题提供技术支持而开展的环保科学研究工作的需要;另一方面按照市场经济规律,建立起包括环境知识创新体系、环境技术创新体系和环境技术中介服务体系在内的环境科技创新体系,提高面向环保市场的能力,形成有利于环保科研成果转化的机制;贵州省环境科学与工程省级实验教学示范中心主要致力于环境污染生态治理及环境生态修复方面的教学与科学研究工作,主要研究领域涵盖环境污染检测与评估、环境功能材料与设备研发、污染生态净化工程技术、矿山生态恢复与重建工程技术、河湖库塘污染生态保护与生态修复工程技术、城市生态与旅游生态工程技术、生态规划与生态评价服务等七大方面;贵州大学材料循环与工业生态研究中心主要从事以下方向研究:①金属材料、非金属材料的工业及社会循环工艺技术研究;②"三废"治理(资源化治理)与综合利用技术研究;③冶金及化工提取分离技术研究;④工业生态循环链接与清洁生产技术研究;⑤产品生命周期及生产工艺生态设计研究。

(七) 环境保护教育比较

1. 瑞士环境保护教育

环境教育被看作长期全面传播环境信息的方式。环境教育的理想状态是,环境教育可以触及任何地区、任何角落、各个层次。环境教育是中小学教育的一项重要内容。大多数中小学都开设了"人与环境"的课程,目的是让学生认识自然的美丽与多样性,传递整体和协调的哲学观,以及鼓励学生形成对自己、对他人及对环境负责任的态度。一些州还在中小学开展环境专题项目和活动,例如"农场上的学校""学校的自然环境"或者关于垃圾问题的项目。一些环境组织,像"绿色和平组织""Pro Natura 组织""瑞士鸟类保护组织",经常为儿童和年轻人组织一些下午活动、远足、短期实习或者夏令营等活动。这些活动的内容非常丰富,涉及从森林到太阳能、从大型食肉动物到鲸鱼和鸟类的各个领域。在职业教育领域,环境教育是公共课的组成部分。职业教育还培养专门的护林员或者回收人员，他们的课程以生态学内容为主。以回收员为例，回收员是瑞士第一个与环境有关的专门职业。在 3 年的职业培训期间，学生学习关于收集、准备、中间保存和回收可再利用材料的知识。很多大专院校设有环境研究的专门课程。除了传统与环境相关的基础课程，如生物、地理、地球物理、农业科学以及森林管理等，还设立了新的科目——环境自然科学或者环境工程学。成人教育也设有学制一年的夜校环境课程。

2. 贵州环境保护教育

贵州省非常重视环保知识的普及，主要是通过绿色学校、宣传活动和公众参与的形式对环境保护相关知识进行宣传教育。

（1）绿色学校

贵州省环保局和省教育厅自 1998 年就联合开展了绿色学校的创建工作，每两年评审一次，旨在鼓励青少年树立热爱家乡、保护家园的责任感；鼓励绿色学校创建活动由校园向社区拓展，实现"教育一个学生、影响一个家庭、带动整个社会"的目标，保证创建绿色学校的环境效益与社会效益同步体现。绿色学校的创建不仅将环保知识传播到学生之中，也将环境保护理念纳入学校教育管理工作之中，全面提升了师生环保素质实践能力，取得了很好的社会效果。例如，为进一步加强学校环境保护意识，确保圆满完成 2013 年绿色学校创建工作目标任务，贵定县环境保护局就采取提高思想认识、明确工作目标，加强部门配合、共倡环保理念，丰富活动内容、创新宣教形式三项措施扎实抓好绿色学校创建工作。

（2）宣传活动

贵州省环保厅、各市区环保局采取了各种各样的宣传活动加强公众对于环境保护的认识，主要包括宣传日活动、环境保护专题讲座活动等。目前，为了遏制遵义市中心城区饮用水源一、二级保护区内的游泳、钓鱼、烧烤、游乐等严重影响水体质量的行为，使保护饮用水源的观念深入人心，遵义市环保局联合遵义市义工协会启动了饮用水源保护宣传"五进"活动，该活动走进机关、超市、商场、医院、社区等人群聚集的地方，以张贴饮用水源污染和治理的图片、发放宣传单、现场宣讲等形式，向广大市民展示遵义市中心城区饮用水源污染的状况和开展饮用水源环保专项行动以来的整治情况,并呼吁大家关注、关心、关爱饮用水源,主动参与饮用水源保护行动,自觉抵制污染水体的活动,促进饮用水环境安全。

(3) 公众参与

贵州省各市区通过开展环保知识竞赛、体育活动、夏令营活动、征文比赛活动等让公众积极参与到环境保护之中。例如,贵阳市乌当区通过知识竞赛的形式,以垃圾分类投放、废旧电池回收等日常环保小常识以及我国有关环境保护的法律、法规政策等为内容,让社区居民通过解答富有知识性、趣味性的知识题目,学习环保、节能知识,提高环保、节能意识,增强保护环境自觉性,营造一个"天天环保,人人节能"的良好氛围。

(八) 瑞士环境保护经验及其对贵州的启示

1. 瑞士环境保护经验

(1) 对环境进行全面保护,制定完备的法律法规体系

瑞士的环境保护立法相当完善且覆盖面广,分别从大气污染防治(空气污染防治、非电离辐射防治、噪音污染防治、震动污染防治)、土壤污染防治、有机体污染防治、化学物质污染防治、废物处置、污染场地修复、水保护、森林保护、气候保护、物种保护、生态系统保护、风景区保护、自然灾害预防等方面对瑞士环境进行了全方位的保护。目前瑞士共有9部关于环境保护的专门立法,分别是:1876年《联邦森林检查团法》(1991年《联邦森林法》)、1877年《联邦水利工程检查团法》(1991年《联邦水利工程法》)、1925年《联邦狩猎法》(1986年全面修改)、1955年《联邦水保护法》(1971年和1991年分别进行了全面修改)、1966年《联邦保护自然和文化遗产法》、1973年《联邦捕鱼法》(1991年全面修改)、1983年《联邦环境保护法》、1999年《联邦二氧化碳法》(2012年全面修改)、2003年《联邦基因技术法》。其中,《联邦环境保护法》是瑞士环境保护的基石。该法对环境保护的一般规定、基本原则以及一些关键领域进行了规定,包括污染物、有害物质、微生物、废物(包括污染地的修复)和土壤处理。此外,该法对基本的环境保护措施如环境影响评价、环境信息的公布、税收刺激以及机构的上诉权都进行了规定。除了对前期预防措施予以关注外,该法对于污染发生之后的修复工作以及违反相关规

定产生的后果处理也进行了规定。

（2）立足本国实际情况，对环境实行严格保护

由于瑞士国土面积狭小，环境保护与人口增长、经济发展之间的矛盾不可避免。这需要瑞士在人与自然的关系问题上找到新的标准、新的平衡，实现人与自然的和谐共存。在这样的原则下，瑞士法律对环境进行了严格的保护。例如，《联邦森林法》明确规定：森林面积不得减少。谁伐一棵树就得种一棵树，乱砍伐者要受到法律制裁。此外，该法还规定了一系列的禁令，包括禁止生产对环境有害的产品、禁止对树木进行转基因等。只有在极个别的情况下才可以砍伐森林，即砍伐森林所带来的利益远远超过了保护森林的利益。《联邦环境法》对空气污染物的排放和噪音污染规定了明确的上限，对一辆汽车尾气的最大排放量以及一辆货车可能产生的最大噪音量都进行了明确规定，并且要求每两年对污染物的排放量进行测量，保证没有超过规定的限度。正是由于环境保护立法的严格，瑞士环境保护取得了举世瞩目的成绩，根据全球经济论坛上公布的2011年环境保护指数，在参与调查的149个国家中，瑞士的综合得分最高。

（3）采取环境影响评价制度，无环境影响评价报告则无授权

《联邦环境保护法》对环境影响评价进行了详细的规定。如果要对某个项目进行规划、建设或者改动，除了要满足城市规划以及建筑物建造相关法律的规定外，相关机构必须向负责机构提供环境影响报告。该报告包含了评价该项目是否符合环境保护法律规定所需的所有信息。负责机构会对该环境评价报告进行评估，如果该项目涉及铝冶炼厂、热发电厂、冷却塔等，负责机构还需要征求联邦环境署的意见。有时候一个单独的项目需要多个机构进行授权。为了保证他们之间不发生冲突，这些机构必须相互进行协商。

（4）充分利用经济手段，鼓励环境友好行为

《联邦环境保护法》中明确规定了"谁污染，谁付费"原则。瑞士立法者认为，修复环境污染或者损害的费用不应该由瑞士公众承担，而是那些导致污染或损害发生的人来承担。该原则很好地体现在了环境保护的相关立法之中。污染者付费原则已经是日常生活的一部分。《二氧化碳法》中就规定对污染气体的排放进行征税，该规定使企业在制定发展战略时将

环境保护置于其成本中,从而达到自愿减少污染的目的。《联邦水保护法》规定对将废水排入公共下水道者要收取一定的费用,违反相关规定则要受到相应的处罚。该原则也被运用到垃圾填埋场的清理上。《污染场地修复法》规定,污染修复工程所需的费用遵循污染者付费原则。如果污染不是由一人造成,则按其各自应负的责任分别承担。

(5) 以强大的科研为后盾,促进环境保护不断完善和发展

瑞士非常重视环境保护科研,瑞士联邦环境署每年在环境保护研究方面的预算大约为800万瑞士法郎。尽管瑞士联邦环保署自身没有研究机构,但它通过与外界的科学家签订研发合同并发放贷款的方式开展科研。联邦环境署的环境研究为环境保护法律的制定及其有效实施提供了重要基础,也能及早发现新的环境问题,发展创新的环境资源友好技术,并展示新技术带来的机遇和风险。新的技术、发现和发展将会使现有法律系统更加丰富。在不久的将来,环境保护立法的漏洞也会逐渐被填补,例如纳米技术领域、能源有效使用领域的立法。

(6) 建立全方位的环境保护监控,有利于环境保护立法的有效实施

瑞士对于环境保护的监控可以说是无处不在,从森林到湖泊、从土壤到空气等全都进行了严密的监控。以森林为例,瑞士森林监控由瑞士森林统计、瑞士国家森林详细目录、PhaenoNet详细目录、Sanasilva详细目录、瑞士森林保护、长期森林系统研究、区域永久监控七项工程组成,监控内容包括瑞士森林面积、木材使用情况、树木与气候变化之间的联系、树顶落叶情况、害虫、真菌、野生动物和其他自然事件对森林造成的损害等。这些全面的环境监控真实、具体反映了瑞士环境保护的各个方面,不仅使相关机构能够尽早发现问题并对不良的发展趋势进行系统跟踪,也为森林保护的立法评估提供了有效的数据,并对未来森林保护立法的发展趋势做出了判断。

(7) 高度普及环保教育,提高公众环保意识

俗话说,众人拾柴火焰高。瑞士环境保护的成功与瑞士公众强烈的环保意识是密不可分的,促进公民环保的自我意识是瑞士环保政策的一大基本指导思想。以生活垃圾的处理为例。在瑞士,几乎每个家庭都有5个垃圾袋,一个装剩菜、果皮等生活垃圾,回收后可以生产肥料;一个装报纸

和废纸；一个装玻璃瓶子；一个装塑料瓶子；另一个装一般性的生活垃圾。分类详细，既避免污染，又可回收利用。这样做并不是强制性的，而是公众的自愿行为。将垃圾进行分类、回收已经成为瑞士人民生活的习惯。不仅城市是这样，即便是在瑞士偏远的农村也是这样。不仅居家生活是这样，任何车站、机场、饭店、会场、体育场所、旅游景点全是这样。① 当然，罗马并非一日建成。瑞士公众之所以有这样强烈的环保意识，主要得益于瑞士长期对环保教育的重视，环保教育触及了任何地区、任何角落、各个层次。除了定期、充分地使公众了解环保法律、有关环境的决定，瑞士政府从小学就开设环保课程，传播环保理念，并大力支持与环保教育相关项目的开展。瑞士建立国家公园的目标之一就是对公众进行环保教育，提高公众环保意识。公园所开展的与环保教育相关的项目都可以得到环保署的支持。

2. 瑞士环境保护对贵州的启示

（1）建立健全的环境保护法律体系

目前贵州省环境保护立法尚不健全，并不能覆盖到环境保护的各个方面。主要体现在两个方面：一是相关领域环境保护立法的缺失。瑞士的环境保护立法相当完善且覆盖面广，而贵州省环境保护在很多方面还属于立法空白。《贵州省"十二五"环境保护规划》明确指出，"十二五"期间要逐步开展重金属污染场地和土壤的污染防控与修复，大力推进固体废物处理处置，降低危险废物环境风险。但是目前贵州省并没有关于污染土地修复和废物处置的立法，瑞士对废物处理以及污染场地修复的立法为贵州省提供了借鉴。二是具体领域立法的完善。以森林保护为例，瑞士《联邦森林法》不仅对森林进行了保护，更突出了对森林的有效利用，包括森林娱乐休闲功能的发挥。此外，该法还对森林研究和教育进行了规定，保证森林管理人员和木材行业从业人员能够进行相应的研究并接受专业教育，为木材使用和生态保护方面冲突的解决奠定了科学的基础。《贵州森林条例》更多偏重的是对森林的保护，但是对森林功能的发挥并未起到很好的作用，应当对这方面进行相关规定，突出对森林的可持续利用。

---

① 刘少才：《瑞士环保：严格立法保障垃圾回收》，《绿叶》2007年第9期。

（2）加强森林保护监测与管理

瑞士非常重视森林资源监测与管理工作，其森林监控包括对瑞士森林的现状、使用和中长期发展进行定期观察，由瑞士森林统计、瑞士国家森林详细目录、PhaenoNet 详细目录、Sanasilva 详细目录、瑞士森林保护、长期森林系统研究、区域永久监控七项工程组成，监控内容包括瑞士森林面积、木材使用情况、树木与气候变化之间的联系、树顶落叶情况、害虫、真菌、野生动物和其他自然事件对森林造成的损害等。这些全面的环境监控真实、具体反映了瑞士环境保护的各个方面。贵州省林业应吸纳瑞士森林资源监测管理的先进经验，加强森林资源监测体系建设。

（3）建立有利于环境生态的经济政策体系

瑞士环境保护的目标是建立有利于环境生态的经济政策体系，因此瑞士政府非常重视通过经济手段来促进环境保护的发展，这一点很好地体现在了环境保护立法之中。瑞士环境保护立法原则之一就是污染者付费原则。瑞士环境保护立法者认为，修复环境污染或者损害的费用不应该由公众承受，而应由那些导致污染或损害发生的人来承担。该原则已经成为瑞士公众日常生活的一部分，被广泛运用于废物处置、污水处理、垃圾填埋场的清理等领域。贵州省应该实行有利于环境保护的经济政策，运用市场机制促进环境保护。包括深化资源价格改革，加快建立能够反映资源稀缺程度、市场供求状况和环境成本的资源价格形成机制，逐步适当提高工业企业排污收费标准；充分发挥税费政策引导环境保护和资源节约的作用等。

（4）体现"近自然"的环境保护方式

最能体现瑞士"近自然"保护方式的是瑞士的森林保护。瑞士强调对森林的可持续利用，突出保护森林的生物多样性，因而在森林经营中更加强调了"近自然"的色彩。瑞士的苏黎世州就从 2010 年起开始推行营造近自然林，根据 3 阶段计划（计划基础、森林功能和特殊目标）实施森林管理。尽管其地形陡峭，人工费用高，且在 2005 年以后取消了对木材生产林的补助，但森林的经济利用与环境保护一直得以兼顾。之所以取得如此成绩，关键在于以下几点：第一，资源集中于目标树；第二，树种和树龄多样化；第三，促进生物质利用；第四，对林道、机械的有效投资和对技术人员的培训教育；第五，木材生产林的阳光林化；第六，有效的宣传活动；第七，发挥林务官的作用。瑞士这种"近自然"的保护理念和方式对贵州省林业的发展很有启发，应该在今后的林业发展中体现这种"近自然"的可持续发展模式，将天然林保护工作纳入整个林业可持续发展的轨道上来。

（5）推行水域综合管理模式

水资源的有效管理对于水资源的保护、水污染的防治至关重要。瑞士采取了水域综合管理模式，即将水资源的保护放到整个水域管理系统之中，突出利益各方的合作管理，水资源保护领域与其他领域，如空间规划、农林、自然风景保护等的协调，并在解决纠纷时体现公开、透明的原则。贵州省由于条块分割和人为地将系统完整的水系分开，"多龙头管水"实际上很难实现水资源保护的统一管理，导致出现了许多部门之间、地区之间以及流域上下游、左右岸之间的水污染纠纷。过去的水资源保护管理体制及其所具备的能力手段已不再完全适应市场经济对水资源保护管理的要求和变革。因此，必须尽快改革传统的水资源保护管理体制，突出对水资源管理的综合性，注重协调水资源保护过程中各方的利益冲突，形成综合、协调、有效的水域管理模式。

（6）逐步完善废物处理体系

废物流中的很多物质都需要制定专门的处置和处理计划。医疗和危险废物就是这样的例子，它们需要具有针对性的地方和国家规划，需要提供专用的设施和收集计划。瑞士对于危险废物的处理也曾犯过错误，造成了严重的后果。1978~1985年，35万吨的有害废物被丢弃在昆利肯的泥坑中。今天，这些废物，包括重金属沉淀物、化学工厂废物及铝循环的矿渣，已成为滴答作响的时间炸弹，给附近的地下水源造成了威胁。清理这些废物造成的污染至少需要七年的时间，填平泥坑同样需要七年的时间，此外还要加上几年的准备工作。[①] 在吸取教训之后，瑞士政府对特殊废物的处理、进口、出口和转移都做了规定，只有得到授权的公司才有资格对该类废物进行处理。同时引入技术先进的新型有害废物焚化炉对其进行处

---

① 瑞士官方信息平台，http：//swissworld.org/，2013-10-9。

理。贵州省目前危废物处置能力和无害化贮存能力还较为薄弱,仅有贵州省危险废物暨贵阳市医疗废物处理处置中心一家专门针对危险废物的处置中心。由于该中心还未通过整体验收,对除医疗废物外的其他危险废物只能进行收集和贮存,对危险废物依法安全处置有较大影响。据不完全统计,2012 年贵阳市危险废物产量达 1.27 万吨,产生危险废物企业达 1736 家(不包括医疗机构),且有继续增长的趋势。[①]

鉴于危险废物的有害特性,今后应当重点对危险废物进行处理。首先应当将危险废物处理与一般废物处理进行区分,针对危险废物制定专门的规划。其次,加强危险废物环境管理培训。加强环保部门、危险废物产生单位以及经营单位工作人员技术培训,提高对危险废物管理的认识,掌握危险废物收集、转移、暂存、利用和处置相关法律法规、规章、标准和有关规范性文件的规定。最后,要加强对危险废物处理的监督管理。要定期对危险废物处理机构进行检查,确保废物得到无害化处置。对于不合格的废物处理机构要依法淘汰,确保危险废物不对环境造成损害。

(7)进一步提高公民环保意识

贵州省和瑞士都非常重视环保教育工作,都采取了诸如开设环保课程、举行夏令营等举措,但瑞士环保教育更为专业,教育形式也更为丰富。在瑞士的小学,老师不是简单告诉小朋友们不要乱扔垃圾,而是用图片对每一个易拉罐的生命周期进行展示。每张图片表示一个阶段,从最初的铝元素到铝矿,接着提取原料制成易拉罐,从加工厂、饮料灌装车间到超市,最后到废弃易拉罐熔解后的残余物。通过了解整个物质的循环过程和生命周期,观察整个易拉罐的使用过程,让孩子们意识到自己的消费行为给环境带来的影响。这样在他们喝完易拉罐饮料后就不会乱扔,并且在购买时会尽量选择玻璃瓶装饮料。[②] 可以看出,瑞士对公众的环保教育不仅涉及面广,而且较为专业。贵州省也应该加强对公众的环保教育,宣传与环境保护相关的专业知识。只有这样才能使公众养成重视环境保护和资源节约的个人习惯。要做到这一点,首先要保证环境保护教育与学校的课

---

① 《1 年 1.27 万吨危险废物咋处理?》,http://gzsb.gog.com.cn/system/2013/09/16/012682334.shtml,2013 - 9 - 16。
② 《瑞士垃圾分类从娃娃抓起》,http://www.sina.com.cn,2013 - 9 - 20。

程相结合，提高对在校学生，尤其是儿童的环保知识的普及。其次要保证公众能够公开了解有关环境保护的信息和决策。要通过所有媒体形式，如电视、广播、报纸和街头宣传等对环境保护相关的信息进行宣传，鼓励公众积极参与环境保护项目，为环境保护做出贡献。最后要加大对环保教育的支持力度。鼓励各机关、单位、公司、社区等开展环境保护教育相关的活动，对于符合相关要求的环保教育活动，可以根据其活动的规模、具备的条件、针对的群体等提供相应的资助。

五 贵州与瑞士循环经济、低碳经济、绿色经济发展比较

（一）贵州与瑞士发展循环经济比较

1. 循环经济驱动力比较研究

（1）瑞士发展循环经济的驱动力

20世纪90年代以来，一股新的世界潮流——循环经济——正以迅猛发展的强劲态势席卷全球，成为实现社会、经济和环境协调发展的重要途径。发达国家得风气之先，在可持续发展战略的统率下，纷纷进行了环境战略、政策和法律的重大调整，在法律层面上，废物处理立法作为对循环经济的法制保障，更居于十分抢眼的地位，受到各国政府的青睐，并取得了积极的成效。

瑞士是一个多山的国家，其中最重要的是占据了瑞士国土60%以上的阿尔卑斯山脉，但是在自然资源方面，瑞士堪称世界上最穷的国家之一。山区几乎没有什么矿藏，只有北部靠近莱茵费尔登处有一些盐矿、汝拉山脉有铁矿和锰矿。其他对工业发展至关重要的矿藏，如煤、石油以及其他燃料、金属矿等都极度贫乏。除少量的煤矿留作战备所用外，生产生活所需的能源、工业原料几乎全部依赖进口。尽管瑞士的矿产资源不多，但是水力资源、森林资源及其他野生动物等都不算贫乏。在这样的资源背景下，瑞士不得不寻求适合自己的发展道路，既要节约能源，又要保护

环境。

尽管瑞士工业发展的资源匮乏,但是瑞士人很早就意识到国土面积的狭小与人口增长、经济发展的矛盾。在人与自然的关系问题上需要找到一个新的标准、新的平衡,在循环经济方面做得很好,实现人与自然的和谐共存。瑞士工业在国际市场上具有很强的竞争力,其技术水平先进,产品质量精良,并且很善于废物的再利用。

(2) 贵州循环经济驱动力

发展循环经济是贵州解决自身资源不足和环境限制现状的必经之路。近年来,贵州很好地遵循以"减量化、再利用和再循环"为内容的3R原则、共生耦合的原则、技术先进的原则、环境友好的原则以及协调发展的原则;把加快调整经济结构、优化布局各类产业、增长方式的转变、发展模式的创新作为主线,把资源生产效率的提高及废物排放的标准降低作为目标,把技术的创新和制度的创新作为动力,把资源的节约、综合利用、循环利用以及生产的清洁作为关键,把相应的机制体制、政策与法规作为保证,把铝、磷、煤等资源及其相应工业和若干类似区域作为重点,把形成一些循环经济的试点、产业园区以及区域作为内容,把经济加快发展的实现和全面、协调、可持续的发展融为一体作为核心,全面建设人与自然之间和谐发展的资源节约型、环境友好型的社会。

2. 循环经济实施路径比较研究

(1) 瑞士发展循环经济的实施路径

第一,瑞士发展循环经济的重要措施。瑞士再生资源回收充分体现国际通行的循环经济的4R原则,即Reduce(减量)、Recover(再生)、Reuse(再用)和Recycle(循环),瑞士再生资源回收有自身的特点。首先,作为瑞士环境保护措施的一部分,再生资源回收体系的基本原则是"污染者买单"。其次,再生资源回收体系以私有部门为主体,引入市场机制;政府对再生资源回收体系进行评估,必要的时候进行干预。

第二,瑞士联邦委员会的绿色循环经济具体方案。2010年10月13日,联邦委员会为建设六个领域活动的绿色经济进行了授权。这些具有针对性的行动会改善自然资源使用的情况,对环境保护和经济发展都非常有利。目标是将资源消耗降到一个可持续的、对环境友好的水平,同时增加瑞士的竞争力和财富。这六个领域分别如下。

清洁技术：新的环境和能源技术（清洁技术）对于经济领域资源效率的提高至关重要。清洁技术总体规划对瑞士在全球清洁技术市场的创新力和位置进行了分析。

信息和交流技术：使用信息和通信技术成为所有经济领域和消费领域的一项重要原则。持续增加的能源使用、问题废物的产生和稀有金属的大量使用对环境产生了影响。

产品的环境影响：消费行为对环境有重要的影响。为了使资源的使用降低到一个可持续的水平，瑞士联邦环境署坚持认为要进一步完善信息，为关于收购和使用的环境友好决定提供更好的支持。

全球财富指标：联邦政府经济政策的成功当然依靠的是国内生产总值。综合社会、经济和环境信息的必要性已经在国内和国际范围内被广泛认知。

资源效率立法：全面的联邦立法对资源产生了巨大的影响。要求联邦政府在将来就立法对资源有效性和可持续性的影响开展调查。

第三，瑞士对环境政策进行经济评估，提高政策的有效性。自从2007年开始，联邦环保署就对所有的环境政策，包括规章、法律和联邦宪法的经济效果进行了评估。通过这种方式，瑞士联邦环保署让环境政策更加有效和高效。联邦环保署针对经济评估制作了手册，作为环境政策评估的指南。此外，该手册还被用来评估特定群体对环境政策的接受度，特别是那些受到影响的部门和领域。通过该项评估，瑞士环保署大大提高了环境政策的有效性，环境保护的经济效用也因此更为明显。环保署已经对环境措施的经济效用进行了分析。

第四，瑞士政府通过立法促进循环经济发展。为保护自然资源、促进生态友好的消费模式、加强循环经济，2013年6月27日，伯尔尼—瑞士联邦委员会提交了《联邦环境保护法》的修正案。联邦委员会旨在减少瑞士资源消耗量，达到一个自然的可持续的状态。除了现有的环境的、能源的、气候的、经济的和空间的政策规定外，还需要更强劲的措施来促进绿色经济。《联邦环境保护法》修正案将会为生态友好型消费模式的发展、循环经济的加强提供基本框架。此外，商业领域、自然社会领域的自愿行动也会得到支持和发展。

（2）贵州发展循环经济的实施路径

第一，实行有利于循环经济发展的社会政策。一是加强循环经济发展的宣传和培训。各地、各部门要大力开展形式多样的宣传活动，提高全社会对发展循环经济重大意义的认识。定期开展党政领导干部和有关行政管理人员的在岗培训，将循环经济教育培训纳入各级党校和行政学院的教学内容。定期开展企业培训，提高管理者和广大员工参与循环经济建设的水平。将循环经济发展纳入科学普及工程，在国民教育中逐步充实循环经济的教育内容。编写消费行为导则，制定资源节约公约，逐步形成节约资源、保护环境的消费方式和消费氛围。二是加快循环经济专业技术和专业技能人才队伍建设。加强高校和其他职业院校循环经济相关学科建设，实施专业技术和技能型人才培训工程。建立健全适应循环经济发展的人才引进、使用激励保障机制，完善相关职业资格证书制度。引进和培养循环经济研发方面的学科带头人、技术带头人，建立和完善相关人才储备库。对完成循环经济重大科技研发或取得重大科技成果、技术创新有突破的人员给予表彰和奖励。

第二，促进循环经济发展的保障措施。加快制定、完善和实行循环经济规划。按照促进循环经济发展、制度先行的原则，加快组织出台贵州省循环经济发展总规划，进一步改进节能环保、节水、节约土地以及矿产资源等专项规划。把循环经济发展理念融入工业发展、区域发展、城镇发展等重点规划中。依据循环经济发展的要求，按照统筹规划的原则，建设和逐步改造中心城市、重点开发区、重点产业园区、重化工业集中地区，形成共聚发展的格局。对于进入循环经济规划区的企业，要考察其在土地利用、能源节约、水资源利用、核心资源等综合利用率以及有效控制废物排放情况，促使企业在供电、供气、供热和废物利用方面建立集中处置中心，走出一条高效循环利用的可持续发展道路。

第三，在循环经济发展方面实行行政许可和准入控制。矿产资源、土地资源由省国土资源厅负责实施审查控制，水资源由省水利厅负责实施审查控制，产业政策由省发展改革委负责实施审查控制，节能降耗由省经贸委负责实施审查控制，环境评价由省环保局负责实施审查控制，提高发展的准入门槛，确保循环经济更加科学、真实、有效地发展。

第四，加快建立循环经济发展的评价指标体系和统计体系。省发展改革委联合统计、环保等有关部门，不断加快研究建立循环经济发展重点企业统计评价指标体系、重点企业统计核算制度及重点企业统计监测网络的步伐。

(3) 循环经济实施路径比较的共同之处

第一，贵州与瑞士都实行了有利于循环经济发展的社会政策。瑞士联邦委员会为建设"清洁技术，信息和交流技术，产品的环境影响，环境友好型税收系统，全球财富指标，资源效率立法"六个领域活动的绿色经济进行了授权。这些具有针对性的行动会提高自然资源使用的情况，对环境保护和经济发展都非常有利。目标是将资源消耗降到一个可持续的、对环境友好的水平，同时增加瑞士的竞争力和财富。

第二，贵州与瑞士都重视对环境政策进行评估。瑞士联邦环保署对所有的环境政策，包括规章、法律和联邦宪法的经济效果进行了评估。通过这种方式，瑞士联邦环保署让环境政策更加高效。联邦环保署针对经济评估制作了手册，作为环境政策评估的指南。通过该项评估，瑞士环保署大大提高了环境政策的有效性。

第三，贵州与瑞士都运用税收方式调节循环经济发展。贵州正努力调整和完善现行税制。通过对资源税、流转税、所得税三个方面的改革来发展循环经济，改革税制分配体制，保护资源原产地的利益，完善促进循环经济发展的生态税收体系。

瑞士认为税收激励机制能够有效鼓励资源有效行为。但是目前的税收和补助系统也包括了一些鼓励破坏环境行为的税收激励机制。应该移除现有的不利于经济发展的因素，创造有利于资源可持续利用的合适激励机制。

第四，瑞士与贵州都在不断完善循环经济立法体系。2013年6月27日，为了保护自然资源，促进生态友好的消费模式，加强循环经济，瑞士联邦委员会提交了《联邦环境保护法》修正案。联邦委员会旨在减少瑞士资源消耗量，达到一个自然的可持续的状态。《联邦环境保护法》修正案将会为生态友好型消费模式的发展、循环经济的加强提供基本框架。

（4）循环经济实施路径比较的不同之处

瑞士再生资源回收充分体现国际通行的循环经济的4R原则，并有自身的特点。再生资源回收体系以私有部门为主体，引入市场机制；政府对再生资源回收体系进行评估，必要的时候进行干预。就目前而言，贵州，甚至我国整体都未形成一个科学的再生回收体系。

（二）贵州与瑞士低碳经济发展比较

1. 战略导向比较

（1）贵州省

综合考虑"十二五"全省经济社会发展目标和环境保护发展战略需要，"十二五"期间，贵州力争主要污染物排放总量得到有效控制，主要污染物排放总量减少。化学需氧量、氨氮、二氧化硫、氮氧化物排放总量在2010年基础上分别减少6%、7.7%、8.6%、9.8%。其中，化学需氧量、氨氮工业源加生活源削减比例分别为6.1%和7.8%。

（2）瑞士

作为欧盟的一员，瑞士制定了严格的减排目标，迫使自己改变现有的经济和社会体制，率先向低碳经济转型，力争打造成为一个"绿色知识经济体"。在瑞士，任何项目的实施都必须严格符合相关的标准，并且制定了严格的法律保障其实施。环境保护法只对禁止事项做了清晰的规定。例如，规定明确的上限。对于一辆汽车尾气的最大排放量以及一辆货车可能产生的最大噪音量都进行了明确规定。并且每两年必须对污染物的排放量进行测量，保证没有超过规定的限度。相关建筑物内的加热系统所使用的燃料必须达到法律规定的标准。自然保护区的使用也有法律进行保护。例如，在农业依然允许的区域，法律对于一年中哪些时间可以除草进行农耕做出了明确的规定。

2. 政策比较

（1）贵州省

目前贵州省低碳经济的立法处于起步与摸索阶段，除了在战略层面上确定了应对气候变化的方案，并建立相应的机制外，发展低碳经济的立法工作仍有待进一步加强。首先在宏观上迫切需要将低碳经济发展理念和相关发展目标纳入"十二五"规划和相关产业发展规划中。

（2）瑞士

瑞士的清洁空气政策体现了早期预防的重要原则。瑞士的环境保护法要求空气污染、噪音污染、非电离辐射和震动都要在其源头被尽可能地预防。例如，可以通过规划措施保证新的建筑物不在污染已经很高的地区建造，从源头直接减少排放或者防止其排放。在瑞士，加热系统和发动机的设计都要求尽可能地少向空气排放有毒废气和尽可能地保持安静，相关条例对相关设备的最大排放量都进行了规定。技术的发展为减少排放提供了可能，例如高效的发动机或是包含低污染物的燃料。对绝缘性较好的房子加热则需要较少的燃料，其良好的吸音功能也能减少机器发出的噪音。限制值的设立促使技术不断革新，例如，汽油发动机中催化转化器的出现，柴油发动机内滤波器的发明以及轻质火车车厢的出现等。此外，当某一区域被规划为建筑区时，当地市镇必须考虑其噪音污染和非电离辐射水平。此外，《瑞士联邦环保条例》，还包括灾难预防、环境影响评估、噪音控制、空气污染控制、特殊垃圾整治、受污染场所修复、废弃电子及电子设备的回收处理、地表与地下水资源保护条例等10余个。

3. 经济手段比较

（1）贵州省

实施碳汇交易，赢得发展商机。作为森林资源大省，贵州省目前采取清洁发展机制（简称CDM机制），积极开展对外碳交易，不断争取发达国家发展低碳经济的资金和技术，促进产业结构调整和经济发展。贵州南东水电项目、贵州杨家湾水电项目、贵州团坡水电项目都是按CDM机制建设的项目。

（2）瑞士

在未来的几年之内，瑞士将进一步扩大现有的具体措施，比如将在化石燃料上征收二氧化碳税。此外，不仅会有一些自愿性的措施，也要对交通部门进行一定的补助。同时建筑方面，将来50年的建筑，都不会倒掉；还有包括像汽车，鼓励人们使用低排放的汽车。在限制机动车污染方面，瑞士很早就制定了排放标准,现在,欧洲各国都在实施类似的策略。对机动车收取环保税始于 1993 年,过去 10 年瑞士对很多交通基础设施建设都考虑了其环境影响,各行政区还实施了交通消音措施,以减少对环境的噪音污染。

4. 技术支持比较

(1) 贵州

贵州目前已建立起了相对完整的包括建材、冶金、铝及铝加工、磷及磷化工、煤及煤化工等资源型和原材料产业体系。贵州的两大支柱产业主要是原材料产业和能源工业,但是在原材料产业这一方面整体的发展水平还不是很高,这主要表现在以下几个方面:一是绝大多数产品以初级产品为主,产品的档次比较低,产品的品种比较单一,高附加值的产品比较少;二是产业的布局不是很合理,产业分散,企业规模还不大,装备水平和工艺技术科技含量低;三是以"三废"排放多的煤化工企业居多,环保历史欠账多,对资源的综合利用研发投入严重不足,资源、能源利用率低,碳排放超标严重。

(2) 瑞士

瑞士积极倡导可持续发展。1992 年在巴西里约热内卢召开的联合国环境与发展会议在环境保护方面取得了重大突破。会议上提出可持续发展的概念,要求各国以全面的视角看待环境问题,经济和社会发展也要考虑环境问题。此外,会议提出《气候变化框架公约》和《保护生物多样性公约》两个重要的国际协议。基于《气候变化框架公约》,1998 年提出了针对温室气体排放的《京都议定书》。为了执行《京都议定书》,瑞士于 1999 年制定了《二氧化碳法》。

5. 发展路径比较

(1) 贵州省

倡导低碳消费的理念,努力创建低碳城市。在贵州,人们的生活习惯和心理都与"社会人"的特征相吻合。因此,政府与社会团体可以借助这个优势,对消费者进行引导,使其改变原有的消费行为、习惯,倡导低碳消费的观念,让低碳这个理念在全社会得到普及,使大家都树立起低碳消费的观念。可以说,政府引导对于公民习惯的养成至关重要,作为领头人,政府应该带头示范,为环保、可持续消费方式、低碳生活等理念的推广做出积极努力。大力发展公共交通就是一个不错的例子。此外，可以积极倡导公民使用公共交通出行，不仅能解决城市交通的顽疾，还可以对环境进行保护，避免汽车尾气造成的污染。

（2）瑞士

第一，低碳旅游的发展。在瑞士，绿色低碳旅游生动自然地把生态和低碳在交通、住宿、食品和其他的各个细节中反映出来，它不只是一个口号，更不只是若干类似于参观一些污水处理厂之类的项目。

阿罗萨市是瑞士南部发展和推动绿色低碳旅游这一项目方面最有特色的城市。他们不但将当地旅游的部分征税资金用于向一家德国的沼气厂购买碳信用额，这种"碳中和"没有给旅客增加丝毫的负担，而且为不开车的旅客安排低碳假期，这些不开车的旅客将获得证书一份，以此来证明他们在假期没有对气候的变化造成更坏的影响。不仅如此，他们还为游客设立起了记载着包括停留地点和游客们到达阿罗萨后使用的交通工具等一系列的"碳消费清单"。

第二，废物的回收和利用。瑞士人非常重视在废物利用这一方面的工作，在他们眼中生活废物都是宝，即使只是一个信封，一个装酸奶的铝箔和一个空铁罐。他们非常严格地按规定办事，对家庭垃圾的处理也非常认真。他们每家每户都备有统一规格的一种不透明的深色塑料袋，在商场购买一卷后，按照说明撕开就成了口袋。每个口袋上都有一根塑料绳子，把垃圾装好后就可以用它将口袋扎住。这里的人们对垃圾的循环利用达到了世界的最高水平，他们总是不厌其烦地将垃圾分为五类：旧报纸、玻璃瓶、无用的废物、塑料瓶、罐，然后将这五类分别放入塑料袋，以便更好地回收利用和处理。

在瑞士，居民在搬家时难免要丢掉一些过了时的旧家具和旧物品，但是他们从来不会为了使自己方便而将这些东西丢在大街上。他们会将这些东西包裹好抬到大门口，注明一些必要的提示。在每周固定的"家具处理日"，过路的行人如果觉得需要或合适，就可以将这些旧家具、电视机或自行车拿回家。

第三，垃圾处理。瑞士是世界上垃圾处理做得最有效、最彻底的国家之一，30余年前，瑞士就提倡"垃圾处理三部曲"：避免制造垃圾：不使用容易产生垃圾的产品,如多余的包装、一次性餐具等;垃圾分类、资源回收:将无法避免的垃圾分类回收,作为资源原料进行生产循环再生品;垃圾无毒处理:无法回收再利用的废弃物要集中特别处理,以免造成二次公害。

瑞士的大小城镇乡村均设有资源收集中心,其废弃物分成十类:玻璃、纸、铁、铝、油、电池、轮胎、家具、砖瓦、化学药品等,食物残渣打碎后可以进入下水道,树叶、草屑在院子里做堆肥,其余的废弃物才可当垃圾。瑞士是欧洲对汽车尾气排放标准要求最严的国家,也是欧洲首先要求使用汽车尾气净化装置的国家。

(三)贵州与瑞士绿色经济发展比较

1. 绿色交通

(1)瑞士

为了推广绿色交通、改变交通行业的现状,瑞士从三个方面入手:增加可达性,控制机动化;鼓励友好的交通出行模式;开发低碳和环保的交通工具。这需要根本改变投资模式,有效整合土地利用和交通规划的关系,促进产品生产和消费本地化,减少出行。发展更加环保的出行方式,例如客运的公共交通和非机动交通、货运的铁路运输及水运。投资发展公共交通设施可以鼓励步行和自行车出行,并且可以产生就业岗位、改善福利,对地区及国家的经济产生积极影响。开发新型环保车辆和新型燃料可以降低城市空气污染及温室气体(GHG)的排放。此外,通过改善基础设施状况,实现绿色交通,可以减少交通事故,带来市场机遇,并减少贫困。

(2)贵州

贵州地处云贵高原,其中92.5%的面积为山地和丘陵。地貌复杂给贵州的交通发展带来了巨大的困难。公路交通运输的落后严重制约着社会经济的发展,成为经济发展的瓶颈。贵州当前主要使用汽油和柴油车辆,对社会、环境及经济造成一定损害,是一种不可持续的发展模式。

2. 绿色建筑

当今的建筑业已经产生庞大的生态足迹。建筑部门是全球最重要的温室气体排放源,全球约 1/3 的终端能耗发生在建筑物内。此外,建筑行业消耗了高于 1/3 的全球资源,包括 12% 全球淡水,并产生了数量可观的固体废物,约占固废总量的 40%。建设节约型社会涉及生产、消费、制度、文化诸多方面,需要全社会介入,全方位展开。其中,与社会生产和人们生活最为密切的,无疑是建筑。

3. 绿色发展合作

瑞士联邦环境署参与了一系列国际活动,旨在发展绿色经济,并与其他国家的一些项目分享经验。瑞士是很多国际组织的成员,或者与它们有着密切的联系,这些组织都致力于加快绿色经济的转型。下面这些都是瑞士参与的活动。

（1）绿色增长知识论坛

联合国环境规划署、经济合作与发展组织、世界银行和全球绿色增长研究所于 2012 年创建了一个知识论坛,主要是为绿色增长和相应的政策制定提供必要的知识。该论坛能够收集、处理理论知识和实践经验,并将其提供给需要的、感兴趣的国家。

（2）绿色经济行动合作

绿色经济行动合作是由四个联合国机构,即联合国环境规划署、国际劳工组织、联合国工业发展组织、联合国训练研究所合作组建,在里约 20 国集团峰会关于可持续发展的会议召开之后建立的。绿色经济行动合作旨在为各国政府关于绿色经济的询问进行解答,并同合作机构的专家进行合作,为相关要求提供具有针对性的支持。

（3）国际资源专家组

国际资源专家组主要是以科学为基础,为资源的可持续使用、经济发展与资源使用之间矛盾解决方案的确定提供意见。该专家组成立于 2007 年,由来自科学、经济领域的全球顶尖专家组成。

（4）可持续消费和生产模式计划十年框架

该框架在 20 国峰会关于可持续发展的会议上通过,为可持续消费和生产模式的发展、绿色经济的实施提供了具体的措施。瑞士积极参与了由该框架建立的 Marrakech 活动,并成为该框架董事会的候选国。

4. 绿色立法

(1) 瑞士

针对绿色经济,2013年6月27日,瑞士联邦委员会提交了《联邦环境保护法》修正案。该修正案是针对绿色经济热门倡议的间接反提案。联邦议会2013年6月26日将该立法修正案提交审议。联邦委员会旨在通过修订《联邦环境保护法》对瑞士的环境保护政策进行完善,使其更加现代化。《联邦环境保护法》所进行的这些修改为更有效地利用自然资源提供了新的法律基础。从长远来看,此次修订是为了显著减少对环境的污染,加强瑞士经济供给的安全性。该修正案的咨询过程一直延续到2013年9月30日。

联邦委员会旨在减少瑞士资源消耗量,达到一个自然的可持续的状态。除了现有的环境的、能源的、气候的、经济的和空间的政策规定外,还需要更强劲的措施来促进绿色经济。整个修改过程将会持续数十年。最重要的也是最初的步骤就是对《联邦环境保护法》进行修改。

《联邦环境保护法》修正案将为生态友好型消费模式的发展、循环经济的加强提供基本框架。此外,商业领域、自然社会领域的自愿行动也会得到支持和发展。

第一,目标和报告。为了促使绿色经济的形成和发展,要求制定一个整体的目标并进行定期报告。联邦委员会旨在大量减少环境污染,并将国外产生的环境污染也考虑进去。

第二,废物和原材料。此次提交的议案对某些法律基础进行了增加和阐述,这些法律基础有利于加强珍贵物质(例如稀有金属)领域的循环经济,增加循环原材料的使用(例如碎石),减少原材料需求和废物的产生。此外,联邦机构应有在零售业引入回收义务,提高某类包装材料的回收率。

第三,消费和生产。在某个产品的循环过程中应避免对环境造成影响。在这方面,联邦委员会主要依靠的是与商界的协议。此外,如果需要的话,联邦委员会应该有权对产品环境信息以及某个产品生态敏感要素的报告进行规制。最后,对存在生态问题的产品市场,应该制定一个总的规定对相关要求进行规制。

第四，全面措施。为了全面推进绿色经济发展，与商业、科学和社会相关的信息和举措都应该得到加强。此外，鉴于全球普遍存在的自然资源方面的压力，瑞士对于提高资源效率的承诺需要进一步加强。

（2）贵州

目前贵州尚无专门的绿色经济相关法规。

（四）启示

1. 循环经济发展对贵州的启示及借鉴

瑞士的再生资源回收体系完备、运转高效，较好地实现了环境保护的目的。总体来说，当前贵州的废物处理状态与瑞士30年前很相似，基本都是采用填埋的方式，并且对垃圾没有分类，使用这种方式处理垃圾其弊端是显而易见的，固体污染物埋藏于地下其分解是一个极其漫长的过程，而且会对土壤植被造成无法估计的破坏，所以像瑞士等一批西方发达国家在处理污染物时都采用了新的循环处理措施，使资源能够再利用。贵州在循环经济的发展中也出台了《贵州省人民政府关于促进循环经济发展的若干意见》，但民众普遍重视不够，具体做得也不是很到位，特别是在废物循环利用方面。因此，贵州急需建立自己的垃圾分类回收体系，引进新的垃圾处理技术，用以代替粗放的填埋式处理方式。

（1）启示

第一，废物处理方面。瑞士在废物循环经济发展中不仅有高新技术的支持和法律的保障，国民的自觉爱国行为与较高的素质也是循环经济发展的基础条件，在废物处理方面有一套完善而科学的体系。

一方面，垃圾的分类是废物再利用的前提。垃圾处理的先进理念要求瑞士家庭首先对垃圾进行分类，把玻璃、纸、铁、铝、油、电池、轮胎、家具、砖瓦、化学药品、庭院树枝等垃圾，按照固体、液体、有害物质、能否再利用等进行分类，保证不让有害物质破坏环境。这些家庭此后还根据垃圾的不同类别分送到不同的回收点。

另一方面，瑞士对废物利用的循环经济意识出现较早。三十多年前，瑞士就提倡包括垃圾分类、资源回收以及垃圾无毒处理在内的"垃圾处理三步骤"。自2001年起，瑞士政府规定，城市生活垃圾禁止直接进入填埋场进行填埋，即"填埋禁入法"，城市生活垃圾由末端处理转向源头治理，形成倒金字塔的管理原则，即必须经源头减量、分类收集、处理，资源充分利用后，最终的惰性物质才能进行填埋处置。尽管垃圾总量在增长，但经过各个环节的"消化"，最终送入焚烧厂的垃圾量在减少。与此同时，可回收利用的垃圾量也在不断增长。

第二，政府推动方面。发展循环经济是瑞士立国之本，因此政府通过法律保证这项战略的实施。尽管国内生产制造的工作人数不断减少，产品数量却不断增多，先进的机械设备使得价廉的大规模生产成为可能。大量产品很快就被废弃，如何回收废品变得十分重要。瑞士决策层认为，回收工业将有相当大的发展，生态学将在瑞士经济中占有重要地位。

同时，瑞士政府明文规定企业只有在对自己的塑料瓶达到75%以上的回收率后，才有资格广泛生产或使用塑料瓶。瑞士塑料瓶回收协会负责对废弃的塑料瓶进行分类回收，他们在瑞士全国置有4万多个废弃塑料瓶的回收箱。目前瑞士的废弃塑料瓶回收率达到74%。瑞士全国共有5个大型塑料回收、分拣和加工中心。瑞士塑料瓶回收协会仍不断努力在全国范围内增设更多的回收点。

第三，国民接受度方面。可持续发展已经成为瑞士人消费、交通和家居等方面的生活方式。瑞士人以其对垃圾回收的高昂热情而著称，可誉为"垃圾回收世界冠军"。瑞士在资源的节约、高效、可持续利用方面建立了完善、科学的检测、考核体系（即MONET指标系统），包括关键指标、全球可持续发展导向指标、未来可持续发展对策指标。

（2）完善对策

第一，"谁污染，谁买单"。瑞士是世界上少数按照垃圾数量征收处理费用的国家。人们须购买地方政府提供的垃圾票，并将垃圾票贴在相应容量的标准垃圾袋外，才能将垃圾按规定时间放在室外，等垃圾车收走。由于再生资源的回收面向消费者的环节是免费的，也由于环保意识深入人心，因此人们能够主动减少生活垃圾的总量，对家庭垃圾进行分类，将其中再生资源送到回收点。瑞士再生资源回收广泛采用预收处理费制度，大多是在自愿基础上预收处理费，也有政令性的强制预收费。预收处理费的制度首先要求生产者将再生资源回收处理的成本整合到生产成本中，由于环保材料的处理费用相对低廉，从而在生产环节鼓励对环保材料的使用。其次，该制度保障了再生资源回收、运输和处理的资金来源，也使再生资源回收成为一个独立发展的产业。

贵州省在构建再生资源回收体系的过程中，可以借鉴瑞士的经验，考虑实行预收再生资源处理费用体系，以解决贵州省再生资源回收利用的资金问题。尽管国家出台了一系列优惠政策鼓励和扶持废旧物资回收行业的发展，但目前绝大多数废旧物资回收加工企业处于微利甚至无利状态，很难提高技术、扩大规模。建立预收处理费用，将所获得的资金分配给相关企业用于再生资源的回收、处理，可以有效地促进回收企业的发展，改变其规模小，技术落后的现状。

第二，瑞士发展再生资源回收体系以民间机构为主，政府回收为辅。各种有关再生资源回收的协会具体负责这项工作的管理和协调。这样既保证再生资源回收体系在市场经济的框架内运转，使资源高效合理地配置；又确保在市场不能达到回收目标时，政府会进行干预，纠正市场失灵。贵州省可以探讨加强民间机构在再生资源回收体系中的作用，加强回收行业协会的作用，用市场来指导行业的发展。同时也要加强政府的监督作用。

第三，瑞士再生资源回收体系的成功也有赖于企业与个人良好的环境行为。这方面政府和各种回收协会对公众的环保教育功不可没。环境教育是中小学教育的一项重要内容，大多数中小学都开设了"人与环境"的课程。在课堂上，学生不仅懂得了保护环境的重要性，形成对自己、对他人及对环境负责任的态度，而且了解到再生资源分类回收的知识。

政府通过其他渠道宣传再生资源分类回收的信息。在瑞士联邦环境、森林与风景局的网站上，详细公布有关各种再生资源回收处理的信息，充分给予公众知情权。各州政府网站上提供分类回收点、回收时间的信息。各种回收协会不仅通过自己的网站向公众进行宣传，提供回收点的信息，还经常举办各类活动，推动公众对回收工作的认识。通过宣传和长期实践，使垃圾分类回收的观念深入人心。

贵州省应加大宣传和教育的力度，提高全民环保和资源意识。通过广泛和持久的宣传，使企业和公众了解贵州省环境保护和资源利用的严峻现实及再生资源回收利用的重要意义，使企业和公众树立对自己、他人和自然环境的责任心，使全民都能理解、支持和自觉参与再生资源回收利用事业。

2. 低碳经济发展对贵州的启示及借鉴

瑞士的生态环保走在世界前列，贵州的地理和自然条件与瑞士较为相似，瑞士先进的经验与模式可供借鉴。国家发改委应对气候变化司司长苏伟指出，在应对气候变化方面，贵州在体制、机制、投入、认知等方面都应该向瑞士学习，需要一个过程才能完成。瑞士在发展工业的同时注重保护和改善生态环境，贵州应学习借鉴这种模式，使产业布局能够立足当前又兼顾长远。

由于中国和瑞士签订了相关协议，其中包括减缓气候变化，开展低碳发展战略，加强在低碳试点方面的合作，贵阳是第一批"五省八市"低碳试点城市之一，有很大潜力。依托生态文明贵阳国际论坛，贵州有条件借鉴并复制瑞士的成功经验，例如积极利用水能、风能、太阳能等可再生能源，从而减少二氧化碳等温室气体的排放。

3. 绿色经济发展对贵州的启示与借鉴

（1）提倡绿色交通，促进绿色交通发展

瑞士在推广绿色交通方面做出了一些相关措施，限制或减少出行的次数；人们出行转向更为环保的交通方式，促进公共交通、慢行和非机动车的发展，它通常需要大量的专用设施投资；改进交通更为环保的车辆和燃料技术，减少传统内燃机的耗油量，降低车重，或开发电力和混合动力汽车，研发生物燃料技术和氢燃料技术等；其他有效手段还包括鼓励合乘或环保驾驶，采用绿色的交通工具和出行方式（包括自行车、公共交通和低排放汽车，使用清洁燃料等）。

（2）树立节能环保意识，建造绿色建筑

就贵州而言，每个人都应该学习环保知识，增强绿色环保意识，让绿色深入人们的生活之中，而不是只让绿色生活停留在口号上。政府要开展和绿色相关的宣传教育活动，健全绿色建筑的标准体系，完善绿色建筑的评价制度，加强绿色建筑的评价能力建设，建立起有效的绿色建筑的激励机制，包括政府提供的补贴与税收优惠等。为绿色开发营造一个良好的环境，使其发展不受经济效益的限制，逐渐步入持续、稳定健康发展的良性轨道。在政府建立的绿色建筑激励机制中，运用经济优惠措施来刺激消费者和开发商的积极性，是最有效率的激励方式。而绿色建筑的开发和管理模式的有效建立对促进绿色建筑的发展十分重要，绿色建设开发与管理也必将走向政府激励机制和市场调节并行的轨道。贵州省在绿色建筑上应该采取对环境无害、能充分利用环境自然资源且不破坏环境基本生态平衡的一种可持续发展的建筑。

（3）因地制宜，制定科学合理的绿色经济发展战略

瑞士结合自身实际制定出合理的绿色经济发展战略，有效突破资源环境的瓶颈制约，绿色经济得到迅速发展，对贵州的绿色经济发展有重要的借鉴作用。贵州绿色经济发展战略在坚持生态文明发展理念的前提下制定，立足于贵州自然地理环境、人文历史和时代要求。贵州制定科学合理的绿色经济发展战略，彰显贵州独特的民族文化和多样的文化因素，突出风景旅游省份的性质。

（4）依靠科技人才，发展绿色经济

瑞士依靠科技，走高、精、尖的产业技术路线为其产品带来了高品质、高附加值，使其在国际激烈的市场竞争中长期立于不败之地，但贵州现阶段的很多产品都存在创新能力弱、产品技术含量低、产品链条短、污染重、能耗高、产品附加值低等问题。随着全球化进程的进一步加快，面对着外部激烈的竞争环境，贵州要想发展经济必须大力发展科技，引进高科技人才，提高自主创新的能力，走高效优质的路子，形成具有地方特色的高新技术产业体系。

（5）低碳、绿色的生产技术的标准制定

贵州应抓紧整编制定环保企业和环保产品的目录，充分认识到环保意识对消费者宣传的意义，环保产品的信息发布一定要做到准确、容易理解。针对符合低碳、绿色技术标准的商品给予适当的价格补贴，降低消费的成本，促使消费者购买环保产品，培养他们正确的消费习惯。

（6）创新金融手段，支持绿色经济的发展

在贵州，风险投资基金应由政府来主导设立，股权、企业债权等风险

投资有必要对那些自觉承担环境义务以及环境类创业的企业进行照顾。贵州的"新型材料、电子信息、环保节能、高端装备制造、生物方面的技术、新型能源"等新兴产业必须得到风险投资基金的大力支持,与此同时,贵州应继续采用创业风险投资基金的做法来吸引高端人才进入贵州创业、投资与研发,依据贵州的产业规划和发展实际组建一些新型技术、新型产品研发与生产的绿色产业园区,把全省低碳、绿色经济创新的水平提高到更高的层次。

(7) 建设绿色信用的良好环境

政府应该加大力度来整治与净化社会的信用环境,为投融资创造很好的环境。相应的绿色信用的评级制度也应该由政府和相关金融机构联手建立,评级时把环境保护、节能减排、产业升级这些因素作为依据,也要建立企业绿色信用档案,进行绿色信用的评级。对破坏环境严重的企业要加大惩治力度。

(8) 加强绿色经济的立法

第一,要提高环境准入门槛,促进产业结构优化。该优化开发的地方,要制定政策开发,对于限制和禁止开发的地区,要实行严格的环境准入,做好环评和污染物排放总量控制。

第二,加强环境保护的管理和执法。只要有这样一些标准提出来,落后的经济就不能进入。

第三,实行环境保护问责制,这也是政策的方向。

第四,把环保的要求纳入生产、流通、分配、消费的全过程。

第五,制定和实施环境经济政策,从产业政策和财政政策去制定促进绿色发展的政策,创设有利于环境保护的激励机制。

六 科技创新、教育和人才

(一) 贵州与瑞士的科技创新比较

1. 科技创新的思想渊源和文化底蕴追溯比较

贵州和瑞士的科技创新是不同的,这种不同首先体现在科技创新的思想渊源和文化底蕴上。瑞士科技创新的思想渊源向上可以追溯到古希腊哲学中对于"世界的本源"问题的关注和探讨。特别是在文艺复兴时期,人们高扬理性的大旗,从精神枷锁中解放自我。理性是和科学紧密联系在一起的,是和科学思想、科学的思维方式等联系在一起的。近代的科学作为理性的象征在启蒙运动中是反对宗教迫害的重要武器。当时生活在现瑞士版图内的人们和后来迁入瑞士的法国人、德国人、意大利人等深受文艺复兴和启蒙运动的影响,理性、科学和科学创新等已经渗透到其文化基因中,成为其文化中的重要部分。工业革命以后,科学技术的发展以及科技创新成为推动经济社会发展的重要原动力。培根说:"知识就是力量。"人们不再怀疑科学技术和科技创新的威力,人们把科学素养作为一种必备的个人修养,科学成为一种信仰。科技创新能力作为一种至关重要的、起关键作用的能力,特别是科学成为一种社会建制以后,人们被科技的突飞猛进所惊讶。人类现已进入知识经济时代,经济的发展、社会的进步、人类财富的增加、知识边界的扩展无不依靠科技创新。科技创新能力的强弱直接关系国家和地区的综合实力、竞争力和可持续的发展能力。瑞士人亲身经历了以上的变化,对科学和科技创新能力的认识已经成为人们文化基因中的显性基因和重要基础,有些甚至成为很多人的信仰。通过对瑞士人科技创新能力的追溯不难发现,瑞士人对科技创新能力的培养有较为深远的思想渊源和厚重文化底蕴。这也是瑞士能较好推动科技创新,从而实现较快的可持续发展并保持较好生态环境的软实力。

贵州位于中国内陆的西南部,勤劳、智慧的贵州人民创造了灿烂辉煌的文化,也一度有着当时代比较发达的科技。贵州的科技创新能力的思想渊源也可追溯到人类的文明前夜,科学诞生于人类的生产实践。但是和古代中国一样,科学(有学者认为近代科学以前的中国科学为格致学)的发展只是为了运用,没有为了科学而科学。科学成为一种工具,只是达成某种运用需要的工具。科学始终没有进入主流的儒家文化核心,科技创新能力的培养只是一些能工巧匠和部分对科学研究有兴趣的人的活动,始终处于一种工具性的地位。地处中国西南的贵州,由于地理的原因,在创造本地科技的同时,和当时先进中原科技相比较是有差距的。即使学习当时的先进科技也有一个过程。在明代开始有一些传教士带来了近代的西方科技，但是这些人的影响很有限。鸦片战争后到五四新文化运动，西方的科技、科学思想、科学的思维方式等大规模进入中国，在中国大地传播，贵州当时的先贤们也开始真正地接触近代科技、科学思想、科学的思维方式等。中华人民共和国成立后，在20世纪60年代进行"三线建设"，该建设为贵州的经济发展奠定了一定的基础，也为贵州的科技发展奠定一定的基础。20世纪80年代改革开放后，贵州和全国各地一样迎来发展的新阶段，科技也有新的发展，但是整体实力不强。21世纪初国家提出"西部大开发"，这是国家层面上的战略。"西部大开发"的实施为贵州的经济社会发展提供了契机，也为科技的发展、科技创新能力的培养提供了新的机遇。从贵州科技创新能力培育的思想底蕴和思想渊源追溯，也有较为深远的思想渊源和文化底蕴，但是仅仅停留在工具性和有用性方面，真正意识到并将科技创新能力培育放到战略性地位的时间不长久。很多贵州人现在不知道科技创新能力是什么，更没有意识到科技创新能力培育的重要作用，科技创新能力培育对贵州现在和将来发展所起的关键的、基础性的作用。有一部分人对科技创新的理解依然停留在现实有用性上，当成是一种发展经济社会的权宜之计和有用之策，没有真正意识到科技创新是经济社会发展的内生因素、终极因素。思想认识是解决问题的首要前提，只有思想认识上意识到这些问题并从思想观念上真正地重视起来，才可以真正地想办法解决问题。当人的思想观念一旦形成就会成为一种思想惯性，思想观念改变难度很大。

2. 科技创新能力在选择发展战略和策略上的作用比较

瑞士历来对经济社会的发展在战略上和策略上都是有所选择的，这种选择基于长久以来科技创新能力培育所需要的科学理性氛围，以及科技创新能力培育时进一步强化和升华的科学理性。由于地理因素——瑞士国土绝大部分是山地且没有出海口；资源因素——瑞士矿产资源匮乏；工业革命后经济发展对环境的巨大破坏——瑞士一度把大量森林砍伐，作为当时火车的燃料，造成巨大的环境破坏；历史上瑞士一度处于经济落后地位，落后于周围的发达国家80~90年，大量的人口向外国迁移谋生。基于现状并进行科学理性分析，瑞士当时的精英们选择的是一条可持续的发展之路。当时没有可持续发展的提法，但瑞士当时的做法和可持续发展内涵基本一致。选择走可持续发展之路是基于瑞士现实状况的一种必然的、正确的战略选择，后来瑞士的发展也证明这一战略的正确性。

瑞士选择走可持续发展之路，但其具体的发展策略又有多种选择。其一，选择科技创新促进经济社会发展。科技创新为经济社会的良性发展提供动力和支撑。其二，发展生态农业，对于农业生产中所需的含N、P、K元素的肥料根据农作物的需要和土地的肥沃程度施用。尽可能减少农业中化肥、农药等对环境造成的污染，农业产量不是唯一的追求目标。农业发展的同时兼顾保护环境的生态需求。其三，瑞士立足于实际发展工业，山地国家，资源匮乏，不可能大规模地发展重工业。但是瑞士有着大量的高精尖的科技人才和技术工人，对相关产业注重品牌保护的同时投入大量的研发资金和研发人才，进行科技创新并取得突破。为此，瑞士立足于自身选择一条高端、尖端和精良的工业发展之路，如发展钟表、化工医药、精工制造等。其四，瑞士的第三产业发展以旅游业和银行业为主。瑞士是山地国家，环境保护得非常好，又有较为深厚的人文文化底蕴，周边德、法、意等较为发达国家的旅游者多将瑞士作为首选的旅游目的地；银行业具有全球可靠的保密制度、大量优秀的金融人才、研发能力强、可提供大量的金融产品。其五，走的是优势产业集群之路。瑞士优势且高效的经济板块是产业集群，如钟表、银行、旅游、医药、食品等。有这些优势的产业集群对于瑞士在国际上相关领域的竞争是非常有利的。目前看，瑞士基于科学理性基础上的策略选择是非常正确的。

中国贵州在发展战略和发展策略上也是有所选择的。在历史上，贵州的地理、科技、经济和社会发展的总体水平不高，不可能制定长久实施的发展战略，发展的策略基本是因时因势而变，没有延续性。从鸦片战争到抗日战争结束，一方面由于地理的原因，一方面由于帝国主义的殖民和侵略，贵州的区域经济在全国的排名一直不是很靠前，抗日时期由于战争的特定原因，当时国内大批的资源和人才内迁，贵州的发展一度较快。中华人民共和国成立以后，在计划经济时代，根据国家的计划指令生产，地方的经济社会发展要依据国家的需求进行安排。改革开放以后，特别是国家21世纪提出西部大开发战略以后，中国贵州在服从国家经济社会发展大战略的前提下，开始思考并制定适合贵州的发展战略和策略。

从当前各项经济社会发展统计数据看,贵州是中国的欠发达地区,"山多地少水缺,生态基础脆弱,经济发展长期滞后,贫困人口多、贫困程度深。"[①] "目前,我(贵州)省小康进程大体上落后全国8年,落后西部平均水平4年,是全国贫困问题最突出的欠发达省份。"[②] 贵州目前经济社会发展的不足具体体现是:"经济发展长期滞后,经济总量小,人均水平低;工业化、城镇化和农业现代化进程迟缓,农业基础薄弱,工业支撑不力,三产发展缓慢,区域发展不平衡,城乡差距大,贫困人口多;经济发展方式粗放,基础设施落后,科技、教育、人才的驱动、支撑能力不强,瓶颈制约突出;生态比较脆弱,资源环境约束的压力越来越大;医疗卫生资源不足,文化事业发展水平不高,公共服务能力较弱,保障和改善民生责任重大;加强和创新社会管理、维护社会和谐稳定任务相当繁重;思想观念落后,改革任务艰巨,开放程度不高,投资环境欠佳,民营经济薄弱,市场化发育不足,制约科学发展的体制机制问题还没有得到根本解决。"[③]

但"贵州山清水秀、资源丰富,总体生态良好。"[④] 贵州矿产资源丰富,是中国的能源大省。贵州境内的矿产资源种类多,储量丰富;贵州的水、电、煤能源都有,是中国南方的"煤海"和"西电东送"的能源输出地。目前贵州的生态环境良好。贵州最近五年发展的经济目标是:"奋战五年,努力冲出'经济洼地',综合经济实力跃上新台阶。实现'三高于、一达到、五翻番',即每年的经济增长速度高于全国、高于西部地区平均、高于我省以往水平;到2016年全面建设小康社会实现程度提高到80%以上,达到西部地区平均水平;生产总值、公共财政收入、固定资产投资、

---

① 赵克志:《打造生态文明先行区 走向生态文明新时代》,《人民日报》2013年7月20日。
② 栗战书:《以党的十八大精神为指引坚持科学发展奋力后发赶超 为与全国同步实现全面建设小康社会宏伟目标而奋斗——在中国共产党贵州省第十一次代表大会上的报告》,2012年4月15日。
③ 栗战书:《以党的十八大精神为指引坚持科学发展奋力后发赶超 为与全国同步实现全面建设小康社会宏伟目标而奋斗——在中国共产党贵州省第十一次代表大会上的报告》,2012年4月15日。
④ 赵克志:《打造生态文明先行区 走向生态文明新时代》,《人民日报》2013年7月20日。

城镇居民人均可支配收入、农民人均纯收入比2011年翻一番以上。基础设施的'瓶颈'制约基本缓解，工业对经济的拉动作用显著提高，城镇化率接近45%，加快建设资源节约型、环境友好型社会。"①

"建设生态文明是关系人民福祉、关乎民族未来的长远大计。党的十八大把生态文明建设纳入中国特色社会主义事业'五位一体'总布局，对生态文明建设作出全面系统的部署。习近平总书记就加强生态文明建设提出明确要求，并在中央政治局第六次集体学习时强调，要坚持节约资源和保护环境基本国策，努力走向社会主义生态文明新时代。贯彻落实党的十八大和习近平总书记重要讲话精神，贵州将以生态文明理念引领经济社会发展，坚持'加速发展、加快转型、推动跨越'主基调，重点实施工业强省和城镇化带动战略，大力推动新型工业化、信息化、城镇化和农业现代化同步发展，努力打造全国生态文明先行区、把贵州建设成为'东方瑞士'，真正实现科学发展、后发赶超，与全国同步全面建成小康社会。"②"走向生态文明新时代，建设美丽中国，是实现中华民族伟大复兴的中国梦的重要内容。"③

从以上的材料可以看出贵州正朝建设生态文明的方向前进，进行生态文明建设、生态发展是贵州经济社会发展的战略。生态发展的内涵和可持续发展的内涵有很多地方是重合的，也可以理解为贵州经济社会的发展是以可持续发展为战略。纵向从人类文明社会的发展历程看，可持续发展或生态发展是人类社会历史长河中经济社会发展诸多战略中最佳的发展战略；横向看，可持续发展战略为众多区域、国家所选用，真正实施可持续发展战略的区域、国家，目前看经济社会发展均较好。这样的发展战略选择是立足于贵州实际的理性选择，这种基于理性思考和科学分析的选择也是对的，兼顾贵州目前发展目标需求和长久发展目标需求。打造全国生态文明先行区、建设成为"东方瑞士"是贵州近期的发展战略目标。从贵州

---

① 栗战书：《以党的十八大精神为指引坚持科学发展奋力后发赶超　为与全国同步实现全面建设小康社会宏伟目标而奋斗——在中国共产党贵州省第十一次代表大会上的报告》2012年4月15日。
② 赵克志：《打造生态文明先行区　走向生态文明新时代》，《人民日报》2013年7月20日。
③ 习近平：《习近平致生态文明贵阳国际论坛2013年年会的贺信》，2013年7月18日。

的现状出发,选择可持续发展之路或生态文明之路是一种正确的战略选择。但是这种可持续发展战略目前还没有以正式的政策文件、法律文件或顶层设计的经济社会发展战略的形式确定下来,能不能坚持或能坚持多久有很大的不确定性。

贵州在选择走生态文明之路或可持续发展之路的同时,在具体的发展策略上也是在立足贵州实际的基础上有所选择。贵州近期将会牢牢把握发展为第一要务,努力走一条立足于自身实际兼顾经济社会发展与生态保护为一体的赶超、跨越之路。这样的策略选择决定了在具体发展的政策措施和具体的产业发展上也必须有所选择。其一,选择科技创新作为贵州发展的策略选择。"科技创新是后发赶超的关键之举。"[①] "随着科学技术的迅猛发展,科技创新越来越成为驱动一个国家和地区经济社会发展的最重要力量。对经济落后地区,科技创新对加快经济社会发展具有更加突出的作用。"[②] 贵州制定和实施了《加快科技创新促进经济社会更快更好发展的决定》与《实施意见》。很显然,目前这样的策略选择是正确的,符合科学理性和适合贵州实际。事实上,工业、农业、第三产业发展中的很多问题和难题依靠科技创新可以解决,有些也必须依靠科技创新来解决。其二,选择大力推进"三化"(即农业现代化、新型工业化、新型城镇化)同步发展的策略。山区发展农业,农业现代化是一种趋势和必然选择,可以增加农民的收入,同时为工业化与城镇化提供支持;工业化是贵州走向富裕的必由之路,工业化可以使贵州的经济实力上一个新的台阶,工业化形成规模可促进农业的发展,也可以促进城镇化的发展;城镇化可以促进更多的产业发展,增加消费,也可增加农民的就业。

3. 科技创新能力比较

作为一个自然资源贫乏的小国,瑞士的成功主要取决于创新能力。瑞士为其科学研究和发展的高水准而自豪。瑞士的这项传统可以追溯到几个世纪以前。瑞士认为,保持在科学研究和创新的前沿是至关重要的。瑞士在这一领域的政策确保其不会落在世界领先水平的后面。

---

① 岳振:《科技创新是贵州赶超的关键之举》,《当代贵州》2013年第5期,第30页。
② 岳振:《科技创新是贵州赶超的关键之举》,《当代贵州》2013年第5期,第30页。

其一，瑞士注重加强科技合作。首先，有很多科技研究项目——如太空项目，其研究设备的建造任务不是一个国家所能承担的，必须开展科技合作，不同的国家和地区科研机构合作研究；其次科学研究具体项目往往是多学科内容的交叉，这必然要求不同专业背景的研究人员共同研究。其二，瑞士加强科技交流。利用其与欧洲几个科技大国接壤地理优势，使用欧洲三大主要语言，没有交流障碍，同时开放边界，使瑞士能很容易地接收来自世界各地的一流的科学研究工作者。瑞士诺贝尔物理奖获得者海因里希·罗勒说："在这里，你可以发展自己，因为你的周围都是来自各个领域的第一流人物。"当然瑞士科学家也经常出国在一些高端的研究机构从事科学研究。其三，瑞士注重科研基地的建设，瑞士的保罗舍勒研究所（PSI）是欧洲领先的研究所之一，欧洲粒子物理学实验室和IBM公司欧洲实验室也位于瑞士。其四，瑞士的科技创新造就了一批诺贝尔奖获得者。从1975年以来，瑞士共有七人获得诺贝尔奖。其五，科研创新成就瞩目。瑞士在纳米研究领域、宇宙研究和气候研究领域成就斐然；有大批的科研创新成果："新一代的3D电脑芯片、REX——果蔬削皮器之王、'Halo'——一道独具特色的'光晕'、鱼子酱——瑞士制造、面向阳光——新一代太阳能电池、传感器帮助造就珍贵佳酿、Freitag包——日常生活中的经典设计、'清洁太空一号'——全球首个太空吸尘器、瑞士特色的城市耕作、'小波湍流'——瑞士烟雾荣获奥斯卡奖等。"[①] 当然，瑞士在环保研究和绿色科技研究方面成就也斐然。其六，瑞士的基础研究主要在公立大学进行；应用研究和试验发展主要集中在应用科技大学进行，致力于将科学研究的成果应用到工业中去。瑞士的教育和科研国家秘书处（SER）以及职业教育和科技联邦办公室（OPET）代表联邦政府，在国际科研网络中促进知识的顺利转换。其七，科技创新在手表行业、机械行业、环保型农业的发展中发挥了至关重要的作用，不夸张地说是科技创新挽救了以上的产业并促进以上产业重新回到行业的领先地位，创造了大量的产值。其八，瑞士的科技投入强度较高，人均科技投入资金是全球较高的国家之一。

---

① Swissworld. org,《瑞士创新》，2013. 9. 27. http：//www.swissworld.org/zh/know/innovation_switzerland/．

图 1　瑞士的科技投入强度（R&D 占 GDP 比例）

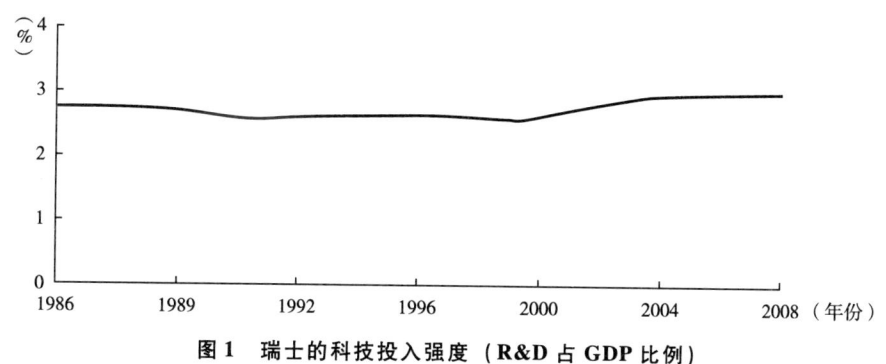

资料来源：Statistical Data on Switzerland. FOS STATISTICAL YEARBOOK 2013［M］.567。

其九，瑞士拥有素质较高的科研人才。其十，瑞士科技创新的资金有 2/3 由私人提供，很多是企业提供的，科技创新活动由企业执行的也多达 2/3。企业是科技创新的投入主体和执行主体。

贵州现在提出建设生态文明先行区的区域战略，将走一条后发赶超之路。科技创新是贵州赶超的关键之举。国发〔2012〕2 号文件提出"科技创新能力明显提升"和"提高科技创新支撑能力"的要求。在贵州赶超之路上需要科技创新的强力支撑，为此贵州积极培育自己的科技创新能力。具体做法如下：其一，加强贵州与国内外的科技合作，来提升贵州的科技创新能力。其二，贵州持续增加 R&D 投入的绝对量，2009~2012 年全社会的 R&D 经费支出达到 111.18 亿元，是上一个五年的 2.01 倍。其三，贵州建立了部分科技型的企业和著名的研究所，其科技创新能力强，经济效益好。如瓮福集团、贵州省油菜研究所等。其四，贵州积极引进两院院士为贵州的科技创新服务，先后签约的两院院士有 27 人次。其五，科技进步的贡献率在 2012 年达到 42.2%。

4. 科技创新能力在瑞士可持续发展与环境保护和中国贵州建设生态文明中所起的作用比较

在发展过程中，瑞士运用最新的科技创新成果保护环境。环境保护好了，又会促进经济的发展，特别是旅游业的发展。这时，科技创新与环境保护、经济发展之间形成一种良性的互动、协调发展。瑞士的科技创新能力为其可持续发展特别是经济社会发展，提供持久、强劲的原动力；为其保护环境，实现人与自然的协调发展提供科技支撑。瑞士在可再生能源方面领先世界,如利用水能、风能和太阳能等;瑞士人是回收废品的世界冠军,大部分的玻璃、铝罐、塑料瓶、废纸、有机废物、电子废物被回收再利用;其余彩色垃圾袋里的垃圾被用于区域供热和供电;将动物的粪便当做农家肥,多出的部分用于制作沼气;将纳米技术用于水的净化;瑞士建立环保社区,力争低碳、零污染和零汽车;瑞士首先制造氢动力街道清扫车;农业上实地测土壤各种化学成分然后结合农作物的需求再确定施用化肥、农药量,最大可能减少对环境的危害。

贵州正在进行生态文明建设。党的十八大提出建设生态文明,并全面系统地对生态文明建设作出部署。环境要保护好是生态文明的应有之义。贵州是欠发达地区,还是"一个风光秀丽、气候宜人、资源丰富、发展潜力很大的省份。"① 既要经济发展又要"为子孙后代留下天蓝、地绿、水清的生产生活环境"②。这里有两个难题要解决,首先经济要发展,在欠发达地区大力发展经济;其次是在欠发达地区发展经济的同时要保护好生态环境。利用科技创新为贵州的生态文明建设提供强力支撑是一种必然选择。

2011年,贵州生态建设与环境保护工作稳健、扎实并积极、协调地向前推进,全面完成节能减排任务,森林覆盖率延续往年的增长比例——比上年提高1个百分点。"不是不能发展载能产业企业,而是既要把耗能、排放严格控制在标准范围内,更要多上低耗能、无污染、清洁安全的产业企业。"③ "贵州资源丰富,但毕竟有限;生态景象良好,但生态基础脆弱,迫切需要破解资源环境制约难题。要树立正确的资源观和科学的开发观,努力做到在开发中保护、在保护中开发,切实摆脱'资源路径依赖',避免掉进'资源优势陷阱'。大力实施水利建设、生态建设、石漠化治理'三位一体'综合规划,切实扭转水土流失和石漠化扩大趋势。实行环境保护区域责任制,加强节能减排,决不走先污染后治理、边污染边治理的

---

① 赵克志:《在会见意大利前总理普罗迪时的讲话》2013年7月19日。
② 赵克志:《打造生态文明先行区 走向生态文明新时代——在生态文明贵阳国际论坛2013年年会开幕式上的致辞》2013年7月20日。
③ 栗战书:《以党的十八大精神为指引坚持科学发展奋力后发赶超 为与全国同步实现全面建设小康社会宏伟目标而奋斗——在中国共产党贵州省第十一次代表大会上的报告》2012年4月15日。

老路。"① "转变发展方式、破解资源环境制约，根本上要靠科技创新。我省不是科技资源大省，但越是科技资源不足，越要重视发展科技。"②

贵州省"十二五"以来，实施了抗污染复合反渗透膜及组件等一批环保技术装备产业项目，总投资71亿元，效果较好；贵州瓮福（集团）等国家循环经济试点示范建设有序推进，六枝路喜等省级循环经济产业基地加快建设，循环经济产业链不断完善。截至目前，全省年利用工业废弃物3000万吨以上，工业废渣年均1050万吨，建筑垃圾利用达100万吨，新型墙体材料占比达80%以上；回收再生资源量：其中废旧钢铁160万吨、废有色金属19万吨、废塑料25万吨、废纸272万吨、报废汽车2万辆、废弃家电25万台。

5. 科技创新借鉴

从瑞士对科技创新能力的培养上可发现，不管是在思想上、文化底蕴上，还是具体的科技投入上，瑞士在科技创新人才吸引与发挥作用方面都做了大量的工作，这使科技创新能力为瑞士的经济社会发展提供了持续动力支撑。瑞士在科技创新能力培养方面有着很多成功的做法，对贵州科技创新能力的培育有着重要的借鉴意义。不能说发达国家瑞士的科技创新能力培育对于贵州科技创新能力的培育没有关联，但是这里有多大关联还是有很多的问题要研究的。"他山之石可以攻玉。"贵州适当借鉴瑞士在这方面的成功做法，可以避免走弯路，尽快实现欠发达地区在科技创新能力培育上的跨越式发展，为贵州最终的经济社会全面、可持续发展提供源源不断的动力。

（1）贵州提出建设成"东方瑞士"，要加强科技创新能力的培育

首先要在思想上真正认识到科技创新能力培育的重要性和持久性，特别是对贵州现在和将来发展有决策权的精英们，更应该认识到这一问题的重要性、持久性。科技创新不仅是贵州当前发展所需要的权宜之计，而且是贵州生态发展所必需的长远战略抉择。对科技创新能力的培养应该持之

---

① 栗战书：《以党的十八大精神为指引坚持科学发展奋力后发赶超 为与全国同步实现全面建设小康社会宏伟目标而奋斗——在中国共产党贵州省第十一次代表大会上的报告》2012年4月15日。
② 栗战书：《以党的十八大精神为指引坚持科学发展奋力后发赶超 为与全国同步实现全面建设小康社会宏伟目标而奋斗——在中国共产党贵州省第十一次代表大会上的报告》2012年4月15日。

以恒，长久发展下去就会真正体会到科技创新对贵州经济社会生态发展的威力，会展示出科技创新能力是贵州经济社会生态发展的持久、强劲动力。贵州现在是欠发达地区，既要赶超发展，又要加快转型，是高难度的跨越式发展。要实现以上的目标，目前看只能从科技创新能力培育上下功夫。强大的科技创新能力可以较为轻松地实现以上的目标，但是培养科技创新能力是一个漫长而又艰辛的过程。

（2）瑞士不仅把科技创新能力的培育当做能为经济社会发展提供持久动力的战略选择，还把科技创新作为实施促进经济发展和环境保护的策略选择和科技支撑

"创新是一个民族的灵魂，是一个国家和地区发展的不竭动力。"贵州目前的科技创新能力不强，但是要建设生态文明，没有强大的科技创新能力又不行。现在不妨先利用科技创新能力强的科技创新主体解决当前贵州一些紧迫、急需的科技难题，同时慢慢培养自己的科技创新主体。也可把已有的适合贵州发展需要的成熟科技创新成果引进为贵州所用。一方面可以解决贵州现在生态文明建设中急需的科技创新难题，另一方面也可在引进中培养自己的科技创新人才。

（3）贵州要加强对科技创新的投入

贵州科技投入的强度（R&D 经费占 GDP 的比例）在 2009 年为 0.57%、2011 年只有 0.64%，这样的科技投入强度不要说支持赶超型发展了，就是维持正常的经济发展也是不足的。从长远看科技投入的强度至少达到 2.5% 左右，才能满足科技创新的经费需求，支撑赶超型的发展。

（4）结合贵州的实际需求建立一批在国内外有较强实力的科技创新基地或科研院所

不求在所有方面有突破，但是对于贵州发展具有重大意义的产业和行业的科研基地最好建立在贵州。并在该研究领域具有重要的学术地位和科技创新地位，尽可能出一些具有重要影响力的科技创新成果，并能尽快将科技成果进行转化，形成产业或行业的优势。科技创新成为经济社会发展不竭动力和创造社会财富的源泉。

（5）注重产学研的结合

贵州目前科技创新能力不强，科技创新投入不多，目前不妨多做一些

应用研究和实验发展,并积极引导企业进行科技创新研究,等到科技创新有一定实力,科技投入有一定强度时,再做基础研究并鼓励企业成为科技创新活动主体。

(6) 贵州的科技创新可以在生态文明建设中发挥更大的作用

现在贵州的科技创新能力没法保证做技术含量高、成本高的生态环保项目,但是可以做一些现有技术成熟度高、成本不高的生态环保项目。如农业上合理施用农家肥,化肥和农药的施用要根据土地的实际肥力与农作物的实际需要来确定;生活污水经过处理后再排放等。等到贵州经济社会发展到一定程度,科技创新能力强时再上马一些科技含量高的环保项目,进一步为生态文明建设提供更强有力的支撑。就如陈敏尔省长所说:"实现'金山银山'与'绿水青山'的和谐统一,实现百姓富,企业强,生态美。"

(7) 贵州赶超发展最重要的支撑是大规模的科技创新

科技创新的重要作用在国内外已被大量成功发展的事例所证实。

(8) 贵州目前发展的关键领域要注重科技创新的公关,力争在这些关键领域实现科技创新的重大突破。

(二)贵州与瑞士的教育、人才比较

1. 瑞士和贵州教育的比较

瑞士在国际竞争力的排行中多年居世界前列,其科技创新能力来源于其成功的教育体制。一方面瑞士有高质量的高等教育和科研,另一方面瑞士具有高质量的职业教育。高等教育中学术型的教育培养了高级的科研人员和管理人员,保证了其科技创新能力强和企业管理创新能力强;高质量的职业教育培养了高水平的专业技术人员,保证了瑞士产品与服务的优质。学术型教育和职业型教育的结合如此完美,使瑞士的教育体制高效运转,培养出社会需求的各种不同类型的人才。同时接受职业教育的专业技术人员还可以继续接受教育获得大学学历,将学历教育和职业教育结合起来成为复合型人才。瑞士很多成功的人士都曾经接受过职业教育。瑞士职业教育培养的合格劳动者不比拥有学士学位的差。图2是国际教育分类与瑞士教育体系比较,从图2中可以看出瑞士的学生初中毕业就开始分流,一部分继续读普通高中,占30%左右;另一部分接受职业教育,占70%左右。学生选择普通高中或职业教育依据的是学生的兴趣，而非成绩。瑞士 16~21 岁的年轻人有 2/3 以上选择当学徒。根据学习的领域不同，大多数课程持续三到四年，且实行每周一天的在职训练制度。也就是说，学徒大多数时间在公司工作，每星期到职业学校进行一到两天的学习。学生可在 300 多个被认可的学徒种类中进行选择。最受欢迎的是办公室文员，其次是机械工人和工程人员。

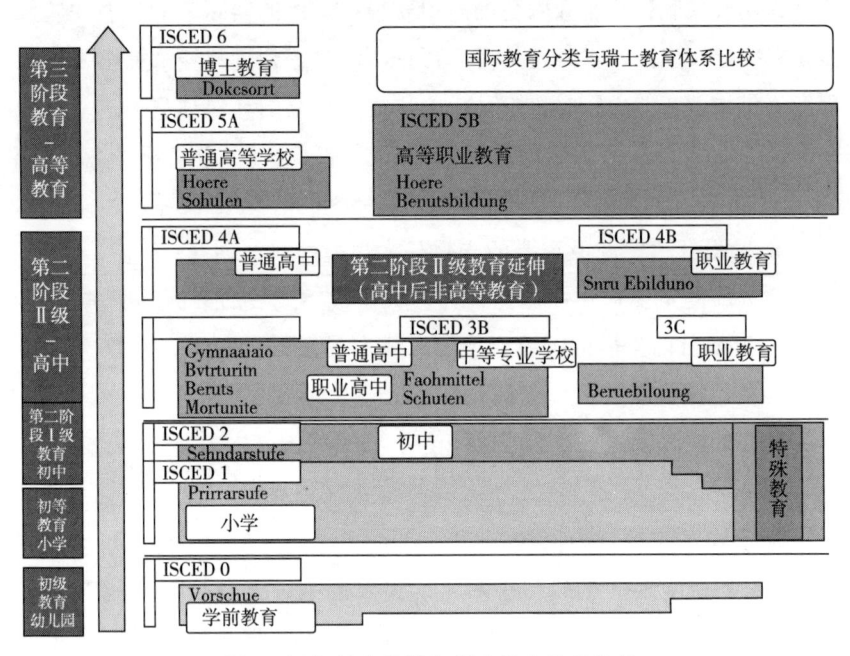

图 2　国际教育分类与瑞士教育体系比较

资料来源：BBT（瑞士联邦职业教育与技术署）。

瑞士职业教育是企业自愿参与的教育模式，校企直接合作，学员可以学到实实在在的技能，企业用工不需再另招工人和培训工人，也节约企业的成本，双方实现了互赢。瑞士的职业教育秘诀就在于双重教育体系。瑞士的高等教育和职业教育以市场为导向，根据市场的需求及时调整专业设置。瑞士正在改变教育体系，以跟上全球一体化与不断增长的国际合作关系。提供教育的目的不仅要保证学生获得必要的知识，而且要使他们能够在迅速改变的世界中接受新环境。

贵州省的学生九年义务教育结束后，也是分流为继续读普通高中和职

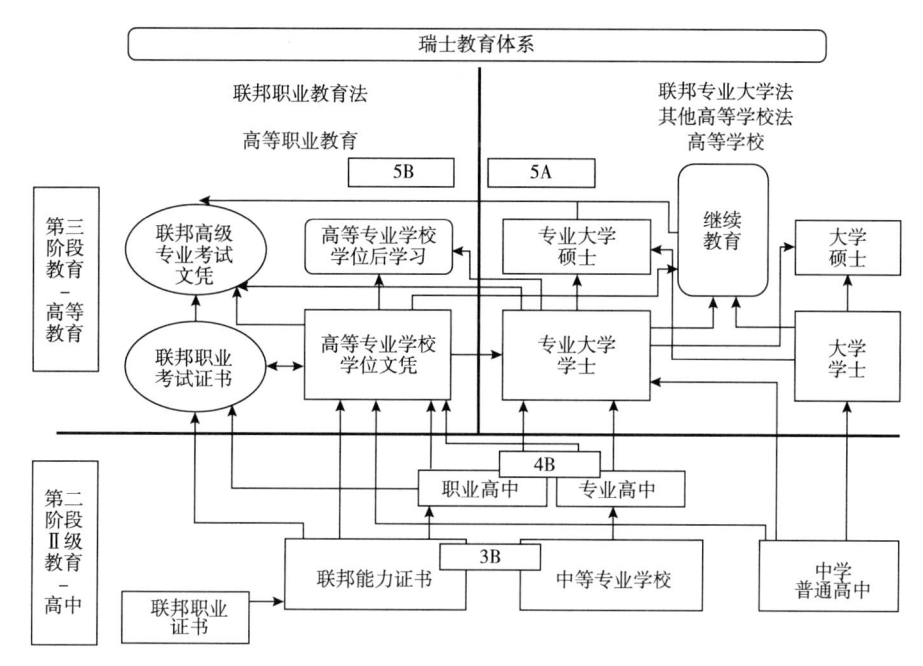

图3 瑞士教育体系——类型与层次（资料来源：瑞士 OdA Sante）

资料来源：姜大源：《高等职业教育：来自瑞士的创新与启示》，《中国职业技术教育》2011年第4期，第29~31页。

业学校。为了做好这种分流，省政府于2013年3月14日公布《贵州省教育"9+3"计划实施方案》。"9年义务教育：到2015年，以县为单位，小学生辍学率控制在1.8%以内，初中生辍学率控制在2.8%以内，9年义务教育巩固率达到85%以上，办学经费得到保障，义务教育学校符合办学标准，开齐开足国家规定课程，基本消除城镇'大班额'，教师整体素质大幅提升，教育教学质量进一步提高，60个以上县（市、区、特区，以下称县）实现县域内义务教育初步均衡。3年中等职业教育：到2015年，普通高中和中等职业学校在校生人数比例达到1∶1，规模分别为85万人，高中阶段毛入学率达到85%，以县为单位基本普及高中阶段教育。从2013年秋季学期起，免除本省户籍省内中等职业学校在校学生学费，60%以上的中等职业学校一、二年级学生享受国家助学金。"① 该实施方案对于中等职业技术学校在贵州全省进行了合理布局，根据生源、需求和学校

---

① 《贵州省教育"9+3"计划实施方案》，2013年3月14日。

实际确定办学规模和学校的专业结构,对教师师资和经费保障等都做了规定,若能真正实施将会培养大批高素质的劳动者。但从贵州以往的职业教育看,存在不少问题,职业技术学校的学生就业不乐观,学校的专业设置也不合理,与市场的需求相去甚远,学生的动手能力差等。

2. 教育借鉴

(1) 贵州的职业教育应该细化发展规划

从培养方向、专业设置、专业师资、实训场地、实训设备、课程设置与课程质量保证等方面制定更科学和更具有可操作性的实施细则。特别是要培养学生的动手能力,尽可能和企业一起来培养学生的操作能力。使职业培训以市场为导向,围绕市场的需求而展开。经过职业培训的学生成为合格的劳动者、高水平的技术工人。

(2) 对于学术型的高等教育,也要提高其办学质量,为贵州培养更多优秀的科研人员和管理人员

可结合贵州发展的实际需求,开设一些贵州建设急需的学术型的高等教育专业,以更好地为贵州的发展服务。

(3) 教育的目的不仅要保证学生获得必要的知识,也要使他们能够在迅速改变的世界中接受新环境

在区域经济一体化、全球一体化以及不断增长的国际合作关系中,贵州应力争不落在下风,尽可能处于一种有利的地位。贵州的教育应该注重培养学生的能力,使学生能在任何时候凭自己的能力都可以有工作干,并能干好,在竞争中立于不败之地。同时教育应该有全球视界,并树立终身教育和终身学习的理念。

(4) 贵州应该夯实义务教育的基础

义务教育阶段是人生发展最基本的知识储备,毫不夸张地说义务教育阶段的学习状况决定了一个人一生发展的知识根基。贵州是欠发达地区,做好义务教育对于个人后来的发展具有重要意义。首先可以使下一代的建设者具有一定的知识和技能;其次接受完义务教育的学生,具有一定的思维能力,可以思考怎样工作会更有效、更有力,并且创造更多的社会财富。这对于个体和社会都是互赢的,贵州是可以

做好义务教育的。

（5）贵州普通高等教育应该在注重学术教育和研究的基础上，加大和企业的联系

研究课题注重企业的发展需要，特别是企业急需解决的研究领域和问题。

（6）贵州应该加大职业教育投入，规范职业教育

职业教育的个人利润率、社会利润率和国家利润率都高于大学的利润率，贵州当前在职业教育这一块是大有所为的。做好职业教育可以解决贵州目前急需大量的高级专业技术工人难题，另外培养大量高级专业技术工人，可以提高其个人收入，这些高级专业技术工人会创造更多的社会财富。

（7）贵州应普通教育与职业教育并重发展

普教的目标是"注重培养学生自主学习，自强、自立和适应社会的能力"和"高素质的专门人才和拔尖创新人才"。

职教目标是"高素质的劳动者和技能型人才"和"高素质技能型专门人才"。虽然它们的培养目标不同，却是同层次的教育，只是类型不同，教育的内容不同而已。贵州当前教育应该兼顾普通教育和职业教育。做到二者的协调发展，不偏废任何一方。

（8）职业教育是以就业为导向，已经跨越了传统学校的界域

贵州的职业教育应该注重"校企合作，工学结合"。注重其就业导向和实际能力，特别是实际操作能力。职业教育要紧跟市场需求，避免出现职业教育和市场需求之间两张皮。

（9）职业教育应该授予学位

结合现在国内"工程硕士"的授予，贵州也可适时开展职业教育学位授予工作。

3. 瑞士和贵州人才比较

人才资源是瑞士的一项主要资源。瑞士人才来源有两种途径，其一是瑞士本国培养的人才，包括高端的科技创新研究人才、管理人才和高水平的技术工人。其二是利用其良好的地理、人文、经济、科技实力、科研环境等软实力吸引国际上各类的高端人才为其服务。

贵州现在创新人才不足，是贵州赶超发展的一大瓶颈。但是这种现象正在改变，贵州利用中央政府支持，大力引进各类人才。在国内第一次举办"人博会"，并利用该契机大力招揽各类人才到贵州创业和发展。为吸引人才、留住人才和培养人才想了很多办法，如采取柔性措施引进"不求所有、但求所用"的"候鸟型人才"等。

4. 人才借鉴

（1）贵州首先要立足本地的人才队伍建设

赶超型的发展之路决定了各类人才缺口的巨大，贵州的建设者主要还是贵州本地的人才，人才队伍本土化是贵州建设生态文明先行区的人力资源保证之一。只有本地有大部分的各类人才，才可以支撑起本地经济的长久发展。

（2）努力营造人才在贵州能得到充分发展

充分创造发挥才智和能干事的氛围，并为各类人才来贵州发展创造一切便利的条件，尽最大可能吸引国际、国内各类人才来贵州创业、来贵州发展，共同建设美丽贵州、魅力贵州和多彩贵州。

（3）贵州应该树立正确的人才观

高等教育的毕业生是人才，职业教育毕业的高级技工也是人才。科技创新既需要大批创新型的科技人才，科技创新成果转化也需要大批高级技工人才。对当前贵州赶超型的发展而言两种人才都需要。

（4）大力引进紧缺人才

围绕当前贵州发展的实际，对贵州发展的支柱性产业和关键领域的紧缺人才，可用更大的力度和更灵活的方式引进，并为引进的人才创造良好的工作氛围和生活条件。

（5）贵州今后能否赶超发展的关键条件之一是能否引进优秀人才，培养本地人才，并让人才充分发挥作用

干事第一位的是人，干大事第一位的是人才，没有人不可能干事创业，没有人才不可能干大事、创大业。

中 篇

贵州与瑞士山地经济发展比较研究

一　贵州与瑞士经济发展基本情况比较

（一）经济发展现状

2011年，瑞士GDP为5069.8亿瑞郎，增长率1.9%，人均GDP83326美元；第一产业产值为60.83亿瑞郎，第二产业产值为1064.65亿瑞郎，第三产业产值为3944.31亿瑞郎，一、二、三产业的比重分别为1.2%、21%和77.8%；固定资产形成总额为1197.26亿瑞郎，财政收入为642亿瑞郎，CPI0.2%，进出口总额5377.19亿瑞郎，人均收入为76884美元。

而2011年，贵州GDP为5701.84亿元人民币，折合美元不到瑞士的1/6，增长率15%，人均GDP只有16413元，折合美元仅为瑞士的1/27；第一产业增加值为726.22亿元，折合美元约比瑞士多47亿美元，第二产业产值为2194.33亿元，折合美元约为瑞士的1/4，第三产业产值为2781.29亿元，折合美元约为瑞士的9%左右，一、二、三产业的比重分别为12.7%、40.9%和46.4%；固定资产形成总额为3147.5亿元，折合美元不到瑞士的1/2，财政收入1330.08亿元，折合美元不到瑞士的1/3，CPI5.1%，进出口总额48.84亿美元，仅为瑞士的0.8%，城镇居民人均可支配收入16495.01元，仅为瑞士人均收入的3%左右，农民人均纯收入4145.35元，仅为瑞士人均收入的0.8%左右。

（二）经济发展条件

1. 综合区位条件

从地理位置来看，瑞士位于欧洲中南部的多山内陆国。东界奥地利、列支敦士登，南邻意大利，西接法国，北连德国。位于东经 5°57′～10°29′、北纬 45°49′～47°48′之间，瑞士处于发达的西欧经济区的核心区域。交通方面，瑞士公路、铁路密集，水、陆、空运输发达。国内苏黎世、日内瓦、巴塞尔和伯尔尼四个城市开通国际航班。2011 年，共有铁路 5124 千米，公路 71464 千米。莱茵河是瑞士唯一通往北海的航道。莱茵河有航运船 355 艘，其中客轮 18 艘，货运量 52 万吨，巴塞尔是瑞士最大的内河港口。

贵州省，位于中国西南部，介于东经 103°36′～109°35′、北纬 24°37′～29°13′之间，东毗湖南、南邻广西、西连云南、北接四川和重庆，高原山地居多，素有"八山一水一分田"之说，是一个典型的不沿海、不沿边、不沿江的"三不沿"省份。贵州省目前内龙洞堡国际机场已开通国际国内航线，另有 7 个支线民用机场已投入使用。2012 年铁路营业里程 2070 千米，公路通车里程 157820 千米。此外全省内河航道里程 33604 千米。

2. 体制、国土、人口状况

瑞士联邦政体成立于 1848 年，首都伯尔尼，国土总面积为 41285 平方公里，2011 年人口 795.5 万人。全国分为 23 个州，20 个是完整的州，另外 3 个州又各分为 2 个半州，有独立的半州政府。有四个民族：德意志瑞士人，占全国人口 62.8%；法兰西瑞士人，占全国人口的 16.9%；意大利瑞士人，占全国人口 3.4%；雷托罗曼人，不到全国人口的 1%。

贵州自 1949 年中华人民共和国成立后为其中一个建制省，省会贵阳市，国土面积 17.6 万平方公里，据第六次人口普查，全省常住人口 3475 万人。全省辖 6 个地级市、3 个自治州，共有 88 个县（市、区、特区）。全省共有民族成分 56 个，是一个少数民族聚集的省份。

3. 自然资源

瑞士除水力资源和岩盐丰富外，其他资源匮乏。瑞士是欧洲大陆三大河流发源地，有"欧洲水塔"之称。主要河流有：莱茵河（在瑞士境内 375 公里，是瑞士最大的河流）、阿尔河（在瑞士境内 295 公里，是瑞士最长的内陆河）、罗纳河（在瑞士境内 264 公里，是瑞士第二大内陆河）。共有湖泊 1484 个，河湖面积达 1726 平方公里，占瑞士国土面积的 4.2%。

贵州自然资源丰富，是著名的矿产、能源、生物等资源大省。汞、重

图 4 瑞士和贵州地理位置示意

图片来源：百度图库。

晶石、砂岩、磷、铝土矿、稀土、镁、锰、镓等多种矿产保有储量排在全国前列，煤、锑、金、硫铁矿等在国内占有重要地位。河流数量较多，长度在 10 千米以上的河流有 984 条，大多数的河流上游，河谷开阔，水流平缓，水量小；中游河谷束放相间，水流湍急；下游河谷深切狭窄，水量大,水力资源丰富。贵州素以"西南煤海"著称,煤炭不仅储量大,且煤种齐全、煤质优良,为发展火电、煤化工、实施"煤变油"工程提供了资源条件。贵州生物种类繁多。全省有野生动物1000余种,其中黔金丝猴等14种被列为国家一级保护动物,有野生植物3800余种,其中药用植物有3700余种。有70种珍稀植物被列入国家珍稀濒危保护植物名录,其中,国家一级保护植物4种、二级保护植物27种。贵州农作物植物品种丰富,栽培的粮食作物、油料作物、纤维植物和其他经济作物有近600个品种。全省饲养的主要畜品种有30多种,优良牧草2500余种,发展畜牧业具有良好条件。

4. 人力资源与科技投入

从劳动力占比情况来看,瑞士和贵州相差不大,2011年,瑞士15～64岁人群占总人口62.2%,贵州15～64岁人群占总人口66.2%。但在教育和科技投入上,瑞士和贵州差距很大。在体制上,瑞士从学前教育水平的教育系统(幼儿园)到第三级(高等教育机构和高等职业教育)均属于义务教育,作为一种社会公平福利,由组成瑞士联邦的州负责,就算是非义务教育其费用也由联邦和各州共同来承担。2010年,瑞士公共部门和私人分别投资305.39亿美元和28.5亿美元于公共教育,而2012年贵州省教育经费投入仅为79亿美元,仅为瑞士公共部门投入的1/4。高投入导致瑞士人口教育程度较高,2011年25～64岁人群受高等教育者占35.3%,而贵州2010年受高等教育的人口仅为183.88万人,占人口比例较小。2008年瑞士国内R&D共花费了163亿瑞士法郎(折合165.93亿美元),占GDP 2.99%,而贵州2011年的R&D经费支出36.3亿元,折合美元仅为瑞士的3.4%,也仅占GDP的0.6%。

(三)经济发展条件启示

尽管贵州经济和瑞士有很大的差距,但在地形地貌、生态环境、气候等方面具有很大的相似性,同样都具有悠久的历史和丰富的地域文化,并且贵州在矿产、生物资源、民族文化等方面比瑞士具有更大的优势,为贵州经济发展提供了良好的先天条件。

表5　瑞士贵州发展条件比较

指　标	瑞　士	贵　州
地理区位	欧洲中南部内陆	中国西南内陆
地形地貌	多山	喀斯特山地、丘陵为主
气候	地理位置与多变的地形又造成当地气候的多样性，年平均气温为8.6℃，年降水量1000～2000毫米	属于亚热带季风气候，气候垂直变化明显，年均气温14℃～18℃，大部分地区降雨量1100毫米～1300毫米
体制	联邦制国家	中华人民共和国建制省
国土面积	41285平方公里	17.6万平方公里
人口	795.5万人（2011年）	3474.65万人（第六次人口普查）
行政区划	分为23个州，20个是完整的州，另外3个州又各分为2个半州，有独立的半州政府	全省设6个地级市、3个自治州
民族	四个民族：德意志瑞士人、法兰西瑞士人、意大利瑞士人、雷托罗曼人	全省共有民族成分56个，世居民族有汉族、苗族、布依族、侗族、土家族、彝族、仡佬族、水族、回族、白族、瑶族、壮族、畲族、毛南族、满族、蒙古族、仫佬族、羌族等18个民族
交通	苏黎世、日内瓦、巴塞尔和伯尔尼四个城市开通国际航班 铁路：5124千米 公路：71464千米 航运：莱茵河是瑞士唯一通往北海的航道。巴塞尔是瑞士最大的内河港口	省内龙洞堡国际机场已开通国际国内航线，另有7个支线民用机场已投入使用 铁路营业里程：2070千米 公路通车里程：157820千米 内河航道里程33604千米
自然资源	水力资源和岩盐丰富，其他资源匮乏	矿产资源丰富。能源资源以水能和煤炭为主。野生植物3800多种，野生动物1000多种
劳动力	15～64岁人群占总人口62.2%（2011年）	15～64岁人群占总人口66.2%（2011年）
教育投入	2010年，公共部门投资教育300亿瑞士法郎	公共财政教育预算支出495.94亿元人民币（2012年）
受教育程度	25～64岁人群受高等教育者占35.3%（2011年）	大专以上教育程度183.88万人（2010年）
科技投入	研发支出占GDP 2.99%（2008年）	R&D经费支出36.3亿元（约5.76亿美元）（2011年）
历史文化	历史悠久，文化丰富	历史悠久，文化丰富

二 贵州与瑞士经济发展历程比较

(一) 瑞士经济现代化发展历程

瑞士经济在第二次世界大战前就进入创新导向阶段,并且以精致化的产业而著称。战后,欧洲各国经过战火的洗礼,重新开始发展经济,经过20年的复苏,到70年代开始进入比较稳定的阶段。瑞士作为战后储备大量资本的经济中立国,经济上也取得了突飞猛进的发展。1950~1986年,瑞士的国内生产总值增长2.1倍,每年平均增长3.2%。"二战"以来,瑞士经济是在通货膨胀率较低的情况下实现较为迅速增长的。70年代最初几年,消费物价的上涨率较之于五六十年代高,个别年份(1974年)甚至达到9.8%。瑞士经济在战后经济发展过程中,既有五六十年代的迅速增长阶段,也有70年代初期以来的停滞阶段。在此期间,瑞士爆发过两次主产过剩的经济危机,经济增长率有3年绝对值下降,其中1975年甚至下降了1.3%。

20世纪70年代,瑞士经历了一场大的经济结构变革。1973~1976年,就业人数迅速由310万下降到280万,钟表和建筑业劳动力流失尤为严重。如瑞士钟表业在短短六年中就丧失了40%的劳动力。此前,瑞士钟表业在全世界范围内都非常成功。瑞士手表以其高质量、精美设计和低廉的制造成本而占领了世界市场。并以分工精细、不同生产阶段的加工制造企业紧密相连为特征。该生产体制几十年来都建立在所谓的"钟表规则"基础上,即通过国家制定限制竞争法规和行业协议。但以日本产品为代表的石英手表在20世纪70年代中期盛行,各国的钟表行业都转向电子计时技术,瑞士钟表业受到来自日本的巨大竞争压力。瑞士制表业完全低估了当时的竞争,而相互之间的依赖性又导致其反应迟缓。其他行业如纺织和机械制造业也同时遭受了暂时性的危机。同期,贵州经济经过战后的国民经济恢复,进入"三线建设"时期。

20世纪80年代,全球经济复苏。瑞士为了缓解不同地区的钟表、纺织和机械制造行业面临的结构性危机,瑞士联邦政府于1979年出台了

《波尼决议》，试图使这些地区摆脱单一的经济结构。根据该决议，企业向遭受结构危机的地区投资，将获得投资补贴及税收优惠。在国家经济政策方面确定了两大发展方向：一是专业化：针对来自低工资国家的竞争，纺织和机械行业将其产品主要定位于高端及知识密集型产品。二是产业集群化雏形逐步形成：地区间紧密配合并形成网络。企业间密切合作，特别是在研究、开发及销售市场方面。如钟表业将产品分类，调整结构，降低成本。通过宣传，唤起消费者对高档表的推崇和喜爱。机械制造业、机床、精密仪器、仪表、运输机械、农业机械、化工机械、食品机械、印刷机械也逐步形成以索洛图恩为中心的产业集群式发展。此外，打字机、计算机、照相机和电影摄像机等新兴产业发展迅速。在形成良性循环区域产业链的基础上，服务业与制造业双引擎带动瑞士发挥区域优势，瑞士政府助力打造特色服务业，重点发展以银行为主体的金融商务服务业、银行业、保险业、旅游业等现代服务业；以商业运营高效率为目标，形成金融主体式区域服务核心竞争力。1986～1990年，瑞士经济年平均增长率为2.86%。通货膨胀得到有效抑制，1987年的消费物价只比1950年上涨2.3倍，平均每年上涨3.3%。1988年以来，除个别年份外，消费物价上涨率均呈负数。1988年，瑞士人均国民生产总值27260美元，超过美国和日本，居世界第一位。同一时期，贵州经济刚刚结束"十年浩劫"，步入"六五""七五"计划恢复期。

1990～2001年间，瑞士经济的显著特点是经济增长迟缓、外贸额大幅提高、瑞郎坚挺及结构的再次大幅调整。受世界经济萧条的影响，自1991年开始，瑞士经济已连续6年停滞和衰退，陷入30年来最严重的危机：失业率持续上升，国家财政状况恶化。经济复苏步履维艰。1991年和1992年瑞士经济连续两年出现负增长，1992年国内生产总值比1990年下降了0.8%。失业严重困扰西欧各国，许多国家的失业率达到两位数，个别国家甚至超过20%，瑞士的失业率仍长期处于1%以下。80年代以来才略微超过1%。1991年瑞士失业人数为39200人，失业率为1.3%；而上年的失业人数18100人，失业率为0.6%。这段时期，贵州经济进入了"八五""九五"计划时期。

目前瑞士已经成为高度发达的工业国家，据《欧洲管理论坛》的调查，近年来，瑞士的国际竞争能力仅次于日本，在发达资本主义国家中居第二位。如瑞士钟表业经历过20世纪70年代没有及时向石英钟表转型所带来的低谷后，近30年的结构调整使其重振雄风，成为瑞士经济增长的亮点。瑞士钟表产量的95%以上用于出口，稳居当今世界第一大钟表货值出口国地位。钟表业是机械制造、化工之后的瑞士第三大出口工业，近五六年来，不断刷新自身纪录，出口额从1986年的43亿瑞郎上升至2005年的123亿瑞郎。2006年瑞士钟表出口再次创下新的历史纪录，达137亿瑞郎，比上年增长10.9%，这是继2004年增长9.2%和2005年增长11.5%后，连续第三年增长。2006年钟表出口方面，香港为61亿美元，居第二；中国内地为20亿美元，居第三；德国12亿美元，居第四；法国为11亿美元，居第五。手表出口平均价方面，瑞士为410美元，美国为65美元，德国为60美元，香港为8美元，中国为1美元。此外，瑞士的食品工业产品主要供国内需要，但奶酪、巧克力、速溶咖啡和浓缩食品在世界也享有盛誉。化学工业也是瑞士工业的重要支柱。目前，药品约占化学工业产值的2/5，染料、农药、香脂、香精在国际市场上的地位也很重要。

表6　瑞士1960~1990年主要经济发展指标

年份（年）	国民账户合计（10亿法郎） 现价	国民账户合计（10亿法郎） 固定价	现钞流通量（法郎）	商业银行存款（法郎）	中央财政支出总额（法郎）	政府岁入主要税收（百万法郎）	消费物价指数
1960	36.6	35.2	6854百万	8470百万	2601百万	2806	108
1965	59.1	45.3	10043百万	12.1亿	4920百万	4410	127
1970	90.7	90.7	13106百万	15.8亿	7.8亿	7241	100
1975	140	94.4	19.1亿	18.6亿	13.5亿	11026	145
1980	170	103	24.1亿	27.2亿	17.4亿	14619	162
1985	228	182	25.9亿	34.5亿	22.9亿	20558	200
1990	314	209	29.6亿	38.6亿	31.6亿	28815	228

形成瑞士产业发展的主要力量来自人力素质的提升、技术基础的深厚、国内市场对高级产品的需求以及高工资的压力。另外，该国的低利率和股东同心协力的态度，也是鼓励企业持续不断投资的重要因素。但是，处于富裕导向阶段的瑞士，许多产业如仪器、机械等高级产业，正由国际

市场退出，仍能维持竞争优势的则是和奢侈品或财富相关的产业。更令人担心的是这个国家的国内竞争处于衰退中，金融体制也限制了经济的活力。瑞士的问题是，几十年来的繁荣淹没了民众的事业动机和冒险精神，新企业的增加速度太慢，以至于无法刺激国内市场的竞争气氛，结果生产力无法有效提高。

（二）贵州经济快速发展的几个阶段

1949年以后，贵州经济有几个较快发展阶段，即20世纪60年代"三线建设"时期、"西部大开发"时期、2010年以来。

1. "三线建设"时期

贵州"三线建设"始于1964年下半年，止于1978年底，以国防科技工业为重点，是包括相关产业和铁路等基础设施在内的大规模基础建设。"三线建设"时期，贵州获得国家投资139.19亿元，比1953～1964年的30.39亿元增长了3.58倍，年均增长速度排列三线地区各省区之首。贵州"三线建设"时期的主要成就如下。一是建起了强大的战略后方基地。贵州国防科技工业建成了011、061、083三大基地和一定数量的兵器工业、核工业、军需军械工业，形成了拥有15个大类、35个分类、51个小类的门类比较齐全、具有相当规模的工业体系。二是改变了贵州省的工业布局和产业结构，使贵阳逐步形成以卷烟及食品、冶金、机械工业为主的综合性工业中心城市，六盘水建设成与四川攀枝花钢铁基地配套的大型煤炭基地，遵义市逐步形成以航天工业、冶金工业为主的重要工业城市，航空工业基地主要部署在安顺及其周围，国防电子工业基地主要部署在都匀和凯里地区。1978年与1965年相比，全贵州省国民生产总值由24.42亿元增加到46.62亿元，增长94.9%；国民收入总额由22.01亿元增加到41.62亿元，增长90.6%；地方财政收入由3.35亿元增加到6.26亿元，增长86.9%。在国民生产总值中，第一产业的比重由1965年的62.4%下降为1978年41.7%，下降20.7个百分点；第二产业的比重由23.1%上升到40.4%，上升17.3个百分点；第三产业的比重由14.5%上升到17.9%，上升3.4个百分点。三是加速了贵州城市化进程。"三线建设"期间，以原有城市为基础，沿4条铁路干线展开，逐步形成以贵阳为中心，包括六盘水、遵义、安顺、都匀、凯里等不同规模,各具特色的新兴工业城市,并在这些城市周围形成了一批工矿集镇,促进了贵州城镇的发展。截至1978年底,贵州省建制市发展到5个,其中省辖市2个,地、州辖市3个;贵州省市镇人口由1965年的225.5万增加到1978年的323.79万。四是改善了贵州的交通运输条件。"三线建设"中,川黔、贵昆、湘黔三条铁路干线相继建成通车,还兴修了一部分省内支线和专用线,公路建设及内河航运方面也相应展开,铁路通车里程达到1481公里。铁路货物运输量大幅度增长,由1965年的85万吨增加到1978年的1418万吨,增长15.68倍;旅客运输量由86.6万人增加到940万人,增长9.85倍;1966~1975年,贵州省新增公路通车里程11534公里。

2. 西部大开发

从2000年起,贵州牢牢抓住西部大开发的契机,举贵州全省之力,立足自身的区位和资源优势,摆开"西电东送"的西南战场。拉开"大煤保大电"的攻坚之战,倾力打造以交通为重点的基础设施建设,千方百计构筑"两江上游"生态屏障,迎来了发展的黄金机遇期。2000~2009年,贵州省生产总值从1020亿元增加到3893.51亿元,财政收入从150亿元增加到779.58亿元。城镇居民可支配收入从5120元增加到12862.53元,农民人均纯收入从1370元增加到3005.41元,公路、铁路、航运、通信等基础设施明显改善,能源、矿产、生物、旅游等资源开发加快,人口控制、生态环境、环境保护成效显著,教育、文化、科技事业全面发展,各方面工作势头良好。

3. 2010年至今,贵州经济高速发展期

2010年以来,贵州确立了"加速发展、加快转型、推动跨越"主基调,坚定不移实施"工业强省"和"城镇化带动"两大战略,经济发展进入高速发展期,城乡面貌发生巨大变化。一是综合经济实力大幅提升。地区生产总值从2010年的4593.97亿元达到2012年的6802亿元,2011年、2012年经济增长速度排位上升到全国第三位和第二位;全社会固定资产投资2010年的3186.28亿元达到2012年的7809亿元。2012年,全省人均生产总值达到19600元,社会消费品零售总额达到2032亿元,公共财政预算收入达到1014亿元、支出达到2753亿元,金融机构存款余额突破1万亿元、贷款余额突破8000亿元。二是转变发展方式迈出坚实步伐。三次产业比例从2010年的13.7∶39.2∶47.1调整为2012年的12.5∶41∶46.5，粮经作物种植比例调整到51∶49。工业化强力推进，规模以上工业增加值达到2254亿元。以旅游为重点的现代服务业加快发展，第三产业增加值从2010年的2163.58亿元达到2012年的3164亿元。民营经济不断壮大，实施民营经济"三年倍增计划"，增加值达到2700多亿元，占生产总值的比重提高到40%。资源节约环境保护不断加强。新增耕地124万亩，单位生产总值能耗下降14.2%，森林覆盖率提高到42.5%，"两江"上游生态屏障基本形成。创新驱动能力不断提升，科技进步对经济增长贡献率提高到42.2%。三是发展条件显著改善，动力活力不断增强。2010年以来，贵州交通建设取得重大突破，60个县实现高速公路连接，与周边省份的高速公路通道基本贯通，县县通高速公路项目全部开工，行政村基本通公路，乡镇基本通油路或水泥路。铁路电气化改造全部完成，贵阳至广州、长沙、昆明客运专线和贵阳至重庆快速铁路、织毕铁路开工建设，贵阳龙洞堡国际机场升级为4E级，贵州开放步伐明显加快，招商引资、对外贸易、区域合作跃上新台阶。

三 贵州与瑞士山地特色产业发展比较

（一）贵州与瑞士工业发展比较

1. "二战"后工业发展历程比较

"二战"结束后至20世纪70年代初期。由于没有受到"二战"破坏，同时积极化战后世界经济萧条这一挑战为机遇，充分利用自身条件吸纳外国廉价劳动力，瑞士工业得到20余年的较快发展期。到1974年，瑞士工业产品总量指数达到159，与1958年相比翻了一番多。同一时期，贵州经历了1949~1952年国民经济恢复期、"大跃进"和人民公社化运动、1961~1962年的国民经济全面调整，以及1964年开始的"三线建设"。贵州在解放前还是一个极为贫穷的农业省，之后相继建立了航空、航天、电子三个工业基地和机械、电子、冶金、有色、化工、煤炭、建材等一批大型企业，初步形成了贵州工业的骨架。工业总产值从1948年的2.06亿元，增长到1970年的20.75亿元。

20世纪70年代初期至80年代中期。受石油价格高涨影响，世界经济进入滞涨期。在不利的国际经济环境和廉价的亚洲产电子表、石英表先后登陆全球市场的双重挤兑下，瑞士工业发展进入停滞阶段，这近十年间瑞士工业产品总量指数基本处于150左右，其间还爆发过两次较大衰退，其中衰退最为严重的1975年较上一年工业产品总量指数下降了20个点。同一时期，贵州基本结束了"文化大革命"给工业生产造成的混乱状态，尤其是1979年中央十一届三中全会的召开，拉开了改革开放的序幕。贵州在改革开放的大背景下，工业比例关系严重失调得到初步的调整，发展形势转好。到1983年，在全部工业总产值中，轻工业所占的比重由1977年的32.6%上升到37.01%，重工业的比重由67.4%下降为62.99%；到1984年，国有地方工业的亏损户由上年末的204家减至133家，亏损面下降35%，贵州省国有企业工业总产值达到63.6亿元，比上年增长17%。

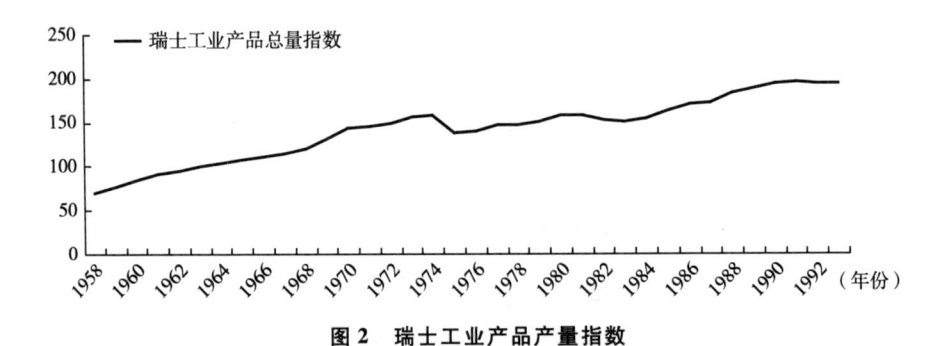

图2 瑞士工业产品产量指数

数据来源：《帕尔格雷夫世界历史统计——欧洲卷：1750~1993年》

20世纪80年代中期至90年代初期。得益于世界经济复苏、冷战结束、IT和互联网技术的广泛应用等有利条件，瑞士积极推进新型工业化进程，工业再次进入高速发展阶段，瑞士工业产品总量指数从1982年的158上升到1990年的198，年均提高5个点。同一时期，贵州工业在改革开放政策的推动下，发展取得可喜成绩。到1990年，贵州已有"三资企业"

74家,外资项目107个,累计合同金额1.72亿美元,工业产品出口50多个国家和地区;工业总产值达到218.16亿元,比1980年增长2.09倍,轻重工业的比由1980年的35.3∶64.7变为1990年的42.7∶57.3;与1980年相比,1990年主要工业产品产量,发电增长1.3倍、原煤增长1.64倍,卷烟增长3.73倍,水泥增长92.6%,钢增长4.44倍,化肥增长54.0%,饮料酒增长3.59倍;全民所有制独立核算工业企业每百元固定资产原值实现的利税由9.35元提高到17.87元;每吨能源生产的民国收入由664元上升到986元。

表7 贵州主要工业产品产量情况

年份	卷烟(万箱)	茅台酒(吨)	原煤(万吨)	发电量(亿千瓦小时)	粗钢(万吨)	成品钢材(万吨)	水泥(万吨)	农用化肥(万吨)	磷矿石(万吨)
1992	202.9	2089	4162	129.35	64.19	48.83	370.44	51.54	348.42
2009	232.24	12161	10001	1363.09	343.1	337.62	2664.78	347.28	1360.66

数据来源:《2011年贵州统计年鉴》;表中工业产品产量1998年前为全社会口径,1998年及以后为规模以上工业企业数据,其中原煤产量2008年以后为规模以上工业。

20世纪90年代初期至今。瑞士工业进入稳步发展阶段,1990～2010年,工业经济仅增长了48%。同一时期,贵州工业发展主要分为两个阶段。一是1992～2009年,是贵州工业在改革开放背景下的全面推进阶段。1992年以后,在邓小平视察南方重要讲话的指导下,贵州各部门和各企业进一步解放思想,工业仍保持了较快发展。2009年,全年工业增加值为1252.67亿元,比上年增长10.2%,其中,规模以上工业增加值为1170.29亿元,比上年增长10.6%。同1992年相比,2009年原煤、电、粗钢、水泥、农用化肥、磷矿石等主要工业产品产量都有大幅增长。二是2010年至今,是贵州工业在改革开放背景下的高速发展阶段。2010年以来,全省上下紧紧围绕中共贵州省委十届十次全会提出的"加速发展、加快转型、推动跨越"主基调,坚定不移实施"工业强省"和"城镇化带动"两大战略,贵州工业持续快速健康发展。主要表现在:工业经济总量明显扩大,贵州省全部工业增加值由2010年的1516.87亿元增加到2012年的2217.06亿元,年均增长16.7%,2010～2012年工业增加值同比增速分别在全国列第 25 位、第 5 位和第 3 位；工业化程度系数由 2010 年的 0.817 提升到 2012 年的 0.835，提高了 0.018。投资总量迈上新台阶，2012 年全省工业投资达到 3126.22 亿元，是 2010 年投资额的 1.9 倍。产业园区建设加快推进，集中打造了"100 个产业园区"，形成了煤炭、电力、化工、冶金、有色、特色食品等十大重点产业。

2. 瑞士工业发展特点与基本经验

（1）从实际出发，因地制宜地制定合理有效的产业发展战略

瑞士地处欧洲内陆，无一公里的海岸线，而且多山，耕地严重不足，矿产资源极度贫乏。瑞士在发展工业经济过程中，根据自身实际，绕开成本高的重化工业之路，而重点发展食品加工、钟表、化工医药、机械制造、纺织业为主的工业，不仅成功规避了运输和资源匮乏的劣势，而且使整个主导产业群都和瑞士的地理区位及资源构成所允许的技术进步路线相匹配，形成了瑞士特有的工业化模式。

——机械、电子、仪器和设备。该部门是瑞士工业领域的第一支柱，在瑞士国民经济中占有关键地位。该部门雇用人员最多，大约有 26 万名雇员，产值占瑞士 GDP 的 10%，出口额占瑞士总出口额的 40%。

——医药化工。该部门拥有约 65000 名雇员，是瑞士雇用劳动力第二多的产业，其生产总值占瑞士 GDP 的 4%。在世界贸易组织 2006 年的贸易排名中，瑞士是世界第 9 大化工医药产品出口国，其化工医药的生产和销售居世界领先地位。

——钟表制造。这是瑞士的传统产业，目前大约有 4 万人受雇于瑞士钟表业，公司数量从 1970 年的大约 1600 家下降到如今的 600 家，但 2009 年瑞士手表总出口额仍有 121 亿美元，稳居当今世界第一大钟表货值出口国地位。

——纺织服装。2008 年，纺织服装部门雇用劳动力 1.83 万人，产值占瑞士 GDP 的 0.22%。

——食品和烟草制品。2008 年，食品和烟草制品部门雇用劳动力 6.65 万人，企业 2196 家。

（2）积极走高、精、尖产业技术路线

瑞士的产品之所以可以在竞争激烈的国际市场上立于不败之地，主要

得益于其将产业路线定位于高、精、尖,将产品的立足点放在高质量和高品位上,往往只专注一个或几个最具竞争力的细分产品的生产。如:尽管瑞士是一个医药生产大国,药品种类却相对集中于抗病毒药、呼吸系统疾病药物、头孢类抗生素等特定领域,化工产品绝大部分集中在特种化工领域,占比超过90%,产品的种类尽管超过3万种,但这些产品的全球年需求量仅为几吨或更少的量;瑞士ABB公司的电站和输配电设备、迅达公司的电梯、苏拉和立达公司的纺织机械、法因图尔公司的万用冲床、阿奇夏米尔公司的电火花机床以及布勒公司的食品加工设备等都是国际同类产品中的精品;纺织服装工业主要以高档纱线和专业的面料为主,还有如圣加仑刺绣、苏黎世丝绸、薄纱、华达呢、蝉翼纱和巴里纱等特种纺织品,高级女式时装纺织面料、家用纺织品、高科技面料分别占纺织行业的40%、30%和30%。

(3) 注重品牌培育和维护产品的优良信誉

瑞士对品牌和原产地标志的使用极为重视,如为了确保"瑞士"这个产地名称不致被滥用,瑞士钟表业者发起自律运动。1992年起,凡是对外宣称为"Swiss Made"者必须符合三个要件,即一只表的机芯为瑞士制造、零件装配在瑞士完成、出厂前的最后检验也必须在瑞士,从根本上确保"Swiss Made"的声誉不致滥用而遭败坏。据世界品牌实验室(World Brand Lab)编制的《世界最具影响力的100个品牌》显示,瑞士有劳力士、雀巢和swatch 3个品牌入列;此外还有维氏军刀、SIGG水壶、百达翡丽、江诗丹顿、伯爵、宝玑、欧米茄等手表品都是家喻户晓的品牌产品。

(4) 重视科研开发,积极将科技成果应用于生产实践

2008年,瑞士联邦政府研发费用占国内生产总值的3.01%;在国内研发上共花费了163亿瑞士法郎,其中研发费用的73%来自私营企业的投入,24%来源于大学,而瑞士联邦政府和若干非营利性私人组织的投入仅占3%;私营企业在国外共花费158亿瑞士法郎用于研发,略高于其在国内花费的120亿瑞士法郎。同时,瑞士还积极将科技成果应用于生产实践。如苏黎世联邦理工学院近年来每年都申请专利80多项,10多年来成功孵化了近200个公司。由于瑞士拥有良好的科研条件和基础,吸引了世界上不少著名的公司到瑞士设立各种研究中心。如美国巴特利研究所和IBM都

在瑞士设立了研究中心。据统计数据显示，瑞士在 2009 年全球创新国家排名中名列第二，在世界经济论坛 2009 年发布的全球竞争力报告中，瑞士在全球科研机构质量排名中名列第一。

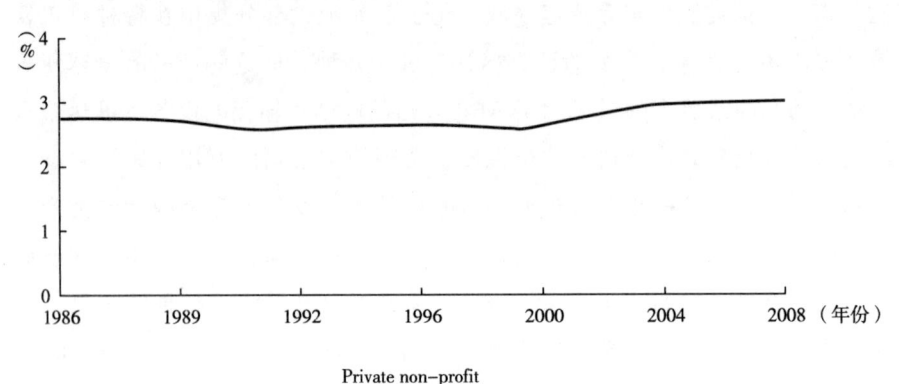

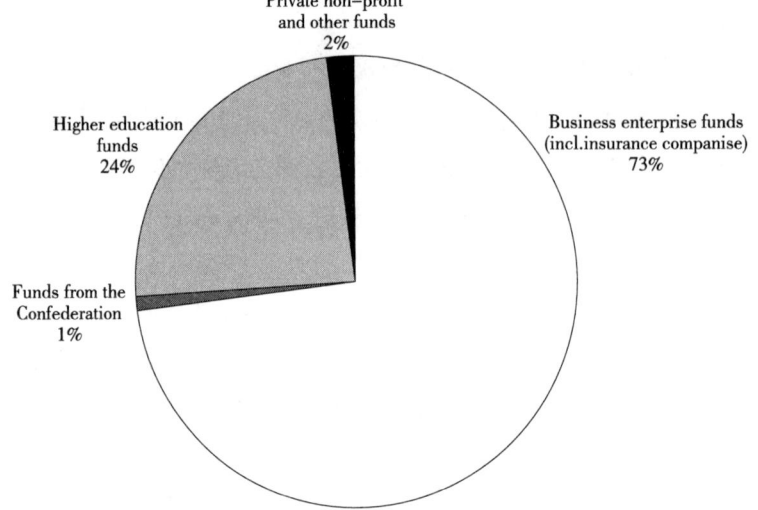

图 3　瑞士 R&D 经费占 GDP 比重和 R&D 费用来源构成

（5）重视教育和人力资源的开发

瑞士教育投入力度很大，从学前教育水平的教育系统（幼儿园）到第三级（高等教育机构和高等职业教育）均属于义务教育，作为一种社会公平福利，由组成瑞士联邦的 26 个州负责。瑞士十分重视基础教育、职业教育和高等教育均衡发展，其中瑞士职业教育具有最突出的特点，瑞士九年义务教育即初中毕业之后，学生开始分流，约 70% 的毕业生进入职业学校（俗称徒工学校）。各工商企业、行政机构甚至个体劳动者都愿意出资搞培训，以保证本行业后继有人。据统计，在日内瓦，75%的老板均出自徒工学校。

(6) 重视发展与扶持中小企业

鉴于中小企业在促进就业、发展经济中的独特作用，瑞士政府设立专职部门对中小企业进行指导、管理，在财税、金融、培训等方面实行扶持政策，对中小企业的初期发展起到了重要作用。2008年，瑞士雇员在250人以下的中小企业，占到全部私营企业总数的99.6%，雇佣员工总数，占到全社会就业人数的66.6%。具体扶持政策：一是为中小企业提供初期创业指导。这种创业指导一般又分为三个层面。对新申请创办的中小企业而言，主要是帮助分析新办企业的可行性、创办者的创业技术和能力、拥有资金情况以及产品的销路等问题，若认为可行，将进一步提供法律咨询，帮助办理营业执照，签署有关合同，筹措资金等；对初创的中小企业提供进一步的创业辅导，重点是帮助他们分析所面临的形势，对存在的问题进行诊断，提出改进建议，寻找降低生产成本、提高产品质量、改进服务、扩大市场的可能性等，使初创的家庭工业站住脚跟；对发展势头较好的中小企业进行再创业引导，重点帮助它们研究制定新的发展战略，如扩大市场、对外出口、寻求国际合作伙伴等。二是为中小企业发展提供生产发展空间。瑞士政府一般都将新创办的中小企业安排到创业园中，向业主提供房租低廉的生产经营场所的同时，还为入园企业提供展销、洽谈、培训等方面的服务，以及完善的后勤服务，帮助中小企业成长。三是为中小企业提供税收优惠政策。瑞士是一个低税制的国家，对新成立的企业首先可享受州一级的税收优惠，而绝大多数州可在最长10年的期限内对新成立的企业实行全部或部分免税，尤其是50人以下的家庭工业和小企业的税赋总水平往往从占增加值的30%降到15%左右，有效减轻家庭工业和小企业的税赋，有利于企业创业资金的积累。四是为中小企业提供专门融资渠道。瑞士联邦政府对中小企业的贷款政策、方法、担保金额、利息、财产注入资金都给予了较多的优惠政策，并以特定方式写入法律。如小企业获得贷款后，由于经营不善，贷款不能归还，由担保公司赔偿银行的损失，经调查若属于企业责任，联邦政府会给予担保公司补贴。同时，瑞士中小企业基金会、瑞士设备投资组织、共同基金会等组织还积极向中小企业提供人力物力与财力支持，帮助中小企业发展壮大、开拓海外市场。此外，针对产品出口的中小企业，瑞士联邦及其各州政府将提供优惠短期、中长期出口信贷和信贷担保以及出口风险担保等政策工具。五是为中小企业发展提供服务。联邦政府和州政府利用公共财政引导社会中介机构为家庭工业提供管理、信息、法律、财务、人才培训等方面的服务。

（7）通过产业集群增强产业的竞争力

瑞士的竞争优势来源于优势产业，而优势产业的竞争优势来源于产业集群。基于产业集群而形成的集群经济早已成为瑞士经济的重要板块和亮点。如：瑞士钟表制造业，通过近十余年的兼并和收购，目前形成了斯沃琪、劳力士、Vendome 和路易威登四大集团，主要集中在纽沙泰尔州、瓦莱州、汝拉州、伯尔尼州和巴塞尔。瑞士巴塞尔地区被誉为世界的"化工之都"，聚集了 3500 多家精细化工、生物制药、生物工程、染料及农药企业，世界化工医药巨头诺华公司、罗氏公司及全球最大的 5 家精细化工公司中龙沙公司和科莱恩公司的总部均设立在该地。

3. 给贵州工业发展的启示

（1）走集群化、品牌化、开放带动的战略路径。一是继续做强做大传统产业集群的同时，大力发展高新技术产业集群，着力改变当前全省产业集群数量少、规模小、层次低，企业之间的分工协作不够细致紧密，区域品牌不够突出，龙头企业的带动能力和自主创新能力还较弱，社会化服务程度还较低的现状，推动工业走集群发展之路。二是成立名牌培育服务小组，加大政策扶持力度，围绕全省特色优势产业，以龙头企业为重点，培育一批全省工业发展需要的支柱品牌，推动企业走质量效益型和品牌发展之路。三是进一步向省内外、境内外资本市场开放，除国家明确禁止的领域外，所有领域一律向国内外投资者开放，同时引导和支持一批有条件的企业实施"走出去"战略，进行跨国经营、对外投资，带动产品、设备和技术的出口，逐步培育有国际竞争力的出口企业，推动企业开放型发展。

（2）扬长避短，确定贵州产业发展重点。贵州产业发展应建立在对全省自然、地理、区位、资源的优势和劣势分析的基础上，扬长避短地制定合理、可行的发展重点。尤其要着力实施优质烟草、白酒、民族制药、特色食品、茶叶等"五张名片"产业提升工程。着力实施煤电磷、煤电铝、煤电钢、煤电化"四个一体化"推进工程。大力培育发展电子及新一代信息技术、新材料、高端装备制造等战略性新兴产业。实施军民融合推动装备制造业发展工程。

(3) 推动产业转型升级。大力实施科技兴工战略，主动适应新型工业化发展的要求，贯彻"合作创新、加强转化、重点突破、引领跨越"的方针，把原始创新、集成创新和引进消化吸收再创新结合起来，加快推进工业发展。积极实施企业成长工程，助推大中小型企业共同发展。推动工业信息化，促进信息技术与现有产业渗透与融合，坚持以信息化带动工业化，运用信息技术改造提升传统产业。提高信息技术应用水平，推动信息技术在制造领域的应用。促进企业生产技术信息化，积极促进工业与农业、服务业良性互动发展。

(4) 加快基础设施和要素市场建设，有效改善工业发展条件。大力实施100个产业园区成长工程。加快构建较为现代化的立体综合交通运输网络体系。提高传统产业的现代化水平和市场化程度。鼓励企业和社团自主组建行业协会、民间商会等中介组织。

(二) 贵州与瑞士现代服务业发展比较

现代服务业是指以现代科学技术特别是信息网络技术为主要支撑，建立在新的商业模式、服务方式和管理方法基础上的服务产业。它主要以金融保险业、信息传输和计算机软件业、租赁和商务服务业、科研技术服务和地质勘查业、文化体育和娱乐业、房地产业及居民社区服务业等为代表。现从总量规模及主要行业等方面比较贵州与瑞士现代服务业的发展。

1. 贵州与瑞士现代服务业总体发展情况比较

瑞士是服务业高度发达的国度，而贵州现代服务业仍处于较低发展水平。2009年，瑞士国内约75%的企业从事服务业，瑞士国内生产总值中71%来自服务业，工作人员每10个人中约有7人就职于不同的服务行业。2010年，贵州省服务业产值为2159.22亿元人民币，占全省GDP的比重为46.91%。2010年，瑞士服务业产值约为3718亿瑞郎，按2010年人民币与瑞郎汇率换算，贵州服务业产值仅占瑞士现代服务业产值的9.3%。从产业结构来看，2011年，贵州三次产业结构比为12.7∶38.5∶48.8，瑞士三次产业结构比为1.2∶21∶77.8，瑞士服务业占比高于贵州服务业占比29个百分点。可见，贵州服务业发展水平远低于瑞士服务业发展水平。

2. 贵州与瑞士现代服务业重点产业发展比较

（1）贵州金融业与瑞士金融业发展比较

从银行业的发展历程来看，瑞士银行业从13世纪萌芽开始到目前止已有700多年的历史，其发展大致可分为以下几个阶段。一是萌芽及起步阶段。瑞士银行业发展具有悠久的历史，最早类似银行形式的货币交易和借贷可追溯到13世纪，从14世纪开始日内瓦等地就出现私人银行家和货币借贷者，他们使瑞士成为世界银行业起步较早的国家，17世纪末，日内瓦出现了几家比较著名的银行。二是快速发展阶段。1860～1888年是瑞士银行业快速发展的关键性阶段。此期间，瑞士建立起百余家旨在为农民和手工业者服务的储蓄银行，以州利益为主的州立银行也相继建立，瑞士的四大银行联合银行、合作银行、信贷银行和人民银行就是在这一时期建立起来的。三是向现代化迈进阶段。瑞士银行业在20世纪的"一战"和"二战"中获得了巨大的发展。"一战"期间，欧洲两大集团爆发了帝国主义的战争，大批王公贵族富商巨贾和银行管理技术人员为了躲避战火纷纷云集瑞士，给瑞士带来了庞大的资金和先进的管理技术，促进了瑞士银行业的进一步发展。"一战"结束后，在凡尔赛华盛顿体系下建立的国际联盟设立在瑞士日内瓦，这给银行业带来了无限的商机，促进了瑞银朝现代化迈进。四是做大做强阶段。这期间，瑞士银行业进行了较多的富有成效的创新，进行了一系列的改革，其中以1993年和1997年的两个银行并购重组为标志。1993年瑞士信贷银行与民族银行合并、1997年瑞士联合银行与瑞士银行公司合并，如今的瑞士"大银行"仅存两家，即瑞士联合银行集团（UBS AG）以及瑞士信贷集团（Credit Suisse Group），其中，瑞士联合银行的资产和负债均接近瑞士整个银行业资产和负债的40%，雇员数占银行雇员总数的30%以上。五是全面领先阶段。自21世纪以来，瑞士银行业进一步完善管理，开拓创新，根据发展战略进行了业务取舍，强化团队精神，注重风险管理等，把瑞士银行业推向全面领先的阶段。目前，瑞士银行业在发展质量、管理水平及运营能力等方面处于世界银行业的领先水平。比较而言，贵州银行业发展起步较晚，1941年以前属于贵州银行业萌芽起步阶段，真正意义上的贵州银行业的发展，以1941年7月贵州银行成立为标志。近年来，贵州银行业自身发展步伐加快，随着"引银入黔"工程效果的显现，贵州银行业发展进入了加速发展的时期。

从银行业的影响力来看，瑞士金融业已经历了快速发展、做大做强等阶段，在全球处于领先地位。瑞士银行业强大实力可概括为"三最两领先"，"三最"即瑞士成为全球最大的离岸交易中心，超过伦敦、纽约、法兰克福，占全球35%的市场份额，被公认为全球资产管理的领导者；瑞士法郎是世界上最稳定的货币之一；瑞士资本市场是世界上最重要的资本市场之一。"两领先"即瑞士的两大主要银行瑞士联合银行和瑞士信贷银行在世界银行业居领导地位；瑞士在私人资产管理方面也居世界领先地位，瑞士银行吸引了世界35%的私人和团体的海外资金，私人存款是瑞士联合银行和瑞士信贷银行的主要赢利来源。近年来，贵州银行业进入快速发展、做大做强的阶段，业务规模迅速扩大，体系进一步完善，资产质量持续改善，但是其影响力仍然较弱。2012年，全国银行业资产总额为133.6万亿元，而全省银行业资产总额为13396.74亿元，在全国的占比仅为1.01%。过小的规模、过低的占比导致了较小的影响力。贵州银行业的影响力不强。

从发展规模来看，瑞士银行业发规模较大，是瑞士经济最重要的行业之一。瑞士银行业只集中了瑞士3%的劳动力，却创造了占瑞士GDP10%以上的产值。2011年，瑞士银行业年度利润为135.1亿瑞郎，占其GDP的2.67%；瑞士银行业管理着2.8万亿美元的资产，其中一半来自国外；而2011年，贵州金融产业产值为297.27亿元人民币，占全省GDP的5.2%。可见贵州金融业规模与瑞士金融业相比，差距十分巨大。

（2）贵州与瑞士现代物流业发展比较

物流业是现代服务业的重要组成部分，被喻为促进经济增长的"加速器"和"第三利润源泉"。随着区域经济一体化进程加快、经济开放程度提高，物流业在经济发展中的作用日益突出。物流业发展水平已成为反映一个国家或地区综合经济实力的重要标志。贵州物流业与瑞士物流业相比，在发展起步方面远远落晚于瑞士，在现代化程度方面低于瑞士，但在发展规模方面高于瑞士。

从发展阶段来看，瑞士物流业发展主要经历了三个阶段。一是物流发展的初级阶段（20世纪50~70年代）。这一时期，工厂内的物资是由厂内设置的仓库提供，企业通过邮件交换信息，采用贴标签的方式跟踪产品，使用纸带穿孔式的计算机及相应的软件作为信息处理的平台，而且储存与运输分离，相对落后的管理技术导致较高的产品成本。二是物流快速发展阶段（20世纪70~90年代）。这一时期，多家企业联合形成的企业集团和大公司，产生了大量的物流需求，工厂内部的物流已不能满足企业集团对物流的要求。仓库由静止封闭的储存式设施演变为动态的物流配送中心，配送中心的装运情况和订单都成为企业获取信息的途径，信息交换采用电话方式，通过产品本身的标记实现产品的跟踪，进行信息处理的硬件平台是小型计算机，企业一般使用自己开发的软件。此外，20世纪80年代，瑞士还探索出综合物流需求链管理体系，这种联盟型新体系实现最终消费者和最初供应商之间的物流与信息流的整合，改变原先各企业分散的物流管理方式，物流效率大大提高，为企业创造了巨大的财富。三是电子物流的兴起阶段（20世纪90年代至今）。进入20世纪90年代以来，瑞士等国一些跨国公司纷纷在国外特别是在劳动成本比较低廉的亚洲建立生产基地，因而瑞士等国物流企业的需求信息是直接从顾客消费地获取，并采用在运输链上实现组装的方式，使库存量实现极小化。同时，信息交换采用EDI系统，产品跟踪应用了射频标识技术，信息处理广泛采用了互联网和物流服务方提供的软件，基于互联网和电子商务的电子物流在瑞士等国蓬勃发展。贵州物流业发展可分为以下阶段。一是起步阶段（"十五"以前）。这时期，贵州物流企业开始出现，物流企业还停留在粗放式经营的层面，主要业务为运输、仓储服务。二是快速发展阶段（"十一五"期间）。这期间，贵州现代物流基础设施以及相关配套系统建设取得显著成效，物流资源整合水平提高，现代物流理念和技术得到一定普及，先进专业物流企业培育和引进取得实质性进展，现代物流园区和物流中心建设取得初步成效。第三方物流在社会物流总量中所占的比重逐步提高。三是向电子信息物流迈进阶段（"十二五"以来）。这期间，贵州物流业龙头企业实力不断壮大，物流园区建设取得重大进展，货物跟踪定位、无线射频识别、物流信息平台、移动物流信息服务等现代技术逐渐投入使用。从发展阶段来看，贵州物流业落后于瑞士物流业发展水平十年左右。

从现代化程度方面看，自20世纪90年代，瑞士物流业就进入电子物流阶段，物流业信息交换采用EDI系统，产品跟踪应用了射频标识技术，信息处理广泛采用了互联网和物流服务方提供的软件，基于互联网和电子商务的电子物流蓬勃发展。而贵州物流业总体水平仍然偏低，多数物流企业还停留在粗放式经营的层面，主要业务为运输、仓储服务，信息化程度不高和资源整合度不够，物流企业更多是扮演配送中心的角色。贵州物流业的现代化程度远远低于瑞士。

从物流业的规模来看，2010年，瑞士货物周转量为252亿吨公里，货物运输量为4000万吨，而贵州货物周转量为1012.20亿吨公里，货物运输量为40310万吨。可见，贵州物流业规模大于瑞士。此外，贵州与瑞士物流业的结构也存在一定差异，瑞士的物流业中船运占较大比重，而贵州物流业则是公路占绝对比重，公路的货物运输量占总货物运输量的比重为77.9%，而水运只占了2.2%。

（3）贵州与瑞士会展业发展比较

会展业是现代服务业的重要组成部分，是地区经济的晴雨表。贵州会展业与瑞士会展业相比，差距十分明显。从发展历史来看，贵州会展业发展的起步落后于瑞士，瑞士会展业有200多年的历史，而贵州会展业真正起步是在90年代中期；从会展业的规模来看，贵州会展业远远落后于瑞士。瑞士每年举办的国际会议超过两千个，举办的全国性和国际性展览在200个左右；而占贵州会展业绝大多数的贵阳市2012年全年举办各类会展300余场，根据有关资料粗略估计，2012年贵州共举办各类会展500场左右。从会展业的产值来看，2004年，共有4万多家企业在瑞士参加展览，总展出面积160万平方米，展台出租收入2.43亿瑞郎，会展业的综合收益约为25亿美元以上；而2012年，占贵州会展业绝大多数的贵阳市综合经济效益不到7亿美元，全省规模粗略估计在10亿美元左右，远远低于瑞士会展业的经济效益。可见，贵州会展业的产值与瑞士会展业产值差距巨大。从会展业的品牌影响力来看，瑞士是国际著名的会展国度，形成了世界著名的会展品牌，比如，达沃斯论坛、世界"五大车展"之一的日内瓦车展、世界最大的钟表珠宝展——巴塞尔钟表珠宝展等。虽然贵州"生态文明贵阳国际论坛"、中国（贵州）国际酒类博览会等会展业的品牌影响力不断增强，在国内外影响力大幅提升，但与瑞士会展品牌影响力仍有较大差距。

贵州与瑞士的旅游资源都非常丰富，发展旅游业潜力巨大，但是目前瑞士旅游业发展水平远高于贵州。瑞士旅游业对其GDP的贡献达6%以上，在旅游和配套行业工作的人数占全社会就业人口的10%，而贵州旅游业对GDP及就业的贡献远未达到这样的水平。此外，虽然贵州旅游业在国内具有较大的影响力，但是国际影响力还不及瑞士，瑞士有"世界公园"的美称，"多彩贵州"的国际影响力与"世界公园"尚有较大差距。

3. 贵州与瑞士推进现代服务业发展思路比较

从战略定位来看，服务业在贵州与瑞士经济社会发展的战略重要性不同。自20世纪40年代以来，服务业一直是瑞士的第一大产业，在瑞士经济中处于绝对的控制地位，服务业是瑞士国民经济的命脉，是瑞士服务业的核心，现代服务业是瑞士经济发展的重中之重。自1992年国务院颁布《关于加快第三产业发展的决定》之后，贵州把服务业看做国民经济的重要组成部分，"十二五"期间，贵州把加快现代服务业发展作为产业结构优化升级的战略重点。

从发展路径来看，瑞士现代服务业走的是一条创新驱动、精细化管理、专业化发展、国际化视野的发展路径，而贵州现代服务业走的是抓主要带普遍、抓特色带一般、抓重点带全局的发展路径。相比而言，贵州现代服务业的创新不足、专业化程度不高。

从保障政策来看，瑞士的政策强调层次性和主动性，在重视服务业产值的同时更强调服务业发展的质量，从最初的平衡地区差异逐步转移到提高效率和增强竞争力；而贵州政策从较单一的政策目标到综合目标转变，从最初的更多强调服务业产值到数量和质量并重，贵州在不同时期专门出台了支持服务业发展的政策措施，但执行效果不是很好。

4. 瑞士现代服务业发展对贵州的启示

一是精细化、专业化服务和管理既是瑞士服务业的特色，又是其具有强大竞争力的关键因素。要结合现代服务业各业的特点,针对各环节实行个性化、精细化服务和管理,实现服务链条各环节服务水平、管理水平的提升,实现价值链各环节升值,从而提升贵州现代服务业的竞争力。

二是现代服务业是所有产业中最能体现人的价值的产业,发展现代服务业要强化软实力。贵州现代服务业从业人员及其潜在从业人员素质与现代服务业的要求不相适应,要大力加强贵州职业教育培训,从法律保障、经费支持、舆论宣传等方面出台一系列政策措施,制订农村职业教育和培训计划,加强面向农村、面向农民的职业教育和技能培训,全面提高贵州现代服务业各业人员的综合素质,尤其是新兴服务业从业人员的素质。为抢占制高点奠定基础,积极主动适应现代服务业发展趋势。

三是要注重对现代服务业的品牌打造。瑞士现代服务业以其品牌著称全球,品牌价值无限,品牌给瑞士服务业带来了巨大的经济利益。贵州服务业在发展过程中,一定要强化品牌意识,要注重对服务业品牌的打造,要力争做到各业有特色、各业有品牌。

(三)贵州与瑞士特色农业发展比较

1. 瑞士农业发展路径、特点与经验

瑞士农业发展大致有四个阶段。

第一阶段是工业革命以前。此时,瑞士还是一个传统贫穷的农牧业国家。

第二阶段是工业革命到20世纪40年代。19世纪中叶的产业革命使瑞士的经济结构发生了深刻的变化,农业迅速让位于第二、第三产业,在瑞士国民经济中的地位逐年下降,农业人口不断减少,但在"二战"结束前,全国仍有25%的人从事农业。

第三阶段是20世纪50年代到1994年。1951年,瑞士颁布的《农业法》,目的是确保任何时候都能保证农产品供应,每一寸可利用的土地都要种植农作物。该政策鼓励了农业生产,但造成过剩,国家需要为农产品找销路。1992年,联邦政府发布"第七次农业报告",推出农业改革计划。该计划包括对农业生产给予信贷、科研、培训等方面支持,对农产品进行方向性指导,对进口农产品在价格和数量上进行控制,对本国农产品制定指导价，对市场进行干预，对农民给予直接补贴等多项措施。这一阶段特点是对农业进行大力补贴扶持。

第四阶段是1994年以后。1994年，瑞士加入世界贸易组织，政府对农民直补受到限制，联邦制订了"2002年农业发展计划"，核心是支持农民发展生产，促使瑞士农产品逐步成为商品，逐步减少直至取消直补，向欧盟国家执行的农业政策逐步靠拢。1996年，通过宪法中对农业条款的修改案，这成为"2002年农业发展计划"进入第二阶段的法律基础。新的农业改革的主要目的是提高农业行业竞争力，放开市场价格与利润，降低农业成本，提高效率。1998年底，联邦政府对农业法中的37项条款进行了修改，规定除国家计划的小麦生产之外，取消对所有农产品的价格保障措施，将农产品价格完全归入市场调控。2002年，瑞士颁布新的农业政策，即《农业政策2002》。政策的指导方针是瑞士农业既要在国内外市场上具有竞争力，又要保证供给与环保。2003年6月20日，瑞士政府通过了《农业政策2007》，对原有的六项农业法规进行了修改，并确定了2004～2007年农业补贴投入的规模。目的是逐步削减农业补贴，减轻财政负担。2005年，瑞士就《农业政策2011》向社会各界征求意见，该政策需修改的联邦法律有《农业法》《农村土地法》《农业租赁法》《农业家庭补贴法》《食品法》及《动物流行病法》。该政策的核心内容是取消所有出口补贴，削减市场价格支持资金（其中一半将转为与产品脱钩的直接支付）以及降低饲料关税。

瑞士农业发展特点和经验，可总结如下。

（1）农业用地稳定。从20世纪50年代以来，严格遵守了保护农用地的相关措施，瑞士的农业用地面积基本没有减少。特别是进入21世纪以来，瑞士的农业用地面积基本保持不变，2000年，瑞士农业用地面积为107.2万公顷，到2011年，仍保持在105.2万公顷。

（2）农场规模逐步扩大。特别是1994年加入世贸以来，瑞士农业从业人口进一步下降，农业经营的平均规模不断扩大。1980年，全国约7%的人从事农业，2011年下降到3%。农场数量从1996年的79479个下降到2011年的57617个，每个农场的平均面积从2000年的15.2公顷上升到18.3公顷，5公顷以下的农场所占比例从1996年的24%下降到2011年的

16.2%,20公顷以上的农场所占比例从1996年的21.8%上升到2011年的35.8%。

（3）注重发展生态农业。1998年，瑞士开始禁止在动物饲料中使用抗生素及荷尔蒙。瑞士有机农场面积从1996年的5.46万公顷上升到2011年的11.62万公顷。

（4）畜牧业发达。瑞士畜牧业相当发达，在瑞士农业中的地位也最为重要。它在瑞士农业中所占的比例高达75%；瑞士农业用地中的3/4用于种植牧草与饲料，阿尔卑斯山区的农民更是几乎全部经营畜牧业；目前瑞士的牛奶和奶制品除自给以外还供应出口，占农业产品出口的2/3。牛、羊、猪肉可基本自给，但禽类、蛋类产品基本上靠进口。

（5）林业控制严格。瑞士森林覆盖面积约占全国土地面积的1/4。20世纪就制定了保护和开发森林的森林法，联邦和各州政府都采取了严格的护林育林措施，这保证了瑞士森林的均衡分布，使瑞士境内的森林面积不致减少，而是在增长；瑞士的森林储量目前已近4亿立方米，且每年以1000万立方米的速度增长，在瑞士约有9万个职位与森林或树木培育直接或间接相关。瑞士每年的木材实际消费量约为700万立方米，以瑞士每年森林的增长速度来看，满足国内需求本不成问题，但是为保证森林资源的良性循环，瑞士每年只对约半数的可开发森林资源进行开发，每年采伐森林数量（400万~450万立方米）大大低于森林的增长速度，国内需求的不足部分则靠进口来补充。目前，瑞士林业年产值约3亿瑞郎，年产量约400万立方米，其中1/3用于建筑业、家具制造和房屋装修，1/3用于造纸，1/3作为燃料木用于能源生产。瑞士森林的67.7%为集体所有，27.1%为私人所有，4.5%为各州政府所有，仅0.7%为联邦政府所有；在瑞士经营林业的主要是国有林业企业；尽管由于采伐量受限制，而使这些企业一直亏损，但政府并未因此改变保护森林的既定目标而放宽采伐限量。

（6）大力发展农业科学研究及技术培训支持农业。目前瑞士全国共有7所联邦农业科研站，从事农业技术的研究与推广。这7所研究中心分工明确，如洛桑农科站注重植物、果木和葡萄栽培研究；伯尔尼附近的3所农科站负责化肥、病虫害、牧草种植研究；坦尼康的农科站负责农场管理研究。目前，瑞士所有经营农场的农民必须经过专业教育，持有"联邦农业技师证书"。18个州均设有农业学校；苏黎世多种技术高等学校设有农学系，由瑞士经济部农业局主管。

2. 贵州农业发展历程

（1）1949年到改革开放前

1950~1957是农业稳定快速发展的时期，耕地面积从2698万亩增加到3136万亩，扩大了16.62%；农作物播种面积由3011万亩扩大到4738万亩，播种面积扩大了57.3%；农林牧渔总产值由6.49亿元上升到11.82亿元，上升了82.13%；粮食总产量从299.8万吨上升到535.6万吨，增加了78.6%，全省人均占有粮食由211.5千克增加到318.6千克，一举解决粮食自给问题。

1958~1960年是三年困难时期，农业总产值年均下降11.7%，粮食产量年均递减8.8%，人均粮食由1957年的318.6千克下降到197千克。受到"文化大革命"的影响，10年间农业总产值平均只增长0.5%，粮食平均递增1.4%，人均占有粮食下降到186千克的水平，比困难时期的1960年还低11千克，整个农业发展停滞不前，农业产品奇缺。

（2）改革开放以来的快速发展

1977年以来，实施了改革开放战略和农村家庭承包生产责任制，贵州农业进入快速发展期，粮食总产量由1978年的643.35万吨上升到2012年的1079.50万吨，肉类食品总产量达到191.1万吨，第一产业增加值从1978年的19.42亿元增加到2012年的890.02亿元，增加了近45倍，农民人均纯收入由1978年的109.3元上升到2012年的4753元，上升了42.5倍。

3. 瑞士与贵州农业发展比较

尽管瑞士在工业革命后农业所占的比例让位于工业，但从农业发展情况来看，1950年以前，瑞士农业发展仍然滞后于贵州。20世纪50年代以来，得益于对农业的重视和补贴，以及发展生态有机农业、农业产品的商品化，瑞士的现代农业迅速发展。而贵州仍然长期处于传统农业阶段，瑞士农业与贵州农业逐步拉开差距。进入21世纪后，贵州现代农业才开始逐步发展。

贵州与瑞士比较，具有独特的资源优势和潜力。全省耕地土壤类型多样，适宜不同农作物的生长需要。具有气候类型多样、立体气候明显的特点。全省自然水热资源条件好，大部分地区年降雨量在1100~1300毫米之间，年降水平均相对变率小，季节分配不均。年日照时数1100~1700小时，≥10℃的活动积温为2200℃~6500℃，光、热、水变化基本同步。生物资源丰富多样。有饲用植物1800余种，农作物40多种，大宗蔬菜100多种，果树127种，药用植物4419种，以及编入贵州省畜禽品种志和品种图谱的畜禽品种39个，生物资源丰富多彩。生态环境好，山清水秀，工业化程度较低，农用土地平均单位面积"三废"排放量小，对水资源和土地的污染程度相对较轻，环境状况明显优于发达省区和周边地区，是全国农用土地污染最轻的省份之一，适宜于发展高附加值的特色优质农产品。复杂的地质环境与丰富的地矿元素（如富硒富锌），赋予特色农产品明显的地域性优势，形成了一批范围相对集中、特色鲜明、比较优势突出的特色农产品区域（带）。同时，全省现有耕地复种指数仅107.2%，通过多熟种植、扩大复种，增加种植面积的潜力还很大。全省有丰富的草山草坡、农作物秸秆和藤蔓资源，全省水热条件极好，四季均利于牧草生长，通过合理利用天然草地、加大人工种草力度、提高农作物秸秆饲料化利用等综合措施，贵州草食动物饲养可达2500万个黄牛单位以上，种草养畜很有潜力。

和瑞士相比，当前贵州农业发展主要面临四个方面的问题：一是投入扶持力度不够。贵州经济落后，财政投入扶持农业的能力有限，工业不发达、城市化率低，工业反哺农业、城市支持农村的能力不强。二是农业生产基础设施条件差，设施农业比重低。三是产业化经营水平不高。龙头企业规模小、实力弱，全省农业产业化经营程度低，农民专业合作经济组织数量少、规模较小、经营能力较弱、带动农户的作用不大，一家一户的农业生产经营方式在贵州还占据主体位置；市场体系建设滞后，农产品冷链物流设施不配套。四是科技支撑能力不足。一方面，农民受教育程度低，科技文化知识少，大批青壮年外出务工，留下从事农业生产的多数是老、弱、妇女，接受农业新知识、新技术的能力弱；另一方面，贵州农业科研的总体水平不高，农业科技创新与成果转化能力尚显薄弱，科技的支撑引领作用与产业发展的迫切科技需求之间差距尚大。

4. 瑞士农业发展对贵州的启示

一是充分利用贵州草地资源丰富的优势,把贵州省生态建设、石漠化治理与种草养畜有机统一,大力发展草地生态畜牧业。瑞士的畜牧业较发达,全国草场占农用地的70.7%,并采取一系列生态环境恢复和保护措施,严格控制养殖密度,避免过度放牧。再加上严格的农产品质量安全管理体系,瑞士畜牧业中仅牛奶就占了农业产值的1/4。

二是大力发展有机生态农业。从贵州现有的自然环境条件看,发展有机生态农业得天独厚。瑞士的农业发展在很大程度上也是受益于其有机生态农业发展。

三是加大对农业的补贴和农民培训。瑞士农业补贴居欧洲国家之首,并且从事农业须有"准入证"。而贵州现阶段对农业的扶持力度仍然比较小,并且大量的农民外出务工,从事农业的农村人口职业素质比较低。

四是加大农村土地流转。瑞士农业经营的平均规模不断扩大,20公顷以上甚至50公顷以上的农场数量不断增加。而贵州大部分仍处于户均几亩的规模阶段,规模小严重制约了贵州农业现代化。

五是加大对龙头企业、市场和各种合作社(协会)培育。瑞士农业产业化水平较高,各种服务组织比较发达,农业产业化主要就是靠龙头企业、市场和合作社(协会)带动。较大的农场都有自己的加工企业,如乳奶制品加工厂、果汁厂、气调库、蔬菜加工保鲜厂等,农产品要经过加工后才能出售,有的加工企业除了加工自己的产品外,还带动周围比较小的农户来发展生产。农产品市场有连锁店、批发市场和小型农贸市场,其中超市是主要的零售渠道[①]。

四 贵州与瑞士山地城镇化发展比较

瑞士被公认为全球最典型的田园风貌国家。在瑞士的土地上,乡村多

---

① www.4oa.com/bggw/sort02902/sort02953/184482.html。

坐落在山中，城镇多建在山坳平地，山川、湖泊、田园、城镇串在一起。瑞士1930年城市人口只占36%，到1988年达70%，从城镇化中期过渡到城镇化后期，只用了短短的58年；世界城镇化率在1970年为36%，到2012年为52%左右，远没到达70%。而贵州2012年城镇化率仅达35，相当于瑞士1930年城镇化水平。因此，瑞士城镇化发展在贵州进行城镇化发展中值得学习和借鉴的。

（一）瑞士城市的发展过程

在瑞士，人口超过10000人的居民集聚点就可以设立成为市镇。"二战"以来城市人口数量逐年增长，城市化水平不断提高，直到1970年代以后，城市人口的数量才稳定下来。至今，瑞士全国的城市化水平已达90%以上。与欧洲其他工业国家有所不同，瑞士在工业化进程中走了一条分散化发展的道路。瑞士城镇化发展大致可分为三个阶段。

1. 城镇化初期发展阶段（1930年以前）

在这个阶段，由于自然条件、经济社会、周边环境等因素，瑞士城镇化发展缓慢和曲折。直到20世纪初，瑞士在城市建设方面开始受到国外的影响。田园城市的理论和思想也在这里找到了知音。1901年瑞士首次在法规中规定：新建设地区空间必须做到开敞。1904年通过联邦立法进一步将此要求法律化，1909年更把开敞式的空间布局直接写进了法律，以此作为避免整个城市过度集中以及未来建设田园城市景观的必要手段。1910年举办的大柏林规划竞赛方案及有关经验对瑞士的城市发展也产生了巨大影响。1905年瑞士成立了瑞士家乡保护协会（SVH），1909年成立了瑞士自然保护联盟（SBN），从而在国际上树立了一种注重保护传统文化的形象。1928年国际现代建筑协会（CIAM）在瑞士成立，这对现代主义在瑞士城市建设和发展中的导入起到了推动作用。到1930年，瑞士基本完成了城镇化发展的初级阶段，其中一些城市已经经历了快速发展阶段，如日内瓦，其城镇化率达36%。

2. 城镇化中期发展阶段（1931~1990年）

在这个阶段，发展不是一般的延伸，而是受工业化影响，出现不同区域，某些地区成为工业区、工人住宅区或服务行业区、小手工业区等，逐渐形成今天我们熟悉的城市区域的大致轮廓。"二战"后，瑞士规划师希望以新的思想取代城市规划建设中的一些传统观念。1932年编制城市规划的主导思想是"大城市的分散化"。此后，城市的分散化一直是瑞士城市建设实践及规划师专业活动中奉行的纲领。1937年瑞士土地规划委员会成立，这时首次出现了运用税收手段调节土地使用强度的机制，在城市建设竞赛中开始提出容积率指标的要求。1937年编制了日内瓦全州的区域指导性规划。1942年主张将城市的土地归为国有，国家不用为建设支付昂贵的补偿。1965年，在瑞士联邦工业大学（ETH）建立了国土、区域与地方规划研究所，把整个空间规划工作推进了一步，对瑞士空间规划学科的发展、专业人才的培养等都起到了历史性的作用。1969年，瑞士的空间规划跨出了法治化的重要一步，开始把城市土地划分成"建设地区"和"非建设地区"两类；并在《联邦宪法》中增加了"联邦政府有权进行空间规划"的条款。1979年，修订的宪法中，在制订有关土地规划编制的法律法规方面，赋予了州一级更大的权限，并提出土地的利用应是集约性地着眼于爱护共同生活的家园。1989年联邦颁布的新规定中，要求各级政府更加注意在建设过度的地区停建、少建，处理好开发和资源保护的关系。到1990年，瑞士城镇化率达70%。

3. 城镇化后期发展阶段（1991年至今）

在这个阶段，瑞士城市化稳步发展。追求城镇化发展质量，实现城镇化发展速度与质量相协调。

（二）贵州城镇发展和演变过程

贵州省的城镇化发展经历了一个曲折的过程，受全国经济发展及城镇自身经济、社会、地理和历史条件约束，根据各个时期发展情况，贵州城镇化进程可划分为五个阶段。

1. 初始起步阶段（1949～1957年）

在这一时期内，我国制定了优先发展工业的"一五"计划，随着"一五"计划的推进，贵州城镇化进程也得到了较快的发展。新中国成立以后，随工业化的起步，贵州省拉开了城镇化的帷幕。贵州省人民政府成立时，贵州省行政区划设1个地级市——贵阳市，1个县级市——遵义市，1955

年又将遵义市改为地级市,直到 1957 年贵州省建制市仅有贵阳和遵义 2 个地级市。这个时期正是国民经济恢复和第一个五年计划时期,国家加强了交通运输和能源原材料工业的建设,一批工业项目上马,吸引了部分农村劳动力进城和军人转业安置,城镇得到发展,市镇人口逐年增加,1949 年贵州省市镇人口为 106.30 万人,到 1957 年达 165.48 万人,增长 55.7%。在这一时期贵州省城镇人口呈低速发展态势,城镇化水平从 1949 年的 7.5% 上升到 1957 年的 9.8%。

2. 大起大落阶段（1958~1965 年）

1958~1960 年,由于不尊重客观发展规律,搞"大跃进"运动,1958~1959 年两年内增加城镇非农人口 179 万人,即由 1957 年的 165.48 万人增加到 1960 年的 344.41 万人;城镇化水平从 9.8% 猛升至 20.1% 左右,比同期全国平均城镇化率高约 5 个百分点。在此期间,贵州省工业基础薄弱,交通闭塞,城镇基础设施建设十分匮乏,城镇的迅猛发展超过了国民经济发展的承受能力。1960 年国家作了一些政策调整,动员城镇人口回乡参加农业劳动,并调整市镇设置,贵州省城镇非农人口由最高峰 1960 年的 344.41 万人下降到 1963 年的 202.88 万人,城镇化水平下降到 11.9%。1964~1965 年,调整后的国民经济有了很大恢复,城镇人口略有增加,到 1965 年为 235.52 万人,城镇化水平增加到 12.4%。在此期间的 1958 年,贵州省增设安顺和都匀两市,1962 年撤销,1965 年又恢复。至此,贵州省有贵阳、遵义、都匀、安顺等 4 个建制市。

3. 停滞徘徊阶段（1966~1978 年）

1966 年开始的"文化大革命",使国民经济面临崩溃的边缘,为缓解城市的压力,对部分城市进行疏散下放到农村,随之又掀起了"知识青年上山下乡"运动,使贵州省市镇人口比重之后十余年一直在 12% 左右徘徊,城镇化进程基本处于停滞状态。到 1978 年,贵州省有贵阳和六盘水 2 个地区市和遵义、都匀、安顺 3 个县级市。

4. 稳定发展阶段（1979~1992 年）

随着改革开放的推进和工业化、市场化的加快,贵州的城镇化出现恢复性发展。实行家庭联产承包责任制,使用权分包到户,农民开始从事非农产业,加快了农业人口转移,农村转移出来的人口和剩余农产品对城镇化发展起到了推动作用，市镇人口快速增加，1984年后，大力发展乡镇企业，确立城市开发区和农民买户口进城等城镇制度的改革，推动城镇的发展。据统计，在1979~1992年的13年间，贵州建制市数量由5个增加到10个（凯里市，1978年增设兴义和铜仁市，1990年增设赤水市，1992年增设清镇市）；城镇人口从1979年的378.07万增加到1992年的666.79万，净增288.72万；城镇人口比重提高到1992年的19.8%，13年间城镇化水平提高6个百分点。

5. 持续增长阶段（1993年至今）

从1993年起，贵州城镇化进入了一个比较快的发展时期。这个阶段是工业化拉力共同作用的探索阶段。贵州正探索一种人口城镇化和地区城镇化双轨制度，户籍、投融资、社会保障制度的创新，为加快贵州城镇化发展开辟了新的路子，1993年设立毕节市，1995年设立仁怀市，1996年设立福泉市，贵阳为省辖地级市，2001年又升安顺市为省辖地级市。贵州省城镇人口不断增加，贵阳人口在1993年首次突破百万大关，成为贵州省唯一的特大城市。一批中心镇纷纷成为地域开发的增长极，推动着贵州省经济和社会的发展。

（三）城镇化发展的基础比较

1. 城镇化的农业基础比较

农业发展水平是决定城镇化模式的关键因素之一。瑞士和贵州城镇化效果的不同，首先应归因于城镇化过程中农业发展水平方面的差异。瑞士是一个传统的农牧业国家，由于山地贫瘠，收入低下，农牧民为了摆脱穷困状态，很早就主动寻求生产新技术、新方法、新结构，以便增加生产。同时，不再满足自给自足，而对外寻找出路，使农产品商业化，产生了最早的对外贸易，也打破了农业社会的封闭状态。14世纪起，农村逐步繁荣，并逐步开始农业变革。这场农业革命较大幅度地提高了农业生产效率，使农业劳动力向工业部门和城镇的转移成为可能。此时期贵州也处在传统农业发展阶段；新中国成立后，贵州经历了大力发展农业过程，但在当时国情、省情的条件下，即在20世纪50~60年代，贵州在追求高速工业化之时，普遍忽视了农业的发展，其对城镇建设作用不大，农业劳动生产率低下。贵州尽管大部分劳动力在从事农业生产,但农产品不能自给,工业发展和城镇化所需的农产品还不得不依赖进口,贵州的工业化和城镇化是在农业没有取得突破性发展的条件下进行的,出现城镇繁荣与乡村贫困并存、城乡差距悬殊的现象。

2. 城镇化的工业基础比较

瑞士是工业化的先行者,而贵州是工业化的后来者,两者进行工业化的条件很不相同,两者城镇化的模式也就呈现很大的差异。瑞士作为工业化的先行者,其工业化和城镇化都是内生的,即工业化和城镇化的动力主要源于社会内部经济结构产生的创新,外来的影响居次要地位。在瑞士20世纪末期,当传统城镇的手工业由于行会制度的制约而逐渐衰落下去之时,乡村工业却蓬勃发展起来。大量的手工业者从城镇迁往乡村,在乡村河谷地带设立作坊。农业生产转移到各种乡村工业中,实现了劳动力由农业部门向非农部门的顺利转移。贵州的工业化与瑞士的工业化相比,工业化提供的就业机会十分有限,使市州流入城镇的人口很难在正规的制造业部门就业。他们从乡村流入城镇后,或是失业,或是就业不足。

3. 人口城镇化的比较

瑞士城镇化发展最快的时期(1985~1990年)城镇人口年均增长率为2.5%左右,而贵州城镇化最快的时期("十二五"时期)城镇人口年均增长率却高达3%,无论是绝对数量还是增长速度都远远快于瑞士。这样迅猛的城镇人口增长给贵州的城镇基础设施和就业带来了巨大压力,造成贵州的城镇交通拥挤、城镇失业和贫困加剧、环境污染严重等问题出现。在人口转变过程中,瑞士人口增长速度比贵州低得多,原因主要如下:一是瑞士人口死亡率下降的速度没有今天贵州这样快,二是瑞士人口出生率较早地受到抑制。瑞士在人口转变之前,绝大多数家庭为核心家庭,很少有传统家庭那样几世同堂的现象。这种核心家庭的模式意味着子女在结婚后便离开父母姻亲,自己成家立业。所以一个人要想结婚、成家,必须有一定的经济基础,有自己的份地、房屋。这是主动抑制人口增长、防止人口与资源出现高压紧张关系的有效手段。同时,由于现代医疗卫生技术的进步、贵州保健设施的普及,贵州的死亡率比瑞士下降的速度要快得多。

贵州除了人口城镇化具有上述差异外,其人口迁移与城镇化也有自己的特点。经济发展过程中的城镇化都以农村劳动力转移为前提，但贵州农村劳动力转移与瑞士相比较具有如下几个特点。一是贵州农村劳动力转移不是像瑞士那样主要向中小城市转移，而主要是向大中城市转移。二是贵州劳动力转移不像瑞士那样转向城市非农部门，而大量的是以"离土不离乡""进厂不进城"的方式转向民营企业，农村劳动力主要靠乡村工业和非农化吸收。三是贵州非农产业劳动力的相对比重在城镇化的过程中都呈上升趋势，但贵州农业劳动力和农业人口的增长态势不同。2006年贵州农业人口为3921.91万人，到2011年农业人口仍为4238.44万人。四是经济发展过程中都伴随着城镇化，但瑞士是以原有城市规模的扩大为特征的，而贵州是以城镇据点的扩张为前提的。贵州从建省到2011年，城市数由2座增加到13座。城镇据点的迅速扩张使城镇化得到了迅速发展。五是两地人口迁移都受社会动因和经济动因作用，但贵州是经济动因型人口流动，而瑞士则是社会动因为主型人口流动。六是两地都有农村劳动力流入大中城市，但贵州城市所吸纳的农村劳动力是以"流动人口"的方式吸纳的，在城市的农村人口在身份上仍不同于有城市户籍的市民。人口流动的主要原因也不同：永久性迁移人口的主要原因是教育，而暂时性迁移人口则是以经济原因为主。七是人口迁移类型不同。贵州在工业化的起步阶段，社会人口迁移方向以农村向城镇的迁移方式为主；瑞士到了工业的中兴阶段，人口迁移则主要是城镇向城镇的迁移流向，已经出现人口迁移由城镇向农村的迁移方式。

（四）瑞士推进城镇化发展的主要做法和经验

1. 就地城镇化模式

瑞士农村的城镇化，其特点不是大城市化，而是就地城镇化，即将村庄、村镇改造成具有现代城市生活居住条件，改造乡村的自然环境和人文环境，让乡村变得美丽、舒适，适宜于居住、生活，供全体国民旅游、度假、居住等。良好的居住环境能吸引城市市民，从而使农村居民结构发生变革。如今天居住在瑞士乡村的居民除极少量务农者外，主要包括继承祖业（房地产）出租房屋者、在城市工作而在乡村购房或租房居住者、自由职业者、在城市退休后迁民此处的老人等。农村的城镇化作为城市化的重要内容,就是要把农业人口变成城市人口。但这种变化不是简单地将乡镇改成街道、将行政村改为"社区",在管理意义上把"农民"变成"市民",而是要真正地让农民市民化、非农业化。瑞士农民非农业化的首要途径是通过加快工业化进程,在城乡大力发展零售商业、服务业、旅游业等第三产业,促使农村居民的职业非农业化。其次是在管理体制上大胆改革。如取消户籍制度,让人口自由流动,农民能进城,市民可下乡;杜绝硬性将农民固定在本地的做法,改变农民只在本地非农业化就业的做法,转变所谓农民"离土不离乡"的观念;农民既可留在本地生活,也可就近进入周围城镇,更可迁徙至远方大城市,以主要从事非农行业为生。同时还要在农村大力发展教育文化事业,人的现代化才是城镇化和现代化最终完成的标志。

2. 制定多层次多种类型的城镇发展规划

根据瑞士的联邦体制,瑞士的空间规划分三级:联邦、州、市镇。一是联邦一级。联邦并没有全国性的系统和完整的规划,联邦统一的规划一般只是一些大的构想、方案,以及就全国性或国际性的重大题目所做的一些专项规划。空间规划司曾经制定的专项规划有:《全国最肥沃农业用地使用规划》(1992)、《穿越阿尔卑斯山的交通规划》(1995/1999)、《全国体育设施规划》(1996)、《全国景观规划》(1997)、《国家展览博览会01/02规划》(1998)、《全国航空基础设施规划》(2001)、《全国公路交通规划》(2003)等。二是州一级。在州一级,一般要制定全州的指导性规划。州的指导性规划成果包括图纸和文本。指导性规划中要制定和明确大的土地利用(如林地、农地、建设用地等),规定哪些地方可以建设,哪些地方不可建设等。对全州的一些重要地域都要在规划中重点加以明确。三是市镇一级。市镇一般要编制土地使用规划,并在市镇全部辖区内全覆盖地编制,要对市镇范围内的土地使用方式作出规定,提出市镇的土地使用分类、建筑高度、建筑密度等方面的要求。瑞士不失时机地向各地展示国家未来城镇发展蓝图,从而诱导各地城镇据此制订开发计划;提供了政府的"政策预报",便于各地方城镇主动调整市政建设的投资方向;提供了政府对国内外政治经济环境分析,尤其是城镇发展的形势分析,引导城镇适应国际化环境,与国际经济接轨。这些规划的制定和实施,对瑞士的城镇化及城镇的发展起了积极的指导作用。

3. 颁布实施空间规划的法规

"二战"以后，瑞士正逢人口生育高峰、大量集中建设。瑞士1967年提出联邦空间规划法立法草案，1979年6月22日颁布实施。联邦空间规划法规定了空间规划的任务：保护水资源、土地、环境；开辟更多的空间满足人民生活和支持经济发展；实现多中心的发展；自给自足；抵抗外敌入侵。联邦宪法第26条规定保护私有财产，联邦宪法第75条规定空间规划的地位，联邦宪法明确了三级政府在空间规划方面的责任和义务，规定了公众参与的要求。联邦制订的空间规划的基本原则，各州必须遵守。这些原则的目标是合理和节约地使用土地并有序地开发建设居民点。

4. 城镇协调发展

瑞士是一个多山的国家，城市主要集中于中部地区。在空间布局和规划上面临的矛盾主要表现为两个方面。一是中北部地区最适合发展农业耕种，却集中了大部分的人口；二是人口的居住分布趋向郊区化，就业与居住地点分离，由此引起上下班通勤交通问题。

全国性的交通流向以东西向为主，南北向主要是穿越阿尔卑斯山地区的交通。城镇协调的基本目标和原则是把各个城市联成一个网络系统。其基本思路和做法如下：一是对大城市周围的住宅区建设进行统一安排使其相互协调，节约用地；二是避免集中发展特大城市，避免居住用地的分散化，提倡集中与分散发展相结合；三是确保各城市之间交通和信息的畅通。在此原则基础上形成国家在空间规划方面的四大策略：一是通过引导和协调，使城市空间有序发展；二是加强对城市郊区空间的管理以更好地应对逆城市化的问题；三是特别强调保护自然环境和景观环境；四是顺应国际化的目标，注重与整个欧洲融为一体，整体考虑有关问题。

5. 城镇建设与旅游业统筹推进

瑞士的城市建设非常注意同旅游相结合，其建设布局和有关设施充分考虑了旅游服务的功能。同时，依靠旅游业发展推动了城镇化，建设了一批特色旅游小镇。如达沃斯小镇以会议旅游著名，天使堡小镇借助铁力士山滑雪和登山胜地扬名，阿彭策尔小镇以特色甜点和融汇东西方保健旅游吸引游客，巴得格拉斯小镇领先欧洲的温泉医疗旅游并通过趣味雕塑形成小镇特色,这些旅游小镇既是"景区",又是城镇,全国城乡几乎变成一个有机结合的大景区和大度假区。

(五)瑞士城镇化发展对贵州的启示

推进贵州的城镇化进程,不能只从扩展 GDP 增长空间出发。不应只把城镇化当作发展经济的手段,而是应将农村城镇化作为经济社会前进的一大目标,提高地区经济发展和社会进步总体水平,以城镇化为途径,缩小城乡差别,缩小地区差异,提高全体居民的现代化素质。瑞士的城镇化道路正是以此为出发点的。改革开放前,在计划经济体制下,贵州实施了一系列反城镇化的政策,严格控制乡城人口流动,导致城镇化水平滞后于工业化和经济发展水平。改革开放以来,尽管贵州城镇建设取得了很大成就,但城乡间制约生产要素流动的制度性壁垒始终没有消除,农业劳动力向工业部门的转移被限制在农村地区,出现"离土不离乡、进厂不进城"的分散农村工业化模式,"农业社会"的格局没有改变。城镇化滞后已经成为制约贵州社会经济进一步发展的症结之一。积极稳妥地推进城镇化、调整城乡结构已经成为关系发展全局的重大战略问题。根据国际经验,当一个地区城镇化水平达到 30% 时,城镇化将进入加速发展阶段。目前,贵州城镇化正处于这样一个加速发展的时期。预计到"十二五"期末,贵州城镇化率将达到 40% 左右,2020 年可望达到 50%。在未来几十年内,贵州从农村转移到城镇的人口规模是前所未有的,这也是贵州 21 世纪发展面临的重大挑战。通过对瑞士与贵州城镇化发展进行比较研究,我们可以从中获得许多有益的启示。

1. 工业化进程中瑞士农村城镇化道路的借鉴

重点可从两方面认识和参考。一方面是将乡村聚落改造为城镇聚落,改造成具有吸引力的宜居之地,让城市生活条件、生活状态和生活观念"下乡",让小城镇、村庄的生活与大城市几无差别。另一方面要探讨和借鉴工业化进程中瑞士农民的市民化途径,一是大力发展工业和第三产业,吸纳和转移大量农业人口,为其创造更多非农业工作岗位;二是尽快实现农业的机械化和集约化,大规模减少农业劳动力;三是要加快各类教育文化事业的发展,提高农村人口素质,为农村居民自由流动谋职创业创条件。

2. 瑞士的农村城镇化道路和农民市民化途径

瑞士因传统、现状等差异而呈现工业化和城镇化进程不同形式，但在对其进行总体认识和宏观把握的基础上，我们能总结提炼出一些具有普遍意义的规律、经验和教训，供贵州城镇化建设参考。如瑞士1960～1970年代，政府提出促进汝拉山区和阿尔卑斯山地区农村的发展，促进山区的道路等区域性基础设施的建设，从而对山区农民给予支持，并减轻城市的压力。这样一来，既改变了的落后面貌，又有助于缓和城市人口集中、资源短缺等问题，同时使全国经济的地区布局更为均衡。

3. 城市规划的启示

一是强调公众参与。基于瑞士的政治体制和经济体制，政府行政首要前提是反映公众的意愿，所以在城市规划和建设中必须充分听取公众的意见。城市的空间规划必须在征求公众的意见和各党派、各民间团体意见的基础上，按法定的程序审批。修改城市的空间规划也必须在征求公众的意见和各党派、各民间团体意见的基础上，按法定的程序审批，以此平衡各级政府、各个党派和民间团体以及利益相关人的利益。建设项目的审批首先必须符合城市规划，同时建设方案必须进行公示，必须征得全部相关利益人的同意，政府方能许可。二是城市坚持公交优先。在瑞士，公交优先的理念得到充分体现。在市内公共交通组织中特别强调设立公交专用通道；强调以方便人的出行为目的；以最小的步行距离达到公交站点；以轨道交通为主的多种运输方式有机配合，换乘方便；有效统一的管理和服务；自动化的交通信号管制系统；准确的运营时间；便于公众掌握的有规律的运行图。三是注重保护历史街区和建筑。为了传承民族的历史和文化，系统地保护历史环境、历史建筑，进行了细致的、系统的调查工作（1966年联邦《自然与文物保护法》规定"联邦有义务进行文物调查"，1973年开始进行历史建筑调查），建立完备的建筑档案，这是做好历史建筑保护工作的基础。四是强调环境保护和可持续发展。瑞士联邦把可持续发展作为空间规划的重要原则。瑞士人的环保意识很强，凡是违反环境保护法的行为都需付出代价。对那些在生产、销售产品过程中对环境造成不良影响的企业额外征税，对大型卡车等有尾气噪声的运载工具拥有者也要征税。2005年为了实施"京都议定书",已考虑对CO_2排放征税。瑞士实行严格的垃圾分类,凡分类的垃圾不收费,不分类的垃圾收费。在瑞士,建设项目有严格的环境评价程序,首先确定项目是否需要做环境评价,业主提出环境评价申请(提供有关资料),专家委员会审核,业主请专门机构进行环境影响分析,聘请专家评审环评报告,汇总专家意见,告知业主。有时虽然环评报告评审通过,但环保组织会提出异议,此时要通过法院进行判决。

4. 城镇经济发展启示

一是处理好城镇发展与农村发展的关系。城镇发展与农村发展相互依存。贵州之所以出现"城镇经济疲软"问题,主要是它们没有处理好城镇和工业发展、农村和农业发展之间的关系,在追求工业化的强烈愿望支配下,普遍忽视了农业和农村的发展。一些政策偏向城市,人为扭曲要素价格,把资源集中到少数城市地区,尤其是首位城市。这种发展模式的后果是,城市与乡村之间出现极度的不平衡。城市繁荣与乡村贫困并存,城市少数富裕阶层与众多的城市贫民并存。正是农村的萧条促使大批农村人口源源不断地流向城镇。加上正规部门创造的就业机会十分有限,这些流徙入城的人口要么在非正规部门就业,要么失业,最终导致城市人口过度膨胀、贫民窟蔓延。贵州尽管没有出现那样严重的城市问题,但是,在长期城乡分治的体制下,贵州农村剩余劳动力转移不出去,农业生产效率低、农民收入增长困难,成为制约农业现代化的最大障碍。可见,城镇发展与农村发展无法分割,我们不能就城镇问题谈城镇问题,也不能仅仅局限在农村范围内寻求农村发展的思路。实际上,许多城镇问题虽然突出地表现在城镇内,根子却在农村。同样,许多农村问题根子也在城镇里。贵州发展必须从城乡协调发展的战略高度来认识和处理城镇发展和农村发展过程中出现的问题。二是处理好工业化与城镇化进程的关系。一个国家、地区城镇化与经济发展是否协调,一个重要的判断标准就是看城镇化水平与工业化水平是否适宜。贵州由于工业化滞后,城镇人口主要在城镇非正规部门就业,一些城镇内部第三产业膨胀。这种城镇产业结构看起来与当前瑞士的城镇产业结构一样,都是服务业所占比重很大,其实它们的性质和效果是完全不同的。瑞士当前快速发展的服务业主要是交通、通信、金融、管理和营销策划等"生产者服务业",而贵州城镇服务业膨胀的是传统服务业,生产者服务业十分短缺。同样,贵州在以往的经济发展过程中也没有处理好城镇化与工业化之间的关系。在"先生产、后生活""变消费城市为生产城市"的原则指导下,城市基础设施和服务业发展严重不足,城镇化滞后于工业化,制约了贵州工业化的发展。总之,城镇化模式是受工业化模式影响的。三是处理好城镇体系内层次和规模的关系。一般而言,城镇化要发挥其促进交易效率提高的功能,往往需要形成一种金字塔式的分层体系。贵州城镇化过程中一个比较突出的问题是在城镇体系内部。贵州尽管没有首位城市极度膨胀的现象,但贵州城市体系内部规模和层次也不尽合理。在"严格控制大城市"的政策下,许多有潜力的城市发展受到人为的制约。而50万~100万人口的大城市发展不足,中小城市又缺乏足够的吸引力,使100万人口以上特大城市人口难以控制,持续膨胀,进一步加剧了规模结构的失衡。由于没有一个合理的城镇层次和规模结构,贵州特大城市的资金、信息、技术没有向外扩散的一系列中间节点,许多农村地区的交易也由于距离大城市遥远而难以进行,限制了城市与其经济腹地间的联系。四是处理好城镇对外开放与对内开放的关系。城镇只有处于开放的条件下,才能促进人员、物质和信息的充分交流和重新配置,城市内的企业才能建立起复杂多样的分工协作关系。在市场化和经济全球化时代,贵州城市要扩大对外开放力度,积极参与全球经济,增强城市的区域中心色彩。特别是目前贵州统一的市场体系尚待进一步完善,竞争不够和生产要素的流动需要加强,城市发展与自身经济腹地之间的经济联系受到很大制约,进一步对内开放的任务还十分艰巨。贵州须进一步扩大对内开放力度,尽快消除割据因素,形成统一的市场。

5. 借鉴瑞士把城镇建设同旅游统筹推进的经验

贵州围绕建设旅游的目标,对主要城镇进行旅游化改造,城镇布局要充分考虑旅游发展空间,城镇设施要兼顾旅游服务的功能,建设旅游信息咨询系统,推进城市环境景区化,等等。同时要建设一批各具特色的风情旅游小镇,积极发展社区旅游、乡村旅游,鼓励当地群众参与旅游项目的开发建设,打造一批度假群落、旅游社区,以旅游业发展推进城乡一体化进程。

五 借鉴瑞士经验，加快贵州山地经济发展的思路、重点和保障措施

（一）加快贵州经济发展的基本思路

以科学发展观为指导，抢抓中国—瑞士自贸区建立、贵州与瑞士加大合作力度等战略机遇，借鉴瑞士经验，突出加速发展、加快转型、推动跨越的主基调，重点实施工业强省战略和城镇化带动战略，大力提高农业产业化和服务业现代化发展水平，把积极扩大消费、出口需求作为加快转变贵州经济发展方式的重要举措，把推进经济结构战略性调整和经济转型升级作为加快转变经济发展方式的主攻方向，把科技进步和创新作为加快转变山地经济发展方式的重要支撑，把大力发展循环经济、绿色经济作为建设生态文明示范区的重要内容，把深化改革、扩大开放、优化发展环境作为加快山地经济发展的强大动力，积极促进经济发展与人口、资源、环境相协调，为实现与全国同步全面建设小康社会奠定扎实基础。

（二）加快贵州山地经济发展的重点任务

1. 加快推进工业经济转型升级

坚持走新型工业化道路，突出特色，优化布局，以产业园区为载体，着力推进产业绿色发展、循环发展、低碳发展，推动信息化和工业化的深度融合，按生态化理念推动特色优势产业转型升级。

（1）实施"五张名片"产业提升工程

以优质烟草、白酒、茶、民族医药、特色食品等"五张名片"产业为重点，做大做强具有贵州特色和比较优势的特色轻工业，加快把贵州建设成为全国重要的优质烟草基地、优质白酒基地、中药现代化基地和南方重要的绿色食品加工基地。

烟草业：加快调整烤烟生产布局，建设优质烤烟基地，完善烟水配套工程和密集烤房等设施，促进烤烟实现标准化、规模化、集约化生产，提

升烟叶质量,进一步提高原料保障能力;调整优化卷烟产品结构,积极推进卷烟品牌培育和市场建设,努力把"贵烟"品牌培育成烟草行业"461"知名品牌,加快科技进步,积极开发低焦油产品,加快实施卷烟厂技改工程,积极推动遵义、铜仁卷烟厂等异地搬迁项目尽快实施。

白酒业:遵循酱香、浓香及其他香型并举,高中低档产品共同发展原则,加快实施企业技改扩能工程,积极引进外来战略投资者,加快建设赤水河流域名优白酒生产基地,引导白酒产业生产要素向园区集聚发展。积极打造"贵州白酒"品牌,进一步巩固和提升"贵州茅台酒"的市场地位,充分发挥"贵州茅台酒"品牌的引领带动作用,发展壮大习酒、董酒、珍酒、金沙回沙酒、青酒、国台等名优白酒,培育一批新兴白酒品牌企业。积极实施白酒产业配套建设工程。着力延伸产业链,大力发展酒文化、服务和包装等配套产业,积极推进白酒企业与农业产业化基地建设的融合发展,壮大优质白酒原材料基地,加快构建以名优白酒为主体、上下游配套的产业集群,推进白酒产业与原料种植产业、文化旅游产业、服务配套产业协调发展。

茶产业:加快建设优质生态茶园基地,积极引进培育发展茶产业龙头企业,实施品牌带动,加快推进茶叶规模化、标准化生产,积极开展无公害、绿色和有机茶生产技术规范示范推广和无公害、有机茶园认证。加快品牌资源整合,推进茶园向优势区域集聚,连点成线、连线成片,重点打造黔东北茶产业集聚区、黔西北乌蒙山区高品质绿茶产业带、黔南毛尖产业带。结合现代农业科技示范园区规划,建设一批生态环境优良、基础设施完善、品种结构合理、良种良法配套、适应机械化作业和标准化管理的茶叶生产基地。加强现有茶园管护,提高茶园产出率。加强茶叶质量安全控制,大力推广生态种植和绿色防控技术以及茶叶专用复合肥产品,确保提高茶叶产品质量。依托茶园基地,大力发展茶叶加工业,加快技术创新,积极研发独具地域特色的茶叶新产品,丰富和增加产品结构,促进茶叶向精深加工方向延伸发展,提高茶叶加工能力和水平。加快推进茶旅一体化,积极推进茶产业与文化旅游业深度融合发展。以茶园为依托,结合重要景观通道、风景名胜区、乡村旅游目的地的建设,配套建立休闲观光茶园;在城市、县城、旅游景区,建立茶馆茶楼;在茶园、茶加工企业建设茶产品展示馆；结合新农村建设、乡村旅游发展，推进茶叶风情小镇、"最美茶乡"和"最美村庄"建设，充分发挥茶文化的渗透、引领作用，将茶园（基地）、茶加工企业与各旅游景区、景点相互连接，实现茶产业与文化旅游产业之间相互深度融合，形成多个茶旅一体化产业集群。

民族医药业：大力发展民族制药产业，加快建立现代中药工程技术体系，促进中药现代化。遵循市场经济规律，加强加快行业整合，引导民族医药业资产联合重组和结构调整，积极引进战略投资者，统筹组建大型制药集团，提高产业集中度，以"专、精、特、新"药为发展方向，大力发展中成药、民族药、医药中间体、生物技术药物，积极推广GAP中药材规范化种植技术，实现GAP认证生产，扩大GAP种植规模和生产基地建设，培育壮大一批医药产业园区，推进民族医药系列产品的现代化、规模化、规范化生产。以医药产业园区为载体，依托优势企业，加强品牌建设，完善产业链，加快发展配套产业，完善基础设施条件、功能，大力打造具有突出产业特色的、上下游产业紧密关联的现代医药产业集群。

特色食品业：遵循市场导向原则，坚持"基地化、规模化、品牌化、市场化和生态化"发展理念，按照"安全、优质、营养、健康、方便"的要求，以具有地方特色、比较优势和市场前景的低温冷冻食品、方便食品、无公害食品、绿色食品、有机食品为发展方向，大力培育建构特色食品产业集群，加快发展以粮油、茶叶、果蔬、畜禽产品等为主的特色食品产业。加快推进农业综合开发、基本农田整治和农田水利设施建设，积极推广优良品种，大力推广测土配方平衡施肥技术，改良土壤质量，提高农作物种植技术水平，实施优质农产品增产工程，加快建设优质农产品生产基地。创新发展模式，围绕农业产业化，积极引进、培育发展特色食品加工产业化龙头企业，扩大生产规模，提升产业化水平，推进特色食品加工业向现代化、深加工、高效利用型转变；加快技术进步，深入挖掘特色资源，加强新产品开发，建构适应市场不同需求的多品种、多层次的特色食品系列产品体系；以名牌建设为重点，大力发展名优特色食品深加工，建构完整特色食品加工产业链，努力提高特色食品加工技术，提高食品质量，全力培育打造贵州特色食品品牌，培育发展起一批在市场上叫得响的品牌企业，提高贵州特色食品的市场综合竞争力和知名度。

（2）实施"四个一体化"推进工程

遵循循环经济发展理念，按照生态文明建设要求，加强环境保护和资源节约利用，依托优势矿产资源，合理规划布局，加快行业整合，优化资源配置，按一体化要求，推动生产要素优先向重大生产力配置，支持构建一体化企业集团，着力推进磷、铝、钢铁等资源型重化工业延伸产业链，拓宽产业幅，发展资源精深加工业，提高资源就地转化水平，大力推进煤电磷、煤电铝、煤电钢、煤电化"四个一体化"发展，构建从矿产开采到精深加工一体化产业协调配套发展的循环产业链。

煤电磷一体化产业。着力提升重点磷化工企业矿山装置及配套能力，有序开发利用磷矿资源。延伸产业链，促进多产业耦合发展，大力发展精细磷化工，积极发展材料级、食品级、电子级、医药级、饲料级磷酸盐和阻燃系列、新能源动力电池用磷化物等精细磷化工产品。

煤电铝一体化产业。着力构建完整铝产业链，提升铝工业综合配套能力，加快建设铝加工园区，积极发展高纯度氧化铝、高强度铝合金，高性能铝质板（带、箔、管、棒、型材、线材）等铝深加工产品。

煤电钢一体化产业。着力一体化循环产业链建构，实施纵向、横向产业链延伸，大力发展精品长材、优特钢、特殊钢、优特板（带、卷）等系列产品；大力发展海绵钛、电子级高纯钛、高钛铁、高质钛化工产品、钛合金以及钛材加工等系列产品；大力发展高纯铁合金、复合合金、精炼合金等系列产品。

煤电化一体化产业。重点发展煤炭液化、气化、煤制烯烃、煤制醇醚、煤焦化及焦油深加工和氯碱化工产业，积极推进多产业耦合发展。

（3）实施战略性新兴产业培育工程

强化规划指导和政策支持，坚持领先发展，寻求重点突破，优先推动电子及新一代信息技术、新材料、高端装备制造等重点领域突破，集中力量加快建设贵阳、遵义和安顺等重点区域。加大改革开放力度，扩大招商规模，积极承接产业转移，培育做大、做强战略性新兴产业。

电子及新一代信息技术产业：按照《中共贵州省委贵州省人民政府关于加快信息产业跨越发展的意见》要求，统筹规划新一代电子信息产业布局，加强政策引导，加快对电子信息基础核心产业、高端软件和信息技术服务、物联网、三网合一、北斗卫星系统应用等重点领域的布局，举全力构建以贵安新区电子信息产业园为核心，贵阳、遵义为两极，多地协同发展的"一区、两极、七基地"产业格局。大力发展新一代信息技术产业区和新兴产业示范区、高端现代服务业集聚区，规划建设云存储、云计算中心和配套的数据处理基地，重点推进公共计算平台服务、北斗卫星及相关产业等软件和信息技术服务业。积极承接电子信息制造业转移重大项目，加快推进重大项目建设进度，早日建成投产达产，助推电子信息产业规模上台阶，建构电子信息产业发展大平台，促进电子信息产业转型升级发展。重点发展新型电子元器件、信息家电与集成电路产业，加快发展电子信息功能材料与器件、信息家电、通信终端和电子仪器产业，积极发展智能电网高端电子装备、LED光电等新兴产业，着力产业链建设，加快电子信息产业关键共性技术开发和产业化发展。

新材料制造业：以煤、磷、铝、钛等优势资源、产业为依托，充分发挥钛合金、镁合金、锰合金、精细磷化工等新材料产学研优势，加快产业技术创新，以创建"研发—中试—成果转化—产业化"创新链，构建"原材料－加工－制造－制品"产业链为发展方向，加快运用高新适用技术改造和提升传统金属及合金材料、传统化工材料等原材料领域，重点发展高性能金属及合金材料、新型无机非金属材料、精细化工材料、高分子材料、电子信息材料、新能源材料等新材料产业，大力推进贵阳与遵义新材料高新技术产业化基地、福泉磷化工新型工业化产业示范基地"三大基地"建设，做大新材料产业规模，增强新材料产业核心竞争力。

高性能金属及合金材料：推动耐热高强韧铝合金系列材料、海绵钛及制品深加工、特种焊接材料、粉末冶金摩擦材料、高性能钢筋材料、高品质钎具材料、钢绞线及其制品、城市轨道交通及提速车辆弹簧钢、车轴钢、轮对、新型非调质等高品质特殊钢与制品产业化。

新型无机非金属材料：推进高强度陶粒支撑剂、先进陶瓷材料、硅系新材料、高性能耐火材料、棕刚玉磨料等的产业化。推进新型磷石膏砖、粉煤灰砌块、隔热保温节能型产品等的应用。

精细化工材料：推广湿法磷酸高效萃取净化成套技术、无水氟化氢自主研发技术。利用含氟硅渣联产高品质白炭黑和氟化铵大力发展以电子级红磷为代表食品级、电子级等高端精细化工产品。

高分子材料：积极开展反渗透膜、纳滤、微滤研发。推动聚合物基复合材料开发，降低成本，提高性能。开展光学聚酯膜用透明纳米浆料研发。大力发展光伏用PET膜、透明导电膜、电池隔膜材料、高性能纤维增强复合材料。

电子信息材料：加快推进电子浆料、封接玻璃、超高纯钛、高功率无铅PTC发热体材料等电子信息材料产业化。

新能源材料：组织开展铝酸盐系、镍钴锰三元系、锰酸盐系等锂离子电池正极材料研发及其上游锰系基础材料及石墨、钛酸盐类负极材料产业化。推进太阳能电池掺杂剂产业化。

高端装备制造业：坚持"高端引领、军民统筹、优化聚集、重点带动"原则，加快军民结合、军地融合，加强对外产业对接和合作，围绕贵州装备制造特色优势行业，着力规模化、差异化、系列化、服务化发展，积极承接区外产业转移，积极引进国内外装备制造业优强企业和重大项目，加快技术创新，增强创新能力，优化产品结构，推动产业升级，完善产业链，壮大产业规模，发展产业集群，提升产业总体水平。积极实施一批军民结合项目和省内协作配套项目，重点扶持一批转型升级骨干企业，大力开发一批具有较好市场前景的新产品，加快建设无人机基地、航空发动机基地、航天高新技术产业基地、高端电子元器件生产基地。重点发展航空航天装备、汽车及零部件、工程机械、电力装备、大型数控装备、铁路车辆及备件等产业。积极发展配套产业，形成总装、主机、关键总成及零部件专业化生产、区域化协作、社会化配套的现代高端特色装备制造产业体系。

（4）实施产业绿色发展工程

努力提高技术创新能力。坚持以科技创新促进产业提升的理念，加快建立健全以企业为主体、市场为导向、产学研相结合的技术创新体系，支持鼓励企业通过技术引进、消化吸收与自主研发相结合，积极推广使用先进适用技术改造、提升传统优势特色产业，促进传统优势特色产业转型升级，增强资源精深加工能力，深度挖掘资源高效利用潜力。以技术创新支撑产业转型升级，加快制定和推进新一轮技术创新战略，组织实施科技攻关和成果转化项目，结合各特色产业"十二五"发展专项规划，加快制定产业技术路线图，充分发挥产学研一体化和产业技术创新战略联盟的作用，围绕全省特色产业发展的重点领域和关键环节，着力实施一批重大科技专项进行集中攻关和联合开发，力争在一些重大领域的重点技术研发上率先突破，抢占技术创新制高点，推进产业链条延伸、产业集群化发展和产业板块技术进步，支撑产业大发展。

切实加强节能减排和综合利用。按照建设资源节约型、环境友好型社会的要求，坚持资源开发与生态保护并重，大力发展循环经济，大力推进清洁生产，推广应用节能降耗新技术，实行高能耗、高物耗设备和产品强制淘汰制度，督促重点企业编制能源审计报告和节能规划。从源头和生产的全过程控制资源消耗和污染物产生，重点推进工业循环链建设，加快建设生态工业园区，实现土地集约利用、废物综合利用、能量梯级利用、废水循环利用和污染物集中处理。加大节能减排技术改造力度，加快淘汰落后产能，鼓励传统产业利用先进工艺技术进行节能改造，严格执行重点行业能耗标准，积极实施重点节能工程，继续推进煤、电、磷、铝、钢铁等重点耗能行业的企业节能改造，严格环境准入标准，严格项目审批，限制高能耗、高污染行业发展。

（5）实施企业成长工程

大力培育优强企业。积极实施大企业、大集团培育计划，着力打造具有核心竞争力的大企业集团、一批具有持续创新能力的中小型企业，使其成为引领全省传统产业转型升级的核心力量。积极推进企业整合重组，推动生产要素合理流动，加快培育和引进一批大企业、大集团。支持大型企业做大做强，引导中小企业围绕大型优强企业重点发展下游精深加工产业和关联产业，延伸产业链拓宽产业幅，形成大、中、小企业多元共生、齐头并进，上下游产业协调推进的发展格局，促进产业集群发展。鼓励和支持省内外煤、电、铝、磷、钢铁等行业龙头企业按照大型化、基地化、规模化、一体化、多联产的要求，建立利益共享机制，以产权为核心，以资本为纽带，采取相互参股、控股和收购等多种方式，推进煤、电、钢铁、铝、磷生产企业兼并重组，形成一批跨行业、跨所有制、跨区域的大型企业集团，提升产业关联度。支持大型煤炭企业发展热电联产，通过资产重组实现一体化经营。鼓励和支持资源开采企业和资源深加工主体企业之间以资本为纽带，组建企业集团或企业联合体，提高产业一体化协作水平和企业综合竞争力。

积极实施品牌战略。大力创建品牌，以品牌树立形象，以品牌引领产业发展，创造持续竞争优势。加强品牌建设，强化品牌管理，推进企业产品技术开发和创新，提高产品的技术创新、品牌创新能力，建设优秀企业文化，提升产品质量档次，树立和提升产品形象和企业形象，鼓励名牌产品企业通过收购、兼并、控股、联合等多种途径做大做强，加快形成一批主业突出、核心竞争力强、品牌带动作用明显的规模企业和集团，努力培育一批发展潜力较大、具有较强技术创新能力和产品市场占有率的成长性品牌企业，以品牌开拓市场、扩大市场占有率，提高企业经济效益。

2. 加快现代服务业发展

（1）加快建设多层次金融市场体系

紧紧围绕全省扩大投资规模和产业发展的需要，壮大和完善金融机构经营实力和服务功能，进一步提升金融服务能力。进一步推进金融体系建设，增强金融服务功能。引进国内外银行、保险、证券和财务公司等各类金融机构、金融人才参与贵州经济建设，发展壮大金融业；加快地方金融机构发展，支持做大做强一批地方商业银行和投资担保机构，增强地方金融机构竞争力。鼓励有条件的地区以县为单位建立社区银行，发展农村小型金融组织和小额信贷，健全农业保险制度，统筹规划、协调发展贵州农村金融体系，引导农业发展银行、农业银行、邮政储蓄银行和村镇银行、小额贷款公司等新型农村金融机构加大对农村经济的支持力度。

加大证券市场的支持力度，进一步增强企业融资能力。支持地方证券机构做大做强，努力成为竞争力较强的优质券商。继续加强企业上市资源库建设和运用，积极培育和扶持具有良好发展前景的企业上市融资。支持贵州上市公司再融资和并购重组，充分发挥上市公司融资平台优势。加快发展保荐券商、证券投资咨询公司、会计师事务所、律师事务所等中介机构。建立和用好后备上市企业资源库，培育和扶持具有良好发展前景的企业争取进入主板或创业板市场。鼓励中小企业上市，将拟上市企业纳入政策支持和资金扶持范围，优先办理上市或再融资手续。

促进保险市场进一步发展，充分发挥保险的功能和作用。积极引进保险金融机构，加快保险中介市场发展。发展商业性和企业互助性担保机构，发挥政策性担保机构的作用，支持省、市（州）担保机构向县（市、区）延伸。支持和鼓励县（市、区）、乡（镇）设立担保机构，省、市（州）设立政府出资的再担保机构，为县（市、区）、乡（镇）担保机构提供担保业务，增强其担保能力，积极探索开展融资性担保、工程担保、财产保全担保、经济合同履约担保、融资租赁担保、信托计划担保以及应收账款质押、股权质押、林权使用权质押、知识产权质押等担保贷款方式。

(2) 加快发展现代物流业

通过物流一体化和信息化建设，降低物流成本，提高物流效率，建立现代物流服务体系，为全省加快经济社会发展提供物流体系保障。一是大力推进物流服务的社会化和专业化，打造增值型特色服务。推动物流企业与生产、商贸企业互动发展，促进供应链各有关环节有机结合。促进企业内部物流社会化，提高对市场的响应速度。实施制造业与物流业联动发展工程，大力发展第三方物流。积极开展流通加工、配送、代理、分销、物流金融、代收货款、供应链管理等增值服务。二是加快物流业的市场化进程，推动物流企业兼并重组。积极引进国内外先进物流企业作为战略投资者，强化物流资源的整合。鼓励物流企业通过参股、控股、兼并、联合、合资、合作等多种形式进行资产重组，培育一批服务水平高、竞争力强的大型现代物流企业。重点推进省物资集团、商储集团等国有传统仓储运输企业改制、兼并重组等，扶持重要的现代物流龙头企业、涉外物流企业、物流园区的发展。鼓励中小物流企业创新物流服务模式，加强资源整合，重点推进贵阳、遵义、都匀、六盘水等中心城市中小物流企业资源整合、服务规范化等工作。三是围绕产业发展重点，推动重点领域物流发展。实施能源、矿产品物流工程，加强煤及煤化工、磷及磷化工、铝及铝加工等重要矿产品物流设施建设，建立煤炭、重要矿产品、成品油等物流体系。加快发展粮食等农产品现代物流，发展农产品冷链物流。实施大宗农产品和农村物流工程。实行医药集中采购和统一配送，推动医药物流发展。重点支持贵州医药集团配送及信息系统建设，神奇集团、益佰制药等大型药品生产企业医药配送工程，施秉、关岭、龙里等中药材生产基地的地产药材物流设施建设。在贵阳、遵义、铜仁等中心城市，以及主要汽车零部件生产企业，推动汽车和零配件物流发展，建立科学合理的汽车综合物流服务体系。加强应急物流体系建设，实施应急物流工程。提高应对灾害、重大疫情等突发性事件的能力。四是打造物流集聚区，优化物流业发展的区域布局。结合资源、区位、流向等特点，以中心城市、区域交通枢纽、重要物流节点为重点，优化区域物流发展布局，促进物流资源整合和优势互补。把贵阳打造为西南地区出海的重要陆路物流枢纽和辐射西南地区的物资集散中心。积极发展黔北地区现代物流业，抓紧实施遵义市红花岗物流中心、汇川物流中心和黔北农资产品物流中心等建设工程，积极打造区域性现代物流枢纽。构建形成西南连接华南的重要现代物流枢纽。利用黔桂铁路、贵新高等级公路，依托南下出海大通道，发展原材料、矿产品、特色农产品、药品等物流，建设都匀物流中心、龙里药业物流园区等，加快构建形成西南连接华南的重要现代物流枢纽。加快建成西南地区重要的铁路物流枢纽。实施六盘水矿产品物流中心、钟山区商贸物流中心建设等项目，充分利用其作为西南地区重要铁路枢纽的有利条件，积极改造提升传统物流业，大力发展现代物流业，加快建成西南地区重要的铁路物流枢纽。五是提高物流信息化水平。积极推进省内企业物流管理信息化，促进信息技术的广泛应用；认真执行物流信息技术标准和信息资源标准，建立物流信息采集、处理和服务的交换共享机制。

（3）积极推进科技服务业

以咨询业、科技孵化业、科技风险投资业、科技信息服务业为重点，以各种研发平台和公共科技服务平台的能力建设为突破口，构建和完善科技创新、科技中介、科技金融等科技服务体系，推动科技服务业加快发展。着力打造科技基础平台建设，重点加强研发实验基地、大型科学仪器共享平台、科学数据、信息与科技文献资料共享平台、公共科技共享服务平台等科技基础条件平台供给能力。大力推动科技创新服务平台建设，重点加强工程技术研究中心、企业技术中心、重点实验室等科技创新平台建设，加强生产力促进中心、科技企业孵化器、科技咨询和评估机构、技术交易机构、创业投资服务机构等科技中介服务机构建设，提供咨询、科技成果转化、知识产权转让、科技交流合作、项目建设管理等完善的科技中介服务功能,加快科技成果转化推广和先进适用技术的引进、集成与推广,提高产业技术水平和产品科技含量。大力推行合同能源管理,加快节能新技术、新产品的推广应用,促进节能服务产业发展,利用合同能源管理机制,开展节能服务。以烟气脱硫脱硝、城镇污水垃圾处理、固体废弃物综合利用为重点,推进污染防治设施建设和运营的市场化、社会化进程。推进生态效率评价服务、清洁生产审核、绿色产品认证评估服务、环境投资及风险评估服务。加快分类回收体系建设,促进资源循环再生利用。建立和完善环境治理委托运营市场。重点发展集科研、设计、制造、工程总承包于一体的环境综合技术解决方案服务,着力打造环境综合服务龙头企业。积极发展社会化环境监测、环境监理、环境风险损害、环境审计等新兴环境咨询服务。开展关键技术工程示范,加快环境科技创新平台建设,推进和完善环境服务业标准体系。

(4)大力发展信息服务业

以数字贵州建设为龙头,统筹加快贵州信息服务业发展。一是加强宽带通信网、数字电视网和下一代互联网等信息服务基础设施和公共服务建设,努力提高信息化支撑能力。围绕科技、卫生等公共服务和特色产业发展的重大需求,以现代物流公共信息平台、中小企业信息服务平台、电子商务应用平台、软件设计平台等为重点,加强公共信息服务平台能力和服务体系建设。二是推动重点领域信息化建设。以提高政府服务效率为目标,以电子政务工程为重点,完成政府机构信息服务体系建设,实现省、市(地、州)、县三级政府部门主要业务数字化、网络化、信息交换规范化,基本建立信息公开制度,为社会提供有效的政务信息;围绕建立覆盖全省农村的综合信息服务体系,提高信息服务效率,以农产品产销信息工程、农业技术信息工程等重大工程为重点;围绕重点产业发展的重大需求,继续推进企业信息化工程、行业信息化工程,拓展信息服务空间;以互联网增值服务和移动通信增值服务为重点。三是拓展增值服务需求,推动网络增值服务业发展。大力发展各类专业市场网站、行业性网站、为中小企业和农户服务的信息咨询网站,为贵州国民经济的快速发展提供高质量的信息网络服务。围绕全省社会信用体系建设的重大需求,加快信用信息服务业发展,为推进社会信用环境改善提供产业支持。

（5）提升发展商务服务业

商务服务业是城市经济高度发展的产物，对其他产业有很强的乘数效应和拉动作用。要大力发展会计、审计、税务、法律、企业管理、市场调查、资产管理、专利、商标代理评估、工商咨询、设备租赁等中介专业服务业，为企业生产经营、投资、贸易等提供全方位高效优质服务。积极引进国内外知名的会计、法律、咨询、评估等中介企业，引导培育具备条件的专业服务机构向集团化方向发展，形成立足本省、辐射西南的商务服务体系和在国内有一定影响的服务企业品牌，提升贵州商务服务业现代化水平和市场竞争力。加快发展具有地方文化特色的工业设计、包装设计、服装设计、工艺美术设计、广告、策划等创意产业，创新技术手段和服务方式，培育创意产业品牌，形成创意产业与优势产业互动融合的产业。

3. 加快山地现代农业发展

贵州农业发展，应立足贵州气候、资源和生物多样性的特点和优势，因地制宜、突出重点、统筹规划、分类指导，坚持"农户主体、政府扶持、社会支持、市场运作"相结合的推进机制，发挥好农民的主体作用，强化政府的引导和服务，凝聚各方力量；继续强化政策、科技、人才、装备等基础条件对优势特色产业发展的支撑，加大投入力度，提高综合能力，夯实发展基础。根据资源禀赋、产业发展、市场需求等实际情况，以优势明显、特色突出、潜力可观的生态畜牧业、蔬菜、茶叶、马铃薯、精品水果、中药材、大鲵和特色杂粮等 8 个产业为重点，按照高产、优质、高效、生态、安全的要求，以"做大总量，提高质量，拓展市场，增加效益"为主攻方向，深度挖掘资源和市场潜力，走"区域化布局、集约化发展、标准化生产、产业化经营、规模化推进"的道路，扩大基地规模、扶持龙头企业、培育知名品牌、开拓两个市场、拉长产业链条、壮大产业规模、形成产业集群，把贵州优势特色产业发展提高到一个新水平。

（1）生态畜牧业

大力发展草地畜牧业，促进畜牧业结构调整。增加人工草地面积，每年开展冬季农田种草，提高秸秆饲料化利用，大幅度提高草地载畜量。完善省、地、县三级良繁体系和强化以基层改良点建设为重点的良种繁育体系建设工程，以及肉牛标准化养殖场（户）建设工程。以贵州白山羊、贵州黑山羊、黔北麻羊等地方优良品种和适当引进品种为主体，扩建肉羊原种场和扩繁场，扩大种羊生产数量，为商品场提供合格的种母羊，建成肉羊标准化良种繁殖场，带动年均饲养基础母羊商品羊繁殖户。通过以奖代补方式，创建年存栏2000头以上基础母猪的骨干规模种猪场，培育和扶持年出栏1万头以上商品猪的骨干规模商品场。充分利用林区优势，发展林下养鸡，生产无公害、绿色、有机优质肉鸡。建设标准化规模养殖场、鲜奶收购站和奶类加工厂。

（2）蔬菜产业

重点培育一纵三横四大优势产业带商品蔬菜大县。以夏秋喜凉蔬菜和特色辣椒为重点，兼顾冬春喜温蔬菜、名优特产蔬菜、食用菌、山野菜和冬春茎叶花类蔬菜等优势特色蔬菜，建设外向型中、高档蔬菜生产基地，建设加工型原料蔬菜生产基地并扶持加工企业；在省会城市、地州市所在城市和主要工矿区重点建设保供蔬菜基地，依托保供基地和产业带，构建城市蔬菜圈。

（3）茶产业

以高品质绿茶为主要发展方向，兼顾红茶、乌龙茶、花茶，重点打造黔东北、黔西北、黔东南、黔中、黔西南等五大优势产业带；以福鼎大白茶、黔湄系列、龙井系列、名山系列、乌牛早等优良品种为主，建设无性系良繁基地，大力推广无性系良种。

（4）马铃薯产业

以原种生产基地、原种扩繁基地、良种扩繁基地建设为重点，建原种扩繁中心、原种生产基地、扩繁基地。以低海拔二三熟区秋冬种早熟菜用薯、中海拔二熟区鲜食薯、高海拔一熟区鲜食加工兼用薯为重点，发展鲜食型商品薯基地、加工型商品薯基地。

（5）精品水果产业

以生态优势、交通优势明显的区域和旅游景区、城市郊区为重点，以高速路沿线为重点突破口，以标准园建设为抓手，发展苹果、火龙果、猕猴桃、枇杷、桃、梨、李等为代表的精品水果。在中高海拔区建设早中熟苹果产区，在黔东南、黔西南热量高、非耕地资源丰富、交通便利的适宜区扩建一定规模的特色柑橘、火龙果基地，在黔中地区新建以早熟梨、晚熟桃、猕猴桃为主的商品基地，在城镇周边地区因地制宜发展精品水果、时令水果，结合新农村建设，开发观光果园。推动贵阳、遵义市近郊和印江、荔波等景区的标准果园向旅游观光果园发展。

（6）中药材产业

重点建设七个中药材生产发展区域，以石斛、半夏、太子参、山银花、桔梗、何首乌、续断、钩藤、白术、天麻等10个品种为重点优先发展品种，建立良种繁育与优质种子种苗供给基地，采取企业、合作社与农户相结合的方式，建设每个面积300亩以上的规范化、规模化种植基地，扶持一批龙头企业，培育一批专业合作社和种植大户；建设中药材品种选育中心、种子种苗繁育中心、栽培技术研究中心和综合交易市场，基本形成较完善的现代中药材产业技术体系；以野生驯化、品种选育、种苗扩繁、规范化高产保优栽培和初加工为重点，集成、组装配套先进的实用技术，同时，培育一批学术与技术带头人和技术创新人才，培养一支中药材技术推广人才队伍。

（7）大鲵产业

重点加强大鲵应用技术研究，做好技术储备，特别是繁育技术的熟化。鼓励各类资本、各类企业和个人进入大鲵驯养繁育保护领域，重点建立大鲵繁育体系，使贵州大鲵苗种完全自给；扩大大鲵养殖规模，每年建设一批以农民为主体的大鲵养殖小区，重点发展一批年产值超1亿元县域养殖区、年产值超3000万元的乡域养殖区、年产值1000万元以上的村域养殖区，形成有较强竞争优势的集群区。

（8）特色杂粮产业

因地制宜进行品种布局，扩大种植规模、培育加工龙头企业、打造市场品牌。重点抓好原种繁育和良种繁育基地、高产示范园、无公害生产基地、特色杂粮产业标准体系、有机杂粮基地认证、产地批发市场以及特色杂粮加工企业配套建设等工作。

4. 加快推进山地特色的城镇化步伐

在瑞士的土地上，乡村多坐落在山中，城镇多建在山坳平地，山川、湖泊、田园、城镇串在一起。有鉴于此，贵州未来城镇化的蓝图和愿景是："美丽乡村、绿色小镇、山水城市、和谐社区、多彩贵州"，通过现代基础设施的连接和公共服务的延伸，使城乡发展融为一体。要坚持因地制宜、因势利导，不求大、不求洋，力求特，不"摊大饼"，多"蒸小笼"，走组团式发展的山地城镇化道路。按照"宜居宜业宜游"的理念，促进大中小城市和绿色小镇协调发展。

（1）优化城镇发展布局，完善城镇体系

遵循"大中小城市和小城镇协调发展"的原则，按照"中心集聚，轴线拓展，外围协作，分区组织"的非均衡发展策略，逐步形成"黔中城市群—区域性核心城市—次区域性中心城市组团—卫星城市—重点城镇—特色小城镇（乡）"的"一群、两核、八组团、多星、多点"的城镇空间发展格局。

——积极培育发展黔中城市群。城市群是城市化发展的一条重要途径。根据贵州城市发展的现状，结合未来10年的交通发展趋势，积极培育黔中城市群，形成以黔中经济区为核心，以贵阳市和遵义中心城市为龙头，以安顺中心城区、都匀、凯里、毕节、六盘水中心城区为次中心，以周边县市为支撑的组团式的城市群。

——做大做强贵阳省域核心城市和遵义区域核心城市。要依托贵州重大基础设施建设布局规划和现有经济发展基础，着力培育发展贵阳中心城区为省域核心城市、遵义市中心城区（含遵义县部分）为区域性核心城市。

——积极推进"八大"城市组团建设。着力培育以安顺中心城区为核心，以平坝县城、普定县城为支撑的安顺城市组团；以都匀市中心城区、福泉中心城区、凯里中心城区为核心，以麻江县城为支撑的都匀-凯里城市组团；以毕节市中心城区为核心，以大方县城为支撑的毕节-大方城市组团；以六盘水中心城区为核心，以水城县城为支撑的六盘水城市组团；以兴义中心城区为核心，以兴仁县城和安龙县城为支撑的兴义-兴仁城市组团；以铜仁中心城区为核心，以江口县城、玉屏县和万山特区城为支撑的铜仁-万山城市组团；以三穗县城为中心，镇远县城、剑河县城和岑巩县城为支点的三穗-岑巩城市组团；以思南县城为中心，以印江县、德江县城为支撑，以周边重点城镇为节点的思南-印江城市组团。

——加快培育发展一批旅游城市。根据贵州的旅游资源开发及未来发展趋势，应突出重点，优先培育发展荔波、三都、黎平、黄平、石阡、雷山、罗甸、镇宁等。

——着力培育发展一批重点城镇和特色小城镇。按照"重点突破、择优扶持、突出特色、提升品质"的原则，沿贵州主要交通干线，结合产业发展、市场建设和社会化服务，完善城镇职能，加快二、三产业的发展，提高产业和人口的聚集规模，积极促进城郊型、工矿型、旅游型、交通枢纽型和商贸型城镇等一批具有发展优势和潜力的重点城镇和特色小城镇。

（2）发展城市经济，强化城镇产业支撑体系

贵州要加快城镇化进程，坚持一手抓基础设施建设，一手抓城市经济发展，把城市经济发展放在加快城镇化进程更加突出的位置。

——加速发展城市工业，促进农村人口向城镇集聚。要加快贵州城镇化进程。一是强化特色优势工业产业链延伸。按照新型工业化要求，坚持以市场导向和政府推动相结合，坚持集聚发展、节约发展和可持续发展，坚持深化体制机制改革和优化工业发展环境，着力扩大总量，优化完善结构，实现转型升级，发挥工业的主导和带动作用，促进三次产业协调发展，逐步形成结构优化、技术先进、清洁安全、附加值高、吸纳就业能力强的现代产业体系，大力提升产业层次和核心竞争力，走出一条具有贵州特色的新型工业化道路。二是立足贵州资源优势和技术基础，加快培育发展国家重要战略性新兴产业基地。按照"明确重点、集中突破、开放合作、政府推进、市场主导"的要求，加强城镇工业科技创新，强化政策支持，加快发展新兴产业和高技术产业，加快发展新材料、电子及新一代信息技术、高端装备制造、生物技术、节能环保、新能源、新能源汽车等新兴产业，重点开发一批比较优势较大的产品，形成新的经济增长点。三是加强城镇工业集聚化发展。依托快速铁路和高速公路干线，充分发挥各经济区域的比较优势，强化区域分工和经济联系，点轴发展与点状发展相结合，优化工业发展布局，加快形成全省中、西、北、东南各具产业发展重点的工业化战略布局。把产业园区作为工业集聚发展的主要载体，把园区经济作为工业经济发展的重要形式，大力发展园区经济，推动优势工业集聚发展。

——大力发展城镇服务业，促进农村人口异地城镇化发展。贵州之所以长期被困于"欠发达、欠开发"省份，核心就在于贵州在发展第三产业

时，无法像瑞士那样大力发展现代金融等高端服务业。因此，要加快贵州城镇服务业发展，提高城镇聚集农村人口进城居家就业的吸引力，必须结合省情实际，依托城镇工业发展和农村人口逐步向城镇转移的性状，大力发展城镇生产性服务业和生活性服务，加快发展旅游业，积极培育发展文化产业。

（3）完善以交通为重点的城市公共服务体系

促进城镇化加快发展时期，必须优先加快中心城市路网基础设施建设，加强城镇市政公用设施建设，强化城镇基础设施向乡村延伸，统筹推进城市区域城际交通等重大设施建设。

——优化路网结构，增强中心城市的辐射带动能力。把城镇（市）路网作为完善城镇（市）公共服务体系的重中之重，加快大中城镇（市）骨干路网建设，强化区域交通枢纽地位，提升黔中城市群及重点城市化区域中心城市的综合交通服务水平。一是积极推进黔中城市群路网建设。围绕加快构建贵阳、遵义、安顺、都匀-凯里中心城区立体交通网络，以贵阳轨道交通、沪昆高速公路、渝黔高铁、成黔高铁和高速公路为骨干，以国省干线公路为补充，推进黔中城市群内多层次城际快速交通网络建设。二是优先发展城市间的公共交通。实施公共交通优先发展战略，大力发展城市公共交通系统，提高公共交通出行分担比率。科学制定城市轨道交通技术路线，规范建设标准，有序推进轻轨、地铁、有轨电车等城市轨道交通网络建设。积极发展地面快速公交系统，提高线网密度和站点覆盖率。规范发展城市出租车业，合理引导私人机动车出行，倡导非机动方式出行。优化换乘中心功能和布局，提高出行效率。三是提高城市的综合运输服务水平。加强铁路、公路、港口、机场、城市公共交通的有机衔接，加快综合交通枢纽建设。推广先进装备技术应用，提高交通运输信息化水平。优化运输组织，创新服务方式，推进客票一体联程、货物多式联运，大力发展节能环保的运输工具和运输方式。

——加快城镇市政公用设施建设，提高城镇的服务能力。按照拉开建设、优化布局、新区先行、带动老区的建设思路和时序，系统抓好城镇（市）配套设施建设。重点加强城镇（市）供水设施、节水系统和水源工程建设，积极推进每个城市有一座中型以上水库或几座重点小型水库、乡镇有一个以上小型水源供水工程建设；落实城市公共交通优先发展战略，促进城市公交向郊区和农村延伸；加快城镇污水处理及再生利用设施和城镇垃圾无害化处理设施建设；完善供电网络建设；提高城市燃气普及率和供应保障率；完善信息网络，完成所有设市城市和绝大部分县城数字化综合管理平台建设；加强地下管网建设，完善防洪、排涝、人防、防震减灾和公共消防等设施，实现市政公用设施系统化、网络化、立体化建设；积极稳妥地推进"城中村"和城乡结合部改造。加快建设社区卫生服务中心（站）、中心镇卫生院和村卫生室，进一步健全基层卫生服务网络，扩大社区卫生服务覆盖面。统筹规划和加快推进图书馆、文化馆、科技馆、体育馆（场）、文化广场、城镇绿地等公用设施建设，完善城镇功能。提高城镇燃气普及率和供应保障率，完善供电网络和信息网络，推进电信网、广电网、互联网三网融合，大力发展电子政务、现代远程教育、人口管理和社会保障信息系统工程。加强地下管网建设，统筹协调各类工程管线的规划、建设和管理，鼓励建设地下公共管沟，完善防洪、排涝、人防、防震减灾和公共消防等设施。

——强化城镇（市）基础设施向乡村延伸，促进农村人口就地城镇化发展。基于贵州城乡公共服务设施建设的现状，一是加强城镇（市）路网向农村延伸。在全省实现行政村通柏油路或水泥路的基础上，进一步提高县乡道路质量，构建农村交通良好的骨干网架，提高通达水平；进一步合理规划布局，实行多元化投资，加快实施村村通延伸工程，逐步实现行政村之间、行政村与自然村之间通柏油路或水泥路，形成完善通畅的农村道路体系。同时，引导和鼓励有条件的村要硬化村内道路，努力实现"村内通"。二是加强城镇供排水管网建设向农村延伸。进一步加大城镇（市）供排水管网向农村延伸工程的投入力度，进一步改善农村饮水条件。特别是对城市、县城、重点城镇自来水厂能够覆盖的一类村，要加快供排水管网向农村延伸的建设步伐，要用最短的时间实现全部用上方便、卫生的自来水；充分发挥现有饮水安全工程的作用，通过延伸管网尽可能扩大覆盖范围，让更多的农民群众受益；在水质达标地区，要采取综合措施保护好饮用水水源。三是加强城镇电网建设向农村延伸。以提高农村供电质量为目标，进一步规范农村电网建设，提高低压电网供电保证率，加快农村电气化建设步伐；扎实搞好"盲点村"电网改造，开展农村排灌电网建设试点，推动有条件的村实现村内主干道"亮化"。四是加强城镇垃圾污水治理工程向农村延伸。围绕村寨城镇化改造工程，以治理村内垃圾、秸秆乱堆乱放、污水乱排乱流为主要任务，切实搞好农村生活垃圾和污水治理，逐步实现集中收集垃圾、集中汇集污水、集中进行处理；组织清理积存垃圾，积极推行"村收集、乡转运、县处理"的垃圾处理模式，有条件的村要建设垃圾站，实行定点存放、统一收集、定时清运、集中处理；鼓励有条件的地方逐步将城郊乡村的生活污水纳入城市污水处理系统，支持工业、旅游强乡（镇）建设污水处理厂；对于便于实施垃圾污水集中处理村寨，要引导和鼓励其采用沼气池、氧化池、坑塘等适当方式集中处理。同时，要全面实施秸秆禁烧，控制施用化肥和高残留农药，减少面源污染。五是加强城镇公共卫生服务设施向农村延伸。进一步强化城镇公共卫生设施向农村延伸建设，全面完成乡（镇）卫生院改造任务，加强农村公共卫生服务能力建设，大力推动行政村标准化卫生室建设，全面普及新型农村合作医疗制度，着力扩大农村医疗救助覆盖面，资助符合条件的农村低保、五保对象和部分重点优抚对象参加新型合作医疗，对困难群体因大病住院进行医疗救助。

——统筹推进城市区域城际交通等重大设施建设，促进区域融合发展。针对贵州目前的状况，按照核心城市、区域中心城市组团的区域一体化发展需要，加快编制和实施区域城市连接通道规划，加快建成一批城际铁路和城际主干道及跨区域环线公路，促进区域交通网络体系完善。进一步加快区域内重点城镇、重点工业区、物流园区、旅游景区与快速铁路、高速公路的快速连接通道建设。统筹布局重点城市化区域生态治理环境保护工程和信息化工程。

——加强城市生态环境建设，提高城镇吸引人口聚集的能力。要加强城镇建设，提高城镇聚集农村人口的能力，要把生态文明理念贯穿于城镇规划、建设、管理的各个方面、各个环节，突出自然环境特色，鼓励创建生态示范城市和可再生能源建筑应用示范城市、示范县，加快资源节约型、环境友好型城市建设。要保护好城镇饮用水源地和城镇中现有的河流、水塘湿地，严禁破坏自然的开山、毁山、毁林行为。同时，要严格实行污水、垃圾处理收费制度和垃圾分类收集，加强城镇污水、垃圾处理和生活污水再生利用设施建设。加强农贸市场和公共厕所建设。加大机动车尾气、饮食油烟、建筑扬尘和噪声等综合整治力度。

(4) 完善城镇化发展政策体系

贵州经济基础差，底子薄，工业化和城镇化水平低，因此，加快城镇化进程中，要促进区域协调发展，必须加快破除阻碍城镇化的体制障碍，完善相关配套政策。具体来讲，主要包括以下几方面。

——创新户籍制度，降低户籍制度功能。一是把握各类人群特点，分群体实施，重点推动符合条件的农民工，特别是新生代农民工转户进城。把有条件的农村居民转为城镇居民，优先解决在城镇有稳定职业和住所的农民工及其家属、失地农民和持农村籍大中专学生的户口问题，形成科学有序的人口城镇化机制。进一步放宽城镇入户条件。二是统一规范标准，梯度转移，促进农村人口在贵阳、遵义、安顺、六盘水、都匀、凯里、兴义、铜仁、毕节等中心城区、中小城市及县城、重点城镇和小城镇合理分布。三是构建针对农民举家进城就业创业的过渡性政策。采取过渡性政策，让农民在转变成为市民的过程中获得最大的"收关效益"。

——建立农民进城居家就业的土地处置机制，提高农民进城安居乐业能力。根据瑞士的实践经验，结合贵州的实际，按照严格管理、便民利民的原则，规范统筹农村宅基地审批和开发建设。制定优惠政策，鼓励农村通过统建、联建等方式，彻底解决农民举家进城就业和创业的住房用地，实现土地资源集约利用。积极推进农村家庭联产承包土地经营权、农村宅基地流转，重点完善农村宅基地置换和流转的相关政策，在有条件的地方积极稳妥地开展农村居民进城后以宅基地换住房和以土地承包经营权换社保的试点。进一步深化农村土地产权制度改革，加快农村集体非农建设用地使用制度改革，对依法取得的农村集体非农建设用地，可以通过统一的土地市场，在符合城乡规划和土地利用总体规划的前提下与国有土地享有平等权益。鼓励农转非农户居民退出农村土地承包经营权、宅基地使用权及农房；对于自愿退出宅基地使用权及农房的，加快组建省、市（州）、县（市、区、特区）三级农村土地整治流转机构，负责对农户退出的承包地、宅基地和农房进行补偿和处置。积极盘活农转非家庭退出的土地。

——加快建立和完善城乡教育保障机制，促进城乡居民均等化发展。

加快城镇化进程，必须建立和完善城乡教育保障机制，促进城乡教育均等化发展。基于现状，一是要统筹学校发展布局，要按照户籍制度改革转移人口目标和重点接受农民工转户的区域，准确把握城乡适龄人口及中小学在校生规模变化状况，各市（州）和县（市、区）人民政府要留足教育用地，特别是大中城市、重点城镇和特色小城镇，应按照城乡规划，加快新建一批幼儿园、中小学、中职学校，确保城乡教育均等化发展。二是要进一步加大教师队伍建设力度，做好新增学校师资配备、师资专项培训等工作，满足新增学校教师需求。三是要进一步完善各级各类学生就读政策和资助体系，保障农村人口进城就业、居家和创业者的子女接受公平的教育；不断改善农村人口进城居家、就业和创业者的子女接受义务教育条件，按照就近入学的原则就读，享受与现有城镇学生的同等待遇；按照"指标到校、县（市、区）安排"的原则，解决农村人口进城居家、就业和创业者的子女就读普通高中；完善各级各类学生资助政策，确保农村人口进城居家、就业和创业者的子女享受国家政策优惠。

（三）加快贵州山地经济发展的保障措施

1. 牢固树立开放发展的发展理念

贵州省长期处于贫困状态在很大程度上是由于自给自足的封闭性经济，这源于区域文化的相对保守性和排他性。因此，需要人们在思想意识、文化传统、生活习惯上有所革新，要采取内外结合的措施，放眼外界，扩大眼界，增强现代发展意识。加强法律制度建设，促进经济发展。要进一步发挥劳动力资源、土地资源、特色矿产资源丰富的优势，与贵州交通物流等硬件环境加快改善和工业化、城市化、农业产业化的大力推进相适应，抢抓实施新一轮西部大开发的战略机遇，以扩大开放促进贵州实现又好又快发展，加大招商引资工作力度，增强贵州参与国际国内市场竞争的能力。积极争取国家支持贵州建立承接东部产业转移的示范园区和东西部互动产业合作示范园区。在继续支持传统优势产品出口的同时，进一步加大对农产品、少数民族工艺品、高新技术产品和机电产品的出口支持，积极支持关键设备、核心技术、环保产品和稀缺资源性产品的进口。积极争取国家支持在贵州建立多种功能的国家级保税园区。进一步推动有实力的企业到国外投资设厂、承包工程。积极建设外派劳务基地。推动服务外包业发展。

2. 以生态文明理念为引领，建立环境优化经济增长的绿色发展机制

把生态文明建设融入经济社会发展全过程，优化调整产业结构，促进经济绿色转型，构建符合贵州生态资源禀赋和市场需求的产业体系，着力推进绿色发展、循环经济、低碳产业，形成节约资源和保护环境的空间格局、产业结构、生产方式、生活方式，全面推进资源节约型和环境友好型社会建设。完善加强环境生态保护机制，按照贵州省主体功能区规划，以资源禀赋和环境容量为依据，合理确定各类生态资源的功能定位，集约、限额建设征占林地、湿地、绿地资源，加快构建高效、协调、可持续的空间开发格局。按照国家生态文明建设综合配套改革试验区的要求，编制新区产业发展指导目录，明确产业分类标准，实施分类引导。围绕建设先进制造业基地、高端服务聚集区、高新技术产业基地、国际休闲度假旅游区，综合运用经济、行政、法律等手段，对鼓励类产业，在项目核准、土地供应、资金筹措、技术创新等方面，予以重点支持；对限制类产业，严格控制其规模扩张，限期进行工艺技术改造；建立淘汰产业退出机制，强制高能耗、高排放的企业逐步退出，采用补贴、奖励等方式对淘汰落后产能给予财政支持，在贵州开展产业退出补偿试点。加快推进循环经济发展，将贵州整体纳入国家循环经济试点，探索山地循环经济发展新模式，建立循环经济评估体系。实行差别化产业政策，优先规划布局建设具有比较优势的生态环保产业项目，在审批核准、资源配置等方面给予大力支持。加大中央财政对淘汰落后生产能力的支持力度。建立绿色公益基金和绿色创业专项资金，扶持具有生机和活力的绿色创业项目。建立生态创业基地和生态科技创业园，鼓励生态环保类中小企业创业发展，支持特色农产品开展"三品一标"认证。

3. 加快基础设施和要素市场建设，有效改善产业发展条件

一是大力实施"5个一百"成长工程，建设"中瑞产业园"。重点扶持千亿级园区上台阶、上水平，百亿级园区上规模、上档次，民营经济特色产业园区做特色、出亮点，扩区升位一批、培育壮大一批、差异发展一批，实现梯次发展、规模突破、产业突出、效益凸显，把园区建设成为国民经济和工业发展的重要支撑，集聚生产要素、发展区域经济、带动创业就业的有效抓手，承接东部产业转移的主要载体。加强与瑞士的合作，争取在贵州建设"中瑞产业园"，建立贵州与瑞士的经济发展合作机制。二是加快构建较为现代化的立体综合交通运输网络体系。加快建设和改造一批公路、铁路和机场，对外构筑南北东西出省大通道，对内加强资源聚集区与资源加工区之间、产业园区及产业功能区与城镇之间和大中城市之间的通道建设及改造。三是提高传统产业的现代化水平和市场化程度。围绕贵州经济发展，按照大产业带动大流通、大流通促进大产业思路，积极培育和开发物流服务业，大力推进流通业结构调整，创新服务产品，加快构建现代物流体系；发展以现代物流为基础和运用新型营销方式的工业品批发市场；重点培育和发展区域性产权、土地、矿产、技术、人才、劳动力等各类要素市场，稳步发展期货市场。四是鼓励企业和社团自主组建行业协会、民间商会等中介组织。继续整顿和规范市场经济秩序，坚决打破条块分割、地方保护和行业垄断，促进市场分割向市场一体化转变，促进行政区经济向区域经济一体化转变。

4. 促进信息技术与现有产业融合发展，推进产业转型升级

一是坚持以信息化带动工业化，运用信息技术改造提升传统产业。实施一批企业信息化应用示范工程，在能源、原材料工业企业推广运用先进的控制技术、故障安全控制系统、集散控制系统、现场总线控制系统，逐步实现生产全过程的自动控制。二是提高信息技术应用水平，推动信息技术在制造领域的应用。应用微电子、计算机、网络技术提高传统产业研究开发及设计水平，革新工艺技术，支持装备制造业中重点骨干企业开发、应用数控技术、计算机辅助工程一体化技术、产品数据管理技术，择优扶持有条件的大中型骨干企业实施企业管理信息化示范工程，提高制造标准化、开放化、柔性化和集成化水平。鼓励支持其他加工企业推广应用计算机辅助工程一体化技术、计算机辅助检测、柔性制造系统以及数控技术和光机电一体化技术。三是促进企业生产技术信息化。支持企业运用计算机辅助制造、计算机集成制造系统等信息技术，提高医药、食品等行业重点企业的生产、检测和质量控制的自动化水平，提升产品数字化、网络化和智能化水平，提高产品附加值，努力培植新的经济增长点。实施"企业上网"工程，组织推广成熟软件，降低企业信息化的成本，推进企业信息化。择优扶持有条件的企业实施企业管理信息化示范工程。鼓励实施企业资源计划、供应链管理、客户资源管理等先进的管理技术，实现企业人力、财力、物力和技术资源的优化和管理制度的创新。鼓励企业使用商业化会计核算软件，推进大中型企业的会计信息系统建设。鼓励和引导企业与政府信息网络的连接，实现网上信息交换、信息发布和信息服务。

5. 进一步加大财税、用地、技术进步等政策支持力度

一是认真贯彻落实国家关于推动结构调整、节能降耗及资源综合利用等方面的财政政策和税收优惠政策。对国家鼓励类企业、技术及产品，认真落实国家和省有关税收、用地等各项优惠政策。对于国家级、省级开发区、重点工业园区和贵州特色优势产业发展特别重大的项目开发，在严格实行耕地保护制度的前提下，进一步落实建设用地的优惠政策，统筹协调全省用地调控指标，依法及时提供项目建设用地。二是进一步落实技术进步的优惠政策。贯彻落实国家鼓励企业加大技术创新投入的税收优惠政策，加大企业自主创新投入的所得税前抵扣力度；对符合国家规定条件的企业技术中心进口规定范围内的科学研究和技术开发用品，免征进口关税和进口环节增值税。在国家政策允许的范围内，进一步对技术创新、产学研合作、高新技术产业化项目、民营科技企业的培育发展以及国家级新产品和经省认定的新技术、新产品给予扶持。三是健全金融支持机制。加快推动金融市场的发展，鼓励各金融机构采取银团贷款、混合贷款、委托理财、融资租赁、股权信托等多种方式，加大对经济发展的金融支持。采取投资补贴、贷款贴息等方式，加强对金融机构参与贵州特色优势产业发展的财政政策支持，扩大国家政策性银行对贵州的信贷规模。推进农村金融体系建设，加大农村信用社改革力度，继续扩大农户小额贷款和农户联保贷款。推进设立产业投资基金，支持有条件的企业发行股票和债券，发展资本市场，扩大产业发展直接融资规模。

6. 进一步优化经济发展环境

建立政府协调服务机制。进一步深化行政审批制度改革，继续清理行政审批项目，建立和完善重大工业项目审批的绿色通道。全面推行政务公开和公用事业单位办事公开，推行电子政务，实行行政公示制、行政过错责任追究制、服务承诺制。加快政府职能转变和政企分开，尊重企业的市场主体地位，搞好对企业的引导和服务，切实解决多头执法和"三乱"等问题，努力减轻企业负担。清理并取消各地和各行业中阻碍商品流通的制度规定，放宽市场准入。引导和积极构建社会信用体系，形成以诚信为基础、产权为支撑、法律为保障的社会信用制度。要高度重视安全生产，着力抓好重点行业的监督管理，切实保障劳动者生命安全。按照统一、精简、务实、高效的原则，规范政务管理，完善政务监察制度，纠正部门和行业不正之风，建立运转协调、办事高效、行为规范的行政管理体系，切实保护投资者的合法权益。进一步深化改革，促进多种所有制经济共同发展，完善鼓励、支持和引导非公有制工业经济发展的体制和政策支持体系，清除各类歧视性规定，进一步在土地使用、贷款担保、技改贴息、企业上市、债券发行、社会保障、税收政策等方面创造公开、公平、公正的竞争环境，支持非公有制经济健康发展，促进多种所有制经济共生繁荣。

7. 加强国际化人才队伍建设

适应国内国际竞争的要求，建立健全适应市场经济发展的人才队伍建设的制度环境，充分调动各类人才的积极性、创造性，为增强工业竞争力提供人才支撑。一是着重加快高素质的企业家队伍、专业技术队伍和技术工人队伍建设；建立经营管理者和企业家队伍健康成长的激励、考核、监督机制，并逐步制度化、规范化，努力实现市场化配置企业经营者；继续搞好国有企业经营管理者年薪制、股权激励等分配方式的试点；采取多种形式培养高层次人才，为高新技术产业发展提供有效的人力资源保证；加大推行行业技术工种准入制度力度，引导和支持企业提高人力资源开发费用占企业销售收入的比重，持续加强职工岗位技能培训和工程技术管理人员的继续教育。二是实施人才创新创业激励机制，启动人才柔性流动和管理机制，鼓励高等学校、科研院所的专业技术人员到企业兼职。三是支持企业培养技术创新带头人，吸引国内外人才特别是高层次科技创新和管理人才、优秀博士后和海外留学人员到贵州考察和进行咨询服务，运用现代通信手段和网络技术开展远程服务；引导和支持各地建立留学人员创业园，充分利用其技术密集、设施完备、政策优惠的有利条件，吸引留学人员创办高新技术企业或从事高新技术研发工作。

下篇

贵州与瑞士生态文化旅游发展比较研究

一 贵州与瑞士生态文化旅游发展条件和现状比较

（一）贵州与瑞士生态文化旅游发展条件比较

1. 贵州与瑞士政策环境条件比较

（1）发展旅游都是国家经济发展的必然选择

进入21世纪，我国西部各省旅游业保持高位增长的态势。尤其是近几年，旅游资源丰富的西部地区已成为我国旅游业发展的新增长极，这表明我国旅游业全面进入快速发展"黄金期"。为此，中央再次部署新的历史起点上的西部大开发，要求西部地区在经济发展的同时，保护生态环境，发挥比较优势。西部有着得天独厚的旅游资源，随着休闲旅游成为社会的主导消费需求，旅游业成为西部经济发展的一个支柱产业。

20世纪80年代以来，以新一轮的科技革命和经济全球化的发展为标志，世界经济发生了深刻变化，这些变化对瑞士的经济也产生了极大的影响。世界经济的发展和瑞士经济面临的形势，使瑞士联邦政府不得不把促进经济的发展作为自己的重要任务，在这当中也包括地区经济发展的内容。

（2）都是政府统筹安排，重点落实

从贵州方面看：2012年12月18日，贵州省人民政府印发了关于《贵州生态文化旅游创新区产业发展规划（2012~2020)》的通知，要求各市、自治州人民政府，各县（市、区、特区）人民政府，省政府各部门、各直属机构认真抓好组织实施工作。《贵州省生态文化旅游发展规划》（简称

《规划》)编制大纲于 2012 年完成初稿,计划将贵州打造成为"国家公园省"。这份总投资达 3 万亿元的《规划》尽管没有时间表,却是在全省范围内进行空前大开发的概念。贵州省委书记赵克志表示,该《规划》不仅是推动实现旅游业发展战略目标的重要举措,也是贵州省推进工业化、城镇化、农业现代化"三化同步"的必然选择。不过,基于生态环境较为脆弱以及特殊的地质构造,贵州实施《规划》面临着各种发展要素尤其是土地的制约。"贵州要走特殊的城镇化道路。"国家发改委城市和小城镇中心研究员易鹏表示。以打造"国家公园省"为目标,《规划》不仅将出台支持贵州开展旅游产业综合改革的细则,亦将对贵州扩大开放、开拓国际市场作出定位。目前已经具备一定市场的喀斯特自然风光、茅台文化体验游线路等,将被纳入国家旅游宣传推广的重点线路。

贵州省委、省政府从实际出发,高度重视旅游业发展,提出把旅游业作为重要支柱产业和第三产业的龙头。不断加强党委、政府对旅游业发展的领导,旅游产业发展领导机制和宣传、文化、旅游、体育、农业"五位一体"旅游工作机制不断完善[①]。

从瑞士方面看:瑞士政府在外国企业生态文化旅游业投资方面持十分欢迎的态度,为外国企业在瑞士投资提供了便利条件。欧洲各大旅行社基本均在瑞士设立了分支机构。瑞士也与许多国家签有双边协定,互设官方旅游代表机构,根据中瑞双边签订的协议,瑞士联邦旅游局在中国设立了代表处,中国国旅也在苏黎世设立代表处。

瑞士联邦确定的总体思路或理论政策框架建立在三个基点之上:第一,坚持把发挥私人经济的活力放在基础的、不可改变的地位;第二,通过完善公共机构和服务部门为经济发展创造好的外部环境,发挥其刺激经济的重要作用;第三,强调发展企业间,甚至是某些公共机构间的有效联系与合作。

今天,瑞士联邦比以往任何时候都富裕,是"世界上最富裕的国家",因此,地区间的不平衡问题便以一种更加尖锐的形式表现出来:一方面,在产业结构调整和相互依存的现代经济发展的情况下,劳动力和经济活动

---

① 贵州省人民政府网站。

在地区上更趋集中,各州之间经济发展的不平衡状态在客观上进一步发展;另一方面,人们对地区间发展的差距看得更重,感觉更"敏感"。因此,今天在瑞士政府和公民看来,进一步解决好地区间经济发展不平衡成为更迫切的政治问题,需要加以切实地解决[①]。

(3)贵州政策措施到位,旅游产业发展增速

近年来,贵州促进旅游发展的措施到位,旅游产业发展增速。

第一,从2006年以来,贵州每年举办一届全省旅游产业发展大会,使贵州的旅游产业发展提速五年以上。

2006年以来,贵州通过召开旅游产业发展大会,促进举办地基础设施建设提速五年、旅游产业发展提速五年。前七届旅发大会的成功举办,成功打造了安顺黄果树、黔南州荔波、黔东南州西江苗寨、铜仁梵净山、毕节百里杜鹃等一大批景点。2012年,贵州省曾发布《贵州生态文化旅游产业发展规划》,提出将在10年内通过投资数百个项目打造旅游强省,投资总额约3万亿元。这些举措初见成效:2013年"十一"黄金周,贵州省接待游客1443万人次,旅游收入91亿元[②]。

第二,集中打造"5个100工程",是贵州省委、省政府作出的一项重大决策。

贵州推出的"5个100工程",将100个旅游景区建设作为重点,全力提升贵州旅游产业。2013年前8个月,贵州省100个旅游景区已投入建设资金168.9亿元,完成全年计划的84.5%。其中,21个示范性旅游景区均开工建设,已累计完成投资102.8亿元,完成全年计划的79.1%;建成旅游步道89.7公里、在建步道60.4公里;建成三星级以上酒店5家、在建29家;在建生态旅游停车场22个,设计面积达25.9万平方米;完成旅游标识标牌安装2761块;建成旅游公厕60座,面积5240平方米,在建22座,面积1663平方米[③]。

2013年"中秋""十一"小长假和黄金周期间,贵州省推出了15个新景区和新项目。这15个新景区和新项目均为"5个100工程"中的旅游

[①] 马丁:《瑞士的旅游特色》,《杭州师范学院学报(社会科学版)》2004年第3期。
[②] 贵州省人民政府网站。
[③] 遵义市科技资源信息平台。

景区项目。

第三，各种产业园区落户贵州，大大提升了贵州的竞争力。

京东产业园落户观山湖区，项目总面积约 500 亩，投资约 10 亿元：京东电子商务产业园项目落户该区何官一带，目前开始实施平场工程，已填挖土石方 50000 立方米，平场面积达 7000 余平方米。在 2013 年的一次招商活动中，观山湖区顺利引入了京东电商集团、上海爱登堡电梯西南制造基地、浙商现代制造产业园、波司登西南国际轻工产业园 4 个项目，总投资达 105 亿元。

其中，京东电子商务产业园项目位于观山湖区金华镇何官村一带，紧邻重要城市干道金清线，周边毗邻沪昆高速、环城高速、贵黄公路，交通、通信、供水、供电条件好，建设及运营发展环境比较成熟。该项目用地总面积约 500 亩，投资约 10 亿元。建成后将完善贵阳市电子商务业态功能，提升电商发展潜力，成为贵阳市电子商务的发展引擎[①]。

(4) 贵州是政府决策，瑞士是协会管理

集中打造"5 个 100 工程"，是贵州省委、省政府作出的一项重大决策。这不仅是贵州后发赶超、同步小康的战略支撑点和发展增长点，也是推动发展的大平台、政府工作的大擂台。目前，省委、省政府结合各地旅游业发展情况，共筛选了 100 个旅游景区作为重点建设对象，并制定了工作目标和实施方案。要求各地要以《贵州生态文化旅游发展创新区产业发展规划（2012~2020）》为指引，努力把旅游业做特、做优、做强，把贵州省建设成为符合资源禀赋和市场需求的国内一流旅游目的地。

国家发展和改革委员会 2013 年 9 月 27 日宣布，为营造良好的旅游价格环境，降低群众旅游成本，各地价格主管部门要按照发展改革委部署，在国庆节期间推动全国约 1400 家景区实行门票价格优惠，平均优惠幅度约 20%。

据统计，全国有 5 个省份（湖北、广东、海南、云南和新疆）辖区内所有实行政府指导价和政府定价的景区在国庆节期间实行门票价格优惠，

---

① 《贵州都市报》。

山西辖区内国有 A 级以上景区门票价格全年实行 6~8 折优惠。一些著名景区如山西五台山和云冈石窟、福建武夷山、江西庐山、湖北神农架和武当山、广东丹霞山、海南天涯海角、重庆大足石刻、四川黄龙、贵州黄果树、云南石林和香格里拉等景区均在优惠之列。

为落实门票价格优惠措施,确保平稳有序实施,发展改革委要求各地价格主管部门要在国庆节前公布优惠方案,将优惠政策落实到位。同时,要密切跟踪监督有关政策的执行,对不按照规定实行门票价格优惠的景区,要依法进行查处并向社会公布①。

而瑞士主管部门只对旅游业进行宏观性管理,大量与旅游业相关的行业协会、促进组织及研究机构承担了政府的许多职能性工作,其中瑞士联邦旅游局作用显著。瑞士旅游企业全部是私营企业,负责具体的旅游业运营以及旅游产品的开发。

（5）贵州是批量规划景点,瑞士是重视旅游营销策略

到 2017 年,贵州省预计建成 20 个国家 5A 级旅游景区、80 个国家 4A 级旅游景区,力争打造出一批遗产性项目;通过 100 个旅游景区示范带动,引领全省旅游产业转型升级,全年接待旅游总人数达到 4.48 亿人次以上,旅游总收入达到 4500 亿元以上②。

瑞士联邦旅游局高效的生态文化旅游营销策略使瑞士旅游业能够不断开拓国内和国际市场。不仅提前做好年度营销计划——瑞士各级旅游局在每年 11 月份召开董事会,审定下一年度的国内外促销工作计划及预算安排;更有制定联合营销策略——各级旅游局努力完善政府与企业的联合营销,国内各州市之间跨地域联合营销,国内与国际的联合营销。策划各州市的营销主题并联合各航空、铁路、宾馆饭店、旅游商品生产经销商等联合参与宣传促销③。

2. 财政资金保障条件比较

（1）都是计划安排,给予资金保障

按照贵州省"十二五"期间乡村旅游扶贫倍增计划,"十二五"期

---

① 《贵州都市报》。
② 贵州旅游政务网。
③ 齐建华:《瑞士地区经济和谐发展的政策与启示》,《科学社会主义》2006 年第 1 期。

间，财政扶贫资金每年安排不低于1亿元、省级旅游发展专项资金安排不低于1500万元，帮助有条件的地方贫困农民发展乡村旅游；同时，民族经费专项资金要增加对民族特色文化村寨的民族文化元素建设的投入[①]。

在旅游营销方面，瑞士政府每年安排持续增长的预算资金用于旅游业营销活动，每年安排给瑞士联邦旅游局的营销资金就高达6000多万美元。瑞士全境实施购物退税的鼓励政策，其他税收优惠政策还包括对参加瑞士旅游系统的旅馆减税，给予旅游项目在土地使用上的优惠等。此外，瑞士联邦政府还通过有限度放开博彩业支持旅游业的发展。

（2）贵州是旅游扶贫倍增，瑞士是专门基金购物退税

"十二五"期间，贵州省力争在300个贫困村实施乡村旅游扶贫倍增计划，每年打造2~3个有示范带动作用的乡村旅游扶贫示范点，到2015年形成10个具有较大影响力的乡村旅游扶贫示范区和各具特色的乡村旅游扶贫品牌，实现乡村旅游扶贫3个20%，即农民人均纯收入的20%来自乡村旅游、农村就业人员的20%来自乡村旅游、全省旅游总收入的20%来自乡村旅游。

瑞士是一个位于西欧中部的内陆山地国家，面积4万多平方公里，人口约770万。近10年来，瑞士旅游业在良好的政策引导和全球营销活动的推动下，取得了举世瞩目的成就。在生态环境保护方面，瑞士政府为旅游业量身定做了可持续发展战略，制定了严格的生态保护政策，科学规划旅游资源的开发利用，确保旅游资源的节约、高效利用。在基础设施改造方面，设立专门性基金，旅游业企业在完善基础和配套设施时，可以要求国家给予项目投资额50%的贷款。

（3）贵州主要依靠财政拨款，而瑞士经费来源多样

2013年度贵州省旅游局部门预算支出总额17397.60万元。原公共财政预算拨款支出16967.60万元（省本级6715.60万元、补助市县支出10252.00万元），其中：基本支出601.40万元，占公共财政预算拨款支出的3.54%（含公积金27.80万元，住房增量补贴32.60万元，工会经费

---

① 新华网网站。

7.8万元），项目支出16366.20万元，占公共财政预算拨款支出的96.46%。专户管理非税支出总额430万元①。

而瑞士旅游的经费来源则多样化。大部分由国家、州、社区财政拨款；一部分由宗教、社团、文化基金会等赞助；另一部分由企业、私人等赞助。

以瑞士博物馆为例。一方面为瑞士人民尤其广大青少年增加爱国主义教育增强民族自豪感；另一方面为世界各地的游客了解瑞士历史和文化，提供了很好的窗口，如日内瓦瑞士雇佣军博物馆向观众展示了瑞士长达几个世纪的雇佣军悲壮的历史。瑞士的博物馆全部免费向公众游客开放，只有举办特殊展览时才象征性地收取门票②。

（4）贵州尚未形成效益回报，瑞士已形成效益良性循环

贵州目前景点投入未形成综合效益回报，而瑞士已形成产业效益的良性循环。

贵州旅游商品专业化、特色化、市场化、产业化程度不高，尤其是民族手工艺品的设计缺乏创意，生产品种单一，销售渠道不畅。旅游产业在带动相关产业发展、促进消费、增加就业等方面的综合效益还没有得到充分发挥。

瑞士旅游业的发展促进了相关行业如交通运输、饭店宾馆、旅游产品、节假庆典、旅游科学研究等的迅速发展。

瑞士是一个山国，山区面积占3/4，但通过瑞士人几百年的努力，如今它已经建成世界上最完整的立体交通网络。瑞士是世界上最早开展旅游理论研究的国家之一，高水平高质量的学术研究，带动了瑞士旅游经济的发展。瑞士和世界各地的旅游机构经常聘请瑞士一些大专院校的教授学者协助策划、规划和开发当地的旅游资源，使理论与实践相结合，起到了很好的效果；同时也促进了社会效益与经济效益双丰收，得到了良性循环。

3. 人力资源条件比较

（1）贵州与瑞士的旅游业都为增加就业带来机遇

到2020年，贵州当年接待旅游总人数力争达到4.5亿人次，旅游业总

---

① 资料来源：贵州省旅游局。
② 齐建华：《瑞士地区经济和谐发展的政策与启示》，《科学社会主义》2006年第1期。

收入达到 6800 亿元，旅游业增加值达到 2300 亿元，占全省 GDP 比重达 12% 左右，占服务业增加值的 25% 左右。实现旅游带动就业人员达到 300 万人，旅游受益人群达 700 万人以上①。

旅游业为瑞士人提供了 40 多万个就业机会，相当于瑞士就业人口的 10%，每 10 个瑞士人就有 1 人直接或间接从事旅游业。

（2）贵州尚未形成成熟规模，而瑞士已实现可持续发展

贵州的旅游业仍处在初级阶段，发展方式还比较粗放，"门票经济"仍十分突出，产业链短，产业面窄，带动辐射能力没有充分发挥。资源综合利用率低，年接待游客量过百万人次的景区少，规模小，避暑度假、民族文化体验、康体健身等特色旅游产品尚未形成规模，缺少有国内外影响力的精品。

而瑞士生态文化旅游基本实现了可持续发展，在瑞士经济和社会发展中起着非常重要的作用。旅游业已经成为瑞士继出口型工业、金融业之后的第三大支柱产业②。

4. 自然旅游资源条件比较

（1）贵州与瑞士都属于地质结构复杂地区

贵州与瑞士的自然旅游资源条件惊人地相似，都属于地质结构复杂地区。

贵州省是全国最大的喀斯特地貌地区，喀斯特地貌地区占全省总面积的 61.9%：著名的黄果树大瀑布、龙宫、织金洞、马岭河、小七孔等高品位景观，就是这个喀斯特王国的典型代表。境内自然风光神奇秀美，山水景色千姿百态，溶洞景观绚丽多彩，野生动物奇妙无穷，文化和革命遗迹闻名遐迩；山、水、洞、林、石交相辉映，浑然一体。贵州省地上（石牙、溶沟、峰林、峰丛溶石、落水洞，还有瀑布、喀斯特湖）和地下（溶洞、阴河、伏流、暗湖及千姿百态的钙质沉积形态，如石钟乳、石笋、石柱、石花、石幔、石瀑布）形成两条奇异的喀斯特风景线，到处翠峰如簇，山石怪异，如狮如虎，如龙如凤。

---

① 《贵州日报》。
② 齐建华：《瑞士地区经济和谐发展的政策与启示》，《科学社会主义》2006 年第 1 期。

瑞士的地质结构错综复杂，全国的地形大致可分为三大部分。阿尔卑斯山区占据全国近60%的领土，山脉自西南向东北横贯瑞士；汝拉山区位于瑞士西北部，约占10%的国土面积，平均海拔只有700多米，远远低于阿尔卑斯山；中央高原位于阿尔卑斯山和汝拉山脉之间，占国土面积的30%，瑞士60%的人口居住在这里。瑞士的山脉主要由古老的花岗岩和片麻岩山体构成，后来又被各种各样的沉积岩推覆体环绕。冰川与河流的侵蚀冲刷出河谷、阶地和山峰，景色丰富多彩、气象万千[①]。

（2）贵州和瑞士的气候独特，得天独厚

贵州地处云贵高原东斜坡，地势西高东低，自中部向北、东、南三面倾斜。属亚热带温湿气候区，拥有得天独厚"金不换气候"的美誉，省会城市贵阳则有中国"第二春城"之称。冷热适度的"天然空调"气温，是贵州发展旅游业的重要环境条件，也是贵州得天独厚的旅游资源。

瑞士是一个包含了多种气候特征的国家，西部属大西洋海洋性气候，东北部属大陆性气候，南部属地中海式气候。但在山区，随着纬度的升高，气候从温暖向寒冷过渡，这种"立体气候"是瑞士气候的一大特色。瑞士以旅游区来划分，可分为九大旅游区：伯尔尼高原地区、策尔马和瓦莱地区、圣莫里茨和恩加丁地区、日内瓦和莱芒湖地区、卢塞恩和四森林州湖地区、伯尔尼巴塞尔和侏罗地区、苏黎世地区、博登湖地区、提契诺地区[②]。

（3）贵州以水为魂，瑞士以山为魄

贵州旅游因水而起，因水而名。全省近70%的旅游景区与水环境密切相关。贵州河流处在长江和珠江两大水系上游交错地带，全省水系顺地势由西部、中部向北、东、南三面分流。近年来，贵州省旅游业快速发展，各地依托江河治理、湖库建设所形成的大量水利风景资源已逐渐成为贵州省旅游业发展的重要载体，"水"成了影响贵州旅游业发展的重要因素。

瑞士是个白色的国度，在这片国土上，4000米以上的高山就有40多座，白雪皑皑的阿尔卑斯山脉一望无际，蔚为壮观，吸引了无数游客。瑞

---

① 马丁：《瑞士的旅游特色》，《杭州师范学院学报（社会科学版）》2004年第3期。
② 杨敏：《中国、瑞士旅游业之对比》，《昆明大学学报》2008年第2期，第38~42页。

士是欧洲的屋脊,欧洲许多大河均发源于阿尔卑斯的雪山。因此雪山、冰川、湖泊、河流、温泉、奇峰是瑞士得天独厚的六大自然景观,也是瑞士自然旅游资源的特色。

5. 人文旅游资源条件比较

(1) 贵州与瑞士的名胜古迹都多

贵州省地处云贵高原,是一个山川秀丽、气候宜人、民族众多、资源富集、发展潜力巨大的省份,人文古迹与别致景区众多,有气势磅礴的黄果树瀑布、色如渥丹、灿若明霞的赤水丹霞,武陵仙境的梵净山,了无边际的威宁草海等;有典雅肃静的遵义会议会址,闻名遐迩的四渡赤水旧址等;有安龙南明小王朝遗址和平坝的屯堡;有历史名人王阳明、奢香夫人、王若飞、何应钦故居等;还有分布于贵州各地的寺庙、教堂、宗祠等,这些都反映了贵州历史文化的沉淀和厚重。

瑞士因几百年来从未发生过战争,再加上各种法律对文物古迹进行十分严格的呵护,整个瑞士的主要城市和古迹都得了良好的保护,古色古香很有特色。日内瓦是一座国际性城市,这里集中了联合国欧洲总部、国际红十字会等国际机构,同时也是欧洲宗教改革的中心,卡尔文宗教改革使日内瓦成为人文思想非常开放、宽容的绿洲。苏黎世是瑞士最大的城市,它不仅是工商业、金融业的中心,也是文化、艺术的中心[①]。

(2) 贵州与瑞士的传统节日多,文化积淀深厚

贵州的民族节日内容丰富,各具特色。有苗族的"龙灯会""四月八",布依族的"三月三""六月六""跳场",瑶族的"达努节"等。同时,传统的民族跳地戏、跳芦笙舞、赛歌、赛马、斗牛等体育活动也饶有情趣。另外,乡间寨上民族情趣极浓的婚俗、酒规、葬礼,也使游客大开眼界。各地市的旅游节日也是多姿多彩。如贵阳乌当区永乐乡的"桃花节""杨梅节",贵阳白云区的"国际风筝节",贵阳清镇的"红枫湖旅游节",毕节的"杜鹃花节""韭菜花节"等等,举不胜举。

居住在贵州的布依族、水族和仡佬族,人口均占国内本民族人口总数的95%以上。各民族在发展的历史进程中,创造了光辉灿烂的民族历史文

---

① 杨敏:《中国、瑞士旅游业之对比》,《昆明大学学报》2008年第2期,第38~42页。

化,留下了丰富的文化遗产与文物古迹。其中有堪称世界奇观的古人类文化遗址,如普定穿洞遗址、黔西观音洞遗址、桐梓岩灰洞遗址;有体现民族古建筑文化的民族民俗建筑物,如镇远青龙洞、从江增冲鼓楼、大屯土司庄园、安顺府文庙、黄平飞云崖等。

瑞士的传统节日有100多个,其中大部分与季节或基督教节日有关。除了圣诞节、复活节外,比较盛大的还有驱鬼节、雪橇节、赶雪节、狂欢节、迎春节、苏黎世湖节、日内瓦节、国庆节、投石节、葡萄收获节、放牧节、洋葱节、登城节等。除了节庆以外,瑞士的会展业也十分发达,它是世界上会展最多的国家之一,每年在瑞士举行各种会议和展览达数万次,给瑞士带来了巨大的利益。如日内瓦国际汽车展、发明展,达沃斯世界经济论坛,世界裁军会议,巴塞尔国际结算银行会议等①。

瑞士的节庆和会展特别多,这是因为其特殊的地形、历史、宗教等因素将它分割成政治上互不相同的小区,每个区域都有自己的习俗,加上几百年来没有战争,政治稳定,人民安居乐业,这一切都有利于传统风俗的保留和延续。

(3) 贵州语言数量多且杂,瑞士语言相对统一

贵州语言的数量多,差异大,目前还没有完全形成统一。这对人和人之间的交流形成了障碍。

在贵州世居民族有汉族、苗族、布依族等18个民族,少数民族人口占全省总人口的37.9%。各族语言内部在语音、词汇上也有小的差异,从而形成在同一民族语言里又分为若干方言和土语,其中尤以苗语的方言土语最多,有东部、中部和西部三大方言,各方言下面又分为若干次方言和土语;瑶语有优勉、斗睦、巴哼3种方言;布依语分为黔南、黔中、黔西三种土语;侗语分南北两种方言;水语有阳安、潘洞和三洞三种土语;仡佬语有4种方言。

人们常说"贵州是苗族的大本营"。苗族喜欢聚族而居,仅黔东南地区的苗族就占全国苗族总人口的1/4,为全省苗族的39.5%,且多数分布在远离城市的偏僻山区,以村办单位聚族而居,与其他民族合村共寨的

---

① 马丁:《瑞士的旅游特色》,《杭州师范学院学报(社会科学版)》2004年第3期。

极少。

贵州苗族集中了全国苗族主要的文化特征，如较大的方言、次方言和多数土语（苗族语言属于汉藏语系苗瑶语族苗语文，有湘西、黔东、川黔滇三大方言区），台江苗族属黔东方言区。贵州苗族拥有主要的服饰类型、重要的工艺美术、基本的风俗习惯、基本类型的耕作文化等等，可说是全国苗族文化的代表。中外许多民族学者，都把贵州作为研究苗族的理想园地，而台江又是这块理想园地中一颗最亮丽的明珠。

彝族是一个历史悠久的民族，相传是古羌人的分支。贵州的彝族人口约707400人，主要分布在西部的威宁、赫章、毕节、大方、黔西、纳雍、织金、金沙及六盘水等县市。彝族有自己的语言和文字。彝语属于汉藏语系藏缅语族彝语支，彝文在历史上起过重要作用。

侗族住在贵州、湖南、广西三省区毗连地带，其中大半在贵州。侗族地区一向被誉为"诗的家乡，歌的海洋"。侗族诗歌韵律严谨，题材多样，尤以多声部无伴奏的侗族大歌为传统文化最精粹的部分，在文学和音乐方面都有极珍贵的价值。侗族擅长建筑。结构精巧、形式多样的侗寨鼓楼、风雨桥等建筑艺术具有代表性。侗锦、侗布、挑花、刺绣等，都充分表现了侗族多彩多姿的传统文化特色[①]。

而瑞士旅游的一个突出特色就是语言优势，瑞士由四大民族组成，讲四种语言，即德语、法语、意大利语、罗曼什语。一般瑞士人讲两三种语言是很平常的，语言的优势为瑞士旅游和经济发展提供了不可估量的无形资产。由于没有语言障碍，瑞士吸引了大量的德国、法国、意大利等国的游客前来旅游和投资，促进了瑞士经济的发展[②]。

（4）贵州和瑞士旅游主题不同

贵州以多民族特色和红色旅游为主题。

贵州是一个多民族省份，民族文化旅游资源异彩纷呈，民俗文物之多位居全国第一，是开展民族文化旅游的宝地。各民族的建筑、服饰、饮食、婚俗、祭祀、节庆、艺术等等，无不富含着异彩纷呈的人文底蕴。民

[①] 《贵州日报》、《贵州都市报》、贵州旅游网。
[②] 马丁：《瑞士的旅游特色》，《杭州师范学院学报（社会科学版）》2004年第3期。

族村寨山清水秀，竹林葱茏，吊脚楼房鳞次栉比。民族服饰款式丰富多彩，工艺巧夺天工，内涵广博深邃。民族节日数量之多，活动人数之众和内容之广，令人叹为观止。

2013年"十一"黄金周，世界自然遗产地荔波迎来八方宾客，旅游市场出现了前所未有的火爆场面。据统计，黄金周7天，荔波共接待游客65.1万人次，同比增长41.8%，实现旅游综合收入6.9亿元，同比增长43.2%，游客人数和旅游收入创历史最高。统计结果还显示，自驾游客占比达75%以上，自驾游成为主流[①]。

而瑞士名人名居和名馆名院突出。

由于长期实行中立主义政策，几个世纪以来社会稳定国泰民安，不仅成为欧洲的"绿洲避风港"，同时也是世界的"避难所"。再加上它风景如画，社会治安良好，成为世界达官贵人、富商巨贾、演艺明星、文人骚客、科技精英等居住的首选地之一。最有名的应该是科学家爱因斯坦，1921年他代表瑞士获得了诺贝尔物理奖[②]。

在瑞士，不仅著名的博物馆、图书馆、艺术馆、歌剧院、高等学院多，瑞士图书馆的数量也很多，比较著名的有瑞士国家图书馆、苏黎世图书馆、日内瓦图书馆等，列宁在旅瑞期间写下大量文章的资料都是从苏黎世和日内瓦的图书馆查阅的。此外，瑞士苏黎世、巴塞尔、日内瓦、洛桑等地有许多著名的大剧院和演出团体，比较著名的有苏黎世的"阿姆纽马克特剧院"，日内瓦的"加鲁日剧团"等。

（5）贵州是多民族聚居，瑞士民族相对集中

贵州是多民族聚居的地区。

贵州是古代氐羌、苗瑶、百越、百濮四大族系的族群交汇处，也是汉族移民较多的地方。2011年末，全省户籍人口4238万人，世居民族有汉族、苗族、布依族等18个民族，少数民族人口占全省总人口的37.9%。

贵州是我国古人类发祥地之一，是一个多民族的省份。人口最多的少数民族依次为苗族（397万人）、布依族（251万人）、土家族（144万

---

① 《贵州都市报》。
② 杨敏：《中国、瑞士旅游业之对比》，《昆明大学学报》2008年第2期，第38～42页。

人)、侗族(143万人)、彝族(83万人)。全省有3个民族自治州、11个民族自治县,地级行政区划单位占全省的30%,县级行政区划单位46个,占全省的52.3%;少数民族自治地区国土面积9.78万平方公里,占全省土地面积的55.5%,还有253个民族乡(2010年数据)[1]。

瑞士民族相对集中,且均属欧罗巴人种。

据统计,瑞士有543万人(1981年),其中日耳曼瑞士人占74%,法兰西瑞士人占20%,意大利瑞士人占4%,雷托罗曼人占1%。均属欧罗巴人种[2]。

瑞士的日耳曼瑞士人,分布在东北部和中部各州(大多于13~16世纪加入瑞士联邦),系由阿勒曼尼人同化土著居民而成。法兰西瑞士人,由罗马化的土著居民与勃艮第人结合而成,居住在西部的日内瓦、纳沙特尔等州以及瓦莱、弗里堡、伯尔尼等州的部分地区,分别于14~15世纪和19世纪加入瑞士联邦。意大利瑞士人,主要集中在西南部的提契诺州(1803年加入联邦),由罗马化土著居民与伦巴德人结合而成。雷托罗曼人,居住在东南部的格劳宾登州(即格里松州,1803年加入联邦),是罗马化雷托人的后裔。

(二)贵州与瑞士生态文化旅游发展现状比较

1. 旅游收入等主要经济指标比较

(1)旅游收入增速快,在GDP中所占比重大

2001~2011年,贵州省旅游总收入增长迅速,由2001年的81亿元增加到2011年的1429亿元(包括外汇收入,以当年汇率折算),增长了16.74倍,年均增长33.4%,且占全省GDP比重持续增长,由2001年的7.2%提高到2011年的25.1%[3]。

2010年,贵州省旅游总收入首次突破1000亿元,达到1061.23亿元,较2009年净增256亿元,同比增长31.79%;接待旅游总人数1.29亿人

---

[1] 贵州省人民政府发展研究中心。
[2] 马丁:《瑞士的旅游特色》,《杭州师范学院学报(社会科学版)》2004年第3期。
[3] 周杰、张军以:《2001~2011年贵州旅游业经济贡献及发展对策建议》,《商业时代》2013年第23期。

次,同比增长23.69%,其中接待入境游客50.01万人次,同比增长25.17%。2011年,贵州省实现旅游总收入1429.48亿元,同比增长34.7%,接待旅游总人数1.7亿人次,同比增长31.8%,2011年旅游业增加值占全省GDP的7.1%。2012年,贵州省接待旅游总人数2.14亿人次,同比增长25.75%;旅游总收入1860.16亿元,同比增长30.13%,2012年旅游业增加值达536亿元,同比增长29%左右①。

瑞士国家统计局的数据显示,2004年,瑞士旅游总收入为226亿瑞士法郎,占国内生产总值的5.1%(见表8)。2007年,外国游客超过1352万人次,仅国内旅游收入就达146亿瑞士法郎,旅游业总收入占GDP的6.2%。2010年,瑞士本国游客酒店留宿率取得2.2%的增长率,总数达到1580万人次,是过去10年间创下的最高纪录②。

表8 (1992～2004年) 瑞士旅游收入情况

单位:亿瑞士法郎

旅游总收入	1992年	2002年	2003年	2004年
国内旅游收入	85	97	96	97
入境旅游收入	115	123	124	129
旅游收入对GDP贡献(%)	5.8	5.1	5.1	5.1
合　计	200	220	220	226

资料来源:瑞士联邦统计机构。

可见,贵州和瑞士在旅游总收入、接待旅游总人数上均呈每年递增的趋势。并且,旅游收入在GDP中所占的比重越来越大。

(2)旅游业是瑞士的支柱产业,旅游业对贵州经济增长贡献有限

素有"旅游业摇篮"和"世界花园"美誉的瑞士是世界上旅游业发展最早的国家之一,从国土面积上来说瑞士是一个小国,但从旅游业的发展水平、组织管理、科学研究等来说,它是一个大国和强国。瑞士旅游业已有200多年的历史,旅游业现已成为瑞士继机械、化工之后的第三大支柱产业。

① 贵州省旅游局政务网,《傅迎春局长在2013年贵州省旅游工作会议上的讲话》。
② 《瑞士旅游业蓬勃发展》,《经济日报》2011年3月7日。

根据世界旅游组织统计，2002年瑞士旅游业接待国外旅客1000万人次，占世界旅游业接待游客总量的1.4%，排名世界第19位；瑞士旅游业创汇76亿美元，占世界旅游总收入的1.6%，排名世界第17位。

2006年，瑞士联邦国家统计局公布的数据显示，过去10年间来瑞士旅游的外国游客年均超过1200万人次，几乎接近瑞士全国人口的两倍，年均直接旅游收入超过115亿瑞士法郎，居全球旅游大国第10位。

瑞士全国人口只有700多万，多年来瑞士每年的游客均达6500万人次左右，其中外国游客逾1200万人次，年均旅游收入近130亿瑞士法郎，居世界旅游大国前十位，旅游创汇居世界第12位，旅游竞争力一直保持世界领先地位①。

一直以来，贵州旅游相关产业的收入占贵州GDP的比重较低，最低的年份甚至不足1%，到2008年也不足20%，这在制约贵州经济发展的同时，也为贵州经济发展提供了广阔的空间②。

可见，旅游业已经成为瑞士的支柱产业。而旅游业对贵州经济增长所做的贡献还很有限，但其开发潜力很大。

2. 旅游业态发展的总体比较

(1) 瑞士是"世界花园"，贵州是"公园省"

贵州与瑞士同具多山的地理特征。两地均属内陆山地地区，平均海拔1100～1400米，山地、丘陵占土地面积均超过90%。贵州和瑞士都拥有良好的气候条件，降水充沛，空气湿润，年降雨量多在1000毫米以上，湿度常年保持在60%～80%。在生态方面，贵州与瑞士的森林覆盖率上也有相似的特点，瑞士由于高山较多，森林覆盖率是31%，而贵州是43%。除此以外，贵州与瑞士同有丰富的生态文化旅游资源。

瑞士享有"世界花园"美誉，满目青翠，风光旖旎，是全球游客的向往之地。贵州有"公园省"之称，独特的景区遍布贵州的东南西北中，让人流连忘返。两地都是海内外游客休闲度假的理想胜地。

---

① 陈献春：《从统计数据看瑞士旅游》，《中瑞合作项目》开班讲座。
② 林乾志：《贵州旅游业发展问题与对策分析》，《贵阳市委党校学报》2010年第4期。

(2) 开放多元的瑞士文化和贵州的多民族文化

贵州与瑞士同属和谐的多民族聚居地区。瑞士民族相互包容，共同创造了开放多元的瑞士文化。

贵州现有49个民族，共同形成了多姿多彩、和谐共处的多民族文化。贵州与瑞士同处重要的交通枢纽位置。瑞士地处中欧腹地，是北欧南下入海和南欧北上纵深的必经之路。贵州北接四川和重庆、西连云南、南邻广西、东毗湖南，区位优势明显。

(3) 两地夏季都很凉爽，同为避暑胜地

从自然地理上看，贵州与瑞士分别处于中低纬度和中高纬度，分别处在东半球和西半球。瑞士境内接近或超过4000米以上的高山近100座，而贵州境内的最高峰韭菜坪只有2906米，贵州主要以中低山和丘陵为主，并且河流众多。从生态上看，瑞士的森林质量高，120年以上生的林木占森林树木的1/3，加之湖泊众多，构成了瑞士良好的生态环境，让瑞士成为了"世界公园"。虽然贵州的森林多为中幼林，但森林覆盖率相对要大些。两地夏季都很凉爽。

不同的地理生态环境使得夏季的瑞士比贵州更为凉爽，冬季却更为寒冷。

(4) 贵州的矿产资源丰富，瑞士是"自然资源贫乏"

从自然资源上看，权威的《简明不列颠百科全书》描述到：瑞士是"自然资源贫乏"的国家，描述贵州时：中国贵州省"已探明的矿藏达50多种，许多矿种的储量居全国前列"。可见在有形的资源条件方面，贵州比瑞士更有优势。

(5) 瑞士是发达国家，贵州需要抓住机遇，后发赶超

从经济社会的发展水平来看，历史上瑞士的工业化、现代化曾经比英、德、法等国家要晚八九十年，但瑞士人不甘落后，紧紧抓住发展机遇，充分挖掘自然环境优势，后来居上，如今的瑞士已是欧洲最发达最富有的国家之一。

贵州在全国来说经济发展和其他省份的差距仍然较大，工业发展水平和层次仍然较低，城乡差距继续拉大，工业增长方式还比较粗放，环境保护的压力很大，科技卫生等社会事业发展滞后等，迫切需要下大力气，抓

住机遇，后发赶超，实现同步小康。

（三）贵州与瑞士生态景观旅游和产业发展比较

1. 贵州与瑞士的生态景观旅游发展态势比较

（1）从贵州看，生态景观旅游发展态势良好

1）贵州省的生态景观旅游市场潜力大。

中国是世界第一人口大国，有着世界上其他任何国家无可比拟的旅游客源市场，在很大程度上对贵州省的旅游市场有着促进作用。随着工作双休制和短长假期的实施，居民闲暇时间越来越充足。消费结构从温饱型转向小康型，消费形式由生存型向享受型和发展型的方向发展。

近年来，我国人民的生活条件和水平不断提高，富裕程度不断增强，闲暇时间和可支配收入增加，这必将推动贵州省旅游需求以较高的速度增长。贵州省的生态景观旅游环境和配套设备不断完善，会有更多的人来到这片神奇而又美丽的土地，其市场潜力巨大。

2013年"十一"黄金周，贵州省旅游局重点推出了15个符合现代旅游业发展需求的新景区，利用这一黄金时期让更多人了解贵州，充分展示多彩贵州的崭新形象。15个新旅游景区涵盖了生态休闲旅游和民族文化特色旅游元素，给予游客多样化选择和体验。

贵阳：2个新景点瓜果飘香。白云蓬莱仙界·休闲农业旅游区——位于白云区牛场乡，距市区25公里，是全国休闲农业与乡村旅游示范点之一。流连于现代农业展示园区，宛如行走在仙境。开阳南江国际生态旅游综合体——位于开阳县南江乡、禾丰乡，含南江大峡谷、香火岩，十里画廊景区，距贵阳市区46公里。将会带你进入河流、田园、青山水乳交融的美丽乡间，尽享乡村自然之美。

遵义：3个新景点茶园静心。赤水旅游综合体——地处川黔渝旅游"金三角"核心地带，黄金周期间，除传统生态旅游、古镇旅游、世界自然遗产旅游产品外，还可以体验竹海轨式滑道、低空航空旅游、赤水河水上旅游观光三个最新的旅游产品。凤冈·茶海之心旅游景区——景区所在地田坝村是凤冈县富锌富硒有机绿茶核心基地。游客可到茶园观光，还可登仙人岭、游茶经山，欣赏沿途茶园美景。湄潭茶海休闲度假旅游景

区——由永兴镇茶海生态文化旅游度假中心、黄家坝镇和湄江镇国际温泉旅游度假城、湄江镇象山茶文化主题酒店三个景区组成，游客可在生态化的环境中旅游度假。

六盘水：3个新景点户外天堂。野玉海国际旅游度假区——在这里可以欣赏来自世界各地的名牌房车，观看到竞争激烈的山地自行车赛事，充分享受野地自助烧烤的情趣，还可以体验露营奇趣，体验浓郁的彝族文化。牂牁江湖滨旅游度假区——驱车至西嘎码头，乘船顺江水而行，可观赏郎岱八景。景区内还有崖壁栈道、水上高尔夫、动感滑草、高聚合多梯度体育训练基地、深湖垂钓、水上摩托、拖曳伞、环湖景观自行车道、私享游艇码头、滨湖露营、篝火烧烤等户外运动设施。盘县妥乐古银杏—乌蒙大草原旅游景区——草原风光无限好，这里有坡上牧场、高山矮杜鹃、高山天然湖泊长海子、牧场雪原、草原佛光、六车河峡谷等十多个景点。

黔东南：3个新景点民俗风情。黎平肇兴侗文化旅游景区——世界吉尼斯之最肇兴鼓楼群，有世界非物质文化遗产侗族大歌，有浓郁的民族风情，有丰富多彩的民俗活动。凯里民族风情园综合体——位于凯里市风情大道旁，东接西江千户苗寨，距省会贵阳市180公里。丹寨石桥古法造纸文化旅游景区——进入石桥景区，可以体验古法造纸文化，亲手参与古纸制作。黑夜来临，鲜美的苗家酸汤鱼、香喷喷的"沙滩饨肉"满河飘香，美餐之后再加入凳舞的欢乐与狂放中，收获难得的放松与快乐。

黔南：2个新景点花海醉人。荔波樟江旅游景区——小七孔景区湿地观光带（十大水景）、樟江经典文化游、小七孔香草园作为推出的新景点、新项目，在"十一"黄金周期间给广大游客全新的体验和享受。瓮安草塘千年古邑旅游区——猴场红色旅游经典景区转折之路、揭开朱家山原始森林的神秘面纱，也可以感受千里乌江画廊江界河大桥的壮美。

铜仁：1个新景点石林风情。思南石林旅游区——思南石林以其"幽、奇、秀、险"在中国自然景观中堪称一绝。还可以品尝乌江鱼系列美食、石林油茶米花、米线和荞皮，农家美食花甜粑生态茶等。在景区，随处可以观赏到傩戏、花灯、薅草锣鼓、金钱杆、秧歌等多彩的民俗民间文化艺术表演。思南温泉—石林旅游区作为核心景区，2013年被省委、省政府纳入100个重点景区规划建设。其中，石林景区位于乌江之滨小集镇长坝苗族土家族乡，景区建设总投资3亿元。思南石林面积约7.2平方公里，石林与地表相对高差3~17米，单体形态多样，是迄今地球上发现的保存最完整、生态保持最佳、出露面积最大的极具观赏性和科考性的连片喀斯特石林。通过近几年重点规划建设，景区基础及服务设施逐步完善，已具备接待游客的条件，水陆交通便捷，根据贵州省统一部署，石林景区已于"十一"黄金周全面对外开放。

毕节：1个新景点草海观鸟。威宁自治县的草海生态旅游度假区——国庆期间是草海旅游的黄金季节，秋高气爽，候鸟回归，湖面波光粼粼，水草郁郁葱葱，不仅可以与百鸟亲密接触，还能体验彝、回、苗等少数民族风情民俗活动①。

2）贵州冬无严寒、夏无酷暑的宜人气候得天独厚。

贵州旅游资源丰富，自然旅游资源优势突出，具有自然风光与民族文化相结合的特点。

贵州境内，自然风光神秘雄奇，山、水、洞、林、石交相辉映，民族风情古朴浓郁，历史文化悠远凝重，国酒文化源远流长，红色旅游文化催人奋进。拥有闻名世界的黄果树大瀑布、龙宫、织金大溶洞、马岭河峡谷等12个国家级风景名胜区，铜仁梵净山、茂兰喀斯特森林、赤水桫椤、威宁草海等7个国家级自然保护区，遵义会议会址等9处国家级文物保护单位和花溪等61个省级风景区，尤其是冬无严寒、夏无酷暑不可复制的宜人气候，使贵州成为全国旅游资源最丰富的大省之一，并正在被全世界所认可②。

3）贵州正在加大投入，旅游配套服务逐步完善。

近年来，贵州逐年加大投入，旅游配套服务逐步完善。如荔波樟江旅游景区实施8个重点旅游项目，景区品质有了很大改善；南江国际生态旅游综合体接待设施和接待能力大幅提升，新建十里画廊建成滨河旅游绿道，完善租车驿站、旅游观光公路、旅游栈桥、栈道等服务设施以及乡村庄园、精品客栈；新建舸江湖滨旅游度假区，修建了阿志河游客服务中

---

① 《贵州都市报》、贵州旅游网。
② 《贵州都市报》、贵州旅游网。

心、西嘎游客服务中心；新建湄潭茶海休闲度假旅游景区观海楼、温泉旅游度假酒店；新建凤冈茶海之心景区"全景房""全木房"休闲度假体验茶庄；草海生态旅游区新建草海西海码头、江家湾码头、观光慢行道、郎玉尼斯酒店等等，举不胜举①。

4）贵州的乡村旅游发展经济效益明显。

贵州的乡村旅游拥有良好的资源优势。按省分类，湖南省和浙江省以各有19个国家级风景名胜区排名第一，贵州省和福建省分别以18个尾随其后②。贵州每年凭借"绿色喀斯特王国"吸引了众多游客。贵州拥有众多的少数民族自然资源和人文资源，且民族文化丰富多样，拥有传统的田园风光和特色的农业资源。

目前贵州的乡村旅游发展经济效益明显，各个区县都在发展自己的乡村旅游，且都为各个地区带来了良好的经济效益；贵州省各地区拥有很多知名的乡村旅游品牌，比如，"西江千户苗寨""贵定金海雪山""台江天下第一大县"等，这些知名的乡村旅游品牌在本省和附近省份甚至全国范围内都有很大的知名度；乡村旅游项目类型多样，本地特色鲜明，比如，饮食农家乐、观光农家乐、农业采摘园、农村少数民族风情游、屯堡村寨体验游等。

5）贵州正稳步推进生态文明建设。

习近平总书记指出，"走向生态文明新时代，建设美丽中国，是实现中华民族伟大复兴的中国梦的重要内容"。2013年生态文明贵阳国际论坛年会以"建设生态文明：绿色变革与转型——绿色产业、绿色城镇、绿色消费引领可持续发展"为主题，凝聚了国际社会对生态文明建设的共同关注。

目前，贵州省旅游业正处于快速发展的黄金期、转型升级的关键期和体制创新的攻坚期，面临扩大规模、优化结构、提升质量和效益同步推进的发展阶段。根据《规划》，贵州将建成"国家公园省"。支撑理由是，贵州素有"公园省"的美誉，拥有雄山、秀水、怪石、奇洞、峡谷、温泉、

---

① 《贵州都市报》。
② 《瑞士的会展经济及对我国会展业的借鉴意义》，中国园林网。

瀑布、溪流、湖泊、湿地、草原、森林等各种优质生态资源。贵州是天然大公园，处处是风景；是民族文化大观园，处处有风情；是全国人民的大花园、国民休闲地。围绕"国家公园省"的总体定位，贵州将展示最美的图景。

十八大报告要求我们按照尊重自然、顺应自然、保护自然的理念，贯彻节约资源和保护环境的基本国策，更加自觉地推动绿色发展、循环发展、低碳发展，把生态文明建设融入经济建设、政治建设、文化建设、社会建设各方面和全过程，形成节约资源、保护环境的空间格局、产业结构、生产方式、生活方式，为子孙后代留下天蓝、地绿、水清的生产生活环境。这要求贵州要承担更多的责任和义务，同我国其他省/市甚至世界各国深入开展生态文明领域的交流合作，推动成果分享，携手共建生态良好的美好家园。

2013年国庆黄金周，7天长假贵州高速"免单"1.1亿元：贵州省高速公路免费通行的7座及以下小型客车共计265.58万辆，同比增长14.6%。在小车免费通行的利民政策执行下，全省累计免收通行费1.19亿元。这个黄金周交通最值得称道的是：在社会公众错峰出行意识的逐渐形成下，2013年的出行环境有较大改观，没有出现长时间、大面积的严重拥堵。

大众已开始"错峰出行"：7天假日里，全省高速公路全部车辆总流量日均45.29万辆，同比增长26.72%；其中，7座及以下小型客车总流量日均37.93万辆，同比增长32.66%。高速公路全部车辆总流量最高是10月2日，为54.99万辆，同比增长43.35%；最低是10月5日，为38.87万辆。

以上数据表明，2013年国庆黄金周，大众对错峰出行已经形成基本意识。10月1日小型客车总流量41.59万辆，10月2日46.22万辆，10月6日37.02万辆，10月7日33.16万辆，较之上年第一天和第七天集中出行和返程的情况明显不同，2013年的国庆长假，七天中小车通行的流量没有出现大起大伏[①]。

---

① 《贵州都市报》。

从瑞士看，瑞士是世界旅游业最具吸引力的国家。

从瑞士方面来讲，世界经济论坛发表的"世界旅游竞争力排名表"显示，瑞士在整体竞争力方面独占鳌头，被评为世界旅游业最具吸引力的国家。瑞士具有得天独厚的自然资源和良好的生态环境。

1）瑞士是世界20个最受青睐的旅游目的地之一。

该项评比涉及自然资源、价格、基础设施、健康环境、政治环境、环保措施等13个领域。瑞士此外还被评为最安全的国家，也是环保立法和执法最严的国家。

瑞士旅游业收入约占国民生产总值的6.2%[①]。联合国世界旅游组织统计显示，瑞士是世界20个最受青睐的旅游目的地之一。瑞士旅游逐年取得骄人业绩，瑞士旅游也越来越受到各国人民的青睐，其地位越来越重要，极大增强瑞士未来旅游市场的吸引力。

瑞士旅游局的民意测验表明，通过瑞中签署的《旅游目的地国协议》，瑞士能够从中国获得很好的经济利益，中国游客在瑞士旅游业中越来越受到重视，其地位越来越重要，而瑞士加入欧盟双边协议以及中瑞开通直航的有利条件，将增强瑞士未来旅游市场的吸引力，其机会将大大增加[②]。

2）瑞士的山地城镇，魅力独特。

瑞士拥有世界上许多知名的山地城镇，它们以其特有的建筑形式、与自然环境融合协调的特质，形成了独特的魅力，并依托良好的生态环境，发展旅游业，成为让人心驰神往的旅游胜地。欧洲的阿尔卑斯山地旅游带，就是久负盛名的世界级旅游胜地，每年都有数千万的旅游者到访这一地区；其中，瑞士更是阿尔卑斯山王国，阿尔卑斯山脉从法国、意大利、瑞士、奥地利到德国，蜿蜒起伏1200公里，平均海拔3000米，有1/5在瑞士境内，占瑞士国土面积的60%。瑞士发展山地旅游也已有150年的悠久历史，瑞士旅游业增长最快的年份，旅游一度占到国民生产总值的8%[③]。

3）立体气候是瑞士气候的一大特色。

瑞士是一个包含了多种气候特征的国家，西部属大西洋海洋性气候，

---

① 杨敏：《中国、瑞士旅游业之对比》，《昆明大学学报》2008年第2期，第38～42页。
② 杨敏：《中国、瑞士旅游业之对比》，《昆明大学学报》2008年第2期，第38～42页。
③ 陈可石：《小城市是自然怀抱中的一个物——瑞士山地城镇建设经验》。

东北部属大陆性气候，南部属地中海式气候。但在山区随着纬度的升高，气候从温暖向寒冷过渡，这种立体气候是瑞士气候的一大特色。

瑞士以旅游区来划分，可分为九大旅游区：伯尔尼高原地区、策尔马和瓦莱地区、圣莫里茨和恩加丁地区、日内瓦和莱芒湖地区、卢塞恩和四森林州湖地区、伯尔尼巴塞尔和侏罗地区、苏黎世地区、博登湖地区、提契诺地区。每一个旅游区有其各自不同的特点，气候也各不相同①。

4）瑞士多次被评为"最佳人居环境"国家。

瑞士号称欧洲的内陆花园，雄伟壮丽的高山、气势磅礴的冰川、碧波如镜的湖泊，加以青翠的丘陵点缀于崇山峻岭之中，山川相映、湖岳增辉。瑞士像一首诗，由山川、湖泊与城镇串成。它被公认是最具田园风貌的典型代表国家，同时，也是被一些国际组织多次评为"最佳人居环境"的国家。

2. 贵州与瑞士生态景观旅游产业发展的不同

（1）贵州是国家主导生态景观旅游和产业发展

由国家调整产业结构，国家"十一五"规划的制定和出台为全国旅游业的发展提出了明确要求；党的十六大提出了全面建设小康社会的宏伟目标，十六届五中全会进一步提出了"十一五"时期要"积极发展文化、旅游、社区服务等需求潜力大的产业"的要求，并在《中华人民共和国国民经济和社会发展第十一个五年规划纲要》中明确提出要"大力发展旅游业"，促进旅游等服务性消费②。

贵州省政府出台了提高工业经济比重五年行动计划、提高民营经济比重五年行动计划和提高城镇人口比重五年行动计划。

计划今后五年，贵州省工业增速高于全国平均、高于西部平均、高于贵州省历史水平、高于一产三产。

到 2017 年，工业增加值达到 6600 亿元，工业占全省国民生产总值比重提高到 44%，工业投资达 1 万亿元。2013～2017 年累计投资超过 3 万亿元。到 2017 年，基本建成 5 个千亿级园区、15 个百亿级园区和 15 个民营

---

① 马丁：《瑞士的旅游特色》，《杭州师范学院学报（社会科学版）》2004 年第 3 期。
② 杨敏：《中国、瑞士旅游业之对比》，《昆明大学学报》2008 年第 2 期。

经济特色产业园区,产业园区产值、投资、新增就业占全省工业的60%以上。产业结构明显趋优,到2017年,能源原材料工业比重从2012年的58%下降到53%。

到2017年,民营经济占全省生产总值比重达到55%,力争达到60%;民营经济年新增就业突破100万人,力争达到110万人。引导民间资本在全国重要城市设立100家贵州特色产品专卖店,开展连锁经营;分地区、分区域建立20个特色产品网络销售平台、产品配送体系。

城镇人口增加430万。为深入实施城镇化带动战略、加快全省城镇化进程、切实提高城镇人口在常住人口中的比重,提高城镇人口比重五年行动计划提出,今后五年全省城镇化率从36.5%提高到46%,城镇人口从1271.7万人增加到1702万人,增加430.3万人。

计划提出,以贵阳—安顺为核心,遵义、毕节、都匀、凯里等中心城市为支撑,将黔中城市群打造成为对外参与国内外经济竞争与合作、对内带动全省经济社会跨越发展的核心区域。依托贵阳老城区在要素配置、产业集聚、技术创新、公共服务等方面的集聚辐射作用,带动观山湖区和贵安新区快速发展,推进贵阳城区向西拓展并最终形成贵安一体化发展格局。

打造贵阳—遵义、贵阳—都匀凯里、贵阳—毕节经济带和新型重化产业发展带、现代服务业及先进制造业发展带、特色产业发展带,加快培育形成遵义、六盘水、安顺、毕节、铜仁、凯里、兴义、都匀等一批区域中心城市。

计划中提出,适时开展"撤县设市""撤县建区",推进县城驻地镇"撤镇改办",培育区域中心城市,增强地方发展活力,提高城镇管理效率。推进约400个乡进行行政区划调整,通过撤乡设镇推动城镇人口增加[①]。

正因如此,贵州旅游与瑞士旅游相比具有价格优势,而且人民币的汇率较稳定,有利于旅游业的长期稳定发展。

(2)瑞士是强化对外旅游宣传,采取独特的旅游促销计划

瑞士国家旅游局的对外宣传历史悠久,独树一帜。

---

① 《贵州都市报》。

早在1884年瑞士国家旅游局就在欧洲各地散发到瑞士旅游的宣传画。瑞士的旅游宣传非常讲究技巧，利用自身"中立国"的特点和优势来开拓国际旅游市场，招徕游客，增加收入。瑞士旅游局宣传的另外一个目的就是促进外界对瑞士政治、经济、文化等方面的了解，在全球树立瑞士的形象。

近年来，由于中国经济上升，瑞士国家旅游局和相关的旅游科研部门也将目标锁定中国。1998年双方互设国家旅游办事处，瑞士成为第一个在中国设立驻华旅游办事处的欧洲国家。1999年11月，瑞士国家旅游局在北京设立"瑞士旅游中心"，成为瑞士旅游业进军中国市场的桥头堡。

提供"瑞士特色"的旅游服务，对游客的吸引力很大。在旅游交通等系列基础设施方面，注重便捷、安全。如同我国强调的村村通公路一样，瑞士则是乡乡通铁路。由铁路、邮政公共汽车、观光缆车和游船构成的公共交通系统，覆盖了瑞士几乎所有的城市和风景点。旅游客车配置有电视、卫星定位系统和卫生间，长途旅行中，游客能够非常方便舒适地乘车；无论列车、巴士还是缆车，往往采用大的玻璃窗户，保证游客在旅游途中能够轻松自如地欣赏到路旁的美丽风光。

（四）瑞士生态文化旅游发展的成功经验和启示

1. 瑞士生态文化旅游发展的成功经验

（1）保护环境是瑞士旅游业持续发展的基础和前提

瑞士旅游业发展的成功得益于他们的科学规划、合理开发。瑞士强调开发与保护并重、近期与远期结合，有序利用、持续发展，保护环境是瑞士旅游业持续发展的基础和前提。

瑞士始终致力于将有限的资源合理、有效地开发利用，充分考虑旅游基础设施的空间比例和完善程度、旅游者接触大自然的方便性和安全性、当地旅游的接待能力和承受力。同时赋予规划权威性，以法律、法规为保障，一旦确定就不得随意更改。而且，严格按照规划进行建设和管理，不仅增强了旅游管理者的规划意识和理念，还让严格按规划办事成为每一个管理者和经营者的自觉行动。比如瑞士山区不许盖超过四层高的楼房，也不许多盖楼房。

瑞士的中部、南部和东南部属于阿尔卑斯山脉，山地面积占国土总面积的60%，平均海拔3000~4000米，生态环境非常脆弱。为了有效地发展旅游，瑞士各级政府视优美、生态的自然环境为旅游业的重要基础，按照瑞士卢赛恩世界著名的旅游目的地——铁力士山财务经理Giann C. theler先生的说法，"游客只有在空气清新的地方才会感到舒适"。所以，瑞士对于旅游环境管理非常严格。在旅游开发过程中，制定严格的环保法律，旅游项目要依法环评，要征得相关利益体的同意，充分尊重自然地貌等。

瑞士的乡村，处处是景，生态天然，河水清澈见底。

（2）不断地延伸、拓展旅游的内涵

促进瑞士的发展是瑞士旅游业的职责和宗旨。瑞士不断地延伸、拓展旅游的内涵，使其逐步发展为世界上一个高度发达的旅游强国。

多样化、个性化与品牌化产品是瑞士旅游活跃发展的核心，瑞士全国各地开发出了异常丰富多彩的生态景观旅游产品，遍及水上、水下、地面、地下和空中，与自然相映和谐。

第一，以"雪"为主题的旅游产品多姿多彩。瑞士是世界著名的滑雪圣地，"瑞士滑雪"成为国际游客追求优质生活的经典品牌项目。

第二，以水为题材的旅游产品丰富。瑞士虽然没有海，却是一个多湖之国，全国有记载的湖泊达到1400多个。无论在苏黎世湖还是在圣加伦湖，无论是日内瓦湖还是博登湖，凡是有湖泊的地方就能见到各种大小不等、类型多样的游船，还有丰富的水上运动。

第三，"地下"旅游产品奇特非凡。伯尔尼的"少女峰"旅游目的地，采用在山体内建设山体火车道、火车站以及开辟山体封闭式橱窗、山体内升降机的方式，使游客既可以安全舒适地通过山体内的穿越，感受时空的变化，又可以透过橱窗身在峭壁之内俯瞰壁立山体下的冰川、峭壁和远处的雪山、森林和湖泊。

第四，高空与峰顶观光项目趣味无穷。除了在高空中开辟的滑翔机、热气球等旅游活动项目外，借助缆车进行空中或者陆地观光有与众不同的效果。

第五，徒步、轮滑、山地自行车旅游运动项目普及。据资料介绍，瑞士全国共有大约65000公里长的路径，是专门为登山爱好者设立的。这些道路中，既有适合初级者的平坦大道，也有攀越白雪覆盖的山顶的路线。

此外，瑞士各地还坚持不懈地举办各种传统节日、旅游博览会、音乐会以及其他文化活动等，来拓展旅游。

一是会展旅游成为一朵奇葩。仅 2005 年，会展名城日内瓦直接和间接的旅游收入就达 18 亿瑞士法郎。小镇达沃斯，将其欧洲滑雪胜地的优势与一年一度的世界经济论坛有机结合而"名利双收"，旅游收入喜人。

二是兴起林业旅游。瑞士充分运用其"花园之国"的美誉兴起林业旅游，仅 2004 年，林业旅游的全年收入就达 24 亿美元，比钟表出口业收入还高。

三是开发农业旅游。瑞士与西班牙、德国、荷兰等欧洲国家一样，都十分重视农业旅游。2004 年，根据世界旅游组织统计，瑞士等欧洲国家每年旅游总收入中农业旅游收入约占 10%。

四是发展商务旅游。瑞士将商务与观光相结合进行旅游促销，仅 2000 年，瑞士观光、商务旅游收入就占到 GDP 的 6%[①]。

(3) 以人为本，优化服务是瑞士旅游业和谐发展的灵魂

瑞士联邦主席毛雷尔表示，瑞士是个内陆国家，几乎没有什么原材料，耕地面积有限，但有创造性，这使瑞士在国际上成功立足。教育在瑞士位置重要。另外，瑞士的经济有很大的丰富性，服务业发达。

以人为本的开发管理理念和人性化服务是瑞士生态旅游发展的灵魂。在瑞士旅游，安全、便捷、舒适的服务是一种享受。

在旅游资源的开发上，强调以人为本。尊重当地居民，让当地社区参与是旅游可持续发展中以人为本的重要体现。如果没有以人为本的理念，旅游资源的开发常常面临不可持续的尴尬境地。

在旅游交通等系列基础设施方面，注重便捷、安全。如同我国强调的村村通公路一样，瑞士则是乡乡通铁路。由铁路、邮政公共汽车、观光缆车和游船构成的公共交通系统，覆盖了瑞士几乎所有的城市和风景区（点）。列车发车、停车时间准时。无论列车、巴士还是缆车，往往采用大的玻璃窗户，保证游客在旅游途中能够轻松自如地欣赏到路旁的美丽

[①]《瑞士旅游业支柱地位的启示》，欧洲之行学习考察体会之二。

风光。

在旅游餐饮和住宿方面，强调干净、卫生和舒适。每一处饭店、每一处餐馆，店堂卫生、干净、整洁，即使是一些小餐馆也能让人体会到它的精细之处，尤其是卫生间。

另外，瑞士的全景观光方式虽然在我国很多地方或多或少也能体会得到，但所不同的是它的服务。全景观光地点通常位处高寒地带，在这样高寒的地方，如果仅仅注重观光瞬间的满足感是不够的，所以在瑞士的这些地方恰到好处地配置了温暖舒适的餐饮设施和室内观光设施，让人可以在体验"极地"风光之后，回归到如家那种轻松舒适的氛围中，使人没有任何不适感。

强调从旅游者的角度认识和改善旅游服务。在具体问题的分析中，注重游客和一线旅游服务者对旅游的意见，从细微之处入手，剖析问题的根源，研究对策，从而能够保证旅游服务按照游客的喜好与满意程度进行相应的完善，真正达到旅游人性化的目的[①]。

在山地景区，酒店的电视频道实况传送山上的天气状况，游客根据气候情况选择登山时机；铁路、邮政巴士、游船、观光缆车组成的公共交通系统覆盖了所有的城市和景点。列车是最便捷的交通工具，有的车厢装扮得像乡村酒馆，有的车厢布置得富有浓厚的怀旧气息。火车站是一个综合的旅游服务中心，既可提供火车、巴士、游船的全方位信息，又有懂多国语言的专业服务人员，还有预定机、车票和办理托运、兑换货币、寄存行李、租借自行车与滑雪工具等服务。

瑞士旅游市场秩序规范，超市、品牌专卖店、路边店，均诚信经营，货真价实，同一型号的表标价在全国都是一样的。

一个产业的发展所创造的社会价值，在某种程度上更甚于经济价值。旅游业的支柱地位，不应只关注旅游业对经济的贡献，更应注重旅游业对社会的贡献，看旅游业满足了多少社会就业、社会需求，对人们的生活有什么样的促进，是否提高了人们的生活水平，是否减少了贫富差距，是否

---

① 张秋实：《日本与印度来华旅游者消费行为比较研究》，上海师范大学硕士毕业论文，2009。

促进社会收入分配的均衡等等。瑞士旅游业的健康发展使人民更加安居乐业。

瑞士拥有旅游旅馆5000多家，旅游从业人员占全国就业总人数的6%以上，每12个人中就有一个人靠旅游业为生。旅游业不仅给瑞士带来丰厚的收入，而且使国民从中得到很大的收益，生活品质得到不断提高。

（4）打造精品是瑞士旅游业加快发展的核心

"世界眼光，国际品牌"是瑞士打造的旅游精品核心。

要打造国际旅游目的地，必须用国际化的眼光，始终站在无边界旅游国际化平台上来审视和发展旅游，按照国际化标准和要求，进行规划建设、策划包装、营运管理和宣传促销。

有着"世界美食之都"美誉的瑞士第一大城市苏黎世，其美食旅游的发展理念不是强调本土"拥有"什么，而是强调本土"吸纳"了什么。宣传声称："世界的名厨美食尽集于此，全城一千七百多家餐馆提供任何可以想象到的各国、各民族美食佳肴，瑞士风味、中国菜肴、日本料理、法国大菜、地中海小吃、美国快餐等应有尽有，游客可尝尽不同风味的各国美食。"世界各地游客的到来，在促进苏黎世经济发展的同时也极大提高了城市知名度和美誉度。

瑞士旅游精品异常丰富，世界著名的滑雪胜地有200多个，可提供滑雪、雪地高尔夫、雪地汽车和狗拉雪橇等各种冰雪运动。瑞士是一个多湖泊国家，凡是有湖泊的地方就能见到类型多样的游船和水上运动，依水而建的各种度假休闲设施也是游客喜好的产品之一。瑞士的高空与峰顶观光趣味无穷，山顶"全景观光"特点鲜明，可感受到一览众山小、千里冰封的极致景观。

瑞士有许多专题博物馆，世界最大的钟表博物馆陈列了4000多件展品。瑞士有许多丰富多彩的传统节庆，如苏黎世的母牛决斗、良马展览比赛，日内瓦攀城节，伯尔尼洋葱市场等。瑞士的古镇风貌也独具特色，古堡、教堂、木屋、窗台的鲜花、壁画等向游客叙述着古老的传说，并不像人们认为的那样奢华张扬，而是保留了童话般的欧洲小城建筑风格，以及步调缓慢的生活方式，将最精致最完善的城市构造融入一片令人赞叹不已的湖光山色之中，正是这内敛的气度，不经意间彰显了它的恢弘，让人们流连忘返。

瑞士的巧克力更是有名，就连苏黎世的清新空气里都弥漫着浓淡相宜的巧克力香气。随意走进一家咖啡厅，你会看到橱窗里摆满了各种手工巧克力、甜点和马卡龙，小朋友们定会欢呼雀跃。那手工质感十足的甜点个个匠心别具，让人不忍心吃掉这一个个小艺术品，只是观赏便已心满意足矣①。

达沃斯小镇以会议旅游著名，达沃斯世界经济论坛2012年年会有来自世界各地的政界、经济界要人和媒体3000多人出席。天使堡小镇借助TI-LIS山滑雪和登山胜地扬名，阿彭策尔小镇以特色甜点和融汇东西方特点的保健旅游吸引游客，巴德拉各斯小镇的温泉医疗旅游和趣味雕塑形成小镇特色。

瑞士城乡是一个有机结合的大景区和大度假区②。

（5）产业融合是旅游业跨越发展的趋势

在瑞士，有很多一流的国际知名品牌产品，如瑞士巧克力、瑞士军刀、瑞士手表等，它们不仅驰名世界，而且从早期单纯的工业产品时，就有机地融入瑞士的旅游发展中。

瑞士金融、机械制造、化工医药以及食品加工等都具有很强的国际竞争力，这大大带动了瑞士旅游业与其他产业的协调发展。

例如，瑞士银行多达394家，发达的金融业为旅游提供了多样化的融资渠道和丰富的金融工具。瑞士医疗保健业发达，促生了瑞士兴旺的医疗康健游。此外，瑞士有着十分发达的信息服务系统。高效、便捷的网上旅馆酒店、航空陆运查询预订系统，使游客们通过网络就能够办妥在瑞士旅游的一系列预订手续。瑞士十分重视旅游业的教育和培训，具有世界先进水平的旅游学校不断为瑞士旅游业输送大批专业人才，造就了瑞士高效的劳动力市场。

瑞士的巧克力、钟表、军刀世界闻名，是前往瑞士的游客必购的礼

---

① 世界经理人网站、尚品人生网站。
② 《瑞士发展旅游业的启示：做旅游，客人究竟需要什么》，人民网，2010年12月23日。

品。瑞士旅游业发展的同时也带动了这些产业的发展。2008年，尽管世界经济形势恶化，巧克力的产销却没有受到影响，瑞士18家巧克力生产商2008年销售额连续第5年创下新高，达到18.5万吨，收入达到18亿瑞士法郎，年均增长9.3%。2008年，瑞士钟表制造业的收入达到160亿瑞士法郎。瑞士军刀最大的生产商Victorinox在全球有1700名员工，年收入约为5亿瑞士法郎。瑞士会展旅游发达，每年举办的国际性会议超过两千个，带来外国游客3000多万人次，每年举办160多个全国性和国际性展览，参观者千万人次[①]。

瑞士的旅游业发展已经辐射到了相关的产业，形成了较好的产业链和产业群，充分体现了旅游业的综合效益，促成旅游业呈现良性的发展态势。

（6）创意营销、完善机制是瑞士旅游业稳步发展的途径

瑞士对外宣传历史悠久，独树一帜。为了吸引游客，每隔1~2年都要提出不同的旅游主题，从1962年开始为了纪念卢梭诞辰250周年而提出了"回到自然，享受旅游艺术"的口号。2005年，瑞士旅游在欧洲的宣传主题是美酒和美食，备选联合国世界文化遗产的拉沃葡萄园的"美酒佳酿品味之旅"吸引众多游客。近几年，以"精彩不断，自然展现"，助推独具特色的阿尔卑斯山旅游产品，以求满足现代都市人崇尚自然、追求健康的需求。

完善机制是旅游业有序发展的保障。瑞士旅游实行"政府扶持、协会管理、企业主体、市场化运作"机制。在基础设施建设方面，设有专门基金，还可申请投资额50%的贷款；在营销方面，每年给瑞士联邦旅游局营销资金6000多万美元；实施购物退税政策，对旅游系统的旅馆给予减税，旅游项目在土地使用上有优惠等。

社会环境总是处于变化之中，而旅游作为一种综合性极强的产业，其市场时刻受到社会、政治和军事等的影响。所以，在瑞士等欧洲国家的旅游发展中，特别注重针对可能发生的情况进行旅游应变管理的能力训练。应变管理既可能是对突发事件的管理，也可能是对旅游发展趋势的一种应

[①]《瑞士旅游业支柱地位的启示》，欧洲之行学习考察体会之二。

对管理。瑞士同行认为，对于旅游来说，任何变化都可能是一种机会，是一种对过去的重新审视与评判。

旅游主管部门只对旅游业进行宏观管理，旅游行业协会、促进组织及研究机构承担了政府的许多职能，旅游企业全部是私营企业。

2. 瑞士成功经验对贵州生态文化旅游发展的启示

瑞士的自然条件虽然与贵州惊人地相似，但瑞士通过长时间的积累与发展而形成的软实力，瑞士丰富而系统完善的治理、保护经验，环境保护和可持续发展的观念已深入普通大众的意识之中，这是贵州望尘莫及的。

发展贵州生态文化旅游，无论是自然生态景观还是生态观光，我们都要理清思路，充满信心，确保可持续发展。贵州特色的旅游资源不仅仅是贵州对全国的一张名片，更应该是中国对全世界展示风采的一个颇具分量的美丽窗口。

第一，政府高度重视，措施具体到位。

瑞士旅游业之所以长盛不衰，主要是由于瑞士政府的高度重视，瑞士早就认识到旅游业能带来巨大的利益。早在19世纪末和20世纪初，瑞士就成立了联邦旅游联合会，主要负责联邦旅游经济的相关事宜，制定瑞士联邦的旅游政策与法规和一些中长期的旅游远景规划等。

另一个旅游机构是瑞士国家旅游局，主要宣传和推广瑞士的旅游。它在全国各州设立分局，还有280个小区的旅行社。这些机构的资金一方面来自州和社区政府；另一方面由一些相关收益的旅游企业支出，如联邦铁路、邮电总局、饭店联合会、公路运输部门、瑞士航空等。

瑞士是世界上最早开展现代旅游的国家之一，其丰富的自然旅游资源和人文旅游资源得到了很好的保护。

瑞士政府早就认识到旅游业能够促进国民经济的发展，可以带动其他相关产业的增长。瑞士旅游业高质量高水平的发展和瑞士旅游业的科学研究是分不开的，瑞士旅游教学水准一直领先于世界。瑞士因其旅游的鲜明特色，成为世界公认的旅游业摇篮和世界花园。

第二，环境治理与保护是发展生态旅游业的首要任务。

正是因为瑞士各级政府看到了生态环境对于旅游的基础性作用和价值，才充分有效地保护了自然环境；也正是因为瑞士优质、舒畅的自然环境，才吸引了世界各地的游客不断地到瑞士访问观光。

贵州与瑞士具有相似的山地和气候环境。自20世纪90年代以来，随着天然林保护工程、退耕还林工程和野生动植物保护工程等的开展，贵州省生态环境已经明显地改善，因此，我们应当结合贵州生态旅游的战略思路，严格按照保护第一、规划优先抓好全省和各景区的生态旅游开发的立项、规划、建设过程管理以及旅游区的综合管理。

第三，打造属于贵州省的品牌特色并不断推广。

瑞士旅游以其类型丰富、独特性明显、个性化突出的产品，吸引着世界各地的游客。如果没有这些产品，试想一下，瑞士依靠仅仅4.1万平方公里的国土，又如何能够让自己成为世界旅游业的前10强？

在贵州，我们有许多独特、丰富的自然生态和文化旅游资源，特点鲜明，具有非常大的潜力，但是，如何在保护的前提下，以市场为导向，开发出类型丰富的各种旅游产品与产品组合，不仅仅是全省统筹考虑的问题，也是各个景区需要共同解决的问题。我们应当借鉴瑞士等欧洲国家的经验，将全省和各个具体景区的旅游产品做得更加系统、更加生态、更具有独特性，做成品牌。

第四，推动生态旅游发展需从人性化的角度思考发展出路。

表面上看，不同国家提供的旅游产品在类型上和接待游客上也许是一样的，但是其具体的过程和细节则完全不同，所以游客才会有不同的感受。而导致这些不同的关键，就是以人为本的理念和人性化的服务。在这一点上，瑞士的成功经验值得学习和借鉴。

对于贵州省而言，在发展旅游中，目前还停留在致力于产品开发的阶段；但是对产品开发中的深层次内涵，如游客对于服务的需求，我们则重视不够，欠缺太多；所以在很多景区留不下人。

当前，贵州应当深入研究旅游游客市场的真实需求，研究客人对服务的需求与兴趣，按照游客的兴趣、习惯和国际化标准，有针对性地完善我们的设施、强化旅游的细节服务，全面提高旅游产品的附加值，推动生态旅游在人性化方面的可持续发展。

第五，在贵州境内全面推广普通话。

瑞士旅游的成功，其所拥有的语言优势功不可没。瑞士由四大民族组成，讲四种语言即德语、法语、意大利语、罗曼什语。一般瑞士人讲两三种语言是很平常的，语言的优势为瑞士旅游和经济发展提供了不可估量的无形资产。由于没有语言障碍，瑞士吸引了大量的德国、法国、意大利等国的游客前来旅游和投资，成为欧洲人民的后花园，大大促进了瑞士经济的发展。

而贵州，民族众多，在贵州世居民族就有汉族、苗族、布依族等18个民族，少数民族人口占全省总人口的37.9%。语言的数量多，差异大，目前还没有完全形成统一，不同民族间的交流存在障碍，同一民族内也有多种方言。

各族语言内部在语音、词汇上也有小的差异，从而形成在同一民族语言里又分为若干方言和土语，其中尤以苗语的方言土语最多，有东部、中部和西部三大方言，各方言下面又分为若干次方言和土语；瑶语有优勉、斗睦、巴哼三种方言；布依语分为黔南、黔中、黔西三种土语；侗语分南北两种方言；水语有阳安、潘洞和三洞三种土语；仡佬语有四种方言等等。

语言的差异导致当地居民与外来游客交流上的障碍，外来游客难以融入旅游景区，留不下人，制约了不少景区的健康发展。

因此，要想消除语言障碍，吸引来自国内外的更多游客前来旅游和投资，就必须在贵州境内全面推广普通话，形成语言统一；有条件的地方还要推广英语；使贵州不仅成为中国人民的后花园，还逐步发展成为世界人民的"东方瑞士"。

第六，不断创新发展思路和模式，促进贵州旅游的健康发展。

瑞士是一个旅游业历史悠久的国家，相对于中国来说，旅游业相对稳定，变革管理似乎对瑞士旅游不是最迫切的，但是，也正是因为他们成熟的旅游发展与管理，才造就了他们应变管理的能力。

对于贵州来说，如何在新全球化的历史时期，大力拓展国际游客市场，这是贵州生态旅游面临的一场新的管理变革。因此，要不断创新发展思路和模式，促进贵州旅游的健康发展，使贵州发展生态旅游的路越走越宽。

二 贵州与瑞士生态文化旅游发展历程比较

(一) 瑞士生态文化旅游发展历程

1. 20 世纪以前瑞士生态文化旅游的发展

瑞士旅游的发展是从英国旅行者的到访开始的。

1402 年，一位来自英国威尔士的教士在去往罗马的路上途经瑞士，他被称为尤斯科的亚当（Adam of USK），是有记录的最早去往瑞士的外国旅行者。1563 年，爱德华·昂顿爵士（Sir Edward Unton）游览了瑞士，成为第一位造访瑞士的真正意义上的"游客"。16～17 世纪，"大旅行"（the Grand Tour）在欧洲上流社会青年中流行。很多青年在去往意大利、西班牙等国家时，选择途经瑞士，瑞士逐渐成为欧洲青年旅行的目的地国家之一。

18 世纪的登山活动大大促进了瑞士山地旅游的发展，普遍认为，这也是现代意义上瑞士旅游业发展的肇始。1787 年，来自英国的马克·博福上校（Colonel Mark Beaufoy）登顶阿尔卑斯山郎峰；1811 年，来自阿劳（Aarau）的迈耶兄弟（Meyer）登上了阿尔卑斯山少女峰和芬斯特拉尔霍恩峰。随后，英国登山家们开始将阿尔卑斯山作为热门的登山目的地，大批英国登山家在瑞士向导或法国向导的引领下进入瑞士山区。随着 1854 年阿尔弗雷德·威尔（Alfred Will）攀登维特霍恩山峰和 1865 年爱德华·温博尔（Edward Whymper）登上马特霍恩山峰等，瑞士登山活动进入了黄金时期。1857 年，登山家协会在伦敦成立，此后，各类登山协会在欧洲各地陆续成立，大大地促进了瑞士山地旅游的发展。

这一时期，假日旅游也随着登山旅游的热潮兴起。19 世纪，著名旅行家托马斯·库克（Thomas Cook）的旅游公司"托马斯库克和路恩旅游公司"组织了第一次瑞士假日旅游活动。1893 年，英国小说家亚瑟·柯南·道尔爵士（Sir Arthur Conan Doyle）在其小说《福尔摩斯》中，将福尔摩斯的死亡地点选在麦林根的赖兴巴赫瀑布（Meiringen's Reichenbach Falls），使得附近的山峰声名大噪，越来越多的旅游爱好者专程前往麦林根地区一睹瀑布风采。

然而，直至19世纪末20世纪初，瑞士旅行还主要限于瑞士本国和欧洲的有钱人和贵族。19世纪末期，随着交通和住宿业的发展，面向大众的旅游业才逐渐发展起来。此时，火车和公路交通被陆续建造，游客们得以搭乘火车去往阿尔卑斯山；齿轨铁路的发明使得火车能够攀登山脉，这也大大促进了瑞士旅游的发展；而明信片和旅游广告大量出现更是大大激发了人们的旅游热情。瑞士也是在这一时期成为欧洲重要的旅游地之一。

随着瑞士旅游业的兴起和工业化发展，到19世纪末，瑞士的自然景观已经发生了重大变化，大量森林遭到砍伐，水体和环境污染开始出现，引起了瑞士联邦和各州政府的关注。1874年，瑞士《宪法》对卫生环境等问题作出了规定；1876年，《森林法》颁布，这是第一部保护森林资源的专门性立法。此后，瑞士陆续颁布了一系列法令，对水土、环境保护等问题作出了规定。

2. 20世纪以来瑞士生态文化旅游的发展

20世纪以来，瑞士旅游业迅速发展，旅游收入逐年上升。根据瑞士联邦统计机构发布的数字，至20世纪末期，瑞士旅游总收入已占瑞士GDP的5%以上，成为次于机械制造业与化学工业的第三大创汇产业（见表9、表10）。

表9　瑞士旅游收入情况

单位：亿瑞士法郎

旅游总收入	1992年	2002年	2003年	2004年
国内旅游收入	85	97	96	97
入境旅游收入	115	123	124	129
旅游收入对GDP贡献（%）	5.8	5.1	5.1	5.1
合　　计	200	220	220	226

表10　瑞士外汇收入行业对比

单位：亿瑞士法郎

创汇行业	1992年	2002年	2003年	2004年
1. 机械制造业	380	503	504	547
2. 化学工业	213	448	450	494

续表

创汇行业	1992年	2002年	2003年	2004年
3. 旅游业	115	123	124	129
4. 手表制造业	74	106	102	111
5. 纺织工业	46	37	38	39

资料来源：瑞士联邦统计机构。

与19世纪以前相比，20世纪以来，瑞士旅游业发展呈现以下态势。

(1) 旅游门类日趋齐全，旅游业定位更加准确

在其发展初期，旅游业主要以山地旅游为主。一方面，瑞士具有环境优美、多山多湖的天然优势和阿尔卑斯山这一欧洲最高山峰；另一方面，工业革命及以前，在欧洲各国中，瑞士经济发展相对缓慢，与英国、法国等国家相比，其城市化、工业化对环境的破坏相对较小，优美的环境得以保存。随着世界经济社会和旅游业的发展，20世纪以来，单纯的山地旅游不能再很好地适应日趋多元的游客需求。因此，瑞士逐渐形成生态旅游和文化旅游两个大门类；其中，生态旅游主要包括山地旅游、滨湖旅游两类，文化旅游主要包括传统文化旅游和都市旅游两个门类（见表11）。

表11 过夜游客对宾馆床位需求的对比分析

年份	山地旅游 需求量（个）	山地旅游 所占比重（%）	滨湖度假 需求量（个）	滨湖度假 所占比重（%）	都市旅游 需求量（个）	都市旅游 所占比重（%）	其他旅游 需求量（个）	其他旅游 所占比重（%）
1992	79400	36	46400	21	31100	14	65800	29
2001	76900	35	45200	21	31900	14	66200	30
2002	75100	34	45400	21	31700	15	66200	30
2003	76500	35	45200	20	32300	15	66900	30

资料来源：瑞士联邦统计机构。

在旅游业定位方面，在注重政府科学规划的基础上，强调旅游地当地居民参与。仅依靠外来投资，割断了与当地居民联系的旅游业无法实现长期的可持续发展。尊重当地居民，让当地社区参与是旅游可持续发展中以人为本的重要体现。如果没有以人为本的理念，旅游资源的开发常常面临着不可持续的尴尬境地。在整个阿尔卑斯山脉沿线的旅游开发中，有许多

尊重社区、以人为本的例子。

（2）交通等基础设施逐步完备

公共交通的发展是旅游业发展的重要前提。瑞士是山的王国，阿尔卑斯山有1/5在瑞士境内，占瑞士国土面积的60%。近百年来，瑞士逢山开路，遇水架桥，着力解决穿越阿尔卑斯山的交通通道，打破群山林立的闭塞，形成了以公路和铁路运输为主的四通八达的交通运输网络。

据统计，瑞士现有公路7.1万公里，其中高速公路1600公里，包括160多个高速公路隧道，隧道总长130多公里。瑞士是世界上铁路网最密集的国家，有铁路5000公里，全部实现电气化。仅瑞士国铁开凿的铁路便跨越了250个隧道、3600座桥梁，另外还有由120多家私人铁路公司开凿的大量铁路支线和登山火车路线。

瑞士发达的交通，有力地促进了旅游业发展。瑞士繁密的铁路网络，使得火车成为瑞士旅游最便捷的交通工具。瑞士有包括齿轨铁路、索道铁路和阿尔卑斯山地下铁路在内的500多条高山铁路，齿轨火车或索道缆车可以快捷、轻松、舒适地把游客送上海拔3000~4000米的阿尔卑斯山各大高峰。

（3）环境保护及旅游制度体系逐步形成

20世纪以来，瑞士旅游形成了一揽子法律制度，尤其强调对生态环境的保护。如1971年《宪法》第24条规定，采取环境保护措施是国家义务；1998年12月新修订的《宪法》在第三部分专门设第4章"环境保护与领土整治"，表达了联邦政府和民众保护环境的决心和任务。该章涵盖了持续发展、森林保护、自然与文化遗产保护、渔业与狩猎、动物保护等内容。根据《宪法》规定，瑞士又先后制定了一系列补充法律，其中有6个关于环境保护的专门立法，为：《保护自然和文化遗产法》（1966年）、《环境保护法》（1983年）、《狩猎法》（1986年）、《水保护法》（1991年）、《捕鱼法》（1991年）和《森林法》（1991年）。

瑞士在其立法和实践中尤其强调对环境和自然资源的保护。例如，《水保护法》规定："禁止直接或间接向水体排入或渗入任何可能导致水体污染的物质。"对可能的污染物的储存和运输，水使用量、水资源分配和浪费水资源，也有相应规定。《环保法》以预防、污染者承担责任、国际合作及全面治理为宗旨。各州参照联邦法，制定了解决城市发展中的征地、建筑、交通、卫生等问题的法规。瑞士二氧化碳、二氧化氮、臭氧等排放量均低于欧洲标准，瑞士还是欧洲汽车尾气排放标准要求最严的国家，也是欧洲最早使用汽车尾气净化装置的国家。强调企业在环境污染治理、环境保护中的重要作用。对自然景观、历史风貌、文化遗迹的有效保护，是今天瑞士赢得世界花园美誉的根本原因。

（4）科学统计和规划为瑞士旅游的长期发展提供了支持

科学规划是瑞士旅游业长期发展的保证，而基于瑞士旅游业发展的科学统计又为规划提供了重要支撑。早在1852年，瑞士就有关于旅游业发展官方统计数据计划，但直至1934年，这一计划才得以实施。直至2003年，相关统计由瑞士联邦统计局负责，每年一次的数据展示了旅游业的发展情形。2004年开始，统计数据改由"瑞士旅游"官方机构负责，每年出版一期"瑞士旅游数据"。相关数据为瑞士旅游业的长期发展和科学规划提供了必要的支持。

（二）贵州生态文化旅游发展历程

新中国成立以来，贵州旅游产业从无到有，从小到大，经历了一个缓慢发展的历史过程。自新中国成立初期到十一届三中全会前的20多年里，旅游业没有作为国民经济和社会发展的产业明确提出。直到改革开放以后，旅游业在经济社会发展中的地位才逐步被人们所认识。

贵州旅游业自1978年至2008年，经过了初创期、调整期和加快发展期、快速发展期四个阶段的发展变迁，取得了令人瞩目的成就。如今，贵州旅游产业形象日渐鲜明，产业地位日益提高，产业规模不断扩大，已成为贵州国民经济中的重要产业，成为现代服务业的重要组成部分，在扩大对内、对外开放，促进产业结构调整，建设社会主义新农村和全面建设小康社会中扮演着越来越重要的角色。

1. 旅游发展初创期（20世纪80年代"改革开放"初期）

旅游发展初创期这一阶段是以十一届三中全会召开为标志的。省委、省政府（省革命委员会）面对这一新生事物，做了许多基础性工作，取得了积极的成效。

1978 年，具有划时代意义的党的十一届三中全会揭开了历史的新一页，也打开了贵州封闭的山门。早在十一届三中全会前，贵州曾召开了历史上第一次贵州省旅游工作会议。此会由贵州省革命委员会于 1978 年 4 月主持召开，会议传达了国家旅游局召开的全国旅游工作会议精神（1978 年 1 月），出台了《关于发展贵州省旅游事业的初步意见》，并成立省旅游工作领导小组。但会议没有涉及现代旅游业的概念，旅游仍是外事工作的组成部分或延伸，此时旅游机构仅作为省外办一个处级建制单位。

第一，设立了省级旅游管理机构。

贵州省旅游工作严格上讲始于 20 世纪 80 年代。1980 年 12 月贵州省旅游局成立，与省外办、侨办合署办公，这是一个重要的工作起点。1988 年，省委、省政府为加强对贵州省旅游工作的领导，决定省旅游局机构单设、与省外办人财物全部分离，成为省政府直接领导的旅游行政管理局。

第二，旅游景区、景点规划建设开始起步。

1981 年 3 月，国务院批准国家城建总局等部门的《关于加强风景名胜保护管理工作的报告》。同年 6 月，国家城建总局下发了《风景名城资料调查提纲（初稿）》。随后贵州省、市（州、地）、县（市、区、特区）三级先后组织力量，在全省展开调查，发现了一批风景名胜资源。黄果树、龙宫为重点建设景区，同时织金洞、红枫湖、㵲阳河、马岭河峡谷、漳江风景区、赤水四洞沟、十丈洞瀑布、梵净山、荔波喀斯特森林、赤水桫椤保护区、草海自然保护区，历史文化名城遵义、镇远等第一批景区、景点开发建设。1982 年，黄果树风景名胜区被评为全国第一批重点风景名胜区。

1984 年，贵州省人民政府成立风景旅游资源规划领导小组，同年，《贵州省西线风景区区域规划概要》出台，规划区域范围根据风景资源分布及其环境进行规定，包括贵阳、安顺两市和清镇、平坝、镇宁、关岭、织金等 6 县所属的部分地区，总面积 12700 平方千米。区域性质为：以瀑布、暗河、洞穴、湖泊等喀斯特景观为主体，包括少数民族风情及历史文化古迹与科学考察相结合的自然风景区。同时，根据区域内资源的类型和分布情况，分别为贵阳（包括黔灵山、花溪、青岩、森林公园）、红枫湖、龙宫、黄果树、打鸡洞（后改名为织金洞）等 5 个风景区做出具体规划，涉及景点 63 个。

1985年12月召开的全省旅游工作会议，传达了全国旅游工作会议精神和中央有关领导人对贵州旅游工作的指示，将"七五期间全省旅游业走上健康发展的新阶段"列为奋斗目标。为实现这一目标，要求"全面规划，突出重点，加快旅游业发展步伐"。从1986年起，贵州省的旅游规划工作逐步启动，并向科学、全面、完整的方向发展。

　　1986年5月，贵州省第六届人民代表大会第4次会议批准《贵州省国民经济和社会发展第七个五年计划》。"七五"计划对"七五"期间的旅游发展规划进一步提出了明确的目标。要求"在国家统一规划下，动员各方面的力量，加强开放城市和重点风景区（点）的建设。重点开发贵阳至安顺的西线旅游风景区，充实黄果树、红枫湖、龙宫等景点的观赏内容，搞好织金洞的开发；同时，积极发展以民族风情为主要特色的东部旅游线路，开辟以革命历史文化名城遵义为中心的北部旅游区"。

　　截至1990年，贵州共有国家重点风景名胜区5个，即黄果树、龙宫、织金洞、红枫湖、潕阳河。有省级风景名胜区16个，即赤水、习水、兴义泥的石林、兴义鲁布草、贵阳花溪、福泉酒金谷、遵义委山关、绥阳宽阔水、荔波喀斯特森林、贞丰三岔河、六冲河九洞天、黔西百里杜鹃、铜仁九龙洞、安龙招堤、贵阳百花湖、兴义马岭河峡谷。全省旅游景区开发建设初具规模。

专栏一：贵州生态旅游"初创期"风景名胜区开发建设历程

　　黄果树风景名胜区的开发建设。1980年5月，黄果树风景区管理处成立。1982年3月，在徐健生"黄果树要突出真山真水，用水来做文章"的思想指导下，管理处副处长宋海年主持了天星景区的资源开发，在乱石缝隙中铺出游览小道，将漏水洞穴堵塞蓄起大面积水面，修建了大大小小几十座各具特色的石头桥，把分散的景观有机地串联组合在一起，形成了一个错落有致的天然"盆景"新景区。1982年11月，黄果树被国务院批准为首批国家重点风景名胜区。1984年8月，黄果树的重要景观水帘洞对游客开放，同时加快了天星景区的开发建设。1987年1月，天星景区正式开放，大大丰富了黄果树的游览内容，使黄果树风景区成为贵州旅游的名牌产品，被评为"中国旅游胜地40佳"之一。

龙宫风景名胜区的开发建设。龙宫的开发始于1982年5月。1984年龙宫风景区管理处成立，安顺县人民政府开始投入中心景区建设，相继开发了卧龙湖、迎宾洞、龙门飞瀑、天梯洞、龙门天池、蚌壳岩、玉凤巢等景点。开阳磷矿矿务局支援一支掘井队，贯通了二、三、四进龙宫的水溶洞。与此同时，又开始了对拉克塘景区的开发建设。1988年8月，龙宫被国务院批准为国家重点风景名胜区。

红枫湖风景名胜区的开发建设。红枫湖的开发始于1980年10月。1981年8月8日，省人民政府决定将红枫湖辟为风景区。1988年8月，红枫湖被国务院批准为国家重点风景名胜区。

织金洞风景名胜区的开发建设。织金洞的开发始于1979年。织金县建委城市规划领导小组从清《平远州志》中得知城郊有一樱桃洞（民间称为"打鸡洞"），便进洞勘察，发现洞内钟乳石千奇百怪、琳琅满目，经过测量、绘图、拍片、建立标志，开始了对打鸡洞的开发工作。1982年2月，确认打鸡洞为当时罕见的、发育最完整的、最宏伟壮观的洞穴。1984年，成立打鸡洞风景区管理处。1985年根据中共中央书记处书记胡启立的建议，将打鸡洞定名为"织金洞"。1988年8月，织金洞被国务院批准为国家重点风景名胜区，后被评为中国旅游胜地40佳之一。

㵲阳河风景名胜区的开发建设。镇远㵲阳河的开发始于1981年9月。当时㵲阳河峡谷风光非常秀美，古驿道保持完好，与青龙洞古建筑群相得益彰，被确认为贵州东部最具特色的旅游区。1988年8月，㵲阳河被国务院批准为国家重点风景名胜区。

第三，旅游接待服务设施陆续兴建。

初创期，贵州省几乎没有一家上档次的旅游宾馆、饭店。1986年省人民政府批转贵州省旅游局《关于进一步发展我省旅游事业的报告》。报告第二部分要求在"七五"计划的基础上，"各条旅游线路都要搞好旅游设施的配套建设，各地、州、市、县也要有自己的重点，开辟和发展自己的旅游线。90年代，建设好30个左右的重点旅游区和旅游点，形成以溶洞、瀑布群为主的自然风光和民族风情为特点的贵州旅游网"。1987年，省旅游局组织编制《贵州省"八五"旅游业发展规划纲要》（简称《纲要》）。1989年9月，将《纲要》送省旅游发展规划领导小组审议，经领导小组原则同意后，于1990年形成送审稿上报省人民政府。第二年5月，召开了全省旅游工作会议，要求将"制定全省和各地区的旅游发展规划，清理整顿旅行社、宾馆、车队等旅游企业，进行服务质量检查，加强职工培训，提高服务质量"作为重点工作来抓。这一时期，扩建和新建了贵阳至黄果树景区等多条旅游公路。1987年贵州省开通了第一条高等级公路——贵黄高等级公路，又开通了龙洞堡、黄果树等旅游支线。改建了龙洞堡机场，先后开辟了贵州通往上海、北京、昆明、广州、合肥等旅游城市的航线。贵阳、遵义、安顺等地先后新建和改造了虹山宾馆、遵义宾馆等一批宾馆饭店。

第四，旅行社相继成立。

初创期，贵州省的旅行社由1978年3家发展到1987年36家，其中最具有代表性的中国国际旅行社贵阳分社、贵州省中国旅行社分别于1978年4月和1978年11月组建，归属省外办领导，除从事外事接待任务外，还积极开展自联活动，不断扩大市场份额，努力探索发展途径，开创了贵州旅行社发展的先河。

第五，人才教育培训开始启动。

1984年贵州省举办了20余人参加的宾馆、饭店经理培训班和翻译、导游人员知识讲座。输送20余人分别到天津南开大学、上海旅专学习和进行专业培训。1988年，贵州省旅游培训学校成立，成为日后培训各类旅游急需人才的重要阵地。

第六，对外宣传交流逐步开展。

1980年5月，接待外交部组织的38个国家驻华使节、外交官和夫人以及联合国驻华机构共126人来黔考察游览。1984年2月，省外办旅游局派员出席了在北京举办的中国国际旅游会议，以5个版面参加了全国旅游资源展览，配合上海科影厂拍摄《遵义会议》《贵州风光》影片，开创了贵州省旅游业促销的先例。

第七，从数字看发展。

初创期十年，贵州旅游业各项经济指标增幅很大，1980年贵州省入境游客1654人次,创汇0.7万美元,国内游客29万人次,收入380万元人民币。

1987年入境游客18820人次,是1980年的11倍;旅游外汇收入137.22万美元,是1980年的196倍;国内游客261万人次,是1980年的9倍;国内旅游收入70000万元人民币,是1980年的184倍(详见表12)。一方面改革开放,国门打开,促进入境旅游;另一方面说明改革开放,人民生活水平提高,带动了国内旅游发展。但由于贵州旅游起点低、基数小,增幅虽很大,总量却不大。此阶段旅游业由于没有纳入省国民经济社会发展计划,故没有统计其产出和占GDP比重。旅游总收入及旅游商品创汇未见统计。出境旅游方面除了因公出境和部分商务人员外很少有其他出境旅游。

表12 1980~1987年贵州省旅游接待、收入情况

年 份	旅游人数总计（万人次）	境外旅游者（人次）	外国人（人次）	国内旅游者（万人次）	外汇收入（万美元）	国内旅游收入（亿元）
1980	—	1654	686	29	0.7	0.038
1981	—	2339	600	—	2.49	—
1982	—	5084	1787	—	5.73	—
1983	—	7066	1914	—	8.03	—
1984	—	10249	2725	204	15.86	0.07
1985	245.53	11263	2934	244	61.95	0.07
1986	249.50	14021	4555	248	100.19	0.05
1987	263.18	18820	7673	261	137.22	7.00

资料来源:《贵州省统计年鉴》(1980~1987年)。

2. 旅游发展调整、恢复期(1990~2000年)

1990~2000年,省委、省政府为加大旅游业的改革力度,促进旅游业向市场体制转变,对省旅游局实行重大改革。此阶段贵州旅游业先后经历贵州历史上百年未遇特大洪水灾害(1992年)、浙江"千岛湖事件"(1994年)等,使本来就基础薄弱的贵州旅游业蒙受了重大损失。但是顽强的贵州人民,还是随着改革开放的逐步深入和国内、国际旅游业的快速发展,将贵州的旅游事业由小到大地蓬勃开展起来。

1991年至2000年的"八五""九五"期间，贵州步入了发展的快车道，逐步实现了由"事业型"向"产业型"的转变。1991年3月，贵州省第七届人民代表大会第四次会议通过的《贵州省国民经济和社会发展十年规划和"八五"计划》提出："我省旅游资源十分丰富，旅游业在第三产业中具有相当重要的地位，发展前景广阔。要广泛宣传，提高我省旅游景点的知名度。今后10年，要完善西线旅游区的配套设施建设，加快东线旅游区的开发建设，积极搞好南、北旅游区的规划，逐步开发建设，改善交通和接待条件，与邻省区联成网络，将贵州建设成为全国新的旅游热点。"

第一，贵州旅游组织管理机构逐步完善。

1992年省政府第25次常务会议决定，将旅游业纳入贵州省国民经济和社会发展计划，并成立了贵州省旅游事业委员会。"负责贵州省旅游事业的规划、指导和协调工作"。

此后，贵阳、遵义、安顺市率先成立了旅游局，其中贵阳市旅游局和外办合署办公。1995年，省委、省政府将贵州省旅游局由政府组成局改为贵州省旅游事业管理局，同时组建贵州省旅游集团有限公司。集团归属省旅游局领导，并要求省旅游局三年实现自收自支。省旅游局迎难而上，积极面对这一重大考验。为适应市场经济发展形势，省旅游局筹备召开了贵州省旅游协会第一届会员大会。

第二，重视旅游规划工作。

旅游发展调整、恢复期，国家建设部批复贵州省政府《关于黄果树风景名胜区总体规划的报告》。1990年8月，省人民政府确定将赤水列为第二批省级风景名胜区。为进一步开发景区资源，1991年《赤水风景名胜区总体规划》完成，根据资源分布情况，将分布在630平方千米的十丈洞景区、四洞沟景区、后槽景区、天台景区、九角洞景区、九曲湖景区和景区外的13个独立景点作为系统规划的主要内容，并明确了赤水风景名胜区以瀑布群、竹海、桫椤、赤霞地貌、原始森林等自然景观为主，兼有革命纪念地、文物古迹等人文景观，为集游览、科普、保健、生态为一体的省级风景名胜区。1991年11月该规划通过论证。

在全省基本形成以国家重点风景名胜区为骨干，省级和县（市）级风景名胜区相结合的风景名胜区体系的基础上，1993年完成了省级风景名胜区贞丰三岔河总体规划的编制和论证，完成了县级风景名胜区息烽、黎平八舟河总体规划的编制和论证。同年，省人民政府批准将已列为国家重点风景名胜区的红枫湖作为旅游度假区试点，并经过一年多的努力完成了《红枫湖旅游度假区开发规划》的编制且通过了论证。

第三，基础设施和配套服务设施建设有所改善。

进入90年代，按照中共贵州省委提出的"发挥自然景观、民族风情优势，积极发展旅游业"的要求，逐步完善西线旅游区的配套设施建设，加快了东线旅游区的建设，在积极搞好南线和北线旅游区规划的基础上，逐步开发和建设南线与北线旅游区。1992年10月，贵州省第一家三星级饭店——贵州饭店落成。截至1995年，贵州省涉外饭店108家，各类星级宾馆42家。

"九五"期间，中共贵州省委提出"要把旅游业作为贵州重要的先导性产业开发"，并将旅游业的发展正式纳入《贵州省国民经济和社会发展"九五"计划和2010年远景目标纲要》，使贵州旅游资源开发和景区建设进入快速发展时期。其间，以贵阳为中心，加强了西线和东线旅游区的配套建设，加快了南线旅游资源的开发。

第四，旅行社在艰难中逐步发展。

由于体制问题（旅行社一直保持国有性质），贵州旅行社发展缓慢，从1987年46家到1995年168家（一类社5家、二类社28家、三类社135家），8年时间才增加了122家。

第五，对外宣传促销力度不断加强。

省旅游局有计划地组织带领各市和旅行社赴境外参加香港、东京、柏林、伦敦等世界著名旅游展销会，宣传推介贵州旅游产品。面对旅游业遭遇的各种灾害和不利因素，不断调整对外宣传、促销策略。将中国台湾、中国香港及新、马、泰等境外市场扩大到东北亚、欧洲、大洋洲、北美洲等地区，积极向日本、韩国、法国、德国、澳大利亚、美国、加拿大等市场进军，努力开辟新市场，同时不放弃老市场，深度发掘，继续培育老市场的潜力。

第六，旅游景区景点开发不断深入。

1998年中国第一座生态博物馆——六枝梭戛博物馆建成开放,成为贵州省第一个人文生态旅游地。与此同时,这一时期,贵州红色旅游开始兴起。贵州省爱国主义教育基地命名挂牌仪式在遵义市举行。命名的25个爱国主义教育基地有遵义会议会址、毛主席旧居、红军总政治部旧址、红军烈士陵园、娄山关红军战斗遗址、红军四渡赤水纪念碑、贵州省博物馆、息烽集中营旧址、贵阳黔灵公园、贵阳达德学校旧址、中共地下党贵州省工委旧址、红二六军团盘县会议会址、遵义沙滩文化遗址、大方县奢香博物馆、滇黔革命委员会旧址、王若飞故居、周逸群烈士故居、木黄红二六军团会师纪念馆、旷继勋烈士故居、都匀西山公园烈士纪念碑、红军强渡乌江战斗遗址、红军革命烈士陵园、邓恩铭故居、黎平会议会址、兴义烈士陵园,这些教育基地已辟为旅游参观点。

经连续开发建设,截至1995年,织金洞、红枫湖、潕阳河、马岭河峡谷、漳江风景区、赤水四洞沟、十丈洞瀑布、梵净山、荔波喀斯特森林、赤水桫椤保护区、草海自然保护区、历史文化名城遵义、镇远等第一批景区、景点开发建设已初见成效。

第七,旅游景区管理水平不断提高。

2000年为了规范旅游区的管理服务,提高综合素质,加强旅游资源保护,推进旅游标准化建设,国家旅游局开创了旅游区(点)质量等级划分与评定工作,经省旅游局初评推荐,依据国家旅游局评定批准,贵州有黄果树、龙宫、黔灵公园、红枫湖4处被评为首批国家AAAA级旅游区(点)。

第八,从数字看发展。

在调整、恢复阶段,由于贵州省旅游业仍未纳入省国民经济社会发展计划,故未统计其产出和占GDP的比重。此阶段出境旅游除公务、商务人员外,已出现少量探亲和观光游客,1995年贵州省达6000多人次。从表13可以看出,通过调整对内、对外宣传促销策略,加大宣传促销力度和加强旅游基础配套服务设施建设等措施,贵州旅游业取得了良好的成绩。1995年入境游客达到136459人次,比1988年入境多112813人,外汇增长2556%;国内游客增长128%;收入增长437%,但此阶段发展呈波浪式进行,起伏较大。

表 13 1990～1995 年贵州省旅游接待、收入情况

年 份	旅游人数总计（万人次）	境外旅游者（人次）	外国人（人次）	国内旅游者（万人次）	外汇收入（万美元）	国内旅游收入（亿元）
1990	401.64	24112	7444	399	180.90	0.19
1991	634.08	37453	10353	630	307.35	0.66
1992	1433.76	76293	18706	1426	686.13	2.21
1993	1657.50	102483	42570	1647	1049.45	4.29
1994	1712.08	120809	76133	1700	2109.63	4.28
1995	1764.10	136459	77836	1750	1897.73	7.18

资料来源：《贵州省统计年鉴》（1990～1995 年）。

从 1996 年起，旅游业正式纳入国民经济社会发展计划，当年统计贵州省旅游总收入相当于贵州省 GDP 的 3.15%，在全省国民经济中的比重还很小。进入 1997 年，贵州旅游业入境人次、创汇均有较大幅度的增长，通过表 14 不难看出，经过 1996 年贵州省旅游经济工作会议和之后其他一系列重要会议的召开及许多配套政策措施的出台，此阶段旅游呈现加快发展的趋势，取得了阶段性跳跃式增长。

表 14 1996～2000 年贵州省旅游接待、收入情况

年 份	旅游人数总计（万人次）	境外旅游者（人次）	外国人（人次）	国内旅游者（万人次）	旅游总收入（亿元）	外汇收入（万美元）	国内旅游收入（亿元）
1996	1812.53	125344	66743	1800	—	3811.95	8.53
1997	1865.02	150234	78072	1850	33.78	4429.10	30.81
1998	1895.13	151342	67736	1880	39.12	4429.10	30.81
1999	1926.70	166995	65664	1910	48.30	5501.54	43.75
2000	1988.39	183898	71183	1980	62.94	6092.23	57.95

资料来源：《贵州省统计年鉴》（1996～2000 年）。

3. 加快发展期（2000～2005 年"十五"计划期）

进入 21 世纪实施"十五"计划以后，贵州省委、省政府加大对旅游业的领导力度，召开一系列重要会议，下发一系列重要文件，出台许多扶持政策，在战胜各种严重自然灾害和社会不利因素影响的前提下，加快了

旅游业发展步伐，旅游产业六大要素得到全面提升，实现了贵州旅游业快速、健康、可持续的跨越式发展。

2000年10月，中共中央在《关于制定国民经济和社会发展第十个五年计划的建议》中，明确提出了要积极发展旅游产业的战略构想。2001年4月，国务院下发《关于进一步加快旅游业发展的通知》，提出把我国建设成为世界旅游强国的战略目标。并特别提出，西部地区要在西部大开发中重视旅游业的发展，将资源优势转化为经济优势，促进区域特色经济的发展。根据中央的批示精神，中共贵州省委、省人民政府提出了加快把贵州建设成为自然风光与民族文化相结合的旅游大省的目标。

第一，出台了一系列扶持旅游发展的政策。

1996年，省委、省政府在安顺召开了贵州省旅游经济工作会议。这是贵州历史上首次召开此类会议，将旅游业第一次提升到贵州省经济工作范畴，作为贵州新的经济增长点、新兴的支柱产业。省委发出"全党重视、全面发动、大办旅游"的号召，省政府提出"坚持外向带动战略，坚持加快发展的方向，唱好各类旅游区的特色戏"的思路。会后省政府下发《关于加快旅游业发展的决定》，提出用15年时间将贵州旅游业培植成新兴支柱产业。

第二，旅游投入开发力度逐步加大。

进入21世纪以后，中共贵州省委、省人民政府在《关于我省实施西部大开发战略的初步意见》中，把建设"自然风光与民族文化相结合的旅游大省"作为西部大开发的总体目标之一，贵州旅游资源开发与建设进入一个新的历史时期。为适应旅游业的快速发展，逐步加大风景名胜区的开发力度，省委、省政府提出"国家、地方、部门、集体、个人一起上""谁投资，谁管理，谁受益"政策。

第三，旅游产品不断丰富。

2001年按照"调整结构，重组资源，提升素质"的要求，进一步加大了全省旅游产品体系建设力度，对黄果树、龙宫、潕阳河等旅游区的基础设施进行了配套改造，对民族文化、屯堡文化、夜郎文化旅游产品以及大乌江等旅游产品加大了开发力度，一批工业旅游、农业观光旅游、生态度假旅游以及"农家乐"等形式的旅游产品得到了初步开发。红枫湖、雷公山、开阳、余庆大乌江、梵净山太平河、毕节织金洞、安顺龙宫等景区被列入 2001 年中国旅游业发展的 155 个优先项目。镇远潕阳河、织金恐龙湖被国家水利部列入全国首批 18 个水利风景区。经国家旅游局评审通过，贵阳市的河滨公园、森林公园被评为 AAA 级旅游区（点）。

2003 年贵州认真贯彻落实《中共贵州省委、贵州省人民政府关于加快旅游业发展的意见》，实施《贵州省旅游发展总体规划》，大力拓宽投融资渠道，加大了旅游开发建设的力度。开发了黔东南民族风情旅游线、黔南荔波茂兰风景区、遵义赤水—习水—仁怀旅游线、安顺屯堡—黄果树—龙宫—织金洞旅游线、铜仁梵净山—太平河—九龙洞旅游线、黔西南自治州马岭河—万峰林旅游线。经国务院批准，新增 4 个国家重点风景名胜区：都匀斗篷山—剑江风景名胜区、铜仁九龙洞风景名胜区、黎平侗乡风景名胜区、毕节六冲河—九洞天风景名胜区。加上原有的 8 个国家重点风景名胜区，全省共有国家重点风景名胜区 12 处，总面积达到 3234.8 平方千米。省人民政府批准第五批 21 个省级风景名胜区，即清镇暗流河、贵阳相思河、混潭滔江、平坝天台山—斯拉河、六盘水南开、雷山—雷公山、锦屏三板溪—隆里古镇、丹寨龙泉山—岔河、从江、三都都柳江、贵定洛北河、独山深河桥、晴隆三望坪、兴义放马坪、赫章韭菜坪、印江木黄、思南乌江白露洲、松桃豹子岭—寨英、万山夜郎谷、沿河乌江山峡、玉屏北铜箭笛之乡。至此，全省共有省级风景名胜区 57 个。

2004 年贵州开始积极发展工农业旅游。贵州醇酒厂、兴义下五屯万峰林、黔东南巴拉河内域农业旅游区、贵阳修文谷堡乡通过国家旅游局验收，成为"全国首批工农业旅游示范点"。2004 年为全国红色旅游年，遵义市列入了全国重点建设的 12 个"红色旅游区"之一，遵义会议会址、黎平会议会址等 10 个景区（点）列入了全国 100 个"红色旅游经典景区"，使贵州红色旅游资源纳入国家"红色旅游"主体骨干体系。

第四，旅游基础设施进一步改善。

此阶段（"九五""十五"期间），开通和在建高速公路有清黄、贵新、贵遵、凯麻、玉凯等线路。龙洞堡和各地州机场开通全国大中城市旅游航线 40 多条，开通韩国、日本、泰国等国家旅游包机航线。连接武汉、长沙国内铁路普遍提速，贵广高速铁路和高速公路也在建设中。

第五，旅游宣传促销不断创新。

采取市场引领的思路和新举措，省领导亲自带促销团到海内外宣传推介贵州旅游，在国内外旅游市场刮起强劲的"多彩贵州风"，形成党政推动、齐抓旅游的新局面。

举办了"多彩贵州"歌唱大赛、旅游形象大使选拔赛、旅游商品设计大赛能工巧匠选拔大赛和展销大会（即两赛一会）、《多彩贵州风》大型民族歌舞演出等系列活动，全力打造"多彩贵州"形象品牌，文化与旅游相结合走出了一条新路。以黄果树瀑布节、赏花游、民族风情游、乡村游为主题的一系列节庆活动，掀起了中外游客到贵州旅游的新高潮。

第六，兴起编制旅游规划和详规热潮。

为了落实中共贵州省委、省人民政府的战略决策，2002年贵州省完成了《贵州省旅游业发展战略研究报告》。报告提出了贵州省旅游业发展总体构想和贵州省的旅游形象定位，并建议，2015年前贵州应重点建设八大旅游区。即：黄果树、龙宫旅游区；黔东南自然风情旅游区；遵义—赤水、习水旅游区；大乌江、乌江三峡、梵净山旅游区；兴义、马岭河峡谷、万峰湖旅游区；乌蒙山文化旅游区；荔波旅游区；贵阳中心旅游区。

2002年全省各地加大了对基础设路项目的规划论证和可行性研究。赤水河流域、乌江流域等地区列入国家"长江三峡区域旅游发展规划"，黎平、从江、榕江和赤水等5个建设项目列入"西部旅游投资规划（西南片）"优先发展备选项目。贵阳市在实施第二环城林带工程中，重点建设六大主题公园：修文龙场竹园、金阳新区樱花园、金阳新区玉兰园、白云区都拉乡杏园、乌当区东风镇梅园、花溪区青岩镇桂花园。贵州关岭生物群地质公园建立，新增水城玉舍和雷公山为国家森林公园。

此阶段在省发改委、财政厅、建设厅等部门支持下，先后编制了省"九五"旅游发展计划、"十五"旅游发展计划，初步编制了"十一五"旅游发展规划和省红色旅游规划。在此期间，贵州省还组织、支持并督促9个地、州、市和部分县区完成了旅游发展计划、规划。不少景区不仅编制了规划，还编制了建设详规，为贵州省旅游业有序、科学发展提供了规划保证。

第七，积极推进旅游行业立法工作。

1996年经省政府批准出台了《贵州旅游市场管理办法》。1999年至2005年省人大先后三次批准、颁布了《贵州省旅游管理条例》《贵州省旅游条例》。加入"世贸组织"后，对《贵州省旅游管理条例》进行修改，重新颁布。以上法规、规章的制定，有效促进了贵州省旅游业管理向法制化、制度化、规范化迈进。

第八，重视旅游管理机构和人才队伍建设。

"九五"初，贵州省只有贵阳、安顺单设旅游局，其余市没有单设旅游局或成立合署机构。2002年贵州省9个地、州、市单设局，2个市为合署机构，贵州省105个县（区）有88个设立了旅游机构。人员配置实现了年轻化、知识化、专业化。

此阶段贵州省有几所高等院校开办旅游专业，为贵州培养大批急用人才。导游人员考试从"九五"初几百人增长到"十五"末几千人。每年坚持举办旅行社、饭店总经理培训班。90%以上从业人员经过岗前培训。

第九，生态旅游工作成绩显著。

在这期间，贵州旅游与生态发展相结合，主要完成了一系列重大工作。

一是抓住机遇，办好了几件大事。以2005年10月红军长征70周年为契机，筹备建设了"长征文化旅游节"，推进了长征文化博物馆的建设；以世界遗产级的旅游资源为支撑，积极做好世界遗产的申报工作；以"夜郎无闲草，黔山多灵药"的优势和"苗药"的药系品牌，建设了一系列研究与开发、生产与展销为一体的高新技术药物园，以开创贵州经济与旅游业结合之路。

二是实施旅游能力建设工程。包括旅游人力资源培育工程；旅游扶贫富民示范工程，推进旅游与农业开发、扶贫开发和生态建设相结合；旅游示范县率先带动工程，重点加强软实力建设，促进旅游主导型县域经济的发展；旅游信息能力建设工程，以提高旅游管理水平和加快旅游企业信息化进程。

三是不断重视周边客源市场的开发问题。在重视对全国、境外旅游市场开发的同时，重视对周边市场的开发，特别要以成渝地区、湘鄂地区为重点，改舍近求远为远近并举，实行创汇型向效益型转变的经营战略。

四是实施市场主导型旅游发展战略。将政府主导型旅游发展战略，改为市场主导型旅游发展战略，以利于政府宏观调控职能的有效发挥，和政府资源的有效利用，发挥了企业投资和经营的积极性。

第十，从数字看发展。

这一阶段，贵州旅游经历了"非典"和淮河流域大水影响，旅游业遭受了重大损失，入境人次和创汇及国内旅游人次、收入大幅下降。2003年比2002年入境、创汇、国内旅游人次、旅游收入明显下降（见表15）。但是和上一阶段比，此次恢复十分迅速，反弹很快，从2005年增长可以看出，此阶段国家和省综合经济实力增强，各项旅游基础、配套服务设施条件改善，其实力和条件远比"七五""八五"时期壮大和优越，对各类灾害的应变和抗御能力增强。到2005年，不仅旅行社、星级饭店的数量快速增加，旅游企业也取得了快速的发展，其中有些进入全国先进行列。

表15 2001~2005年贵州省旅游接待、收入情况

年 份	旅游人数总计（万人次）	境外旅游者（人次）	外国人（人次）	国内旅游者（万人次）	旅游总收入（亿元）	外汇收入（万美元）	国内旅游收入（亿元）
2001	2120.55	205466	78514	2100	81.46	6873.23	75.81
2002	2223.15	228091	84498	2200	106.43	7950.63	99.86
2003	1842.91	77045	23997	1835	116.75	2893.91	114.36
2004	2506.47	231023	76335	2480	167.59	8020.27	161.02
2005	3127.08	276194	92584	3099	251.15	10141.36	242.83

资料来源：《贵州省统计年鉴》（2001~2005年）。

4. 快速发展期（2006~2010年"十一五"计划期）

2006年是实施"十一五"计划的开局之年，省委、省政府召开了首届贵州旅游产业发展大会，至此，贵州旅游产业化发展成为全省上下的一致共识。

2007年在深入贯彻落实《关于加快旅游业发展的意见》的基础上，省委、省政府又相继出台了三个重要文件，并成立省旅游改革与发展领导小

组，提出"保住青山绿水、发展和谐旅游"的理念，进一步整合各方力量，加快了以交通为重点的旅游基础设施建设，全面实施旅游精品战略，荔波"中国南方喀斯特"世界自然遗产申报成功，黄果树、龙宫景区被评为首批国家 5A 级旅游景区。截至当年，贵州省有 3 个国家 4A 级旅游景区，13 个国家级风景名胜区，8 个国家级自然保护区，21 个国家森林公园，6 个国家地质公园，11 个国家水利风景旅游区，39 个全国重点文物保护单位，62 项 101 处国家级非物质文化遗产，2 个国家历史文化名城，6 个中国优秀旅游城市。形成了贵阳、安顺、凯里—镇远、黎平—从江—榕江、荔波、兴义—安龙 6 个综合旅游区，以贵阳为中心向东南西北延伸的 6 条精品旅游线路不断成熟。一批季节性旅游产品也逐步开发出来。如春季的赏花踏青之旅；夏季的漂流和避暑度假之旅；秋季的观瀑、吃新之旅；冬季的民俗体验、温泉疗养之旅等。在这一阶段，贵州旅游产业成绩斐然。

第一，产业发展条件不断改善。

一是旅游立体交通设施建设不断加快推进。尤其是"十一五"实施以来，基本形成了飞机、铁路、公路、航运立体交通网络，长期制约贵州发展的交通等基础设施建设获得突破性发展，旅游可进入性和通达性得到根本性改善。

全省 9 个市州地，有了 7 个机场，对发展旅游极为有利。全省高等级公路骨架初步形成，多条等级公路贯通，县县通油路、乡乡通公路，与周边省区市的交通接口逐步改善，实现总体畅通。

二是全省旅游服务接待设施有了较大改善，旅游接待能力有了一定提高，为旅游业发展奠定了良好的基础。

三是旅游区品牌建设取得明显成效，全省已开发多处高价值的旅游品牌景区景点。

第二，旅游产品开发成效显著。

一是通过旅游产品结构调整，全省已基本形成了观光旅游产品和度假旅游、乡村旅游、文化旅游、红色旅游、生态旅游、专项旅游相结合的多元化产品体系，完全可以满足不同层次游客的需求。

二是根据全省旅游资源的特点和不断变化的市场需求，精心营造旅游热点，突出发展会议旅游、温泉旅游、节庆活动等能充分体现贵州自然气候、民族文化特色的各种专项旅游产品，有效地提升了旅游产品竞争力。初步建立起了功能齐备、种类齐全的旅游产品体系，整体上构成了贵州旅游产品布局合理、品种多样和容客能力较强的格局。

三是根据贵州旅游资源广泛分布于广大农村地区、贫困山区、民族村寨的特点，以及发展旅游业能够较快带动部分旅游地区农民增收和脱贫致富的特点，在工作中努力适应旅游市场对自然生态、特色文化和休闲度假的需求，推出的乡村旅游、红色旅游、民族文化观光、地质奇观探秘，与当地农村发展、农民增收紧密结合，扶贫作用和带动功能都很显著。以旅游产品开发为核心，旅游配套产业、关联产业都得到长足发展，旅游资源开发正朝着综合化、多样化、精品化、集群化方向发展。

第三，旅游服务质量不断提升，市场的监管作用进一步加大。

一是重点检查旅行社企业对《贵州省国内旅游合同》（示范文本）的使用执行情况；二是严查旅行社挂靠、承包转让经营权或变相出卖经营权的行为，加大了对旅行社经营网点和分社规范经营的检查力度；三是进一步加大了对"黑社""黑车""黑导"和非法从事旅游经营行为的打击力度和旅游从业人员的监管力度。与此同时，还成立了贵州省旅游局旅游服务质量提升工作领导小组，加强对全省旅游服务质量提升工作的组织指导。

经委托省统计局开展游客满意度调查，2010年全省旅游综合满意度为81.9，同比提高14.65百分点。2010年全省受理有效旅游投诉共计169起，结案169起，结案率达100%，涉及理赔金额17.14万元。其中省旅游质监所直接受理投诉54起，结案54起，结案率达100%，旅游投诉与上年同比下降32.94%。

第四，旅游体制创新，多元化投资格局加快形成。

各级政府在加大对旅游业投资的同时，积极探索旅游资源所有权、管理权、经营权相分离的路子，旅游管理体制逐步得到理顺。

第五，旅游业与文化产业有机结合。

近年来，全省旅游业与文化产业加快融合，高起点规划了旅游文化产业发展，提升了旅游发展品位和优化旅游开发格局。一是加强旅游景观和项目的文化内涵建设，提高了旅游产品文化含量；

二是开发和推出历史文化旅游线路，为游客提供了丰富的特色文化体验；三是创作多彩贵州旅游演艺文化，形成了有影响力的旅游文化新产业；四是大力开发民族民俗产品，不断推出旅游文化节事活动；五是精心打造红色旅游基地，丰富了革命传统文化教育。

第六，旅游商品开发不断推进，旅游业产业链和价值链不断延伸。

贵州可以开发利用的旅游商品门类齐全，种类繁多，底蕴深厚。全省近年来的旅游商品开发，把贵州旅游信息和旅游文化传播到了全国和世界各地，成为贵州旅游市场异军突起的一支宣传大军；不仅丰富全省旅游资源，还进一步增加了全省旅游的可观、可赏、可品性；特色旅游商品的开发，极大增加了旅游业的收入，从而为全省旅游业进一步向纵深和高层面发展奠定了经济基础。既带动对贵州文化和旅游文化的探讨和丰富，又反过来促进了贵州旅游景点、景区的建设。

第七，旅游行业立法工作积极推进。

1996年，经省政府批准出台了《贵州旅游市场管理办法》。1999~2005年，省人大先后三次批准、颁布了《贵州省旅游管理条例》《贵州省旅游条例》。加入"世贸组织"后，对《贵州省旅游管理条例》进行修改，重新颁布。以上法规、规章的制定，有效促进了贵州省旅游业管理向法制化、制度化、规范化迈进。

第八，从数字看发展。

近年来贵州旅游业不断加快发展。2006~2010年，全省旅游收入分别为387.05亿元、512.28亿元、653.13亿元、805.23亿元、1061.23亿元。旅游总收入在全国的排名由18位上升至17位。"十一五"规划以来，全省旅游业加快发展，对扩大经济总量、推进对外开放、带动服务业发展、增加劳动就业和居民收入等方面发挥着越来越大的作用。

20世纪以来贵州旅游业发展历程表明：发展旅游产业，有利于推动经济发展方式转变，化解贵州经济发展与资源环境矛盾突出的问题，符合建设资源节约型和环境友好型社会的国家战略；发展旅游产业，有利于拉动内需，促进就业增长，符合贵州人口多、就业难度大的基本省情特点；发展旅游产业，有利于带动服务业和相关产业成长，促进城乡统筹发展，实现贵州经济社会的可持续发展。

表16 2006~2010年贵州省旅游接待、收入情况

年 份	旅游人数总计（万人次）	境外旅游者（万人次）	外国人（万人次）	国内旅游者（万人次）	旅游总收入（亿元）	外汇收入（万美元）	国内旅游收入（亿元）
2006	4747.89	32.14	10.70	4716	387.05	1151.66	277.79
2007	6262.89	43.00	15.48	6220	512.28	12917.55	504.04
2008	8190.23	39.54	18.22	8151	653.13	11697.37	643.82
2009	10439.95	39.95	16.28	10400	805.23	11044	797.69
2010	12913.02	50.01	18.61	12863	1061.23	12958	1052.64

资料来源：《贵州省统计年鉴》（2006~2011年）。

（三）瑞士旅游发展历程对贵州的启示

瑞士的旅游业起步比贵州早一个世纪。而贵州从起步阶段的旅游接待、收入情况来看，旅游业发展几乎从零开始，一切基础性工作都从头做起，较之瑞士旅游发展不可同日而语。巨大的初创差距，为贵州旅游业发展铸就了一条艰辛的道路。从两地旅游业的发展历程来看，向瑞士学习，应该得到如下的启示。

1. 创造享誉全球的旅游精品

只有700多万人的瑞士，缔造了无数的精品。瑞士建造了欧洲海拔最高的火车站和欧洲最早的登山火车；建造了世界首架360度旋转大容量高空缆车；建造了夺得世界建筑金奖的卢塞恩文化艺术中心；拥有世界上最大规模的钟表博物馆、欧洲最现代化的自然历史博物馆、欧洲最大规模的交通博物馆以及欧洲最独特的露天博物馆。这些精品项目从一开始就聚焦了世界的目光，极大地提升了瑞士旅游的品质。

贵州最早的旅游品牌黄果树也拥有世界第二的美誉，却没有绝对地聚焦世界的目光。

2. 开发种类齐全的旅游产品

瑞士用尽了其湖光山色的优势，旅游产品遍及水上水下、山上山下、

地面空中，还设计了许多文化与自然、历史与现代完美融合的旅游项目，全年吸引着不同年龄、不同爱好的旅游者。从贵州旅游的发展历程来看，贵州的旅游资源丰富多彩，就旅游项目来看，在民俗节庆旅游、季节游、休闲游、山地运动旅游等等很多方面还有很大的发展余地。

3. 学习无比周到的旅游服务

瑞士的旅游服务是瑞士教育文明程度高的最好体现。

瑞士的旅游信息服务非常周到。在航空、港口、车站、码头以及景区、景点，游人都能充分感受到旅游信息服务的国际化、人文化与多样化，不仅有多种形式的信息传播，而且还是多种语言，内容涉及当地旅游交通信息、租赁信息、餐饮食宿、文化艺术活动、名牌商品以及救助服务等。

贵州的旅游服务应该改变当前的"乡土"模式，提高服务标准，对不同国家游客的旅游心理、旅游需求加强研究深入调查，处处体现以人为本的服务理念。正如瑞士在旅游观光景点的设计上体现了人性化的理念。圣第斯山、铁力士山的全景观光餐厅，地处高寒，设计者匠心独具地给餐厅配以柔和的暖色调，与室外寒冷的白雪形成鲜明的对比，再配以温暖舒适的餐饮设施和室内观光设施，让人们在体验了"极地"风光之后，又回归到如家的感觉，在舒适轻松的氛围中，完全忘却了空寂孤凉。在瑞士英格堡小镇，由于高凸不平的地形关系，人们出行多靠汽车，但在建筑密度较高的这个小镇，路宽最多只有两个车道，为了减少车辆停靠，瑞士的旅游车辆都停在随山坡走向而建的住宅下层车库或住宅顶部的车库，车库与住宅融为一体。若从临街角度望去，很难发现车库的位置，既方便了市民出行，又不影响市容。这种设计与今天世界各地车辆遍布的城市景观形成了鲜明的对比，令人羡慕。

4. 严格自律、诚实经营

贵州的旅游业从业者，应该学习瑞士人守时、守信的行业精神。瑞士的旅游市场秩序规范，不存在质次价高的不正当竞争，旅游购物不用担心被"宰"，游客有一种回家的感觉，游得开心，购得放心。如瑞士手表在全国价格统一，无论是在城镇还是在乡村，无论是旅游景点还是一般商店，同一型号的表标价都是一样的。

5. 旅游规划科学严谨

瑞士的旅游规划非常严谨。为避免破坏当地地貌，瑞士的观景设施往往采用嵌入式、地下式和封闭式构造。在交通体系中，全部采用隧道、观光火车、升降机、缆车等设施设备，使游客能够快速地在对生态环境地貌景观基本没有破坏的情况下进入景区，游客的旅游活动也被控制在一定的范围和区域之内。贵州的旅游规划虽然开始较早，但是预见性、科学性还有待提高。重复建设和反复规划大量存在，随意性较大。

6. 生态保护贯穿旅游开发各环节

充分尊重自然地貌，是瑞士旅游景区的一大特色。瑞士的著名景点少女峰，从19世纪开发之初就充分考虑了环保问题。为让游客欣赏到阿尔卑斯山美丽的冰川风光，又不破坏山区原始风貌，建设者放弃修建缆车的设想，而是修建了世界上最陡峭（坡度48%）的山壁齿轨铁路。铁路隐藏在山中，原生态环境得到了很好的保护。难能可贵的是，瑞士还严格控制游客接待数量。旅游景区确定游客接待数量时充分考虑环境容量和公共设施的承载力，进行科学严格的规定。山顶的酒店在游客过多时，会自动拒绝订房，因为所有景区的价格体系和人员进入体系都是经过环境科学家们精心考察后制订的，系统会自动操作。实施清洁排放，有效避免了对环境的污染。瑞士无论是农村还是城市，瑞士水系统都已符合直接饮用标准。显然，我们应当借鉴瑞士把环保融入旅游各个环节的做法，进一步完善贵州的环保法规，以使贵州的景区更加山清水秀、空气清新。

7. 旅游业与其他产业融合发展

瑞士在发展旅游中，不仅开发了一批富有特色的旅游大项目，同样注重开发小商品并将其培育成为旅游商品名牌。瑞士的手表、军刀、巧克力早已走遍世界。旅游购物，成为瑞士现代旅游经济的重要组成。作为旅游强国的瑞士，工业高度发达，工业技术先进，产品质量精良，机械制造、化工、医药、食品加工、纺织业等产业在国际市场具有很强的竞争力。瑞士的音乐盒、木雕、陶瓷、漆器等享有盛誉，工业产品有机地融入了瑞士的旅游发展中。瑞士的旅游业发展实践证明，旅游业与工业等发展紧密相关，不仅不矛盾，而且相互促进，相得益彰。贵州在"三线建设"时期，留下了许多军工厂矿，随着国有企业改制，一些比较有特色的航空航天企业面临转轨。贵州可以大力发展航空旅游，尤其在黄果树周边的航空产业园区附近，完全可以开发空中看瀑布等旅游项目，并生产相应的航空旅游商品。

（四）贵州旅游产业发展趋势

贵州与瑞士同样经历了旅游业发展的起步、发展、稳定阶段，只是时空上相隔一个世纪。21世纪的贵州旅游业发展，相当于瑞士20世纪的旅游业高速发展期。从这一时期的贵州旅游产业的发展趋势来看，旅游产业作为贵州特色产业而迅速成长起来的新兴服务业，发展潜力巨大，前景市场广阔。

其主要特点：一是具有"以人为本"的文化内容和体验消费的特点。发展旅游产业，有利于实现人的全面发展，体现"以人为本"、构建和谐社会的发展目标。二是具有"绿色产业"的鲜明特征。在旅游业发展同一阶段，贵州比较瑞士发展旅游业，有更多优势。

1. 区位优势

一是在宏观区位上，贵州处于大西南的东南部，属近海内陆省份，周边省市区人口稠密，经济发展快，旅游消费能力强，客源充足。既便于接待东南沿海和港澳台地区游客观光旅游和休闲度假，又是内地游客赴沿海开发地区旅游的重要通道，有利于发展过境旅游。特别是贵州省高速公路"六横七纵八联"交通骨架的规划和近期贵广高速铁路和公路的建设，将使贵州的区位优势大大提升。

二是在旅游区位上，贵州处于广西桂林、云南石林、四川九寨沟、重庆三峡、湖南张家界等旅游热点的中心区，有利于加强横向联合，建立高端旅游网络系统。

2. 资源优势

贵州旅游资源具有数量多、类型齐的特点，如在世界目前已开发的15种主要自然旅游资源中，贵州就占有山地、高原、洞穴、泉水、瀑布、野生动物等10种，且数量多，形态各异。

目前世界已开发的历史遗址、革命胜迹、寺庙教堂等20种主要人文风情旅游资源中，贵州占了近80%。

从贵州旅游资源的分布、构成、景观质量及特征、开发程度、社会状况等来看，旅游资源具有环境的多样性、景观的独特性、气候的宜人性、资源的丰富性、民族风情的多彩性、地域分布的广泛性、自然与人文的融合性、同纬度上的原生态性、开发潜力的巨大性等特征。目前全省侧重开发的名山、民族风情、红色旅游、森林旅游、溶洞、气候、文物古迹等旅游资源存量还很大，有较大的可持续开发潜力。

3. 产品优势

贵州全省旅游资源产品具有质量较高特点，主要表现在以下三个方面：一是世界级旅游品牌已初步形成。目前省内的荔波大小七孔、黄果树瀑布、龙宫、织金洞已成为世界自然景观而闻名于世，作为自然景观一流品牌的地位已不可动摇；二是拥有一定数量的国家级景区、景点，这些景区景点涵盖了自然景观和人文景观两大类型，且具有叠加的作用，在国内外游客的心目中占有重要位置，游客呈现长旺不衰的态势；三是初步建立起了功能齐备、种类齐全的旅游产品体系。目前建成的景区整体上构成了贵州旅游景点布局合理、品种多样和容客能力较强的格局。

4. 资源整合优势

贵州旅游资源在空间上、类别上、开发方式上具有地域分布相对集中的特点，资源组合得体，便于高效开发；旅游资源具有多样性的特征，各具特色的自然景观、民族文化在不同类型上的组合，地域上的组合，很大程度上避免了景观的单一性和同质性；贵州气候宜人，生态环境质量较高，民风民俗古朴，具备发展以回归自然为主题的生态旅游、休闲度假和探险旅游的良好基础。多种旅游方式的组合，能够加深资源开发的深度，丰富旅游产品，提高品位。

5. 产业优势

从产业基础来看，贵州省旅游业经过多年发展，"食、住、行、游、购、娱、康、教"等产业链已基本形成，其规模经济效益已初露端倪。

从旅游业自身的产业特质来看，旅游业是一个关联作用强大的产业，能带动或促进其他相关部门、地区或市场的发展，从而间接影响整体经济增长水平的提高。旅游业要完成"食、住、行、游、购、娱、康、教"一系列活动，直接需要交通、住宿、饮食、商业、娱乐、咨询业等部门的支持，而这些部门本身的前后产业联系则构成了旅游业间接的产业联系。据世界旅游组织公布的资料显示，旅游业每增加直接收入1元，相关行业的间接收入就增加4.3元。旅游业自身强大的关联能力增强了它的产业优势。

从旅游产业的发展态势来看，贵州省旅游业正面临前所未有的发展机遇。在这一阶段，文化休闲旅游作为新的消费热点，将成为推动经济社会发展的新动力。贵州省旅游市场前景广阔，多样化和多层次性旅游产品的深度开发将会被赋予更加丰富的内涵和更高的品位，更具旅游吸引力和生命力。所以，国内旅游急速扩张为贵州省发展旅游业提供了强大的市场需求，而市场需求旺盛会推动旅游产品价格的上升，从而进一步增强旅游业的产业优势。

三 贵州与瑞士特色文化旅游和产业发展比较

（一）贵州与瑞士民族民俗文化旅游比较

1. 贵州与瑞士民族构成相同点和不同点

（1）两地均受周边文化影响

贵州的少数民族，除苗族、侗族、彝族、布依族等外，在一定程度上被汉族同化，本民族文化保存不力。贵州海拔高、多山，处于内陆，深受周边地区的影响，即东部属于楚文化，东南部属于两粤文化，南部、西南部属于滇文化，北部、西北部属于巴蜀文化。

瑞士由于主要地处法国、德国和意大利的交界处，所以其文化深受三国影响。

（2）两地民族数量、居住聚集程度不同

贵州18个世居民族居住地不存在明显的界限，呈现出典型的大杂居、小聚居的格局。除交界处外，贵州每个城市都以汉族居民为主，周边地区聚居了较多的少数民族居民。

瑞士每个民族都很好地保存了本民族的文化，瑞士每个城市及其周边地区均主要由同一民族居民居住。而瑞士的四个民族居住地相对有一个清晰的界限，德意志族主要居住于北部、东部和中部，法兰西族主要居住于西南部，意大利族主要居住于南部，罗曼什族主要居住于东南部的格劳宾登州。

2. 贵州与瑞士传统民俗节庆文化相同点和不同点

（1）贵州的传统、民族节日众多

贵州的某些节日如撮泰吉、端节、四月八等很具民族特色。撮泰吉形式、内涵类似于驱鬼节、受难节；端节形式、内涵类似于秋收节；苗族四月八、彝族火把节都是为了纪念民族英雄，而载歌载舞进行比赛的内容又与瑞士的约德尔节相似。

端节 端节是水族人民辞旧迎新、欢庆丰收、祭祀祖先、聚会亲友、预祝来年丰产的年节。"端"者为年末岁首之两端，水族历法，以农历九月为岁首，农历八月为岁末（除这点外，水历与农历一样），年末岁首正值谷熟时节，即为"端节"的时间。"端节"主要覆盖都柳江中上游地区。节日是分期分批地过，从水历十二月（农历八月）第一个亥日，第一个端节开始，到水历二月（农历十月）第五个亥日的最后一个端节，共分七批次过端节，是为世界上历时最长的民族民间传统节日。每年"端节"期间，三都水族自治县都要举行大型的节日活动。

四月八 "四月八"是苗族的传统节日，以贵阳地区最为隆重，主要是纪念苗族英雄，每到这天，都要做乌米饭吃，并用乌米饭来祭自己的首领。这一天（农历四月初八），邻近的修文、开阳、惠水、清镇等县（市）的苗族同胞，都要身着节日盛装，成群结队，从四面八方云集于贵阳喷水池，吹着芦笙、笛子、洞箫，欢歌笑语，翩翩起舞，欢度自己的传统节日。其他地方如麻江、黄平、施秉及松桃等地的苗族，虽也过"四月八"，但他们称"四月八"为"敬牛节"，这天，放牛休息一天，并煮稀饭给牛吃，其节日意义不同。

撮泰吉 "撮泰吉"如今只流传在贵州威宁彝族回族苗族自治县板底乡裸戛村。"撮泰吉"的角色是老祖宗的化身，人们称为"神鬼"，主要以未进化成人类的猿猴特征来进行装扮，充满神秘感；面具为突额大鼻，身穿黑衣，缠绕白布带，表示初民为裸体，头饰包缠成尖顶状，行走为罗圈腿步态，言语为抽气发音含混不清。演出的全过程相互只能以角色名称称呼，如叫真名，怕被勾走灵魂。过去演出都在夜间举行，场地在村后的平地上，以灯笼及火把照明，面具存放在村边的山洞中。"撮泰吉"反映的是变成鬼神的祖先当初迁徙、垦荒的艰难场面，并借助祖先的威灵来保佑后裔和驱逐邪魔瘟疫。

火把节 彝族"火把节"的来历有两种传说。一说，在彝族历史上的一次战争中，彝族首领被围困，情况十分危急。情急中，有人突然心生一计，于农历六月二十四日深夜，点燃无数火把绑扎在牛羊角上，向敌营猛烈冲去，敌人不知实情，误认为彝王还有无数生力军，再战必将吃亏，慌忙撤军败逃。彝王反败为胜，遂把这一天定为纪念日。二说，某年天干，虫灾四起，禾苗受到伤害，为保护庄稼、与自然灾害作斗争，彝族首领号召民众于农历六月二十四日之夜起，统一行动，人人点燃火把驱逐害虫。因飞蛾、蝗虫等害虫夜里见到火光，会扑火自焚，烧杀效果很好，经数夜奋战，消灭了虫害，保护了庄稼，喜获丰收，彝族人民遂把这天定为欢庆胜利的纪念日子。

（2）瑞士的传统节日

瑞士的民俗节庆如圣诞节、复活节等大多与临近的其他国家相同，而贵州的民俗节庆如春节各个民族也都庆祝。瑞士的耶稣受难节、秋收节、驱鬼节、日内瓦登城节、约德尔节等最具有民族特色。

秋收节 秋季是丰收的季节，这不仅意味着要记得感谢上帝的赐予，而且要在市场上庆祝丰收，并做好冬季的储备。11月11号的圣马丁节（StMartin's Day）是缴租金的传统日期，人们常常以宴会的形式来庆祝。在这段时间，瑞士的不同地区会举行各种各样的庆祝活动。

受难节 提契诺州的门德里西欧镇在复活节前的星期四、五扮演当年目睹耶稣上十字架的犹太人和罗马人。这些业余爱好者穿着来自意大利米兰的漂亮服装，另有50匹马也一起参加演出。

驱鬼节 每年12月31日在阿彭策尔州的乌尔奈施镇举行驱鬼节，这是持续了200多年的传统节日。戴上修饰得漂亮而精致的帽子，穿上独特的衣裳，再配上假面具："漂亮的克劳斯""丑的克劳斯""不丑不美的克劳斯"，人群一边唱岳德尔歌，一边访问每个家庭。据说是为了驱赶恶魔而进行的活动。

约德尔节 约德尔节每三年在瑞士小城因特拉肯举办一次，节日上人们身着传统服装，进行约德尔歌唱、舞旗和阿尔卑斯长号比赛。传统民族节日的欢欣气氛非常浓郁。

日内瓦登城节 登城节是日内瓦最重要的传统节日，在每年的12月11日举行。在瑞士日内瓦老城，午后温暖的阳光照在狭窄的街道上，身着17世纪初服饰的日内瓦人随处可见。每年此时，他们盛装迎接日内瓦登城节的到来。节日主要的庆祝活动安排在最靠近12日的周六，以便在假日让日内瓦居民重温昔日成功抗击外来入侵的壮举。

(3) 贵州与瑞士传统民俗节庆文化不同点

贵州传承历史节日，瑞士不断创造新的节日。

贵州省相继举办过贵州饮食与茶文化节、马铃薯文化节（类似于瑞士的葱头节）、良上乡民族文化节、彝族文化节和安顺屯堡文化节等。文化节的举办应具有延续性，一年一届是合理的。

瑞士在传统节日方面没有很多过人之处，具有浓郁地方风情的节日往往限于一个狭小的地区，而无法在全国范围内流行，所以，游客如果要体验某个节日，须到特定的地方去。但瑞士善于节日创新，如红酒节、葱头节、牧人节和瑞士技术节等。

（二）贵州与瑞士传统手工艺文化旅游和产业发展

1. 贵州与瑞士传统手工艺文化相同点

(1) 两地的民族传统手工艺产品均以民族特色为基调

贵州各民族传统手工艺产品很多，其中，黔东南地区苗族银饰式样最多，最为丰富多彩。苗族银饰不仅体现苗族人民的审美观念还体现佩戴者的富有身价。

各民族刺绣作品的艺术风格不尽相同。各民族刺绣中，苗族刺绣最有特点。苗族刺绣有平绣、凸绣、辫绣、堆花、绉绣、缠绣、挑绣、抽花等十多种针法。平绣构图匀称，色调分明，有明显的物象感；凸绣通过多层次针法增强图像的立体感；辫绣给人以深沉、粗放的感受；堆花古朴典雅；绉绣有浮雕感……艺术大师刘海粟曾给苗族刺绣、挑花以高度评价，认为苗绣体现了苗族妇女"巧夺天工"的聪明才智。织锦的彩锦色彩丰富,厚重结实。常用的颜色有红、黄、蓝、绿、青、紫、黑、白等。多以暖色为基调,强调色彩的鲜明和对比,因而既色彩绚丽,又艳而不俗。

自17世纪开始,瑞士便以丝绸、缎带、穗带、刺绣而闻名于欧洲,因而瑞士的民族民间服装也十分丰富多彩。妇女的紧身围腰、披肩式的三角围巾都饰以花边,本色的麦秸草帽以及用金属丝作为框架的黑色花边双翼帽在瑞士西部也很流行,甚至于麦秸帽、小黑帽的后部都要饰以缎带。

每逢喜庆节日,瑞士人的民族服装以鲜艳的红色为主调,再衬以黑色,格外艳丽,而且醒目。阿尔卑斯长号原是阿尔卑斯山区牧民召唤牧群、传递信息的工具,其有文字记载的历史已超过500年。它的音乐产生取决于吹奏者吹出的气流的长短、压力的强弱,特别是吹奏者嘴唇的不同方式的颤动。这种强弱、频率变化的气流经过长长的木制号管的共鸣与放大而产生了悠长持续、绵绵不绝于耳的美妙音乐,并能传播到很远的地方。瑞士手表从靠近法国的日内瓦向外扩散,主要是沿汝拉山脉一线向东北蔓延,一直到东北面的沙夫豪森,在瑞士北半部遍地开花。如今,瑞士手表95%用于出口。瑞士军刀,又常称为瑞士刀或万用刀,是含有许多工具在一个刀身上的折叠小刀,由于瑞士军方为士兵配备这类工具刀而得名。

(2) 贵州的传统手工艺产品

贵州银饰 在苗族、侗族、瑶族、水族等民族服饰中占有十分突出的位置,特别是女盛装,银饰成为必不可少的要素。银饰做工精细,造型精美。其中,苗族银饰不论是从品种数量、造型风格,还是从制作工艺上讲,在中国民族服饰中也是十分突出的。

刺绣 流行于贵州苗族、布依族、侗族、土家族 彝族、仡佬族、水族、壮族、瑶族等民族中。其技法大同小异,一般用纸剪成图案作底样,或用笔先画好图案,然后在底样上用彩色丝线绣出。也有的不用底图、信手绣出。图案多为自然界常见的花鸟虫鱼等动植物以及人物形象,或为这些形象的变形。

蜡染 贵州被誉为中国的"蜡染之乡"。蜡染主要流行于苗、布依、水、瑶、仡佬等民族中。是贵州许多少数民族的传统手工艺品,也是民间艺术园地中的奇葩。蜡染古称"蜡缬","缬"的意思是染彩,它与"绞缬"（扎染）、"夹缬"（印花蓝布）一起被称为中国古代的三大蜡染工艺。蜡染的起源可追溯到两千多年前秦、汉时期，甚至更早。在历史文献中有关蜡染的记载很少，《后汉书》、《临海水土志》、《新唐书》等虽有"染彩""斑文布""卉服鸟章"等记述，但都没有确指蜡染，到了宋代文献中才对蜡染有明确的说法。如南宋周去非的《岭外问答》说："以木板二片，镂成细花，用以夹布，用灌蜡于镂中，而后乃积布取布，投诸蓝中，布既受蓝，则煮布去蜡，故能制成极细斑花，炳然可观。"贵州蜡染始于何时，说法不一。早在唐代，贵州一些少数民族就已掌握了"点蜡幔"的蜡染技术。到了宋代以后，由于工艺的变迁，蜡染在中原逐渐消失。据文献记载，明洪武年间蜡染在贵州极为盛行，成为一项重要的商品，并开始外销。至今，在北京故宫博物院里，还保存着11世纪和17世纪的贵州蜡染文物。

玉屏箫笛 侗乡民族传统手工艺品和民族乐器，产于被誉为"箫笛之乡"的玉屏侗族自治县。当地制箫始于明万历年间，因玉屏古名平溪卫而称"平箫"，至今已有400多年历史。制笛始于清雍正五年（1727），因改卫设玉屏县，始称"玉笛"，故玉屏箫笛又称"平箫玉笛"。清代被列为贡品，故又名"贡箫"。玉屏箫笛用本地特产的小水竹、紫竹制作，须经过四大工艺流程、七十二道工序。其外形典雅，音质纯正，音色圆润，椭圆形扁箫为箫中上乘。玉屏箫笛不仅是中国著名的乐器，还是高雅珍贵的手工艺品，其传统雕刻颇具特色。

织锦 主要流行于苗族、布依族、侗族和瑶族中。织锦分素锦和彩锦。素锦流行于丹寨苗族和从江侗族中，而彩锦则在各民族中均有流行。素锦多以黑白为基调，属通经通纬织造。通过经、纬的交织，平纹纬不露锦面。花纹纬是根据图案对颜色的需要，随着地纹和平纹来回缠绕而向上挑织的，所以叫做"断纬"。图案方面，与素锦基本相同。兴义、安顺一带布依锦和黔东南台江一带苗锦多以各种龙纹为主体，辅以鸟（凤）纹、鱼纹和花卉等相陪衬，使锦面图案主题突出，色彩斑斓，分外艳丽。

（3）瑞士的传统手工艺产品

瑞士民族服饰：妇女们穿红色的丝绸裙子、黑色的天鹅绒紧胸衬衣，并在短而宽松的袖子上饰以缎带。丝绸女裙上也绣着各种纹样。哥吉斯堡的瑞士女裙短到膝盖处，袜筒也是短的。紧身围腰上饰以银链和银制的玫瑰花饰。男子服装，式样较为简练，在白色亚麻布衬衣的外面穿上红色的背心，脚上是粗糙的亚麻长筒袜和黑皮鞋。在伯尔尼地区，无檐女帽是以黑色天鹅绒制成的，上面还有马鬃编织成的花边。而在另外一些地区，女子多戴宽檐的麦秸帽。瑞士人制作首饰相当著名，耳环、戒指、手镯、项链、纽扣、饰针以及现代的机械手表等，为瑞士民族服装增添了无限的光彩。

手表 瑞士手表举世闻名，但是制表业却不是在瑞士土生土长的。16世纪末，法国的宗教斗争导致了一场大屠杀，追随加尔文的胡格诺派教徒纷纷逃到瑞士，带来了制造钟表的技术。这种法国技艺和当地的金银首饰业相结合，就出现了瑞士的制表业。

军刀 在瑞士军刀中的基本工具常为圆珠笔、牙签、剪刀、平口刀、开罐器、螺丝起子、镊子等。要使用这些工具时，只要将它从刀身的折叠处拉出来，就可以使用。

阿尔卑斯长号 这种长3~4米、重4公斤的木质号角已成为瑞士山区文化的代表。树木砍伐下来后，要将木材干燥六七年的时间后才开始用来制作长号，只有这样才能得到完美的音质。一支长号的整个制作工序需要80个小时的精雕细作，价值至少3000瑞士法郎。阿尔卑斯长号虽然体积巨大，却是结构再简单不过的乐器。它没有一般吹奏乐器必需的按键与簧片，甚至在管壁上除了吹口与末端的喇叭口外没有任何其他气孔。

2. 贵州与瑞士传统手工艺文化的不同点

贵州传统手工艺尚未产业化，瑞士已形成品牌效应。

尽管贵州出现了不少民族手工艺生产厂家，如贵州苗皇蜡染有限公司，但总体看来，都没有形成品牌优势，致使贵州民族手工艺在国外名气不大。

瑞士最具代表性的两种民族手工艺手表和军刀现代化程度高，但手工与机械制造结合得很好。在一百多年的发展历程中，不断创新，精益求精，以至于其他国家的仿造难以乱真，已经形成品牌效应。瑞士手表的著名品牌主要有劳力士、浪琴、百达翡丽、天梭、斯沃琪等。瑞士军刀一般只有Victorinox和Wenger的产品才被认为是正宗的瑞士军刀。2005年维氏兼并了威戈。

(三) 贵州与瑞士文化旅游资源和产业发展

1. 贵州与瑞士思想史文化资源

(1) 贵州与瑞士思想史的相同点

瑞士、贵州在历史上都曾长期落后于周边地区，在精神文化领域尤其如此。但两地惊人巧合的是，在十六世纪，仅仅相差30年左右，两个地区都有外来的思想家开宗立派，成为文化高标，令后世瞩目，这就是加尔文主义和王阳明心学。

王阳明心学的核心思想致良知也和加尔文主义中"都以为了良心自由的缘故可以牺牲世界上任何东西"的思想有相似之处。自清初，阳明心学在国内受到压制，但传到日本后，成为日本近代快速崛起的精神动力和思想指引之一，这也和加尔文宗促进欧美资产阶级革命的发生有近似之处。

美国著名历史学家班克罗夫特称加尔文是"美国之父"；菲利普·沙夫说，"加尔文成为历史上最英勇的法国胡格诺派、荷兰乞丐派、英格兰清教徒、苏格兰誓约派和美国新英格地区清教徒前辈移民之父，他们都以为了良心自由的缘故可以牺牲世界上任何东西而闻名于世"；马克斯·韦伯也认为新教伦理中有一种可以称之为"资本主义精神"的东西，它对于近代资本主义的发展起着至关重要的作用，而这个特殊的"资本主义精神"则主要是加尔文宗教改革的副产品。

加尔文改革的是罗马天主教，而王阳明改革的是程朱理学。前者属于宗教，后者属于哲学。

(2) 贵州与瑞士思想史的不同点

贵州与瑞士思想史的流传地区和后世影响不同。

王阳明1472年生于浙江省余姚。正德三年（1508），王阳明被贬为贵州龙场驿（今修文县）作驿丞。王阳明在贵州三年，政事之余，探索儒学，终于"龙场悟道"，正式创立了阳明心学。阳明心学在明代中后期影响极大，并逐渐演化成了七个流派：江右学派，南中王门学派，粤闽王门学派，北方王门学派，楚中王门学派，浙中王门学派（左派），阳明左派（泰州学派）。

阳明祠，位于贵阳市东扶风山麓，始建于清嘉庆十九年（1814年）。后年久失修。20世纪80年代末，贵阳市政府修复。依据旧拓片，由客居姑苏的黔籍书画家谢孝思先生雇请刻石名手，将碑刻一一复制。阳明洞位于贵阳市修文县城东1.5公里的栖霞山上。王守仁在此三年，其著名的"致良知""知行合一"等重要思想及一些脍炙人口的散文名篇便是在此写出的。洞旁现存清代建筑数座，石刻题咏甚多。建在石岩之上的君子亭，为六角重檐攒尖式清代建筑，亭东北岩石上有（清）贺长龄书录王守仁《君子亭记》碑刻。亭岩石壁下有蒋介石题刻"知行合一"四个大字。

加尔文1509年生于法国北部皮卡迪的努瓦荣。1541年，他在日内瓦城创立加尔文宗。后来它广泛流传于荷兰与苏格兰、英格兰等地，为尼德兰革命和17世纪英国资产阶级革命提供了理论依据，推动了资本主义的发展，17世纪后，该宗随欧洲移民和殖民扩张传播至北美、南非、亚洲和南美等地。

在1909年约翰·加尔文诞生400年的时候，日内瓦决定修建一座永久纪念碑，并专门成立了宗教改革国际纪念碑委员会，在全世界范围内举办设计方案的竞赛招标。委员会经过反复评选，最后在72个投标中选定了瑞士洛桑四名建筑师的联合设计方案，之后耗时八年时间，于1917年建造成功。建成的纪念碑命名为"宗教改革国际纪念碑"（Reformation Monument），坐落于日内瓦大学内的城堡公园。由于它是一道建于日内瓦城墙遗址之上的长约100米、高约7米的直线型墙体，因此也被人们叫做"宗教改革纪念墙"。

2005年在日内瓦开放的宗教改革国际博物馆生动再现了由马丁·路德、约翰·加尔文等发起的宗教改革运动的历史。博物馆借助大量历史文献和丰富多彩的图像向参观者展示了宗教改革从起源到现在的详细历史，于2007年赢得了欧洲理事会博物馆奖。宗教改革国际博物馆（IMR）位于圣彼得大街的圣彼得修道院中，1536年日内瓦宗教改革的表决就是在这里进行的。通过地下通道，游客可以从博物馆前往圣彼得大教堂下的遗址。

2. 贵州与瑞士博物馆产业资源

（1）贵州与瑞士博物馆概况

瑞士、贵州两地博物馆众多，有综合性的，如瑞士国家博物馆、贵州省博物馆；有自然科学类的，如瑞士的自然史博物馆、冰川博物馆，贵州的古生物化石博物馆、平坝恐龙博物馆、贵州大学自然博物馆；有专一文化博物馆，如瑞士的交通博物馆、奥林匹克博物馆，贵州的酒文化博物馆、茶文化博物馆、民族文化博物馆、梭戛长角苗生态博物馆；有私人博物馆，如日内瓦的博尔博物馆和阿丽亚娜博物馆，贵州的宋窖博物馆等等。

（2）两地博物馆产业资源的异同

贵州博物馆的知名度、质量等有待提高。

除贵州省博物馆之外，比较著名的博物馆有：贵州古生物化石博物馆、平坝恐龙博物馆、贵州省民族博物馆、贵州酒文化博物馆、梭戛长角苗生态博物馆、西江苗族博物馆、贵州傩文化博物馆、锦屏隆里生态博物馆、黎平会议旧址、黎平地扪侗寨生态博物馆、青杠坡战役纪念馆、习水土城、四渡赤水纪念馆、中国女红军纪念馆、遵义市博物馆、遵义会议会址纪念馆、贵州大学自然博物馆、贵州民族建筑博物馆、乌江博物馆、贵州茶文化生态博物馆、雷山苗族银饰刺绣博物馆、宋窖博物馆等。

贵州省博物馆，位于贵阳市北京路。该馆占地总面积约 1.93 万平方米。该馆馆藏文物、标本 6 万余件。陈列面积约 1200 平方米，陈列内容以馆藏文物为主，展示贵州重要历史文物和民族文物。采用文物、图片、模型、复原场景和影像资料相结合的手法，运用现代展示手段，塑造一个具有时代感的现代陈列展示空间。贵州省博物馆的少数民族文物是该馆重点藏品之一，除刺绣、蜡染、挑花、织锦、银饰等 1000 余件外，典型藏品有苗族婚姻记事符木、苗族刻绘动物图案酒角、苗族青缎镶花边饰银铃银坠女夹衣、彝族土司八卦龙袍、彝文《六祖纪略》手抄本和水族墓葬石刻"铜鼓"。

即使这样，贵州的博物馆数量仍比瑞士少得多，截至 2013 年 6 月，不足 50 所，且质量还有待提高。

而瑞士的博物馆数量多质量好，已自成体系。

据瑞士统计局公布的最新数字，1996 年瑞士有 862 所博物馆。瑞士平均每 9000 人有一所博物馆，是世界上人均拥有博物馆最多的国家之一。瑞士大多数州都有不同类型的博物馆。58% 的博物馆设在不足 10000 人的乡镇里。近3/4的博物馆在德语区。苏黎世州博物馆最多，为133所。根据类型划分，瑞士1996年有艺术类博物馆141所，占16%；建筑历史类75所，占9%；自然科学类71所，占8%；科技通讯类68所，占8%；民俗风情类15所，占2%；其他类124所，占14%；区域类368所，占42%。

位于苏黎世的瑞士国家博物馆是全国最大的博物馆，直属联邦内政部管辖。该馆以介绍展出瑞士文物为主，分原始文化、旧石器和中石器时代文化、新石器时代文化、罗马时代文化；中古艺术和手工艺、近代艺术和手工艺；兵器和军服、货币和印章；人文和书画等部室。瑞士有两个收藏中国文物的博物馆：日内瓦博尔收藏馆，12个展室中，中国部分占9个，主要展出中国唐代至清代的陶器、瓷器、玉器、漆器、版画和扇石画等；苏黎世里特贝格博物馆，20个展室中，中国部分占6个半，内有中国景泰蓝展室。

（四）贵州与瑞士的饮食文化旅游和产业发展

1. 贵州与瑞士食品文化旅游和产业比较

（1）贵州以大米为主材的食品文化

米粉 大米不仅是贵州多个民族的主食，还被制成多种风味食品，其中以米粉最具代表性。米粉呈面条状。一般居家食用的米粉，制作简便，其汤用熟猪油、红油、姜蒜汁和酱油、食醋等配制而成，用大碗盛汤，然后放入烫熟的米粉和鲜嫩蔬菜或炒熟牛、羊肉即可食用。米粉颜色雪白晶莹，口感香软细滑，不生湿热，不燥火，这一点比面条优越，是一种老少咸宜的食品，多用于早点及便餐，对上班族很适用。有时工作忙，来不及做饭菜，煮上一大碗米粉，既可充饥，又可解馋，方便实惠。外卖的米粉在汤汁的制作上要考究些，以花溪王氏牛肉粉、飞碗牛肉粉、水城羊肉粉最负盛名。

糯米饭 糯米饭也是贵州少数民族人民喜爱的食品。糯米饭蒸熟后，另加猪油在铁锅里煎炒，起锅后，将另备好的炒花生仁、蛋丝、香肠片、酸萝卜颗粒、食糖做馅子，捏成饭团，即可食用。糯米性温平，久食糯米饭及糯米食品有养胃、健胃之功效。糯米饭团还被侗族青年男女作为社交的礼品和食物，每当赶坳（或称"坡节"）的日子，姑娘们就带着糯米粑饭团（一般是 12 个，闰年则 13 个）赠给自己的意中人，取其团圆和美之意。

糍粑 糍粑也是贵州各少数民族喜爱的食品，用糯米做成。汉族一般是中秋节吃糍粑，而各少数民族则是在春节吃糍粑。其制作方法是先将糯米浸泡一段时间，待其充分吸水膨胀后，用甑蒸熟成糯米饭，将其倒进石碓里舂打，称为"打糍粑"，打到不显米粒时为止，然后将其制成大小不同的饼状。除自家食用外，糍粑还是春节馈赠亲友的佳品。此外，侗族的侗果，苗族、布依族、壮族的"五色饭"，也久负盛名。

(2) 瑞士以奶为主材的食品文化

奶酪 奶酪之于瑞士，就好像红酒之于法国，酱料之于中式菜肴。奶酪不仅仅是瑞士人日常饮食的最爱，更是他们引以为傲的文化。瑞士不愧为奶制品大国，牛奶及奶制品消耗占餐桌总消耗的近 40%。瑞士干酪在全球都赫赫有名，许多山区、各个城市和村庄都会生产独具特色的奶酪，总的来说德语圈地区的奶酪口感较硬，而法语圈地区的奶酪较为柔软。

著名的瑞士奶酪主要有四种：艾蒙塔尔（Emmentaler）是一种上乘奶酪，表层有许多奶酪发酵过程中由碳酸形成的气孔，整只的艾蒙塔尔像一个大车轮，重约 90 公斤，瑞士人说它"和面包一样百食不厌"；格里耶（Gruvere）据说富有阿尔卑斯山香草的味道，并充满醇厚的奶香，略有咸味，可以干吃，也可以烹制菜肴；阿彭策尔（AppenZeller）是一种加入了苹果酒和白葡萄酒的奶酪，带有特殊的迷人酒香；斯勃里恩兹则是瑞士最古老的一种干酪，既可擦成细末做配料撒在汤或菜上，也可切薄片夹在面包里做成三明治。

牛奶巧克力 牛奶巧克力是在瑞士发明的。因为调节牛奶的温度非常难以把握，虽然欧洲各地都对之进行了大量的研究，但一直没有成功，后来，瑞士人达尼尔·彼德于 1875 年发明了制作方法。现在瑞士的巧克力种类繁多，味道也是各种各样。根据统计，瑞士是世界上巧克力消费量最高的国家，最高纪录为 2001 年人均消费巧克力 12.3 公斤。

2. 贵州与瑞士酒文化旅游和产业的异同

(1) 从贵州看，贵州拥有世界著名的"中国国酒"

茅台酒 它具有色清透明、醇香馥郁、入口柔绵、清冽甘爽、回香持久的特点,人们把茅台酒独有的香味称为"茅香",是中国酱香型风格最完美的典型。

茅台酒是世界三大著名蒸馏酒之一,产于中国贵州茅台镇,以本地优质糯高粱、小麦、水为原料,利用得天独厚的自然环境,采用科学独特的传统工艺精心酿制而成,未添加任何香气、香味物质,从生产、贮存到出厂历经五年以上。茅台酒,被尊称为"国酒"。

黑糯米酒 黑糯米酒不同一般,它是布依族用当地的特产黑糯米为原料,用布依族代代相传的古老方法酿制而成的低度美酒。过去布依族虽把它作为待客的上品,但从未把酿制的方法向外族人传授。直到1979年贵州省惠水县酒厂才发掘出这一珍贵品种。在收集整理此酒古老的酿制方法后,再结合现代酿酒工艺,反复研制,酿制出风格独特的黑糯米酒。1983年被评为"贵州名酒"。此酒晶莹透明,红亮生光,香气幽雅悦人,酒味酸甜爽口,醇厚甘美,酒体协调,是一种新兴的甜黄酒,在黄酒中独具一格。

咂酒 咂酒的制作原料是玉米、高粱、荞子、毛稗等。咂酒味辣回甜,易醉人。或者置瓮于阴凉处,待要饮用的一星期前,窖于高温的发酵物堆中,瓮口露外。这种"咂酒",蜜甜味浓,胜于葡萄酒,不易醉人。

取用时,用冷开水或凉水灌入瓮中,浸泡时许,用两根长约七尺、底部不通、根部四周有小孔的空心竹管,用棕片或纱布包好根部,插入瓮底,导出酒液。导酒时,随导随注入凉开水,再根据酒味的浓淡分级注入瓶中储存以备待客。也可以直接抓住竹管吮吸,吮吸时口内咂咂有声,故称"咂酒"。咂酒浓郁醇正,清香爽口,是待客的佳品。

(2)从瑞士看,瑞士的葡萄酒品种独特,味道鲜美

葡萄酒 瑞士年均葡萄酒产量约1.1亿升。瑞士葡萄酒产区分成6个,包括酒园集中的西南部的3个:最西端的日内瓦,往东的沃州(Vaud)和瓦莱(Valais),中南部的提契诺(Ticino),西北部的三湖产区和以苏黎世为主的东北部产区。

在瑞士,被种植的葡萄品种众多,不仅有国际主流知名的品种,还有四十余种本地品种。广泛种植的白葡萄有 Chasselas、Müller–Thurgau、Sylvaner、Chardonnay 及 Pinot Blanc 等,红葡萄有黑品乐、Gamay、美乐

（Merlot）及 Syrah 等。其中，Chasselas 是人类最早种植的葡萄品种之一，且唯在瑞士，其潜能和特质被充分开发并利用，酿出令人叹服、多样且精致的白葡萄酒，堪称瑞士白葡萄酒的形象大使。而以高贵敏感著称的黑品乐葡萄在瑞士也有不俗的表现，几乎所有产区都有种植，并屡在国际大赛上赢得殊荣，可谓瑞士红葡萄酒的当家花旦。此外，美乐在提契诺产区如遇第二故乡，精彩之酿不逊波尔多的佳酿。对于瑞士葡萄酒来说，最为珍贵和传奇的财富要算至今依然种植并酿造的古老且稀有，有些是瑞士独有的葡萄品种，如 Cornalin、Arvine 等等，它们构成瑞士葡萄酒独特的风景。

啤酒 瑞士的人均啤酒厂密度是世界第一，共有 7 个啤酒品种：一种淡啤、一种"特酿"黑啤、一种"特酿"淡啤、一种无过滤"窖藏啤酒"，以及分别在夏季、复活节与圣诞节推出的 3 个季节性品种。瑞士消耗的所有啤酒中有 82.6% 是德国拉格式淡啤。

（五）贵州与瑞士的传统建筑文化旅游和产业发展

1. 都有出于军事原因而修建的官式建筑

（1）瑞士的伯尔尼古城和贵州的镇远古城

这两座古城都是出于军事原因而修建，最后分别发展成为瑞士和贵州重要的交通枢纽。

宋宝祐六年（1258）十一月筑黄平城，赐名镇远州，为镇远之名的开始。伯尔尼古城建于 12 世纪末，统治瑞士中东部的泽林格公爵希托尔德五世要在自己疆域西建立一个要塞，选定伯尔尼这块地方，于 1191 年在此建城筑堡。1848 年成为瑞士的首都。

国家重点历史文化名城镇远距今已有 2200 多年历史。而镇远古城位于㵲阳河畔，四周皆山。河水蜿蜒，以"S"形穿城而过，北岸为旧府城，南岸为旧卫城，远观颇似太极图。两城池皆为明代所建，现尚存部分城墙和城门。镇远古城占地 3.1 平方公里，古城有八大会馆、四洞、八祠、九庙、十二码头与府卫古城垣，吴王洞、四宫殿、古全井、古戏楼等名胜古迹近 200 多处。主要历史名胜包括青龙洞，中元婵院，万寿宫，祝圣桥，香炉岩，天后宫，府卫古城垣，吴王洞，四宫殿（东方战神庙），和平村，周达文故居，古城中的寺庙、庵堂、馆祠等。

镇远古城是一个完全由名胜古迹集成的"传统文化迷宫"。城内古街古巷曲径通幽，石桥城垣错落有致，碧水晨雾姿态万千，春江渔火诗意盎然，有雄伟奇特、蜚声中外的国家级重点文物保护单位青龙洞古建筑群和明清古民居、古巷道、古码头、古城垣等，观赏价值与科考价值俱高。其建筑风格为青砖黛瓦、高封火墙、飞檐翘角、雕梁画栋，每一块青石板、每一块青砖都记载历史遗迹，诉说着古镇的千年沧桑。

从伯尔尼古城的建筑，可见历史的变迁。古城保留了16世纪典雅的拱形长廊和喷泉。这座中世纪城镇的主体建筑在18世纪重新修建，并保留了原来的历史风貌。在公元14和15世纪，作为一个强大城邦中心的伯尔尼，其政治统治在辽阔的领土上发挥了重要的作用。1528年后，伯尔尼与犹太教改革派结盟，并由此进入繁荣期。到公元18世纪时，伯尔尼达到了权力的巅峰。

公元1848年，伯尔尼成为瑞士首都。伯尔尼位于法语区与德语区的交界处，语言以德语为主，但也讲法语。把伯尔尼定为联邦首都，就是德瑞法瑞之间妥协的结果。曾在中世纪时期筑防的伯尔尼老城，其城市规划因地制宜。道路网沿阿勒河河岸延展。其布局保留了中世纪的风格。整个道路系统用切割而成的灰色条石建成，有时（磨砾层）表现出淡绿色色调。街道两侧建有连拱。教堂的尖塔和钟楼、缀满鲜花的喷泉、建有角塔的房屋、倾斜的屋顶以及公共花园等构成了一幅和谐的建筑风景画，其大部分的历史都可上溯到公元17和18世纪。

（2）瑞士的贝林佐纳城堡和贵州的屯堡

瑞士的贝林佐纳城堡和贵州的屯堡都是有战争防御能力的建筑，两者都较好地保存了古代文化。

贝林佐纳的三座城堡、防御墙和集镇要塞与贵州的屯堡都是因为战争的原因而兴建，都以石头为最主要的建筑材料。目前，贝林佐纳集市还模仿中世纪的场景；贵州安顺等地的屯堡人的生活习俗包括服饰、头饰、生活习惯等，还有明代遗风。

两者堪称东西方古代战争文化的活化石，而且都有出土文物来证明这种文化。

2. 典型的瑞士民居和典型的贵州村居都坐落在山水秀丽之处

（1）瑞士民居魅力独特

瑞士民居上大多是别墅，别墅周围有草坪或树木，而且瑞士的村落一般都很小，各个民居之间距离较远，因而显得错落有致。瑞士拥有世界上许多知名的山地城镇，它们以其特有的建筑形式与自然环境融合协调的特质，形成了独特的魅力，并依托良好的生态环境，发展旅游业，成为让人心驰神往的旅游胜地。

典型的瑞士民居和典型的贵州村居都坐落在山水秀丽之处。

（2）贵州民居鳞次栉比，高低错落，蔚为壮观

贵州民居以苗寨和侗寨最为突出。苗寨的代表是雷山西江苗寨，这是全国最大的苗族千户大寨，位于雷山县东北部的西江镇。黔东南苗族侗族自治州是中国最大的苗族聚居区，西江苗寨则是全国最大的苗寨。它以独特的民居建筑和较为完整的苗族原始生态文化而著名，为保存苗族原始生态文化比较完整的地方。西江苗寨由12个村寨组成，房屋建筑以歇山式山字形木质干栏式屋型为主，有平房、楼房及傍山依地势而建的半边多层吊脚楼。寨中苗族吊脚楼层层叠叠，鳞次栉比，高低错落，蔚为壮观。民居门窗多雕花刻鸟，古色古香。寨内有一条小河南北纵穿，四边是连绵的梯田和青山。西江苗寨充分体现了苗族居住和建筑的特色。

贵州侗族，分为"南侗""北侗"两大部分，这主要是个地理概念，同时也有语言、风俗方面的差异。一般认为，锦屏县铜鼓镇以南的黎平、从江、榕江为"南侗"，以北的天柱、三穗、镇远为"北侗"。"南侗"侗族修建的房屋，多为木结构楼房，楼下做猪牛圈，楼上做起居室。"南侗"民居，楼层出挑，上大下小，"占天不占地"。每层房子楼上都建有"挑廊"，廊上安装栏杆或栏板。栏板上特意开凿圆形孔洞，供看家狗伸头眺望、吠叫，诚为侗族村寨一景。由于楼层出挑，屋檐水滴得很远，此举利于保护板壁和柱子，且可利用层层檐口，晾晒衣服和谷物。房前屋后，还可安装石碓石磨，加工粮食。在竹木掩映的侗寨中，面阔五间、高三四层的庞大民居比比皆是。一些高大宽敞的楼房，如果家有能歌善舞的"姑娘头"，便成为青年男女谈情说爱、"行歌坐月"的场所，称之为"月堂"。侗寨建房有个规矩，即围绕鼓楼修建，犹如蜘蛛

网,形成放射状。鼓楼是"南侗"特有的一种民俗建筑物,在侗族村民心目中拥有至高无上的地位。

  侗寨鼓楼,十分集中地分布在黎平、从江、榕江一带的"六洞""九洞"地区,迄今尚存400余座。鼓楼矗立,花桥横卧,吊脚楼房鳞次栉比,是南部侗族地区的基本特色。而鼓楼与花桥、戏楼,又往往修建在一起,构成侗寨的"心脏"。人称"千家肇洞"的黎平肇兴,居住有5个家族,修建有5座鼓楼,分别称为"仁寨鼓楼""义寨鼓楼""礼寨鼓楼""智寨鼓楼""信寨鼓楼"。"北侗"民居与当地汉族民居极为相似,都是一楼一底、四榀三间的穿斗式木结构楼房,屋面覆盖小青瓦,四面安装木板壁。有的在正房前方二楼下,横加一层檐,谓之"眉毛厦",以增加檐下使用空间,形成宽敞明亮的走廊,便于小憩纳凉。"北侗"居住文化,以三门塘村最具代表性。三门塘的民居,从外形看有两大类:吊脚楼与四合院。吊脚楼固然是受地形的制约,同时也是山地民居防潮、防盗的特殊需要。四合院,既有侗族文化的特点,又有汉族文化的风格,是民族文化交流在建筑上的具体表现。

3. 瑞士对传统建筑的保护很值得借鉴

  尊重历史,保护古城、古城堡及其所代表的文化,就是保护心灵的家园。另外,并不是让古城孤零零地残留、荒废,或纯粹成为旅游景点,而是继续发挥古城作为城市的功能,完成与现代的对接。

  瑞士古城、古城堡如伯尔尼古城周围的建筑风格与古城保持一致,呈现出淡灰色,因而显得古色古香。伯尔尼的新建筑距离古城较远,且有树林隔开。所以在伯尔尼等地方旅游,宛如从现代逐渐走入古代,有时光倒流之感。

  作为贵州古城的代表,镇远在1986年被国务院批准为中国历史文化名城。贵州省继而打造了五张国家级旅游品牌,即中国历史文化名城—镇远、国家级风景名胜区潕阳河、国家级重点文物保护单位青龙洞古建筑群、日本在华反战同盟"和平村"旧址、全国农业旅游示范点铁溪景区。镇远古城古代建筑与现代建筑杂糅,破坏了古城风貌,可行的办法是在现代建筑的外观上进行仿古改造。

（六）贵州与瑞士的会展节庆文化旅游和产业发展

1. 瑞士的会展节庆内容丰富，形式多样，吸引力大

瑞士的有关组织，在政府、银行、企业以及各种基金会的赞助下，每年举办多种国际文化艺术活动，加强国际交流，丰富文化生活。

（1）弗里堡国际民间艺术节：每年8月底至9月初在弗里堡市举行，邀请外国民间艺术团体参加。该艺术节是国际民间艺术节联合会成员，得到联合国教科文组织下属的国际民间艺术节组委会的支持。

（2）苏黎世国际民间艺术节：双年9月份举行，邀请外国民间艺术团体参加。

（3）马蒂尼国际民间艺术节：双年8月份在马蒂尼市举行。

（4）纽沙泰尔国际民间艺术节：双年8月在纳沙泰尔市举行。

（5）苏黎世六月节：苏黎世传统节日，邀请外国艺术团体参加。

（6）苏黎世戏剧节：8月举行，邀请外国艺术团体参加。

（7）苏黎世国际艺术和古文物展览会：4月举行。

（8）卢塞恩艺术节：每年6月举行，邀请外国艺术团体参加。

（9）日内瓦节：每年8月上旬举行，邀请外国艺术团体参加。

（10）日内瓦国际音乐节：日内瓦帕蒂诺基金会于1984年创办，邀请各国青年音乐家参加，不评奖。

（11）日内瓦国际古典音乐节：8月举行。

（12）日内瓦国际图书沙龙：每年4月举行。

（13）伯尔尼国际爵士音乐节：5月举行。

（14）巴塞尔国际艺术博览会：每年6月举行。

（15）弗里堡国际摄影展览：每三年举办一次。

（16）洛桑国际青少年芭蕾舞赛：每年1月由瑞士促进舞蹈艺术基金会主办。参赛者年龄不超过18岁，获奖者可得到一年的奖学金。

（17）洛迦诺国际电影节：创办于1950年，世界上悠久的国际电影节之一。每年8月举行，活动内容丰富。设有金豹、银豹和铜豹等奖项。

（18）尼翁国际电影节：每年10月举行，是短片电影节。设有"金币奖""银币奖"等奖项。

（19）韦威国际喜剧电影节：每年 8 月在韦威市举行。设有"金拐杖"奖和"最佳喜剧演员"奖。

（20）弗里堡国际电影节：每两年在弗里堡举行一次，旨在支持第三世界国家的电影事业。

这些节庆，内容丰富，形式多样，吸引力大。

如：蒙特勒爵士乐节，它开始在七月的第一个星期五，持续时间是两个星期，这个节日始于 1967 年。开始的时候，它只是一个短期的小活动，后来逐渐发展成为长达两个星期长的音乐盛会。活动期间，游客可以欣赏到各种样式的音乐。

巴塞尔狂欢节，瑞士全国最盛大的狂欢节。举办时间为斋节开始后的第一个星期一，星期一凌晨 4 点进行游行，在星期一和星期三下午和晚上进行。瑞士的狂欢节虽然无法与里约热内卢相比，但一定会让那些认为瑞士人保守的人们大跌眼镜。里约热内卢狂欢节通常在盛夏时举行，而瑞士狂欢节上，人们的服饰则比较保暖。狂欢节期间，参与者们夸张地装扮，尽情地享受，可谓疯狂致极。面具服饰使得人们找到新的自我，狂欢队伍演奏着音乐，走街串巷。

瑞士丰富多彩的会展节庆，达到了体验旅游的目的，留下了游客，促进了国家经济的健康发展。

2. 贵州的会展节庆起步较晚，尚未形成规模

在贵州举办过的会展主要有贵州国际汽车展、贵州省中国画精品大展、贵州家装建材展览、2013 中国地暖万里行贵阳站—贵州舒适家居嘉年华暨采暖文化节、2013 贵州婚庆博览会、2013 毕节试验区·中国乌蒙特色农产品博览会等等。

贵州会展节庆旅游起步较晚，尚未形成规模。而且在北京、上海、广州这国内三大会展中心的强大实力面前，优势不突出，影响力也不大。

在会展节庆旅游方面，目前贵州无法与瑞士相比。但要向瑞士学习，扬长避短，迎头赶上；如开展红色革命、重走革命路线旅游等，在这一点上，瑞士无法与贵州相比，因为瑞士维持了两百多年的和平，其境内没有现代战争遗迹。

四 贵州与瑞士旅游管理和发展政策比较

（一）贵州与瑞士旅游管理体制比较

1. 旅游管理体制比较之相同点

贵州和瑞士在旅游管理体制方面有一些相似地方。

（1）突出旅游品牌特色宣传

瑞士有很多诸如滑雪场、达沃斯、钟表、刀具等旅游名品，并多方提升旅游品牌的知名度。贵州也有诸如镇宁黄果树、织金洞、遵义会议等自然和人文的旅游资源，贵州各地应在"多彩贵州"整体品牌引领下，紧紧抓住自身的资源优势，集中力量打造具有文化内涵和区域特色的旅游品牌，如"爽爽的贵阳·避暑之都""民族原生态·万象黔东南""梵天净土·桃源铜仁""洞天湖地·花海鹤乡""山水长卷·水墨金州"等，无不个性突出、特色鲜明，初步形成了各具特色的地方品牌。

（2）将旅游业作为支柱产业发展

瑞士被称为欧洲屋脊，作为瑞士三大支柱产业之一的旅游业，在瑞士已经有两百多年的发展历史，目前旅游年收入居世界前10名。

"国发2号文件"中提出了建设"文化旅游发展创新区"的战略，首次从国家层面明确了贵州旅游业的战略定位。以"国发2号文件"的出台和贵州省第十一次党代会的召开为标志，贵州省旅游业的发展已经站在了新的起点上。将旅游业培育成为推动贵州经济社会实现又好又快、更好更快发展的战略性支柱产业，培育成为实现贵州人民致富脱贫、让人民群众更加满意的现代服务业。

2. 贵州与瑞士旅游管理体制的同点

（1）瑞士是政府扶持，协会管理，贵州是政府主导

瑞士旅游业实行政府扶持，协会管理，企业主体，市场化运作的机制。主管部门只对旅游业进行宏观性管理，大量与旅游业相关的行业协会、促进组织及研究机构承担了政府的许多职能性工作，其中瑞士联邦旅

游局作用显著。瑞士旅游企业全部是私营企业，负责具体的旅游业运营以及旅游产品的开发。

政府主导是贵州旅游业管理体制的基本运作格局，现行的旅游管理体制实行的是分级管理，虽然各级旅游局的性质和职能基本相同，具体工作目标和工作范围却各有侧重。例如，省旅游局以完善市场规则为重点，市旅游局则以维持市场秩序为主。

（2）瑞士将可持续发展理念贯穿到旅游管理中

瑞士政府高度重视规划，开发与保护的关系处理得好。瑞士政府在考虑开发战略、社会发展规模和经济发展计划时，都充分考虑环境承载能力和影响力，科学处理经济发展与环境保护关系，实现协调发展，人与自然和谐相处。环境保护理念渗透到社会生活各个领域和层面，为生态文化旅游的发展奠定了社会基础。

在瑞士，政府把保持生态平衡作为国家强盛的基本国策。在这里，遍地是生态，处处可旅游，瑞士政府高度重视生态保护，实现生态环境良性循环，有力促进了社会、经济和环境协调发展；瑞士对环境保护严格立法，政府的环保措施既严格又具体，环境保护法律细致、齐全而完备，公民都有强烈的环保意识，人们自觉遵守环保法律法规，全社会形成"保护环境，环境就是生命"的理念与价值选择。生态旅游意识已成为普遍的价值追求和自觉的行为规范。

（3）瑞士注重依法管理，管理行为具有权威性

瑞士注重依法管理，严格执行法律法规制度，因而管理行为具有权威性。瑞士在管理手段上非常注重多方配合、协调发展。围绕发展生态文化旅游，经济、社会、环境各个环节有机结合，社会参与，形成通力协作的良好氛围。由于法制健全，社会机制完善，公民素质高，因此遇到问题往往是一方牵头、多方配合、不分彼此。

贵州景区存在多头管理的问题，如风景区归建设部管，森林公园归林业部管，自然保护区归环保局综合管理，存在政出多门、推诿扯皮、利益冲突等问题，自然环境成为其中的牺牲品。

3. 借鉴与启示

从旅游管理的角度讲，瑞士旅游管理的成功经验和做法，值得借鉴。

(1) 突出品牌，加强旅游促销

瑞士有很多诸如滑雪场、达沃斯、钟表、刀具等旅游名品，但更多的人并不知道这些景点位于哪个具体的地方，只知道在瑞士，这恰是瑞士开发、宣传旅游品牌的效果。瑞士人着力加强旅游景区的宣介，提升旅游品牌的知名度，而不强调这些品牌属于哪个具体的地方。

贵州也有诸如镇宁黄果树、织金洞、遵义会议等自然和人文的旅游资源，但大多按照行政区域由当地政府进行旅游营销，很多旅游者知道黄果树，但大多对贵州别的县市不知晓，甚至连贵州省名也出现混淆，出现"贵阳省""遵义省"的说法，这实际上不利于旅游品牌知名度的提升。

我们可以借鉴瑞士的经验，以突出宣传黄果树、遵义会议等旅游品牌为重点，带动省内各旅游景区的宣传，突出贵州旅游的整体宣传，建设旅游强省。

(2) 惠及大众，持续发展

每一个旅游景区的发展，只有赢得当地百姓的认可、参与，才有持续稳定发展的生命力。瑞士旅游业实行政府扶持、协会管理、企业主体、市场化运作的机制，瑞士旅游景区景点的开发，都必须经过地方政府和百姓的同意后才能实施，并在当地旅游业发展过程中，注重惠及普通民众，解决他们的就业等需求，使当地旅游业的发展获得他们的支持，保障旅游业的稳定发展。

贵州的旅游业多由政府主导，旅游收入成为各级政府财政收入的重要来源之一，旅游景区的居民也从旅游业的发展中受益。但应该增加旅游业发展给当地居民受益的比重，更多地惠及民生，加强旅游利益的相关性。

另外，旅游发展的强加性也有一定程度的表现，景区游客带来的拥挤环境、大量废弃物，挤占当地居民的生活空间，旅游道路交通的建设影响当地居民的利益和正常生活，这些都不利于旅游业的发展。贵州省旅游业应加快从政府主导向市场主导的转变，协调政府、旅游企业、当地居民三者的利益关系，就目前的情况来说，旅游产业的发展应更多惠及普通民众，要从制度和立法的角度，保障旅游业的发展让更多民众受益，加强他们和旅游发展的关联性，减少旅游发展对当地居民生产、生活的负面影响。

(3) 保障稳定、持续的资金来源

瑞士政府保证资金投入，瑞士联邦旅游局每年获得6000万美元，用于旅游营销，有力保障旅游产业的发展。另有专门基金用于基础设施建设，还可申请投资额50%的贷款。瑞士旅游的资金来源多源化，既有政府补贴，也有企业的旅游税收，再有就是取自游客的收入。持续、稳定的资金，有力支持了旅游业的发展。

贵州省近些年加强了旅游资金投入的力度，但和建设旅游强省的目标相比较，旅游市场营销、基础设施建设等资金投入还有较大差距，并且资金投入的多少、何时投入等没有法制化的保障，受当地政府对旅游业认识的影响，资金的投入尚难做到持续和稳定。

可以借鉴瑞士的成功经验，加快推进贵州地方性金融机构建设，促进多元化融资体系建设，加大旅游资金投入，展拓投资、融资渠道，设立旅游营销和设施建设的专门资金，从资金上保证贵州省旅游业健康发展。

(4) 发展会展经济，助推贵州旅游

瑞士是个中立国，"二战"前、后都有很多的国际组织总部设在那里，是众多国际会议的举办地，每年举办的各种会议达2000多个。瑞士军刀、钟表、化妆品等世界知名，每年举办的包括汽车展、珠宝展等在内的各种展览百余项，吸引了来自世界各地的人们。瑞士每年举行数百场包括摇滚乐、雷鬼乐、古典乐和合唱在内的音乐节庆，世界各地的人们在瑞士购物、享受传统美食。这些都大大推动了各地旅游的发展。

处于快速发展之中的贵州，也有自己独特的优势。有以"会议之都、转折之城"闻名的遵义、享誉中外的"国酒"茅台、安顺地区的蜡染和傩戏等；贵州还是西南地区陆上交通的枢纽，为西南三省一市南下出海的必经之地。

基于此，可借鉴瑞士经验，加强基础设施建设、改善交通条件、设立专门的会展机构和协会、引进专业人才和优秀会展公司，利用遵义会议丰厚的历史文化积淀和贵州良好的气候资源，以及贵州省在酒业、苗药、茶叶、食品、机械等方面的独特优势，举办各类会展和纪念活动，发展会展经济，推动旅游发展。

(5) 挖掘历史文化精髓，塑造贵州旅游灵魂

瑞士在发展旅游业的同时，非常重视对历史文化的继承、挖掘、保护和发扬，各种反映瑞士历史文化的博物馆、纪念馆众多，除了位于苏黎世的全国最大图书馆——国家博物馆外，还拥有欧洲最大的交通博物馆、钟表博物馆、奥林匹克博物馆、爱因斯坦故居、国际红十字及新月博物馆、修道院博物馆、食品博物馆、巴塞尔艺术博物馆等，美术馆、自然历史博物馆等遍布各地。场馆中那些蕴含着丰富历史、社会文化内涵、各具特色的物品，反映出瑞士人对自身历史文化的自信和传承，也使瑞士旅游业具备了独特魅力和灵魂。

贵州是个多民族的聚居区，呈现"大杂居，小混居"的格局，各民族都有自己独特的历史文化，更有遵义会议等红色旅游资源。贵州在旅游开发中，要改变只重民族风情、忽视历史文化的做法，除现有的"遵义会议纪念馆""四渡赤水纪念馆"等革命红色文化的纪念设施之外，还应依据各地、各民族不同的历史文化特点，进行保护性的挖掘和开发，挖掘历史文化精髓，塑造贵州旅游灵魂。要建立各类形式的博物馆、纪念馆等，在旅游文化的继承和发扬方面，彰显贵州的自信和风华，丰富贵州旅游的历史文化元素。

（二）贵州与瑞士旅游营销模式比较

1. 贵州与瑞士旅游营销模式的相同点

瑞士和贵州都拥有丰富多彩的旅游产品，自然与文化、历史与现代，相映和谐。在旅游营销模式上，也有一些相似的地方。

(1) 注重山地和生态旅游发展

瑞士旅游环境好，适合发展生态旅游。

瑞士充分利用冰川雪山和高山湖泊，大做山水文章，悉心打扮自己的国土。瑞士政府积极鼓励全面绿化，还土于林、还土于草，保持绿色乡村景致。最近，瑞士的苏黎世、日内瓦和伯尔尼名列全球生活质量最佳城市排行榜前十名中的第一、第二和第五名，世人惊呼，瑞士真的是"人间天堂"。此外，瑞士十分注重保护环境，有良好的社会秩序，这一切都为旅游业提供了极佳的旅游环境。

贵州拥有原生态的环境和原生态的文化，适合发展原生态旅游。

贵州拥有丰富的自然保护区、森林公园以及"文化千岛"等原生态旅游资源。贵州的自然旅游资源数量多、景观地域组合好，分布广泛又相对集中。有黄果树瀑布、龙宫、织金洞和红枫湖等国家级重点风景名胜区，尤其亚洲第一瀑布黄果树，是贵州在全国最具有号召力的景区，吸引力具有洲际向性。贵州旅游的自然资源具有高密度、多样性和原始性，喀斯特地质地貌形成迷人的真山真水，原始的乡村美景独具魅力。拥有以西江、肇兴、音寨等为代表的原生态民族文化资源。贵州良好的自然生态保存较好，气候四季如春，适合发展原生态旅游。

（2）完善体育旅游模式

瑞士体育旅游突出，旅游产品丰富。瑞士大力发展体育旅游，开发出特色鲜明、丰富多彩的多种旅游产品。

一是滑雪旅游。瑞士是滑雪活动的故乡。一到冬天瑞士有1200条滑雪索道和600多条短程训练滑道同时启用，滑道经常维护，且用高额保险来保证滑雪者的安全。

二是山地自行车旅游。瑞士有5条著名的骑自行车的长途线路，同时还有许多远离繁忙交通的自行车小路。瑞士提供了4000多辆自行车供游客租借，租赁和归还的手续都非常简单，而且在全国还建立有总长超过3000多公里的自行车专用车道，设立了统一的红色标牌来说明线路的目的地、方向以及路线代码等。

三是徒步旅游。瑞士有5万多公里带标识的步行小路，游客徒步登山和长途步行十分方便。游客也可参加有向导的出游，从野外考察探险、月夜和日出旅行到长途旅行共有300多种选择。

四是水上运动。瑞士利用众多的湖泊与河流开展帆船、帆板、滑水、漂流、游泳和垂钓等活动。

贵州独特的山地资源非常适合发展民族体育旅游产品，适合开展山地特色的体育旅游、户外拓展和传统民族体育旅游活动。

贵州拥有贵阳、遵义、六盘水等中心城市及黄果树、龙宫、百里杜鹃风景名胜区、龙里等景区休闲度假资源，可开发以山地、湖泊、森林等为主题特色的生态体育公园；举办山地户外活动，黔西南、遵义全国山地运动会，马岭河景区的国际皮划艇邀请赛、梵净山景区的山地越野挑战赛、攀岩邀请赛、百里杜鹃景区的山地自行车越野挑战赛、贵阳白云国际风筝旅游节等大型体育赛事。贵州已积极开发了民族体育运动项目，如龙舟邀请赛等；开展了户外拓展及现代极限体育运动，漂流、登山、攀岩攀桥、探险、徒步等活动。

（3）注重文化旅游

瑞士非常重视对文化旅游产品的发掘。

瑞士的许多城市，都有独特的手法来展示它们的历史文化。例如通过各种主题的博物馆展示其享誉世界的工业历史，被称为欧洲最大规模的交通博物馆为游客展示了世界所有交通工具的发展历史；而圣加伦纺织博物馆则从另一个角度展示了瑞士纺织业的影响；通过壁画、建筑来展示一个地区、一个城市的历史与政治社会的变迁，更是瑞士许多城市的拿手之作。在苏黎世、圣加伦、伯尔尼、日内瓦等大的城市，在斯坦因村和羊村，标注中世纪年代建的古建筑比比皆是，而有关这些建筑的历史故事丰富多彩，几乎一步就有一个故事，无处不表现出当地悠久的历史内涵，令人目不暇接。

贵州开发了若干条以原生态文化体验为主的文化旅游线路。

贵州以原生态的苗族、侗族文化为代表的原生态民族村落，以梵净山为代表的弥勒道场和以阳明洞为代表的文化承载体，是中国文化体验旅游胜地，同时结合民族医药、佛学养生养心、"心学"养心，使旅游上升到心灵层面。贵州拥有西江千户苗寨等原生态民族文化旅游产品，着重原生态文化体验；拓展了养生养心饮食、修行、疗养、节会等产品，打造养心产业链；开发了若干条以原生态文化体验、佛教历史访古等为主题的文化旅游精品线路。

（4）发展工业旅游

瑞士工业产品成为旅游的重要内容。

瑞士巧克力、瑞士军刀、瑞士手表等，不仅驰名世界，而且被人们将其从早期单纯的工业产品，有机地融入瑞士的旅游发展中。即便不购买任何产品，单是参观生产或者销售这些产品的工厂、商店也成为游客们的一大乐趣，而大量购买这些产品则是瑞士旅游业的重要收入来源。瑞士把国际名城、品牌商品与阿尔卑斯山的湖光山色和历史文化（包括500多座博物馆）有机地糅合在一起整体推向国际市场。外国游客到瑞士不仅要去领略湖光山色，而且一定会去体验当地文化，并把瑞士手表、军刀和巧克力作为必购的纪念品，从而增加了旅游消费。

贵州工业历史悠久、地位独特、规模巨大、品牌突出。

贵州拥有茅台酒厂、乌江梯级电站、龙里贵州苗医药工业园等工业企业以及"三线建设"时期的工业遗址遗迹，还有国民党时期中国最大的飞机制造厂（位于毕节市的羊场坝），工业旅游资源丰富。

贵州依托茅台酒厂、国酒文化，开发国酒酿造流程观光、品尝、购买等体验活动等；利用工业遗址遗迹开展旅游活动，如利用清溪铁厂、"三线"时期的废旧厂房及工业设施，开发以"三线"为主题的怀旧工业旅游；利用已废弃的矿山公园，如万山国家矿山公园，打造综合旅游区；依托少数民族精湛的手工艺，发展旅游手工艺品制造，如银饰、蜡染、木屋等。

2. 贵州与瑞士旅游营销模式的不同点

（1）瑞士的旅游营销特色鲜明，效果好

瑞士联邦旅游局是一个协会性事业机构，主要负责瑞士旅游业的对外宣传和促进工作，其高效的旅游营销策略使瑞士旅游业能够不断开拓国内和国际市场。瑞士旅游以其类型丰富、独特性明显、个性化突出的产品，吸引着世界各地的游客。如果没有这些旅游营销产品，试想瑞士依靠仅仅4.1万平方公里的国土，又如何能够成为世界旅游业的前10强。积极的海外营销、细腻的分众服务、紧密的交通整合机制和共荣的心，都是瑞士旅游竞争力居世界首位的关键。

第一，瑞士采取联合营销模式，即国家营销和民间营销相结合。

瑞士国家旅游局在各州、各城镇设立的地区性旅游机构，由当地业者组成董事会，然后聘请民间营销专才出任局长与业务代表。实际上，瑞士各地区的旅游局长被称为CEO，而旅游局的工作人员都是专业的经理人，他们在进入旅游局之前都曾在各种服务业工作过，例如金融业、饭店业、钟表业等等，服务业的工作背景和经验让他们为旅游局带来了更加丰富灵活的营销手法。

第二，瑞士重视旅游客源市场研究。

瑞士十分重视对客源市场的研究工作。以中国游客为例，随着近年来中国游客数量上升，瑞士旅游服务业早就开始在业界推荐有关介绍中国游客特点的书籍。早在十多年前瑞士就有德文版《如何处理好与中国人跨文化交流问题》的简明读物，其中不仅介绍中国文化的特点、中国人的思维方式、商业伦理准则等，还有专门介绍如何接待中国游客、中国游客旅游感受和中国人饮食习惯的内容。

第三，瑞士旅游采取了整合营销渠道。

目前，瑞士已基本通过建立一个开放式的网络互动平台，例如瑞士国家旅游局官方网站（www.myswitzerland.com），实现集旅游产品的研发、设计、销售、服务和改进为一体的整合营销。网站可供14种不同语言的人群浏览。瑞士国家旅游局的经费除了来自政府补助外，其余则是仰赖瑞士航空、Bucherer精品店、瑞士军刀等24个企业伙伴来赞助活动经费。再如，由于到海外进行巡回推广活动的经费昂贵，地方旅游局就创建了一种特殊的区域结盟方式，特别是和日内瓦湖区（Geneva Lake）和马特洪峰地区（Matterone Region）结盟。

第四，瑞士加强了城镇建设与旅游业统筹推进的模式。

瑞士的城市建设非常注意同旅游相结合，其建设布局和有关设施充分考虑了旅游服务的功能。同时，旅游业发展推动了城镇化，建设了一批特色旅游小镇。如达沃斯小镇以会议旅游著名，天使堡小镇借助铁力士山滑雪和登山胜地扬名，阿彭策尔小镇以特色甜点和融汇东西方保健旅游吸引游客，巴得格拉斯小镇领先欧洲的温泉医疗旅游并通过趣味雕塑形成小镇特色，这些旅游小镇既是"景区"，又是城镇，全国城乡几乎变成一个有机结合的大景区和大度假区。

(2) 贵州的"四位一体"捆绑营销是一大创新

近年来，贵州省委、省政府把旅游业作为特色优势产业和第三产业重点来培育和发展，以大旅游的视角引导，大联合的行动促进，大手笔的举措推动，构建了党政分管领导、宣传部长齐抓共管"三位一体"的领导体制，创造了"政府主导、部门联手、企业跟进、媒体造势""四位一体"的捆绑营销策略，形成了宣传、文化、旅游、体育、农业"五位一体"的融合发展格局，搭建了"项目提速、产品升级、环境优化、设施完善、业态创新、品牌缔造""六位一体"的旅发大会产业发展推动平台，旅游业成为贵州经济社会发展的一支"奇兵"。从2006年起，贵州省人民政府决定每年召开一届贵州旅游产业发展大会。通过办旅游发展大会，扩大贵州的对外影响，提高贵州旅游的知名度和美誉度，由此全新的贵州旅游营销概念也浮现冰山一角。

第一，避暑旅游方兴未艾。

贵阳、六盘水、毕节等地"夏无酷暑"的气候优势，与"火炉城市"及其他城市的气候差异，是最具山地特色的中国避暑旅游胜地。

目前，拥有贵阳、六盘水避暑旅游城市及周边的南江峡谷、十里画廊、玉舍国家森林公园、凉都森林公园等景区等避暑旅游线路，推出了包括观光休闲、漂流探险、避暑纳凉、文艺歌舞、体育赛事、美食品尝等在内的多项避暑旅游活动。同时，将气候优势向经济优势转化，积极引导避暑旅游向避暑经济、清凉经济方向提升，发展酒店、旅游房地产及会展、节事节庆活动等。

第二，休闲农业与乡村旅游正当时。

贵州拥有原生态的民族民俗文化、生态文化、优美原真的乡村环境等优势旅游资源，开发了一批民族村寨型、特色观光农业型、古镇型或环城市乡村游憩度假型乡村旅游示范项目，构建以文化探秘、休闲度假、康体健身、生态旅游、体验旅游和农业观光、休闲农业等为一体的特色乡村旅游产品。

如：拥有雷山、郎德苗寨、西江千户苗寨、肇兴侗寨、天龙屯堡、兴义下五屯、贵定音寨、平塘掌布等一批专业化旅游小城镇和旅游村；拥有花卉、中药材、畜牧业、茶产业、精品果业等一批特色农业产业基地，乡村影视、摄影创作基地，高科技农业园区，郊野生态示范农庄以及农家乐和农家客栈等；拥有融合布依族、苗族、侗族等民俗和屯堡文化等内容的油菜花旅游节、百里杜鹃花节、凤冈春茶开采节、德江傩文化艺术节、松桃中国民族民间绝技表演大赛、务川仡佬族文化旅游节、苗族（丹寨）传统农耕文化节、都匀毛尖茶文化节、贵州苏格兰牧场草地音乐会、南开跳花节、安龙荷花节等多个乡土气息浓郁的节庆活动，形成一批参与性强、体验内容丰富和具有西南少数民族特色的乡村度假旅游产品；围绕贵阳市、遵义市、铜仁、都匀、凯里等大中城市，以及重点旅游景区和重要交通干线沿线，发展了城郊型乡村旅游休憩带，发展了休闲山庄、农家乐、观光农业等特色乡村旅游。

第三，红色旅游特色鲜明。

贵州拥有丰富的长征文化、抗日文化等红色旅游资源，有遵义会议会址、四渡赤水旧址、黎平会议旧址、息烽集中营旧址等，突出贵州在全国红色旅游中"历史转折、出奇制胜"的主题形象，使红色旅游成为宣传和推介贵州、使外界了解和认知贵州的一面旗帜、一种媒介；整合全省红色旅游资源，完善以长征文化为重点的红色旅游精品线路，如贵阳—遵义—仁怀—习水—赤水—泸州；推出一批红色旅游主题线路，如红军战斗遗址主题游、贵州革命先烈故里寻踪游、抗战历史文化主题游等；推进遵义·中国红色旅游休闲城建设。

依托贵州优秀的旅游资源，贵州各级党委、政府领导积极参与到贵州旅游营销活动中来，大大提升营销活动的影响力，产生很大的市场反响。

3. 借鉴与启示

"十一五"贵州旅游业取得了长足的发展，旅游营销模式也取得了一些突破，但仍有一些问题尚待解决。

（1）贵州旅游营销合力还没有形成，缺少立体营销系统

可以借鉴瑞士的联合营销，即国家营销和民间营销相结合，贵州省旅游局和旅游企业可以不断整合相关旅游要素，把整个贵州作为一个景点进行经营，创造联合营销的新模式。

（2）贵州的营销手段不够丰富

贵州的营销手段不够丰富。应充分利用全媒体时代营销网络的全覆盖，加强贵州旅游的"夏季攻势"，全方位、高强度地宣传贵州的气候优势，推广避暑产品。

（3）深度营销，满足游客需求

对现有旅游产品和旅游形象等进行深度营销，把产品做好，解决好如何来、怎样游、住哪里等问题，满足游客需求。

贵州旅游商品销售量不足，销售渠道不畅通，好东西没有卖出好价

钱。旅游商品专业化、特色化、市场化、产业化程度不高，尤其是民族手工艺品的设计缺乏创意，生产品种单一，销售渠道不畅。旅游产业在带动相关产业发展、促进消费、增加就业等方面的综合效益还没有得到充分发挥。需要加强旅游线路推广、旅游特色宣传，让大众熟知贵州有什么、玩什么，做贵州旅游形象的宣传者、传播者，逐步实现定制营销。

（4）城镇建设与旅游发展统筹推进

要借鉴瑞士把城镇建设与旅游发展统筹推进的经验。

贵州围绕建设旅游的目标，对主要城镇进行旅游化改造，城镇布局要充分考虑旅游发展空间，城镇设施要兼顾旅游服务的功能，建设旅游信息咨询系统，推进城市环境景区化等等。同时要建设一批各具特色的风情旅游小镇，积极发展社区旅游、乡村旅游，鼓励当地群众参与旅游项目的开发建设，打造一批度假群落、旅游社区，以旅游业发展推进城乡一体化进程。

贵州有许多独特、丰富的自然生态和文化旅游资源，特点鲜明，具有非常大的潜力。如何在保护的前提下，以市场位导向，开发出类型丰富的各种旅游精品，不仅是全省要统筹考虑的问题，也是各个景区需要共同解决的问题。我们应当借鉴瑞士等欧洲国家的经验，将全省和各个具体景区做得更加系统、更加生态、更具有独特性，做成品牌。

（三）贵州与瑞士的品牌宣传模式比较

1. 瑞士的品牌宣传模式

瑞士旅游宣传促销到位，入境旅游消费逐年递增。

瑞士国家虽小，但工业化和国际化程度非常高，拥有苏黎世（"世界花园城市和美食之都"）、日内瓦（"世界和平之都"）、伯尔尼（"世界钟表之都"）、洛桑（"国际奥林匹克之都"）和卢塞恩（"世界最美的蚌壳中的珍珠"）等知名度很高的国际名城，拥有雀巢、ABB、罗氏、诺华等一批世界著名工业企业和手表、军刀、巧克力等国际知名品牌商品。瑞士把国际名城、品牌商品与阿尔卑斯山的湖光山色和历史文化（包括500多座博物馆）有机地糅合在一起整体推向国际市场，极大地提高了瑞士旅游在国际上的知名度和影响力。外国游客到瑞士不仅要去领略湖光山色，而且一定会去体验当地文化，并把瑞士手表、军刀和巧克力作为必购的纪念品，从而增加了旅游消费。

（1）突出培育和促销旅游"品牌"

世界各国的旅游爱好者说起瑞士的旅游，都会脱口而出一串著名的旅游品牌"少女峰""瑞士冰洞""达沃斯"和"滑雪场"等等，但是大部分人并不知道这些著名景区位于哪个州、哪个区。这正是瑞士突出培育和促销旅游"品牌"的效应。

瑞士对品牌的使用极为重视，如为了确保"瑞士"这个产地名称不致被滥用，瑞士钟表业者发起自律运动。1992年起，凡是对外宣称为"Swiss Made"者必须符合三要件，即：一只表的机芯为瑞士制造、零件装配在瑞士完成，而且出厂前的最后检验也必须在瑞士；从根本上确保"Swiss Made"的声誉不致遭滥用而败坏。据世界品牌实验室（World Brand Lab）编制的《世界最具影响力的100个品牌》显示，瑞士有劳力士、雀巢和Swatch 3个品牌入列；此外还有维氏军刀、SIGG水壶、百达翡丽、江诗丹顿、伯爵、宝玑、欧米茄等手表品都是家喻户晓的品牌产品。

（2）瑞士门户网站的服务性强

网站在一级菜单提供了旅行准备、主题旅游、瑞士综览和使用服务，鼠标一碰，就会自动弹出二级菜单的标题。里面显示出许多实用的旅游信息。例如：在"旅行准备"栏里，提供了签证、交通、住宿和无障碍设施等二级栏目；主题旅游包括了旅游路线（自助和旅行社）、经典景区、家庭游、自行车运动（显示低碳和环保）、美食美酒、购物，此外还针对季节分别推荐瑞士综览，有瑞士的基本数据、地图、地理、历史、传统等。

瑞士旅游门户网站上有包括英文在内的14种文字。瑞士旅游门户网站上还提供关于介绍瑞士旅游的电子杂志，并开放有关的手机APP程序下载链接，甚至有专门针对瑞士旅游的导游培训项目等等。

2. 贵州的品牌宣传模式

（1）"国家公园省·多彩贵州风"是旅游品牌整体形象

博观而约取，厚积而薄发。

贵州旅游正以国务院〔2012〕2号文件"文化旅游发展创新区"的战略定位为标志，以"世界知名、国内一流的旅游目的地、休闲度假胜地和文化交流的重要平台"为目标,以《贵州生态文化旅游创新区产业发展规划》顶层设计为引领,以打造100个旅游景区为项目带动载体,以"国家公园省·多彩贵州风"为旅游品牌整体新形象,迎来了融合发展、转型发展、跨越发展的新机遇,进入了扩大规模、优化结构、提质增效同步推进的新阶段,正在探索超常规、跨越式、可持续的后发赶超新路径,为贵州加快建设符合资源禀赋和市场需求的特色产业体系,为贵州与全国"同步小康"的"中国梦"积累和释放正能量,展露和绽放新的篇章。

(2)"多彩贵州"品牌的发展之路

2005年,贵州省委、省政府决定实施品牌引领战略,通过打造"多彩贵州"系列活动,在全省掀起了"热爱贵州、建设贵州"以增强贵州人文化自觉、自醒、自信的热潮,打响了"多彩贵州"这一内涵丰富的贵州文化品牌。根据《省人民政府办公厅关于加强品牌建设的指导意见》(黔府办发〔2012〕51号)文件精神,赵克志书记提出"全方位展示'多彩贵州'形象,提升贵州知名度"的发展方向。

8年来"多彩贵州"品牌发展之路。"多彩贵州"是指贵州开展的声势浩大的歌唱大赛、旅游形象大使选拔大赛、舞蹈大赛、国际摄影展等。不同主题的"多彩贵州"系列活动,挖掘、展示贵州丰富多彩的民族民间文化。如今"多彩贵州"已受到越来越多的国内外人士的关注,正成为越来越亮的文化品牌,涉及贵州的方方面面,主要是长征文化、阳明文化、少数民族风情、国酒文化、茶文化等。其实"多彩贵州"更是在利用旅游宣传的一系列活动,进行城市营销,通过贵州的旅游资源品牌来营销贵州城市。

推出"国家公园省·多彩贵州风"旅游整体形象,全省旅游形象宣传片在央视常年播出,贵阳、毕节、铜仁、黔东南在央视投放旅游宣传广告。

(3)"多彩贵州"品牌的形成已初见成效

贵州从2005年开始打造的"多彩贵州"已经形成了一个城市营销品牌。经济表现足以证明,2005年贵州GDP才1910亿元,到了2010年贵州GDP达到了4593亿元,增长了140%以上。

在三大产业中,第三产业增长最快,在第三产业中,旅游业更是独占鳌头。旅游业的发展，带动房地产业、餐饮业、交通运输、金融等产业，仅仅是房地产业的发展就带动了上下游70个行业的发展。旅游业收入从2005年251亿元到2010年的1000亿元，增长了近300%，仅仅是旅游业就占了贵州GDP总量的23%以上。

3. 借鉴与启示

借鉴瑞士旅游品牌营销的成功经验，贵州旅游的品牌营销还需要从以下方面下大力加以改进。

（1）将品牌宣传形成产业化，促进旅游业带动效应

旅游业带动餐饮、房地产、交通、教育、医疗等各行业的效应不明显，各地区的自然景观，人文特色没有形成产业化。

在这方面可以借鉴瑞士经验，将"多彩贵州"品牌宣传形成产业化，提高旅游业带动效应，将会促进贵州旅游产业的升级转型。

（2）细化"多彩贵州"等旅游品牌宣传

"多彩贵州"品牌宣传没有把人群分成不同层次进行宣传，没有对旅游者的地理位置、人口特征、心理、行为、偏好及旅游市场的变化等因素进行细分，也没有把贵州作为旅游生产者的角度进行细分。

贵州应借鉴瑞士经验，细化品牌宣传。

（3）深度挖掘贵州旅游的精髓，创造特色品牌

贵州的品牌旅游存在开发晚、宣传少的问题，这是贵州旅游市场不火爆的原因之一。

另外，贵州在品牌旅游的宣传上，景点细分不清晰，针对性不强——是否解决了人们的一些疑问，是否满足旅游者的预期需求，这个品牌是针对哪些消费者，来贵州是旅游或投资或休闲度假，并不清晰。

要借鉴瑞士经验，深度挖掘贵州旅游的精髓，创造出真正属于贵州的特色品牌。

（4）避免品牌宣传同质化

第一届多彩贵州歌唱大赛是2005年开始的，至今还在举办歌唱大赛，迄今至少也选出了5个歌唱冠军，但是歌唱冠军并没有红遍全中国，旅游吸引力依然显得不足。歌唱大赛本来是有价值的活动，但是这类活动过多就不具有稀缺性、创新性。

所以，要避免品牌宣传的同质化。

（5）加大终点旅游品牌的培育和推介

专家研究表明，对于旅游者来说，首次选择去某地旅游，主要取决于个人的经济支出能力和旅游品牌的知名度。知名度越高，游客的体验价值就越高，人们就会把去该地旅游当做一种荣耀；相反，对于一个大家都很生疏的地方，旅游体验的满足感就不会很大。

瑞士突出旅游品牌的宣传策略恰恰适应这一规律，所以非常成功。他们把主要力量都投到终点旅游品牌的培育和推介上，千方百计地让宣传目的地的人们能对其旅游产品留下深刻印象。

由于行政区域的分割，贵州旅游的对外宣传促销往往以行政区划推出，这种宣传模式不利于旅游品牌的成长，因此需要借鉴瑞士旅游品牌宣传模式，加大终点旅游品牌的培育和推介，助推贵州旅游品牌的健康成长。

（四）贵州与瑞士的营销实践比较

1. 瑞士旅游的营销实践

（1）别具一格的医疗旅游

边享受迷人的瑞士风光，边接受瑞士的医疗服务。瑞士优质医院联盟正式在沪亮相，瑞士优质医院联盟由18家瑞士医院组成。旅游医疗因人而异，有些接受整形美容的患者在接受治疗后，会有一半时间前往少女峰、日内瓦湖等瑞士著名风景区旅游。而如果是接受关节置换等骨科治疗的患者，则可在接受检查期间或在康复期内在瑞士城市旅游。

而另一张揽客的招牌就是：在这些瑞士医院，患者可以完全秘密地接受治疗，不会遇到其他的病人。瑞士医院会非常小心地保守患者的秘密。

（2）分地营销之个性化服务与体验

在天然资源、体制平台和基础设施之外，瑞士旅游服务机构非常重视游客的服务与体验，即量身打造细腻的客户定制旅游服务的分地营销。

瑞士还非常注重个性旅游服务培训。旅游局在培训中介绍和解说当年策马特的旅游主题、新增的旅游设施设备、旅游活动，以及如何接待旺季即将到来的游客。旅游局也会为参与者提供游客类型、来源地等信息，针对性地向参会从业者提出为游客量身打造个性化服务的建议。

（3）完善的旅游配套（治安、设施）。

瑞士公路、铁路密集，水、陆、空运输发达。铁路、邮政公交、观光缆车和游船构成了瑞士国内的公共交通系统，全方位地覆盖了瑞士几乎所有的城市和风景区（点）。海陆空运输系统的整合让游客无需浪费中转时间的特点也是瑞士在各种旅游评比中屡屡位居前列的重要因素。

瑞士在交通等基础设施方面，更注重便捷、安全以及多样化服务。

瑞士国家铁路局有一个叫做瑞士旅游系统的部门，将瑞士95%的交通网络整合起来，该网络包括302家铁路系统、巴士与游船业者。整合后的瑞士旅游系统推出各种万用瑞士卡（Swiss Pass），方便包括旅游者在内的各种用户。

在海上交通方面。截至2011年，共有16个公司加入瑞士航海公司联合会（ASNC），149艘船只共计运送1246万次乘客，比2010年的1218万次增长了2%；空中交通方面。2011年瑞士机场大约起飞、降落450690个班次，比2010年增长了8%，旅客吞吐量达到4290万人次。铁路交通方面。阿尔卑斯山及其周边地区山区的收入很大程度上依赖于旅游业。山区铁路在瑞士旅游价值创造链中处于举足轻重的位置，它们往往是游客去往旅游目的地的主要驱动力。截至2010年4月1日，瑞士各州共有1120个"T"形滑雪输送机和小索道及654个瑞士联邦政府授权的设施（不包括小型滑雪输送机和传送带）。大约一半的这些设施是"T"形滑雪输送机，另有20%左右的循环索道。在瑞士国家铁路局（SBB）设立的专门网页，只要输入出发地和目的地，网站立刻显示出各种火车时刻方案，甚至包括步行到下个车站，或搭乘巴士、旅游中转车辆所需的时间都写得清清楚楚[1]。

在旅游餐饮和住宿方面，强调多样化、干净卫生和舒适的服务。

瑞士的住宿种类繁多，瑞士旅游统计将瑞士住宿分为酒店住宿和其他补充住宿两类。酒店住宿包括酒店、宿舍、招待所和汽车旅馆；其他补充住宿包括包房（度假屋和度假住宅）、露营地（临时性搭建帐篷等的地

---

[1] Swiss Tourism in Figures 2011, edited by Swiss Tourism Federation (STF), http://www.bfs.admin.ch/bfs/portal/en/tools/search.html。

方)、集体公寓(为旅游团体提供的宿舍,俱乐部和协会的房屋,山间木屋)、青年旅馆、农场住宿、提供床和早餐的小店、修道院住宿等等。

(4) 旅游认证与监管系统科学、高效

瑞士等国的旅游品质管理依赖于严格的科研和技术保障。对任何一项旅游开发、营销,甚至是常规工作,瑞士都建立有一套非常科学、系统的工作流程。并且,基于不同的工作流程同时建立相应的评价或评估环节/体系。而且这种评估往往是借助于第三方力量或行业自治组织来完成。无论是常规经营的酒店、景区、餐厅,还是特殊的项目服务,品质管理都是瑞士旅游业的常规工作。

2. 贵州旅游的营销实践

(1) 全方位、多渠道推介贵州旅游

全方位、多渠道推介贵州旅游——"贵阳避暑季"等96项"欢乐健康游"主题旅游文化活动成功举办。

贵州赴18个省市、15个重点客源国家和地区开展旅游推介与促销展会活动95次;组织开展2012"多彩贵州踏春行"大型媒体采访等"请进来"活动75次。"侗族大歌"在法国巴黎首次亮相,便引起了震动;苗族服饰以其精美的工艺和丰富的文化信息承载功能,获得了"无字的史书"的美誉;还有被国际戏剧界称作"戏剧活化石"的地戏、傩戏等。

(2) 全力打造有吸引力的旅游目的地

近年来,随着"多彩贵州"和"避暑季"的推出,贵州作为有吸引力的旅游目的地正在被越来越多的旅游者所接受。

但旅游目的地形象的改善和完全被旅游者所接受并不是一蹴而就的,需要更多更有效的宣传营销渠道,也需要一定的时间。贵州在旅游形象得以初步认同的同时,也取得了较大的社会效益。首先,贵州省浓厚友好的旅游氛围正在形成,不管是当地居民还是政府和企业,都努力参与到旅游业的发展中。其次,生态旅游的发展和绿色营销等环保方式也引发了大众对环境的保护,使得在进行旅游开发、旅行游览和旅游营销等活动中都以可持续发展为原则。再次,旅游扶贫取得了显著的成绩,特别是少数民族地区通过发展旅游业提高了当地居民的生活质量。此外,交通等基础设施也得到了较大的改善。

(3) 交通运输基础设施建设实现跨越式发展

贵州的公路、铁路、航运、水路交通基础设施建设实现跨越式发展，旅游配套环境大大改善。

至"十一五"末，全省公路网总里程达到15.16万公里，其中已建高速公路达到1507公里，在建高速公路达2555公里，已建和在建高速公路超过4000公里；二级及以上公路达5239公里；建制村通达率为97.04%、乡（镇）通畅率为97.28%、建制村通畅率为31.8%；全省共有等级客运站870个，县以上城市均有等级客运站；内河航道通航里程达到3563公里，高等级航道实现从无到有，四级航道达到270公里①。

贵州省目前内龙洞堡国际机场已开通国际国内航线，另有7个支线民用机场已投入使用。有龙洞堡国际机场，还有铜仁机场、黎平机场、兴义机场、安顺机场等四个支线机场。计划建设的还有荔波机场、黄平机场、茅台机场、六盘水机场等。

铁路运输方面，继贵昆铁路、黔桂铁路、黔渝铁路、湘黔铁路之后，相继开通了株（州）六（盘水）复线、南昆铁路等。2012年铁路营业里程2070千米。

在公路建设方面，已经建成新贵黄公路、贵遵公路、贵新公路、凯麻公路、顶兴公路、水黄公路、贵毕公路等高速公路或高等级公路，镇（宁）胜（境关）高速公路正在建设之中。2012年，公路通车里程157820千米。此外全省内河航道里程33604千米②。

目前贵州的交通已形成了多种运输形式相互补充的立体交通网络，为旅游业的发展提供了非常便利的运输条件。

(4) 旅游产业要素配套不断加强

旅游产业要素配套不断加强，通过实施旅游精品战略，重点旅游景区景点建设取得新的成效，旅游产品档次和对游客的吸引力大幅提升。旅游管理体制创新取得突破，旅游投入日趋多元化，旅游产业要素配套逐步完善。

---

① 《贵州省"十二五"旅游业发展专项规划》。
② 《贵州省"十二五"旅游业发展专项规划》。

贵阳等 6 个城市先后进入"中国优秀旅游城市"行列，全省旅游标准化体系初步建立，旅游环境整治取得积极成效。截至 2010 年底，全省共计有国家 A 级旅游景区 65 家，其中 5A 级景区 2 家，4A 景区 18 家；星级旅游饭店 344 家；各类旅行社达 270 家；旅游定点车辆达到 850 余辆。旅游业直接就业人员 19.5 万人，间接从业人员 97.5 万人。

"十一五"期间，尽管贵州交通发生了明显变化，但交通基础设施仍然是贵州旅游业发展的重要瓶颈。还需重点进行旅游基础设施和配套设施建设。

3. 借鉴与启示

贵州与瑞士的旅游资源都非常丰富，发展旅游业潜力巨大。但是目前瑞士旅游业发展水平远高于贵州，瑞士旅游业对其 GDP 的贡献达 6% 以上，贵州省旅游业对 GDP 及就业的贡献远未达到这样的水平。此外，虽然贵州省旅游业在国内具有较大的影响力，但是国际影响力还不及瑞士，瑞士有"世界公园"的美称，"多彩贵州"的国际影响力与"世界公园"尚有差距。

（1）提高旅游接待能力，细化旅游服务

贵州省酒店总量不足、档次低，且绝大多数是商务酒店，度假酒店很少，已不适应休闲度假旅游需要。旅游厕所总量不足，脏、乱、差的状况仍较突出，管理、服务水平较低，与休闲度假需要不适应。贵州应按照"布局合理、结构优化、功能完善、特色突出"的思路，建立与贵州旅游发展相适应的，集星级酒店、经济型酒店、社会旅馆、汽车旅馆、度假酒店等为一体的多元化的住宿接待体系。

利用好 2013 中国国内旅交会的宣传推广平台，整合旅游企业资源，深化与阿里巴巴淘宝网的战略合作，依托阿里巴巴集团旗下的淘宝网、天猫、聚划算、支付宝等强势资源，推进建设"多彩贵州旅游馆"，搭建以"多彩贵州·风行天下"为主题的贵州旅游电子商务平台，实现旅游产品在线发布销售，将贵州旅游推向全国网民。

（2）关注游客需求，细分市场，推出多彩的旅游主题

瑞士每个地区也会有不同的旅游主题和旅游节：美食、音乐、文化。然而他们的各种节，与中国的节大相径庭。中国的节注重排场、注重领导

讲话，每次节都是时间比较集中，做成一个盛大活动。

而瑞士和欧洲其他的节，很亲民，以美食节为例，就是提供场地和宣传，而游客则可以随便品尝和随心所欲地观光游览。瑞士地方上的这种节很多，几乎每个月都有一个主题。这些节基本上都不需要政府的介入，政府只需做好宣传及场地安排即可。贵州也应该提炼类似旅游主题，在某一时期主打某个旅游产品。除了举办大型节日，更应发动民间自发组织小型旅游活动，激发公众参与热情。

贵州应借鉴瑞士的营销实践活动，关注游客需求，细分市场，推出多彩的旅游主题，提升贵州的知名度。

（3）围绕旅游抓交通，完善旅游基础设施

借鉴瑞士基础设施建设经验，加快旅游交通设施建设，尽快完善各项旅游配套服务设施。要围绕旅游抓交通，完善旅游基础设施。

瑞士的国土面积比贵州省小10多倍，交通建设的难度更大，但拥有的高速公路里程与贵州省相当，而航空和铁路条件比贵州省好很多。贵州省应加快发展高速公路，全力推进机场改扩建和航空建设，进一步强化铁路为旅游服务的功能。

尽管"十一五"期间，贵州旅游基础设施发生明显变化，但总体来看，旅游基础设施建设仍比较滞后，与快速发展的旅游业不相适应。交通这一制约旅游发展的瓶颈还没得到根本改变；信息化基础设施和能力建设滞后；旅游集散地、旅游厕所、旅游景区的基础设施及景观道路、停车场、旅游标识系统、高速公路游客服务区、游客服务中心、自驾车营地、旅游公共服务体系等配套设施建设滞后，还不适应旅游业发展需要。交通基础设施还不便捷，旅游公共服务设施较为滞后，高速公路服务区、旅游景区厕所卫生等问题久治不愈。

（4）加强旅游大企业、大项目的引进

贵州旅游缺乏大企业、大项目引领。如悦榕庄、开元集团、华侨城等标志性的旅游度假酒店集团、管理集团和综合集团，仍需加快发展。类似乐湾度假区这样适应转型升级和新型旅游业发展需求的大项目数量不足。产业要素配套不足，企业规模小，产业链条短，辐射能力弱，一些景区还处于"门票经济"的阶段。目前贵州省还没有上市的旅游企业，缺乏有市场号召力的国际著名度假酒店品牌。

贵州应依托主要旅游中心城市和核心旅游区,加快建设中高档星级酒店,加快推进经济型酒店和社会化的住宿接待设施建设。培育文化主题酒店、度假休闲酒店。依托民族文化、民俗文化等不同类型特色文化,在旅游中心城镇、重点旅游区建设各类文化主题酒店。

借鉴瑞士旅游的道路交通系统专门网站提供服务,实现旅游服务的网络化。这样游客可通过公路、铁路和水路无忧无虑地畅游贵州各地。特别对海外游客来说,通过网站订票业务,一方面更多了解贵州的自然、人文景观,另一方面也可为海外游客节约大量时间。

(五)贵州与瑞士旅游发展政策比较

着力开发特色旅游资源,转变旅游发展方式,深入实施旅游精品战略,丰富旅游文化内涵,加快提升旅游产品档次,推动旅游产品供给从单一化向多元化转变,旅游资源开发从低水平向高水平转变,游客在黔旅游从过路游向深度游转变,旅游产业发展从单要素向多要素转变,将贵州打造成为全国最佳避暑度假基地、新型国民休闲基地、特色乡村旅游基地、养生与老龄度假基地、原生态民族文化体验基地、山地户外活动基地、自驾车与自行车自助旅游基地。

"多彩贵州"品牌影响力不断扩大,贵州省旅游业迎来了加速发展的时期。

1. 瑞士旅游产业发展的政策、法规

(1)与旅游相关的国家级法律涵盖面宽广

1979年联邦旅游咨询委员会在伯尔尼发布的《瑞士旅游概念报告》[①]是瑞士旅游政策的基石。在此基础上,瑞士政府在1996年发布了《联邦旅游政策报告》,该报告成为瑞士现行旅游政策的纲要和基础性文件。《联邦旅游政策报告》中明确提出政府在创造和维护瑞士旅游业竞争优势方面,应该发挥更积极的作用,不仅在旅游营销方面增强多方合作,并且应

---

① Conception suisse du tourisme, Rapport final, Commission consultative fédérale pour le tourisme, Bern, August 1979.

更多更深地开发旅游产品。报告同时提出三大旅游政策：第一，为旅游业创造有利条件，包括共同创建支持性的旅游环境，促进旅游创新，完善与旅游相关的国际框架条件（例如换汇控制）；第二，巩固瑞士旅游市场，包括增强瑞士形象，完善服务质量，促进信息技术的运用；第三，增强瑞士作为旅游目的地的吸引力。联邦政策直接或间接地影响到旅游业的发展，为更好地实施旅游政策，瑞士将在旅游研发（研发内容包括：瑞士旅游业在国际范围内的评估；瑞士旅游业预测分析；瑞士旅游业创新项目评选；瑞士旅游卫星账户；瑞士旅游观察报告等等）、国际合作、促进市场需求等方面开展工作。

据《2011年瑞士旅游统计年鉴》显示，为促进瑞士旅游业的发展，瑞士相继出台了9部与旅游相关的国家级法律，其内容涵盖将瑞士作为一个旅游目的地的市场营销，促进旅游的创新、合作及知识体系建立，促进酒店业发展，区域性法规，赌博与赌场法案，住宿服务特价规定，旅游统计调查，自然公园和文化遗产保护与客运交通法案。

（2）各州因地制宜出台与旅游相关的法律法规

另外，在瑞士的26个州中，有24个州发布了与旅游相关的法律法规，其中包括首都伯尔尼在内的19个州都制定了专门的旅游法案（Tourism Act）。这对瑞士整体旅游业的推进起到了极其重要的作用。

瑞士没有全国性的系统和完整的规划，联邦统一的规划一般为一些大的构想、方案，以及就全国性或国际性的重大项目所做的专项规划，而州一级则要制定全州的指导性规划，规划中要对全州的一些重要地域加以明确，并且要制定和明确如林地、农地、建设用地等土地利用情况。州一级的规划要经过联邦有关部门的审批认可，一经联邦批准，对各级行政部门和市镇政府均有约束力，并可获得联邦在资金上的支持。州一级的规划对私人则没有直接约束力，但公众个人有权了解并提出意见。

2. 贵州旅游产业的政策、法规

（1）中国《旅游法》全面实施

2013年4月，全国人大常委会审议通过了《旅游法》，标志着旅游业进入依法兴旅、依法治旅的新阶段；2013年2月，国务院办公厅印发了《国民旅游休闲纲要（2013~2020年）》，提出要保障国民旅游休闲时间，改善休闲环境等；扩大内需，最好最管用最生态的办法，就是发展旅游业。习近平在俄罗斯中国旅游年开幕式上发表了一篇重要演讲《旅游是综合性产业，是拉动经济发展的重要动力》。李克强出席博鳌亚洲论坛 2012 年年会期间指出，高起点高质量建设国际旅游岛。

（2）各级政府都制定出台了支持旅游业发展的相关政策

贵州省委省政府高度重视贵州旅游业，将旅游业作为支柱产业和第三产业的龙头、重点来抓，以省委省政府分管领导为首的，宣传、文化、旅游、体育、农业"五位一体"的旅游工作机制建立。创新了旅游产业发展大会机制，通过实施一系列务实举措，使旅发大会成为促进全省各地旅游创新和开展合作竞争的重要平台。先后出台了《贵州省"十二五"旅游业发展专项规划》《贵州省旅游发展总体规划》等专项旅游规划的编制工作，为贵州新一轮旅游产品升级换代指引了方向。

贵州各市州地党委、政府纷纷把旅游业作为支柱产业或服务业龙头和重点来培育，提出了"旅游兴市""旅游活州""旅游兴区""旅游强县"等具有全局意义和战略高度的发展思路；各地相继制定出台了支持旅游业加快发展的相关政策文件。

3. 瑞士成功经验的启示

贵州旅游发展政策法规正在逐步完善，但是还存在一些问题，需要借鉴瑞士经验发展贵州旅游业。

（1）突出旅游产业要素高端化

要以生态文化旅游创新区建设为依托，突出旅游产业要素高端化。

《贵州生态文化旅游创新区产业发展规划》中提出，生态文化旅游创新区要围绕生态、文化、旅游"三位一体"的要求，突出旅游要素集群化、产品特色化、服务国际化、游客进出便利化、环境优质化的原则。

根据这一原则，贵州生态文化旅游创新区可以大胆向国家争取像海南离岛一样的免税政策，带动贵州生态文化旅游的发展，促进贵州生态文化旅游的管理和保护。

（2）以《旅游法》实施为契机，完善贵州旅游的法律法规

要以《旅游法》实施为契机，完善贵州旅游发展的相关法律法规。

瑞士生态文化旅游的发展实践证明，建立健全旅游发展法律法规、依

法进行旅游开发建设和管理是旅游管理的重要途径。

因此，贵州省发展生态文化旅游，首先应当进一步健全法制，依法推进。应以《旅游法》实施为契机，加强立法工作，制定完善旅游发展的相关法律法规，以健全完善的法律法规来规范生态文化旅游资源的开发，规范生态文化旅游经营管理，让广大旅游经营管理者和游客有法可依，从而实现对生态文化旅游资源和生态环境的依法保护。

针对贵州生态文化旅游创新区建设，应该从法律法规的角度加以保护，使贵州生态文化旅游创新区得到长足的发展，让其独具特色的生态法庭得到推广。

（3）加强产业结构调整，促进贵州旅游产业发展

在瑞士，产业结构非常合理，农业生产比例较小，为有效防止农业生产对生态环境的破坏，瑞士政府把旅游业作为第三产业的同时也作为经济支柱，产业污染小。

《国务院关于进一步促进贵州经济社会又好又快发展的若干意见》明确提出，贵州是全国重要的能源基地、资源深加工基地、特色轻工业基地、以航空航天为重点的装备制造基地和西南重要陆路交通枢纽。同时贵州省还是国家扶贫开发攻坚示范区、文化旅游发展创新区、长江珠江上游重要生态安全屏障以及民族团结进步繁荣发展示范区。

《意见》是从国家层面全面系统支持贵州发展的综合性文件，这将为贵州旅游的对外开放和招商引资、招贤引智提供更多的机遇，同时也为与瑞士合作建立中瑞产业园提供了机会。

近年来，贵州省政府制定了《关于加快产业园区发展的意见》，明确提出了支持园区建设发展的一系列配套政策措施，将在园区规划、扩区调位、基础设施建设、标准厂房建设、转型升级等方面给予重点支持。在这一政策的激励下，西秀区政府与欧洲投资商合作建立欧洲工业城，目前欧洲工业城的"磁场效应"已显现，多家欧洲企业表示入驻该城，创造了双赢的局面。中国—东盟自贸区的建立，也为中瑞产业园的建立提供了商机。

（4）以规划为指导，走可持续发展的道路

贵州旅游所带来的经济效益，使旅游火热盛行，成为各区的主要经济

支柱或者是龙头产业，各个地区都纷纷效仿发展旅游产业。正是这样盲目跟风，使地区在发展旅游业之前根本没有一个详细的、高水平的规划，都是抱着走一步算一步的态度来发展旅游业，这样无计划地发展旅游业，很难保证当地的旅游得到可持续的发展。

瑞士等国的旅游品质管理依赖于严格的科研和技术保障。任何一项旅游开发、营销，甚至是常规工作，瑞士都建立有一套非常科学、系统的工作流程。基于不同的工作流程同时建立相应的评价或评估环节/体系，而且这种评估往往借助于第三方力量或行业自治组织来完成。无论是常规经营的酒店、景区、餐厅，还是特殊的项目服务，品质管理都是瑞士旅游业的常规工作。这些成功经验，是我们必须学习和借鉴的。

（5）加大公众参与力度，有效保护旅游资源

目前，贵州当地社区参与旅游保护的较少，社区受益也比较低。例如赤水风景名胜区位于赤水市，它是由多个风景名胜区组合起来的国家级风景名胜区，正是由于它的跨度广，所以在它的区域内有多个村落，而这些村落的居委会对于风景名胜区的发展没有决策权，当地的社区居民从这个景区获得的经济利益少，而且当地居民的环保意识不够强，居民反而带头制造环境问题，这给当地发展生态旅游带来了不少阻力。

瑞士有许多民间行业协会，如"瑞士旅游联合会"，一个在瑞士境内的全国性伞状旅游组织；"瑞士酒店协会"，瑞士最大的酒店行会性组织，瑞士约有2/5的酒店是该协会成员；另外还有瑞士农业观光农业协会、瑞士旅游经理人协会、瑞士海航公司联合会、瑞士联邦旅行社、瑞士徒步旅行联合会等等。这些行业协会积极维护本行业的利益，促进跨行业的横向联系，制定本行业的行为准则和规范，负责行业内的人员培训工作，并为行业内的会员提供信息服务等。

在贵州，只有加大公众参与力度，才能有效保护旅游资源。

（六）生态文化旅游景点和非物质文化遗产保护政策、法规比较

1. 保护政策和法规的相同点

贵州和瑞士在生态文化旅游保护和非物质文化遗产保护政策方面有一些相似地方，都从法律法规方面加强了对生态文化和非物质文化遗产的

保护。

(1) 瑞士的立法全面、执法严格

瑞士在工业化和现代化发展进程中，完好地保存了生态资源，做到了人与自然和谐相处。瑞士在发展旅游的过程中采取一系列措施保护环境、生态和文化，走了可持续发展的道路。政府非常重视企业在环保中的作用，对企业征收垃圾处理税、能源消费税等税种，并采取颁发消费许可证和补贴等多种经济手段。在环境保护方面，瑞士联邦政府设立有专门的《保护自然和文化遗产法》《环境保护法》《狩猎法》《水保护法》《森林保护法》等法律，《森林保护法》是瑞士政府于1902年颁布的，该法案成为瑞士历史上第一个环保法规，它及时有效地制止了人们对森林的盲目砍伐和破坏。瑞士环境立法全面、执法严格，对促进瑞士环境保护起到重要作用。

(2) 贵州的旅游立法后来居上

2004年8月，我国正式加入了联合国教科文组织《保护非物质文化遗产公约》。《国务院关于加强文化遗产保护的通知》（国办发〔2005〕42号）指出，为了进一步加强中国文化遗产保护，继承和弘扬中华民族优秀传统文化，推动社会主义先进文化建设，决定从2006年起，每年6月的第二个星期六为中国的"文化遗产日"。

对贵州来说，良好的生态和特色的民族文化是贵州最大的优势。贵州有非常好的自然资源和文化资源，在旅游立法上也做得比较好。2007年，贵阳市在全国率先成立环境保护审判庭，并在环保任务最重的清镇市成立环境保护法庭，运用法律武器保护生态环境资源。在保护生态环境上开先河、动真格，是贵州人建设和保护生态环境从达成共识到走向实战的最好注脚。

贵州依托国务院的"把贵州建成文化旅游发展创新区"的战略定位，编制了《贵州生态文化旅游创新区产业发展规划（2012~2020）》。贵州省委省政府已将《规划》重点项目作为省重点建设项目进行管理，纳入省政府各部门及各市州目标考核，开创走出一条"保护一方山水，传承一方文化，促进一方经济，造福一方百姓，推动一方发展"的旅游转型升级、后发赶超之路。

2. 保护政策、法规的不同点

（1）瑞士多管齐下，执行力强

瑞士的生态文化旅游景点和非物质文化遗产保护政策执行力强。

瑞士的环境保护是按照森林、水资源和空气三方面进行的，为创造整洁的环境，瑞士制定了相关的环保政策，如增加能源消费税、颁发消费许可证和补贴等方式。

瑞士有严格的生态环境保护控制措施，为保护环境，还引入经济手段，体现了"谁污染，谁治理""污染大，花钱多"的原则，使企业在制定发展战略时将环境保护置于其成本中，从而达到自愿减少污染的目的。

为保护环境，制定各种细致的条款，规定了补偿价格，政府对农户给予生态补偿，生态补偿占农民收入的比例越来越高，甚至增加到75%左右，超过了农民的农产品销售收入。瑞士国家议会进行了绿色税收改革，与各行政区协商合理提高环境税、生态税，例如对农业、自然资源利用、交通和能源部门增收生态保护税等。联邦政府及各州政府征收的与环境有关的税收收入的近80%被用于相应的环境项目，20%被投入公共基金。

（2）公众参与，监管到位

瑞士根据保护经济发展和环境生态的需要制定了系列环境保护法律政策。瑞士法律制度的最突出特点，是经济决策的民主化与分权化。在瑞士，事情无论大小，许多都要借助于公民投票。瑞士在生态文化旅游景点和非物质文化遗产保护政策方面也采取了公众参与，正因为公众参与，所以对生态文化旅游景点和非物质文化遗产的保护是监管到位的。

通过改善法律环境，减少行政对市场价格的干预，保障本国富于竞争性的生产和服务市场；为企业建立和发展建设良好的投资环境，促进劳动市场的自由化，加强瑞士作为投资场所的吸引力，促进竞争机制的进一步完善，使瑞士成为开发高附加值产品的投资场所。

3. 借鉴与启示

面对贵州多姿多彩的民族文化，应借鉴瑞士经验，在政策和执行力方面给予关注，加强贵州生态文化旅游景点和非物质文化遗产保护。

（1）抓紧出台配套的旅游业发展政策措施

抓紧出台《贵州省旅游条例》，进一步建立健全贵州省旅游法规体系，推动旅游法制建设科学化、制度化和规范化；研究制定政策扶持体系，出台《关于进一步支持旅游业发展的意见》《旅游产业园扶持奖励办法》，使旅游业能和工业、农业一样，真正享受信贷、税收、投融资、计划、财政等方面的优惠政策，构筑大旅游发展格局，消除影响旅游发展的障碍；制定出台《促进旅游产业发展奖励措施》，对航空公司开通航线及地方创建A级景区、星级酒店、休闲农业示范点、示范县等进行政策扶持和奖励，调动各利益相关者发展旅游业的积极性。制定出台促进度假酒店发展的政策措施，引导城市周边休闲度假带建设，有序推进旅游度假区发展。

(2) 强化监督管理，加强环境保护

贵州景区是多头管理，如风景区归建设部管，森林公园归林业部管，自然保护区归环保局综合管理，存在政出多门、推诿扯皮、利益冲突等问题，当地社区和政府、保护区主管部门、经营部门之间的相互排斥与冲突多于合作与协调。自然环境成为其中的牺牲品。

贵州应强化监督管理职能，完善综合执法机制；创新工作方式和手段，加强部门之间协调配合。成立更加全面和综合的旅游发展协调联席会议制度，形成能够调动全省各地区、各部门和各种社会力量，工作效率高、综合实力强、全方位一体化的大旅游组织协调机制，科学管理。

(3) 加强诚信建设，提升服务质量

应落实地方政府、经营主体、相关部门的监管责任。健全旅游监管体系，完善旅游质量监管机构，加强旅游服务质量监督管理和旅游投诉处理。成立旅游、工商、公安、商务、卫生、质检、物价联合执法队伍，打击非法从事旅游经营活动。

加强旅游诚信体系建设，开展诚信旅游创建活动，制订旅游从业人员诚信服务准则，建立旅行社、旅游购物店信用等级制度。发挥旅游行业协会的作用，提高行业自律水平。以"满意在贵州"活动为契机，以游客满意度为基准，实施《旅游服务质量提升纲要》。

鼓励各市州地根据当地旅游行业特色，制定和实施旅游地方标准；引导旅游企业在执行国家标准、行业标准、地方标准的基础上，制定实施个性化的企业标准，增强服务提供能力和市场竞争力。通过标准化手段，建立健全旅游标准体系，抓紧制定并实施旅游环境卫生、旅游安全、节能环保等标准，重点保障餐饮、住宿、厕所的卫生质量。

（4）加强公众的生态文化保护意识

贵州公众的生态文化保护意识观念缺乏，环境破坏严重。可以说旅游到哪里，生态破坏和环境污染就到哪里。如：剑河百里原始阔叶森林是贵州省最大的生态旅游基地，但是缺乏有关部门的管理，当地村民的保护意识不强，游客进入该景区后，乱丢乱扔，野餐、烧烤的一次性快餐盒到处都是，烧烤的油烟更是严重污染了景区的生态环境。

在贵州，开发者不合理的开发，管理者不当的管理，旅游者不文明的旅游，破坏了自然和人文景观的自然美，破坏了人与自然的伙伴关系，阻碍了贵州省生态文化旅游的发展。

必须加强公众的生态文化保护意识。

（七）贵州与瑞士旅游对外开放政策比较

1. 两地都坚持对外开放政策发展旅游化

入境旅游是衡量一个国家或地区旅游业发展水平的重要标志，也是国家间重要的服务贸易。

瑞士政府对外国企业的旅游业投资持十分欢迎的态度，为外国企业在瑞士投资提供了便利条件。欧洲各大旅行社几乎都在瑞士设立了分支机构。瑞士也与许多国家签有双边协定，互设官方旅游代表机构，如根据中瑞双边协定，瑞士联邦旅游局在中国设立了代表处，中国国旅也在苏黎世设立代表处。

贵州与世界旅游组织、世界银行、联合国开发计划署等国际组织及法国、美国、日本、韩国、新西兰等的旅游合作日益加深。贵州省人民政府与国家旅游局、世界旅游组织、世界银行联合召开了"乡村旅游国际论坛"，与世界银行签订贵州文化自然遗产地保护和发展项目协议，在全球化背景下发展旅游业。

国务院出台的《关于进一步促进贵州经济又好又快发展的若干意见》，是从国家层面全面系统支持贵州发展的综合性文件，这将为贵州旅游的对外开放和招商引资、招贤引智提供更多的机遇，同时也为东南亚和欧洲的客户到贵州投资提供了更多的商机。近年来，贵州与东盟国家旅游交往频繁。

据统计，2011年贵州到东盟国家旅游的人数达16221人次，东盟国家来贵州的游客达到46504人次。

2. 两地对外开放政策的不同点

（1）瑞士强调国际水平的旅游接待服务

在国际旅游服务中，瑞士关注跨国文化研究和能力培养。瑞士旅游业坚持开放的态度，承认外国文化与本国文化的差异；明确不同文化背景下人的需求差异；强调学习跨文化技能，注重根据有无特殊的习惯和喜好采取不同的接待方式。例如，瑞士在向中国推广旅游中，强调必须根据中国人的兴趣进行适应对策。针对中国与印度人，后者更愿意花钱在住宿上而前者则愿意购物的特点，所以在酒店导向上，面向印度游客时，强调酒店的舒适服务，而针对中国人则强调酒店的完善功能，便是一个例子。

（2）瑞士有更便捷的国际旅游线路

航空运输是国际旅游的重要交通方式，国际旅游经验显示，每增加一条新的国际航线，至少每年可以增加3万~5万境外游客。

瑞士拥有便捷的国际旅游航线。2012年，北京至欧洲直飞航班开启，标志着瑞士旅游业在日益增长的中国市场进一步扩展，这也是继上海纳入瑞航航空网络之后瑞士国际航空公司的又一发展举措。

（3）瑞士有丰富的国际旅游客源

瑞士各地观光旅游者有一半是本国人，另有40%来自欧洲各国，还有10%来自欧洲以外的国家。国内外游客的旅游支出是瑞士经济的重要组成部分。同时，旅游产业为当地居民创造了众多的就业机会，促进了基础设施建设，推动了对农业环境和许多非物质文化遗产的保护。

贵州利用中国—东盟之间的合作，推出了与周边国家的旅游线路。但是，贵州和东盟国家的旅游往来还有发展潜力，目前还远没有达到与东盟国家开展双边或多边旅游合作的预期水平。

（4）瑞士有宽松的旅游签证服务

瑞士提供了相对宽松的旅游签证服务，成立由旅游总局下设的签证服务中介，为境外游客提供旅游签证以及旅游指导。

3. 借鉴与启示

（1）坚持并加强东南亚旅游发展战略

贵州应坚持并加强东南亚旅游发展战略，深化旅游资源的开发与利用，互为旅游目的地或客源地，推动贵州与东盟国家双边或多边旅游合作的健康发展。

构建中国—东盟国际旅游发展带，集中推荐中国、东盟10国及周边地区的主要旅游目的地旅游产品，加强业内的交流与沟通，开发建设中国—东盟多语言旅游信息交换平台，贵州与东盟应加强旅游领域合作的持续深化，加强旅游人力培训、市场营销、旅游部门交流合作等方面工作。

同时，深化新一轮香港贵州合作，把两地的优势结合起来，进一步突出在金融、产业、人才、教育以及旅游方面的合作。

（2）扩大对外开放，吸引更多的国内外投资者

贵州应扩大旅游业的对外开放，以吸引更多的国内外资金参与贵州省旅游资源开发、旅游环境综合治理和旅游基础设施建设。

贵州可以选择条件较成熟的部分旅游区，采取经营权转让、特许经营、合资合作、租赁等方式，进行直接融资。

同时，为了吸引国外资金，对到贵州投资兴办旅行社和交通公路运输公司的境外企业，在资质审查与项目审批方面放宽标准。对于通过投资、兼并、参股、收购和迁移总部等方式来贵州开展旅游经营的境外优秀企业，贵州省将提供更多的政策支持。

（3）扩大宣传，开通国际旅游线路，争取境外客源

迄今为止，因为各种原因，贵州对外开放面还很窄，这不利于旅游业大发展。国务院出台的《关于进一步促进贵州经济又好又快发展的若干意见》，为贵州旅游的对外开放和招商引资、招贤引智提供更多的机遇。在这一政策激励下，贵州应深化对外开放政策，为贵州旅游产业发展不断注入新的活力。

贵州近年来加大了旅游对外开放政策，开通了部分国际旅游线路，但是还需要逐步完善。可以借鉴瑞士经验，扩大宣传，加大力度，争取境外客源。

如在入境市场开拓上，可以按照梯次推进原则，依托地缘锁定港澳台

近程市场，凭借山水风光巩固日、韩及东南亚市场，通过文化吸引拓展欧美远程市场等。要大力宣传贵州是一个专一目的地，不是附属目的地，我们不光有好的景点，交通设施、配套服务也很好。

五　加快发展贵州生态文化旅游的基本思路和对策

（一）思路清，起点高，战略准，动作快

2013年初下发的国发2号文件首次从国家层面明确贵州要建设"文化旅游发展创新区"的战略定位，要求贵州"探索特色民族文化与旅游融合发展新路子，努力把贵州建设成为世界知名、国内一流的旅游目的地、休闲度假胜地和文化交流的重要平台"。

我们可以学习借鉴瑞士的经验和模式，将贵州建设成为不仅是旅游大省，更是旅游强省。发展贵州旅游，机不可失，时不再来，必须抢抓机遇。

1. 创新发展思维、突破成规，建设国际生态消费中心

根据国发2号文件精神，贵州省要立足丰富的生态文化旅游资源优势，创新发展思维、突破成规，打破就旅游抓旅游的思维局限，按照大旅游、大产业、大格局的要求和"四意"整合发展理念，创新旅游产业融合发展思路、空间布局和实际举措，突出地、加快地推进旅游产业发展实现创新跨越。

以国发2号文件的出台和贵州省第十一次党代会的召开为标志，贵州省旅游业的发展已经站在了新的起点上。贵州要围绕"建设国际生态消费中心"的目标，做好规划编制工作，加强重点项目建设，加强旅游市场开拓，加快发展民用航空，提高接待服务水平，进一步提升贵州旅游在全国、全世界的美誉度和知名度。

正如北京中科景元城乡规划设计研究院院长、贵州旅游规划设计院院长石培华博士所言："国务院下发的文件，在30个省里面只有贵州唯一一个用'创新区'来讲，其他的都叫'重要的旅游目的地'，这样的话就给

贵州带来了三个价值：首先是政策的价值，我们可以先行先试，创新发展；第二，给了一个市场品牌，贵州和传统的旅游目的地不一样，它是一个'创新区'，第三，是让人们重新理解，海南国际旅游岛是一种'海岛'，现在又出现一个贵州'创新区'这样一个'山岛'，为全国人民打造山的世界。因此，我建议贵州可以提一个大的概念，贵州应该建成全国人民乃至世界性的一个生态消费中心，因为我们有独特的气候优势，现在拿景观去讲旅游已经不足以彰显贵州旅游的价值了。"[1]

2. 因地制宜，突出个性，打造个性鲜明的贵州旅游

旅游强调的是游客对于旅游资源的新奇体验和跨文化审美。然而景区雷同、相互模仿的现象在当前国内的旅游市场中是一个突出的现象。这一缺陷严重阻碍和影响了我们对旅游资源的开发和发展。旅游产品和项目雷同的情况容易导致游客产生审美疲劳，对旅游景区和产品失去兴趣[2]。正如文化部部长蔡武所言，现在文化旅游结合的形式还比较单一，特别是很多地方出现了产品雷同、相互模仿现象。创意是旅游最大的吸引力所在，也是最大的价值和生命力所在。

世界旅游组织秘书长弗朗加利曾经在2002年到贵州考察，贵州独特的民族风情文化和优美多姿的景色令弗朗加利陶醉不已。面对历史悠久民族文化的瑰丽和神奇，这位国际旅游界见多识广的专家不禁感叹自己"穿越时空而又回到久远年代"。在旅行途中，他还参观了天龙屯堡和凯里的南花村寨，最终得出一个结论：贵州独特的民风民情和自然风光，是发展旅游业最好的财富[3]。

瑞士的经验给我们同样的启示。提起瑞士，人们都会联想到一副童话世界的画面，画中是一块纯净洁丽、清新浪漫、远离俗尘的净土。这正是瑞士旅游立足本土资源，充分发挥自身优势，打造个性鲜明的瑞士形象的成功之处。

---

[1] 人民网：《贵州旅游业发展要创新发展模式》，http：//gz.people.com.cn/n/2012/0322/c194848-16866044.html。
[2] 《中国文化部长批各地文化旅游相互雷同 创新不足》，中国新闻网，http：//www.chinanews.com/cul/news/2009/09-29/1893982.shtml。
[3] 《独特风情是发展旅游业的最好财富——记世界旅游组织秘书长弗朗加利的贵州情结》，http：//www.people.com.cn/GB/paper39/8038/761647.html。

享有"世界花园"美誉之称的瑞士,是最早开发和经营旅游业的国家之一。以人口、经济规模和国土面积衡量,瑞士是一个小国,但依据旅游业的经营和发展程度、旅游的组织管理水平、旅游的理论研究、教育和科学研究水准衡量,瑞士是一个大国和强国。

　　早在中世纪的时候,瑞士就开始了旅店业的发展。在14世纪以前,一些驿站客店就已经出现在瑞士商旅往来的交通要道和山隘沿途了,帮助商旅和来往旅客解决交通路途遥远和旅途生活需要。到了15世纪,瑞士的温泉声名鹊起,很多来自欧洲各地的人都慕名前往布里格、巴登、巴塞尔、洛埃什等地的温泉沐浴治病,这种时尚在欧洲上流社会蔚然成风。这些慕名而来的温泉游客也成为最早的游客。18世纪,索绪尔(瑞士地质学家)成为成功登上阿尔卑斯山最高峰——勃朗峰的第一人。而后,更多的欧洲人受其鼓舞纷至沓来,以征服阿尔卑斯山的众多山峰为荣耀。这一风潮推动了登山运动和冰雪运动在瑞士的发展,也逐渐形成了瑞士旅游的特色内容。英国、法国等西欧游客是这个时期瑞士旅游的主流客源。"阿尔卑斯山俱乐部"就是一个19世纪由英国人组建的登山组织,该组织的会员以征服瑞士阿尔卑斯山地区的各个高山险峰为目标。包括维多利亚女王在内的很多英国人都热衷游访瑞士,他们感叹瑞士旅游资源的天然优势和吸引力,用"欧洲的享乐园"这一美名称呼瑞士[①]。

　　瑞士充分认识和利用自身传统文化和旅游资源,有意识开发和树立起瑞士品牌。

　　多样性的自然景观是瑞士旅游独一无二的特点。在这个山地国度,山峦起伏,湖水清澈。其森林面积达12523平方公里,占全国面积的30.3%。如果再加上农业、绿地面积(10166平方公里,占全国面积24.6%),则全国一半以上的土地被绿地所覆盖。瑞士是欧洲大陆三大河流发源地,有"欧洲水塔"之称。阿尔卑斯山区占据全国近60%的领土。冰川与河流的侵蚀冲刷出河谷、阶地和山峰,景色丰富多彩、气象万千。瑞士是一个包含了多种气候特征的国家,立体气候是瑞士气候的一大特色。

---

① 马丁:《瑞士的旅游特色》,《杭州师范学院学报》2004年第3期。

瑞士是个白色的国度，阿尔卑斯山约占瑞士面积的2/3。阿尔卑斯山有48座山峰的高度达到或超过4000米。白雪皑皑的阿尔卑斯山脉一望无际，蔚为壮观。瑞士是欧洲的屋脊，欧洲许多大河均发源于阿尔卑斯的雪山，阿尔卑斯山是西欧的分水岭。莱茵河及其支流阿勒河和图尔河将大约2/3的水排入北海。因此，雪山、冰川、湖泊、河流、温泉、奇峰是瑞士得天独厚的六大自然景观，也是瑞士自然旅游资源的特色。另外，瑞士的人文古迹也非常丰富，一是名人名居多，二是名城古迹多，三是名馆名院多。

贵州是中国唯一没有平原支撑的省份，90%以上的国土面积是山地和丘陵。素有"八山一水一分田"之说。境内山脉众多，重峦叠嶂，集中了除冰川喀斯特外几乎所有的喀斯特地貌类型，拥有丰富多彩的生物多样性。这些成为贵州发展旅游的宝贵资源。但是长期以来，由于缺乏统一的认识和规划，贵州省内各地在旅游开发方面多是单打独斗，缺乏协作联合。

虽然人们都听说过贵州是一个"公园省"，却说不出几个叫得响的贵州旅游品牌。贵州景观的整体印象不突出，旅游风格不鲜明。旅游发展一直相对落后，与国内其他地区的旅游竞争中并不占什么优势，易受周边省份的旅游形象遮蔽效应影响。比如，提起少数民族风情，国内外的游客大多对云南更情有独钟，要游山玩水则会选择"桂林山水甲天下"的广西，想看动植物又总被四川的大熊猫、蜀南竹海所吸引，想体会都市风情又总是首先想到休闲之都—成都和山城—重庆。拥有丰富旅游资源的贵州要从周围旅游大省、强省的包围圈中崛起，就需要准确定位自身资源，打造特色风情旅游，塑造独一无二的旅游形象。

贵州各地在"多彩贵州"整体品牌引领下，紧紧抓住自身的资源优势，集中力量打造具有文化内涵和区域特色的旅游品牌，如"爽爽的贵阳·避暑之都""民族原生态·万象黔东南""梵天净土·桃源铜仁""洞天湖地·花海鹤乡""山水长卷·水墨金州"等，无不个性突出、特色鲜明，初步形成了各具特色的地方品牌。

我们需要深挖贵州旅游资源的自然禀赋和文化潜质，打造贵州特色旅游资源，推出一批精品景区。一个景区，唯有具备内涵潜质才能让游客流连忘返。打造精品旅游景区要在注重文化内涵上下功夫,要深挖喀斯特地貌自然风光人文旅游,深挖 17 个世居少数民族文化内涵,深挖红色胜地的历史遗迹,深挖白酒酿造等工艺文化内涵,推进文化与旅游深度融合发展。贵州旅游资源不管是山水风光还是民族文化,都是天生丽质,为此要在注重个性特色上下功夫,切忌不要丢掉特质去追求千篇一面,否则就没有个性,反而失却一种原本的生命定力。

3. 不断创新升级,打造贵州旅游精品

举国创新的体制是形成瑞士国家竞争优势的主要源泉。

世界知识产权组织在日内瓦发布 2012 年度全球创新指数报告指出,瑞士连续第二年被评为世界第一①。

通过发展创新型经济,瑞士从一个资源匮乏、贫穷落后的农牧业小国,成为高度发达的工业国和创新强国,创造了人均 GDP 81160 美元(2011 年数据)、位居全世界第四的奇迹。

瑞士通过精心设计,创造了一系列旅游精品项目吸引了全世界的目光,极大地提升了瑞士旅游的品质。瑞士建造了欧洲海拔最高的火车站和欧洲最早的登山火车;建造了世界首架 360 度旋转大容量高空缆车;建造了夺得世界建筑金奖的卢塞恩文化艺术中心。滑雪运动是瑞士传统的运动项目,无论是在铁力士峰,还是在圣蒂斯山,都可以体会到瑞士对冰雪旅游产品创新开发到了极致,瑞士冰雪旅游已成为世界级的品牌。瑞士的旅游商品广受追捧,瑞士购物有三宝:钟表、军刀、巧克力,均是全世界著名的工艺精品,是每个国际游客到瑞士必买的旅游商品。

为了吸引游客,瑞士的旅游持续不断地创新。瑞士旅游管理部门和经营者不断整合相关旅游要素,把整个国家作为一个景点进行经营,充分展示瑞士多元化的旅游资源。近年来,瑞士先后推出"2007 瑞士阿尔卑斯山地旅游年""为胜利喝彩——2008 瑞士运动休闲旅游年""2009 瑞士一家亲——家庭旅游总动员""2010 瑞士绿色正当红"和"完美假期我做主,2011 瑞士自助旅游年"等主题旅游活动。"酷都"计划(Cool - Capitals)

---

① 新华网:《瑞士蝉联全球创新指数榜首》,http://news.xinhuanet.com/world/2012 - 07/03/c_ 112350746. htm。

则是另外一个跨国的旅游创新项目,由苏黎世联合维也纳、安特卫普、阿姆斯特丹、瓦伦西亚等欧洲不同国家的城市推出,此举创造了联合营销的新模式①。

  贵州省近年来非常重视旅游创新,也采取了一些措施,展现了一些亮点。如多彩贵州联手淘宝网,搭建"多彩贵州旅游馆",创新旅游电子商务运作模式和运营方式;如"走遍大地神州·醉美多彩贵州"走红全国。但从整体看,特别是与发达地区相比,贵州省旅游行业的创新能力还不够,拥有自主知识产权的旅游创新更是稀缺。仍然需要继续大力调动全行业的创新积极性,营造有利于旅游创新、创业的环境,推进技术、产品、营销和管理的全方位创新。这是提升旅游品质、优化旅游形象、建设旅游强省需要优先考虑的重要战略。

  瑞士联邦政府通过资金补贴,州政府通过税收政策,企业通过增加创新投入,大学和科研院所通过技术转让参与企业创新、共同推进创新的做法值得贵州借鉴。

4. 稳定、持续的长期发展规划

  旅游业被称作"无烟工业",它对经济发展的贡献不言而喻。

  正是因为这样,许多地方政府把旅游资源当作能快速变现的"摇钱树",急功近利、野蛮开发、朝令夕改,缺乏明确合理的目标、长期稳定的战略。正是急功近利思想作祟,地方政府、开发企业和个人都有严重的"门票依赖症"。2007 年,国家发改委要求景区门票至少三年"才能涨",而不少景区将它偷换为每三年"必涨"。有数据显示,近三年来,国内景区票价最高涨幅达到 167%。有的地方盲目模仿,贪多求大,今天规划用地上马建设庞大的公园,过不了几天又拆掉改建旅游地产,项目没有建成,竣工遥遥无期,土地闲置浪费,群众怨声载道。

  相比之下,瑞士的旅游开发呈现出理性的计划、稳健的经营、有战略性的长期规划特质,这是构成瑞士高品质旅游水准的基石。

  小镇圣莫里茨(San Maurizio)就是一个稳定、持续发展的典型例子。

---

① 周春林:《瑞士等国旅游发展经验对江苏建设旅游强省的启示》,《中国旅游报》2012 年 7 月 20 日 11 版。

圣莫里茨在瑞士无人不知，无人不晓。这个只有五千人的小城拥有高品质的高山、湖泊、雪峰美景，盛行帆船、网球、滑雪等运动，是世界级的游览地和矿泉疗养地，有具医疗价值的矿泉。是世界著名冬季运动中心之一。奥林匹克冬季运动会几度在此举行，堪称阿尔卑斯山上的一颗明珠。但是在几十年前，圣莫里茨只不过是一个被群山围绕、火车开到这里要降速至40公里/小时、地处偏僻的瑞士小城。

圣莫里茨的前任旅游局长汉斯－彼得·达奴瑟先生认为，圣莫里茨旅游发展的历史体现出来的一个成功经验就是，把圣莫里茨小镇当做一个品牌来长期经营。达奴瑟从1978年，也就是他31岁时，开始担任圣莫里茨旅游局局长一职，一共在这个岗位上工作了30年，直至2008年。在这30年间，圣莫里茨只有过两位市长，这让城市的整体规划和发展都有了长期稳定、可延续的政策，该地区的旅游业得以循序渐进地健康发展。从1929年至2008年的80年间，圣莫里茨只有3位旅游局长，而且每一位都为圣莫里茨的旅游发展作出了杰出贡献。第一任局长设计了圣莫里茨的著名太阳标；他作为第二位局长，任职期间不仅发展了当地的一系列骑马活动，还把圣莫里茨的太阳标加上城市的名字注册成了一个真正的商标品牌[1]。

5. 广泛的民众参与，各方共赢的事业

发展旅游业的根本目的是让当地民众分享到好处，帮助当地民众提高生活质量，增加当地政府的收入。也只有让当地的人们切切实实地感受到旅游业带来的好处，旅游业才能得到他们的支持，旅游业的健康发展才能得到保障。在瑞士，任何一个旅游工程或项目的建设开发，都需要当地人以民主形式同意后才能实施，这是成文法律设定的前置条件。旅游资源开发要受制于当地政府和当地人的认可度，这就让从事旅游业的企业必须要认真考虑和保护好当地人的利益。

瑞士的民众广泛地参与到旅游经营中，直接或间接地为旅游业提供服务。瑞士伯尔尼格林瓦德村的4000多居民，绝大多数通过各种方式参与旅游业，居民的主要经济来源从旅游业中获取。居民与旅游业形成了紧密的

---

[1] 李盛明：《小山城缘何成了瑞士旅游大品牌——访瑞士圣莫里茨前旅游局长汉斯—彼得·达奴瑟》，《光明日报》2013年9月22日第008版。

联系，他们坚定地支持旅游业的发展。这也是该地区的旅游业繁荣发展了200年的重要原因。瑞士法律有强制性规定，包括旅游业在内的许多行业，如果出现新的就业岗位，必须以当地人为先，只有在当地没有找到合适的人去做，或没有人愿做，才能招录外地人。

让群众参与、让全民受益，成为瑞士旅游的一大优势和生命力所在。如滑雪胜地维尔比耶就充分发动民众力量解决接待不足的问题。滑雪旅游的季节性很强，往往是滑雪季旅游供给严重不足，而非滑雪季旅游供给严重过剩。维尔比耶采用弹性的旅游供给来适应弹性的旅游需求，成效显著。

一个小小的维尔比耶镇只拥有22家宾馆共2000余张床位。维尔比耶采用如下两条重要的弹性供给方法。

第一，大力鼓励和支持当地居民参与旅游接待。鼓励村民以家庭为单位，在滑雪季利用家庭的空余客房和床位接待游客，同时，提供家庭式的餐饮接待。政府出台旅游住宿和餐饮接待的相关标准规范，保证旅游接待质量。2006年，维尔比耶的居民共提供了11000个季节性的家庭旅馆床位，是宾馆床位数的5倍。

第二，维尔比耶开发了一批度假式公寓和产权式酒店，直接出售或长期出租给旅游者。2006年，维尔比耶的度假公寓和产权酒店拥有13000个床位，是宾馆床位数的6倍。目前，维尔比耶的度假房产受到市场的极度青睐和追捧，许多欧洲国家的社会名流和新贵争相到维尔比耶购买房产，度假房产的售价年年攀升。高昂的房价为维尔比耶地方政府带来巨大的房产交易税收，充实的地方财政用于进一步改善地方公共服务。

旅游业发展改变了维尔比耶当地居民的生产生活方式。夏季可以继续从事传统的放牧，冬季则参与旅游接待，当地居民收益显著，地方人口也止跌反升，从1990年的5107人增长到2006年的6943人。地方政府的经济社会效益也非常突出，2006年镇经济收入达到了5500万欧元[①]。

如何通过旅游资源的开发，同时让企业、社区、政府三方获利，这是

[①] 李盛明：《小山城缘何成了瑞士旅游大品牌——访瑞士圣莫里茨前旅游局长汉斯—彼得·达奴瑟》，《光明日报》2013年9月22日第008版。

加快贵州旅游经济发展必须要解决的重要课题。目前，在贵州省旅游资源开发过程中，虽然已经注意到了这个问题，但在实践中还没有法规、制度上的保障，许多外来投资者在开发旅游资源中常常忽视、甚至拒绝当地人的参与，而政府又缺少坚决有效的制衡手段。

显然，瑞士的经验是值得我们学习和借鉴的。

6. 坚持旅游开发和环境保护协调发展，提升生态文明水平

瑞士是世界上山区旅游开发最好的地区，旅游业高度繁荣，环境依然保护得很好。这归功于瑞士政府和民众所谓的"尊重自然"理念。尊重自然规律，"让自然按照自然的法则行事"，"理解自然"，成为瑞士旅游发展的最高原则。瑞士在基础设施建设和景区开发方面一直奉行"以人为本，尊重自然"的原则。他们的环保观念是动态的，核心是人类如何与自然和谐相处。建设中尽量少破坏地表地质结构，尽量不影响动植物。瑞士的山区公路大多随弯就势，景区和城镇大多依山取势，公路、街道都不宽，基本上不破坏山体表层结构。实在不行就通过修桥、打隧道解决问题，极少因人工建设造成山体塌方、泥石流等灾害。尽管初期成本高，但从长远来看，维护成本较低。算大账，瑞士的做法还要节约一些，经济效益和环境效益十分明显。

700万人口的瑞士每年接待的外国游客超过全国人口的40%，环境保护压力大，成了一大课题。瑞士对环境保护有着严格的立法，例如明文规定谁伐一棵树就得种一棵树，乱砍伐者要受到法律制裁。政府的环保措施既严格又具体，要求全国除了大山、湖泊、农田以及建筑物外，不管是城市还是乡村，都要有绿地植被覆盖，不允许有一块裸露的土地。即便是施工工地，也要临时用帆布围起来，不让尘土飞扬。

瑞士对旅游景点的环保尤其受重视。早在20多年前，瑞士就有8个旅游景点不允许汽车驶入。游客上雪山或其他林区旅游，都得自带背包或手袋，将喝完的矿泉水瓶或野餐后的垃圾背下山投入垃圾箱里。因此，在瑞士的旅游景点，即使游客十分拥挤，人们离去后也看不到杂乱无章的景象，湖里几乎看不到杂物漂浮，湖水总是那样清澈如镜。为减少污染，瑞士5300公里的铁路线全部采用电气化，城市大力发展有轨和无轨电车，近年来还开发了电瓶车等环保项目。

在瑞士，几乎每一个山村都有一座污水处理厂，生活用水必须经过处理达到一定标准后，才能对外排放。瑞士是世界上垃圾处理最有效、最彻底的国家之一。瑞士对家庭垃圾进行分类和回收，生产循环再生品。无论是城市还是乡村，到处都备有各类垃圾箱，不容许将垃圾零散倒入，必须分门别类装入统一规格的黑色塑料袋，扎紧后对号入座放入垃圾箱。虽然瑞士水源充足，但废水都要集中起来经过处理后才能排放，以防止对湖、河水源的污染。

瑞士公民从小就受到环保的良好教育与熏陶，瑞士从小学就开展的旅游教育中，一个非常重要内容就是要保护环境。在瑞士有一个著名的国家公园，这里既是旅游景区，是环境教育的基地，也是世界环境保护的典范之作。少年人在成人礼上，从父母手中接过的最好礼物是一本环保手册。不在公共场所乱扔废弃物，不随便践踏草地，不往湖泊或河流中投扔杂物，已成了瑞士人人遵守的公德。瑞士旅游资源的有效保护，与每个瑞士人的努力是分不开的[1]。

在旅游服务管理中也渗透了环保理念，环境保护意识融入旅游业发展的各个环节。例如，严格控制进入山区景区的游客数量，山顶的酒店客房不会无限度开放，因为所有景区的价格体系和人员进入体系都是经过环境科学家精心考察后制订的。瑞士环境保护的基础设施、法规体系非常完善。

贵州正处于西南岩溶山区的腹地，是我国岩溶地貌最发育、分布面积最大的省份，生态系统具有明显的脆弱性。"八山一水一分田"的贵州省是我国石漠化最严重的地区之一，全省石漠化面积达35920平方公里，占国土总面积的20.39%。在一些石漠化严重地区，水土资源已经到了难以维系人类生存的地步。一旦遭受破坏将难以恢复。这一特点决定我们在旅游业的开发建设过程中，必须更加重视生态环境的保护和建设。

贵州省城乡差距大，地区发展不平衡，有些地方如偏远的民族地区生态环境较为脆弱，环境问题突出。不合理的旅游开发会对生态系统及

---

[1] 穆克瑞：《借鉴瑞士旅游业管理模式和经验大力推进海南国际旅游岛建设》，《海南日报》2009年4月28日第A06版。

景点可持续发展产生严重破坏,再加上保护和管理的缺失,会产生严重的负生态效应。这需要加大对旅游资源开发和生态环境保护的力度,转变开发模式,引入生态补偿机制,实现旅游资源开发和生态环境保护的良性循环。

可持续的旅游产业应当实现经济发展和环境保护的有机统一。在国务院颁布国发 2 号文件的良好契机下,当前贵州省的经济发展正处于历史的最好时期。以前贵州经济一直没有快速发展起来,其中一个重要原因就是没有找到一条可持续的发展之路,经济发展和环境保护两者之间的关系没有得到很好的协调。因而,在旅游资源开发过程中,引入生态补偿机制,是平衡两者之间关系的有效举措。

因而,政府和旅游资源开发者在旅游资源开发的过程中应该充分考虑到当地群众为保护旅游资源所付出的代价,引进生态补偿制度,改善他们的生产生活条件。以扶贫带旅游,以旅游促扶贫,全方位实现旅游资源所在地的旅游业和其他产业的发展,最终带动贫困地区经济社会的全面进步和发展,使旅游资源所在地区的群众尽快走上脱贫致富道路[①]。

(二) 改善和优化经营方式,创新发展模式

1. 改善投资引资模式,保障资金投入

完善的经费来源是旅游业发展的可靠支撑。瑞士政府(主要是指州政府)每年在旅游促销经费上的投入较大,而且连续、稳定,这是旅游业得以不断发展的可靠支撑。

瑞士旅游经费来源主要有三个渠道,分别为顾客、企业和政府:

一是过夜税——来源于游客。例如在瑞士的达沃斯,每位游客住一晚要付 1.5 法郎的游客税。

二是旅游促销税——来源于企业。瑞士对于旅游企业及在旅游业中受益的行业企业,都要征收旅游促销税,税额根据企业在旅游业发展中的获利程度确定。

三是政府直接补贴——来源于政府。这部分补贴有明确的规定,必须

---

① 罗时琴、周传艳:《贵州省旅游扶贫发展浅析》,《资源开发与市场》2012 年第 8 期。

严格执行①。

贵州旅游资源富集，具有发展旅游业的先天优势和条件。但长期以来，由于投入不足，贵州公共服务设施滞后，贵州旅游业发展仍存在不少问题。

虽然近几年贵州省旅游投入的经费有了明显增加，但是由于没有保障，投入多少、如何使用等，受地方官员的认识水平、个人意愿的影响较大，不同年份、不同的政府领导班子对旅游经费的投入可能会有较大差别。2012年编制的《贵州省生态文化旅游发展规划》以具体工程为载体，配套编制项目建设规划，重中之重是旅游项目及产品建设，编制总投资额2万亿3万亿元的综合性大旅游产业项目。目前，贵州已初步收集、策划项目2382个，总投资额58146亿元。下一步，需要做的就是集中力量开展对外招商活动，吸引国内外投资商来投资旅游项目开发和建设。

要学习瑞士的做法，设立旅游专项资金或基金，建立多渠道、持续而稳定的旅游投入机制。

"市场上从来不缺钱，缺的是优质的企业和项目。"随着国内旅游企业的发展，旅游业需要更多金融行业投资；而金融投资对产业多样化的需求也将促进更多资金流向旅游产业。但目前旅游业和金融业沟通不畅。

一方面，相对旅游业成熟的国家，国内旅游业尚处于原始粗放型的经营阶段——投资额度大、收回成本周期长。而金融业的本质是逐利，他们更愿意"锦上添花"而非"雪中送炭"，所以很少有金融机构愿意将资金投入旅游行业。另一方面，金融业还没有完全脱离暴利阶段，资金追逐"快钱"，而投资旅游业属于赚"慢钱"。金融业对旅游投资的回报要求较高，如果在其他行业可以"躺着赚钱"，自然不愿在旅游业"站着赚钱"。

随着国内经济增长速度放缓、结构调整，新兴文化旅游、创意产业会成为新投资重点，金融业也在这些领域采取"深耕细作"的投资回报模式。投资者不愿被动地、漫长地等待投资回报，所以旅游和金融资金的结合更多取决于旅游产业的升级换代。可以跨行业组织搭建平台，让旅游和

---

① 穆克瑞：《借鉴瑞士旅游业管理模式和经验大力推进海南国际旅游岛建设》，《海南日报》2009年4月28日第A06版。

金融行业更多地沟通。在细分市场中做到领先,就会有无数投资者主动投资,银行、信托、证券公司等都会纷至沓来。

所以,只有创造更多细分领域并在更多细分行业培养出带头的企业和项目,才能使整个行业获得更多金融资本的青睐。

2. 以旅游资源区为主进行资源整合,创建旅游品牌

突出"品牌"是旅游宣传促销的着力点。对于世界各国的旅游爱好者来说,说起瑞士的旅游,都会脱口说出一串著名的旅游品牌"少女峰""瑞士冰洞""达沃斯""滑雪场"等等,但是大部分人并不知道这些著名景区位于哪个州、哪个区。这正是瑞士突出旅游品牌开展旅游宣传的效应。

专家研究表明,对于旅游者来说,首次选择去某地旅游,主要取决于个人的经济支出能力和旅游品牌的知名度。知名度越高,游客的体验价值就越高,人们就会把去该地旅游当作一种荣耀;相反,对于一个大家都很生疏的地方,旅游体验的满足感就不会很大,旅游者的旅游意愿就会大大降低。瑞士突出旅游品牌的宣传策略恰恰适应这一规律,所以非常成功。他们把主要力量都投入重点旅游品牌推介上,千方百计地让宣传地的人们能够对其旅游产品、旅游区留下深刻印象,而并不追求让别人来了解这一景区位于哪个洲、哪个村或其行政区域。

然而,贵州的旅游缺乏鲜明、突出的整体特征和品牌形象。贵州旅游资源富集,但是开发过程中存在着经济效益凸显、资源开发同质化严重、旅游竞争力不足,旅游资源分散、形象不鲜明、整合难度大等问题。如旅游资源最为密集的黔中经济区的旅游资源开发问题,就是旅游资源开发同质化严重,旅游竞争力不足。当前,黔中经济区旅游开发投入较少,政府安排导向性资金不足,旅游企业"小、散、弱、差",开发同质化,大量集中发展休闲度假、山水观光、古镇游览、农家乐等项目,缺乏市场竞争力。大部分景区在进行初步开发后即对外开放,基础设施差,项目特色优势不明显,吸引力不足。

贵州的旅游资源由于体制、利益等多种原因,仍然存在旅游资源分割、力量分散、多头管理、相互扯皮等现象,整合难度大。没有统一协调的旅游开发机制,区域内有的景区过度商业化,大量的违章建筑和现代风

格装修，使区内原生态古村落的资源特色和优势逐渐弱化，也导致旅游形象不鲜明，线路特色不突出。由于旅游线路缺少整合，各景区大多直接接团，旅游促销各利益主体各自为政，使有限的资金更加分散，缺乏整体效应，有时甚至出现"相互拆台"的现象，旅游资源进行整合的难度更大。

贵州需要加大旅游资源的线路整合，打造精品线路，提升旅游品牌竞争力。要加大跨区域的旅游资源整合，提升旅游品牌竞争力，可以结合各区域旅游资源的区位优势、交通优势和功能优势，以及各自之间的联系，对"小、散、乱"的旅游资源进行有效的组织，打造精品线路整体营销。对旅游线路进行合理设计，可以有效刺激旅游者出游的愿望。一般而言，旅游线路上参与组合的要素越多，组合变化程度越大，旅游资源的吸引力就越强，旅游线路价值就越高。加大旅游资源的空间地域整合，实施组团开发，提升旅游资源档次。

在区域旅游资源的整合过程中，应当充分研究旅游环境与资源的空间分异，发现不同旅游环境与资源的特色。要从整体开发的角度研究旅游资源的分布及各地旅游资源竞争和合作状况，统筹规划，合理布局，打破地域界限，由以行政区划为主转变为旅游资源区为主，以旅游资源区为主进行资源整合，创建旅游品牌，重新整合现有资源格局。实现旅游规划一体化、基础设施建设一体化、旅游公共服务一体化。整体上市，避免形成同质开发和"旅游阴影区"。

3. 开发深度旅游，走出门票经济

在欧美旅游发达国家，旅游业门票收入仅占很小的一部分，而旅游业主要是体验型经济，让游客亲自参与一些活动，自己去消费，从而增加旅游业的附加值。如果一个地区不断地增加门票价格，说明这个地区的旅游业比较滞后。旅游业最终的目的是让游客消费，通过消费拉动地方的税收。

有统计数据显示，如果旅游业产业链足够长，能带动多个行业发展，即对酒店业贡献率超过90%，对客运业贡献超过80%，对文化娱乐业贡献率超过50%，对餐饮零售业贡献率超过40%，其经济效益将远远高于门票收益所带来的效益。瑞士旅游业经200年发展已进入成熟发展阶段，社会各界参与旅游业发展，多途径探索旅游"生财之道"，立足国内市场主动

适应来自新兴国家等地的新游客群体，做到了赚钱不靠门票。

在瑞士，仅博物馆和少数由私人开发的旅游景点收门票，多数自然景观不收门票，只是进入景区搭乘小火车、缆车等交通工具需缴费。旅游景区商品、餐饮、服务与通常价格基本持平，绝无天价①。

瑞士注重利用旅游带动地方经济。各个市镇的旅游局、农民协会、中小企业协会等机构会根据地域特点和习俗举行规模不一的节庆活动。以每年九、十月间的"赶牛下山"节为例，每年秋季牧民将大量奶牛从高山草场赶回山下放养，并牵牛在镇中巡游，吸引大量游客观摩。居民借此出售自制工艺品和乳肉制品，收益可观。

瑞士还将旅游与运动联系在一起。瑞士人酷爱滑雪、徒步远足和自行车等运动。近800万瑞士人中，1/3经常徒步旅行，全国徒步路线总里程长达6.62万公里。徒步路线在设置上，除考虑观景需要外，多数路线途经餐馆和旅馆，以照顾当地经济。

瑞士每个热门景区大多不止一个景点。以中部阿尔卑斯山区少女峰为例，游客从劳特布伦嫩和格林德尔瓦尔德两地乘坐火车前往海拔近3500米的少女峰火车站。若遇晴朗天气，游客井喷，两地的售票处将限量供票，控制人数。旅游部门同时推荐游客前往附近山峰观景，或选择短途徒步登山路线观景，将游客和生意分流给周边地区。

瑞士旅游经济不靠门票，制造业、餐饮业、旅馆业才是旅游经济的真正推手。手表、军刀、巧克力、护肤品等瑞士商品是外国游客的必选。全国6500家各类旅馆更是旅游业最直接的利益攸关方，与农业、畜牧业、餐饮业紧密相连，共同推动当地旅游资源开发。

贵州旅游资源丰富，但产业开发度低，产业链短。长期以来，很多景区和旅游项目主要依靠门票经济。

贵州有条件和能力摆脱门票经济，开发更大的旅游消费市场。根据贵州旅游部门的规划，贵州省将着力依托喀斯特自然生态及丹霞地貌，重点打造以黄果树、荔波、赤水、马岭河、梵净山等为代表的自然风光旅游特色产品；依托以苗族飞歌为代表的苗族文化，以八音座唱为代表的布依族

---

① 新华网：《瑞士旅游赚钱不靠门票》，http：//news. xinhuane。

文化，以侗族大歌为代表的侗族文化，唱响原生态民族文化的旅游特色产品；依托遵义红色文化、安顺屯堡文化、梵净山佛教文化、镇远古城文化、青岩古镇文化，全面打造历史文化旅游特色产品；依托黔中温带气候，以贵阳为轴心，开发一批适宜各类人群休闲度假旅游的酒店、公寓及高原温泉度假型旅游，形成新的温泉旅游目的地特色产品；依托中心城镇、核心景区，打造乡村旅游特色产品。

同时，加速推进"门票经济"向"产业经济"转变，加快由观光旅游到休闲度假旅游的转变，通过整合资源、完善配套设施，逐步形成以旅游企业为基础，社会其他各类企业为补充的产业集群。

4. 提高旅游服务的信息化水平

正如奈斯比特在《大趋势》中的预言："电信通讯、信息技术和旅游业将成为21世纪服务行业中经济发展的原动力。"那么这三者的结合—旅游业信息化，将融合为一种更大的驱动力，不仅给电信通讯、信息技术等提供更广阔的舞台，同时更赋予旅游业发展以无限的生机和活力。

现代旅游的流动频度和广度都较传统旅游有了相当大的提高，旅游目的地作为旅游信息最基本的综合体，必须拥有一个功能强大的信息系统，以便为各行业、部门及游客提供及时准确的旅游信息服务。20世纪80年代以来，世界各国的旅游目的地管理机构，陆续开始尝试利用信息技术手段，统筹和规范旅游目的地旅游信息的收集、汇总处理和有序发布。把建立、完善旅游信息服务体系，看作旅游目的地基础设施建设的重要内容，已成为一种世界性的潮流与趋势。

瑞士高度重视信息化工程，信息化起步早，发展快，与旅游等产业融合度高。早在2003年的时候，瑞士信息化水平就被评为世界第一。据位于日内瓦的国际电信联盟发表的报告称，瑞士的信息化水平居全球第一。这份报告是对全球各国、各地区的电脑普及率、所设因特网网站数量、上网人数、电话通讯线路容量等七项主要指标进行考核后得出的，瑞士的信息化水平超过美国成为世界第一。考核结果显示，获得这次国家信息化水平前七名的国家分别是：瑞士、美国、瑞典、丹麦、芬兰、荷兰和挪威。

目前，国际上绝大多数发达国家和地区都已建成了集食、住、行、游、购、娱六要素于一体的旅游目的地综合信息应用系统。相比之下，我国仍存在较大的差距。旅游目的地综合信息应用系统的应用，一方面可以更好地了解旅游者的个性特征及需求偏好，更好地对客源市场进行统计分析和细分，这些无疑都对旅游目的地的持续健康发展具有深远的意义；另一方面，旅游目的地迅猛发展的综合信息系统，能非常便捷高效地提供与旅游相关的全方位信息，其功能也逐渐集查询、检索、预订等于一身，为旅游者提供了极大的便利和保障。艾瑞市场咨询资料显示，网民了解旅游信息的主要渠道是亲朋好友介绍、媒体广告和上网查询，其所占比例分别为69.3%、69%和66.7%，只有31.4%的网民直接向旅行社查询相关旅游信息。专家认为，旅行社的咨询服务功能将被互联网的自动查询功能所替代。当旅行者到达旅游地后，旅行者希望了解当地的风土人情，需要了解当地的饮食、购物、住宿、交通等信息。比如：旅行者想知道当地的特色菜哪家做得最好，哪里的购物更经济等，这就需要各种信息来决策。旅行结束后，很大一部分旅行者喜欢把自己独特的感受写下来，把文字和图片甚至视频发到论坛上和其他旅友交流，这也是个性化时代彰显自身魅力的方式。

为了更加深入了解旅游目的地信息化建设状况，2008年，国家旅游局信息中心对全国31个省区市进行了抽样普查。共有6392家单位接受了调查，包括地方旅游行政管理机构914家、旅游集团133家、旅行社2436家、饭店2010家、景区845家等。调查中发现，61.2%的旅游行政管理机构建立和应用了办公自动化系统，超过98%的单位不同程度地应用了业务管理系统，但绝大多数偏重单纯的应用程序和应用业务，缺乏宏观数据共享，难以形成管理层面的效能。同时，值得关注的是，旅游目的地信息化建设中，东、中、西部不均衡现象非常明显，旅游景区普遍处于信息化应用和管理营销脱节的状态。

传统旅游中，旅游地以景区为核心供应资源，与其周边的餐饮、住宿、交通等共同形成旅游产品，通过景区自建的"旅游地营销系统"与消费者沟通。景区处于供应链的最终端，消费与供应无法直接连通。

在智能化信息技术支撑下，景区有条件掌握消费结构和消费水平，不再只处于供应链的最终端，不仅可直接面对消费者，还可以通过整合周边的餐饮、住宿等产品供应商获取利润。

智能搜索引擎可以充分满足在线旅游营销的多元化特征。智能搜索引擎后台数据库存储了大量旅游目的地的信息，游客输入关键字/词进行检索，可以实现多语言网络广告。充分利用声音、动画、三维等多媒体技术，提供主要客源国家和地区的语言。

电子服务也是旅游目的地开展网络营销的重要手段。电子服务主要提供各类电子版本宣传资料的下载和浏览，包括节庆活动表、签证和出入境资料、天气预报、货币兑换、电子地图、电子图书、电子杂志和各种电子分类手册的下载与浏览。

客户关系管理和客户管理系统，为游客提供紧急咨询、大使馆服务、网上投诉和意见反馈、公众留言等服务，还可以建立客户管理系统，让顾客参与到旅游产品和服务生产的销售过程中，实现客户自主管理。

电子地图是覆盖旅游目的地区，包含旅游信息的电子地图系统，也是实现定位与旅游内容充分关联、实现跨区域旅游路线规划的旅游目的地营销（DMS）电子地图系统。电子地图系统以综合性、指南性旅游信息数据库为内容，充分考虑旅游行业特点，以吃、住、行、游、购、娱旅游六大要素信息为基础内容，通过"智能出游导航""旅游目的地查询""专题旅游地图""旅游线路"等切合旅游行业实际应用需求的功能，为游客和社会公众提供位置定位、出游指南服务等系列解决方案。

旅游目的地信息化建设是通过面向游客提供"吃、住、行、游、购、娱"旅游全要素和"预订、成行、返程、结算、投诉"旅游全流程服务，面向中小旅游企业提供ASP服务、电子商务交易平台和整体营销平台，从而形成立足区域、面向全国的旅游资源和信息集约、开发与利用中心，是吸引旅游企业和游客自主参与的平台。

资讯富集的优势，品牌的优势，最终还应当落实到"以人为本"的社会型互动旅游网络平台核心优势上来。建设满足强大个人需求的标准化、综合性、智能化的旅游目的地信息服务平台，是未来一个时期旅游目的地信息化建设的方向和路径。

5. 善于总结，提高旅游发展专业化研究水平

瑞士旅游业长期稳定的发展，与其对旅游业理论的长期研究和重视是分不开的。

瑞士是世界上最早开展旅游理论研究的国家之一，高水平高质量的学术研究，带动了瑞士旅游经济的发展。瑞士拥有旅游院系和专科学校 40～50 所，其中以洛桑和苏黎世两所最著名。瑞士和世界各地的旅游机构经常聘请瑞士一些大专院校的教授学者协助策划、规划和开发当地的旅游资源，使理论与实践相结合起到了很好的效果；同时促进了社会效益与经济效益双丰收，得到了良性循环[①]。

如洛桑酒店管理学校已有百年历史，学校的学术水平、科研氛围和管理方式都非常到位。当然不菲的学费、严格的入学条件和苛刻的校内管理，以及学生要度过漫长的几年寒窗都是很不容易的。洛桑酒店管理学校的课程从旅游学概论、饭店管理、旅游资源开发到烹饪、上菜、法律、公共关系等专业知识一应俱全，学校的教授许多都是世界旅游界的精英，名师出高徒，所以该校毕业生供不应求。

目前全世界许多高级饭店的经理出自洛桑酒店管理学校，可见瑞士旅游研究学术水平之高、影响之大。瑞士旅游学校非常多，除了酒店管理学校以外，还有滑雪学校、登山学校、游泳学校、划艇学校、飞行学校等。

在这一点上，瑞士的经验是很值得我们学习借鉴的。

（三）拓展创新旅游内容，打造核心竞争力产品

1. 大力发展主题旅游

完善的基础设施和优良的自然环境固然是瑞士旅游成功的基础，但极富创意、充满吸引力的主题旅游则是提升旅游资源效益的催化剂。

瑞士的旅游创新持续不断，国家旅游局和旅游企业不断整合相关旅游要素，把整个国家作为一个景点进行经营，先后推出"2007 瑞士阿尔卑斯山地旅游年""为胜利喝彩——2008 瑞士运动休闲旅游年""2009 瑞士一家亲——家庭旅游总动员""2010 瑞士绿色正当红"和"完美假期我做主——2011 瑞士自助旅游年"等主题旅游活动，苏黎世还联合阿姆斯特丹、维也纳、瓦伦西亚、安特卫普等 5 个欧洲不同国家的城市推出"酷

---

① 朱勃霖、王乃昂：《全球化背景下瑞士旅游业的发展及启示》，《宏观经济管理》2010 年第 7 期。

都"计划（Cool-Capitals），创造了联合营销的新模式。在一系列创新行动的推动下，瑞士的国际旅游形象和地位不断提升。

运动主题对中青年和少年儿童具有强大吸引力。冰雪运动是瑞士旅游的永恒主题。瑞士是著名的滑雪胜地，境内有200多个滑雪场，冬季有滑雪、雪地高尔夫、雪地汽车、狗拉雪橇等各种冰雪运动。徒步、轮滑、山地自行车运动在瑞士十分普及，瑞士全国有65000公里为登山健行者而设的登山徒步路径，骑自行车在瑞士旅游尤其方便。在瑞士的旅游产品中，以运动为主题的旅游产品占有十分重要的地位。由于这类产品游客参与性强，重复旅游性强，所以每年回访游客很多。

医疗美容旅游是近年备受欢迎的瑞士旅游项目。在瑞士莱芒湖畔，位于洛桑和蒙特勒之间的一个小小的法语地区，是瑞士的度假胜地。这里是私立医院的淘金天堂。这些医院专门从事整容、整形外科、恢复青春、细胞活化疗法以及其他各种回春治疗。其中最有名的医院之一"牧场"医院的一名医生透露："这里人都有活干，家家都有生意。"当地私立医院的专长是给人注射从绵羊胚胎细胞中萃取的胚胎素，号称"细胞活化疗法"。治疗费一周至少1万欧元。在这些医院里面，顾客可以完全秘密地接受治疗，永远不会遇到其他的病人。据当地报纸《24小时报》指出，这些私立医院为应付世界各地的需求，最近几年总共投资了大约6300万瑞士法郎（4000万欧元）。顾客来此接受面部拉皮手术或重塑、回春治疗时，也给当地的商业带来了好生意。蒙特勒—维威旅游局局长哈里·约翰指出，每年在蒙特勒医疗保健机构内有1.2万人次住宿。这只是在私立医院里入住的人数，还有许多顾客住在旅馆里，他们以流动的方式（不住院）接受治疗。约翰说，每年在该地区私立医院接受治疗的病人相当于"总共入住2.4万人次以上的夜数"。

另外，私立医院的顾客花钱大方。"他们寻找名牌和高档商店，在当地至少逗留6天，而一般人在蒙特勒的平均逗留天数为2.5天。"细胞活化疗法只是蒙特勒整容医院提供的治疗之一。这里也盛行作面部拉皮、身材重塑或再造鼻子等手术①。

---

① 人民网：《瑞士度假地引入医疗旅游》，http://travel.people.com.cn/GB/41636/41641/3528929.html。

2. 积极推进会展旅游

会展旅游是借助举办会议、研讨、论坛等会务活动以及各种展览而开展的旅游形式，是一种商务旅游形式。

中国会展业具有光明的发展前景。会展经济已经越来越多地引起政府和相关部门的高度重视，相关政策和措施陆续出台。"十二五"时期，中国会展业将进入发展的快车道，我国会展业将有大的发展，预计到2015年，中国会展业产值规模将达到3000亿元。

会展旅游的发展能大大提高一个国家或城市的国际知名度与美誉度。会展或者大型活动对举办地来说就像是举办地的外交活动，会展在短时间内将人流、物流、资金流、信息流聚集到举办地，成为当地、全国乃至世界关注的亮点。这种积聚性将推动举办地旅游业的快速发展，对展会举办地的知名度和美誉度会有一个大的提升。瑞士每年举办的会议超过2000个，因会议而带来的外国游客超过3000万人次。每年1月份在瑞士山区小镇达沃斯举行的世界经济论坛，有来自世界各地的政界、经济界要人和新闻媒体3000多人出席会议。瑞士每年举办160多个全国性和国际性展览，参观者近千万人次，其中国际知名的展览有世界"五大车展"之一的日内瓦车展、世界最大的钟表珠宝展"巴塞尔钟表珠宝展"等。正是这些著名的会议、展览活动落户于此，才带动了瑞士的日内瓦、苏黎世、巴塞尔、洛桑和圣加仑等城市旅游业的发展①。

2011年8月，贵阳市在成立会展业工作领导小组和会展经济促进办公室的基础上，出台了《贵阳市人民政府关于促进会展业发展的若干意见》，提出力争用10年左右时间将贵阳市打造成为西南地区有影响力、国内有特色、与国际会展业融合接轨的中国夏季会展名城。与此同时，为配合会展业发展，贵阳市还每年安排会展业发展专项资金3000万元，主要用于对规模大、效益好、有发展潜力的本土品牌会展或重点支持会展的培育、资助或奖励。

贵州发展会展经济潜力巨大，但还需要做很多基础工作。由于会展业

---

① 穆克瑞：《借鉴瑞士旅游业管理模式和经验大力推进海南国际旅游岛建设》，《海南日报》2009年4月28日第A06版。

在贵州还是属于新兴产业，知名度和影响力较小也在情理之中。随着这两年的投入，展会的量慢慢多了起来，但是展会的质量和品位还亟须提升。

好的展会，对综合环境有很高的要求。首先要有政府的支持，其次是地区的经济实力、产业基础和市场的成熟度。同时要完善基础配套设施，为参会者提供便捷的交通、良好的会展环境以及选择多样的餐饮、酒店等。

贵州省会展业的发展，要立足产业基础，挖掘自身产业优势，加以政策支撑，就能做出规模，做出知名度。

此外，贵州发展会展经济还有得天独厚的自然环境优势、生态优势和旅游资源优势。贵州展会的旺季一般都是3月到10月，可以利用这个机会，吸引更多人来贵州投资、观光或者旅游。

贵阳市委、市政府提出了用10年左右的时间把贵阳打造成"中国夏季会展名城"的目标，同时出台了一系列政策支持会展业，如简化项目审批程序、实行"一站式"服务、开辟会展业"绿色通道"等等；并每年给予会展项目3000万元专项扶持资金，以及对"酒博会"等符合贵州支柱产业发展项目的专项资金支持。

通过高起点策划、高标准谋划、高水平举办生态文明国际论坛、酒博会、农博会等重大会展活动，不断在形式和内容上进行创新，丰富内涵，提升人气，扩大知名度和影响力。力争用10年左右时间，将贵阳市打造成为西南地区有影响力、国内有特色、与国际会展业融合接轨的"中国夏季会展名城"[①]。

（四）争取优惠政策，提升国际化程度

1. 申请执行72小时过境免签政策，吸引国际游客

外籍人士过境免签政策是世界各国实施的免签制度中的一项内容，是指外籍人士依据过境国的法律或有关规定，从一国经转某国前往第三国时，不必申请过境国签证即可过境，并可在过境国进行短暂停留的政策。

---

① 《从"红展馆"到会展城》，http://gzdsb.gog.com.cn/system/2013/09/09/012664079.shtml。

目前，中国实施的是24小时过境免签制度，且仅限于机场口岸。经国务院批准，目前仅有北京、上海、广州、成都四个城市享有口岸对部分外国人实施72小时过境免签的政策。

实行过境免签政策将强烈刺激入境外籍游客数量的迅速增长。根据北京旅游部门人士的预测，免签政策出台之后，预计不到3年时间，北京的入境游客总量将增长一倍，也就是从500万人次增长至1000万人次[①]。大力促进入境旅游的发展对北京而言具有非常重要的意义。目前，境外游客给北京带来的旅游收益是每人约1000美元，而国内游客在京的旅游消费为每人约2000元人民币，外国游客的消费水平是国人的三倍。因此，大力发展入境游将为北京的过境游客数量和收入带来成倍增长，每年将带来直接经济收入40多亿元。

贵州的游客来源结构中外国游客偏少，如果能够争取享受72小时过境免签政策，将有利于吸引更多国际游客，为国际游客提供安全、高效的通关保障和优质顺畅的进出境服务；开通更多国际航班、推特色旅游产品线路，让更多的外国友人利用72小时过境免签政策来贵阳旅游观光，参加商务活动，从事跨国业务，为贵州打造国际旅游目的地的国际地位创造条件。

2. 增加国际航线，打造国际空港

目前，贵州境内开通国际航班屈指可数，只有贵阳口岸已开通了贵阳至韩国仁川、泰国曼谷、泰国普吉岛、新加坡的国际航线，以及贵阳至香港、台湾的地区航线。

相比之下，周边西部城市的国际空运发展迅速。截至2013年6月，成都机场已开通航线210条，其中国内航线145条，国际（地区）航线65条；通航国内外城市155个。特别是2011年以来，成都机场先后开通直飞东京、法兰克福等国际（地区）定期客运航线11条，国际、地区航线数位居中西部第一；2013年9月，卡塔尔航空和英国航空将先后开通成都至多哈、成都至伦敦直飞航线，进一步优化了航线网络布局。成都双流国际

---

① 新华网：《北京即将实现外籍人士72小时过境免签政策》，http://news.xinhuanet.com/local/2012-09/15/c_113090806.htm。

机场是中国西部最活跃的枢纽机场,也是中西部唯一达到年旅客吞吐量3000万级别的航空枢纽①。

航空对于区域经济的带动威力十足。按照权威测算,民航的投入产出比是1比8。而从机场业来看,每百万航空旅客吞吐量,可以产生经济效益总和18.1亿元、相关就业岗位5300多个。

通过构建国际航线网络,可架空中之桥,进军海外国际旅游市场。本地旅游企业可以携手其他直航城市,共享旅游资源。加入国际旅游组织如PATA发起的"直航城市旅游营销联盟",建立以贵阳为中心的直航城市旅游营销联盟,整合贵阳及其直航城市文化旅游资源,以国际旅游为先导,在城市品牌推广、国际文化交流等方面展开务实合作,促进贵阳旅游国际化。

3. 施行购物退税制度,刺激旅游消费

购物退税制度起源于20世纪80年代初的瑞典,目前包括欧盟主要成员国、澳大利亚、日本、韩国、新加坡、泰国等在内的50多个国家和地区都实行了这一制度。

海南省为了建设"国际旅游岛",在国务院的批准下,率先试行境外旅客购物离境退税政策。离境退税是指对境外旅客在退税定点商店购买的随身携运出境的退税物品,可按规定退税。其中,境外旅客是指在中国境内连续居住不超过183天的外国人和港澳台同胞,离境口岸为试点地区正式对外开放的空港口岸。离境退税率统一为11%,起退点为800元人民币。退税物品包括服装、鞋帽、钟表、首饰、化妆品、医疗器材、家具等21个大类。

该退税政策刺激消费效果明显。据报道,针对境外旅客的"离境退税"和针对国人的"离岛免税"政策分别于2011年1月和4月启动。尤其是离岛免税政策顺利实施使免税品销售持续火爆。截至2011年11月底,三亚免税店共吸引39万人次购物,销售免税品129万余件,销售总额7.8亿元,日均销售600万元②。

---

① 新华网四川频道:《已开通54条国际航线 成都机场将建设为中国国家级国际航空枢纽》,http://www.sc.xinhuanet.com/content/2012-12/27/c_114181897.htm。
② 新华网:《海南国际旅游岛建设各项优惠政策落地效果明显》,http://news.xinhuanet.com/fortune/2011-12/13/c_111240531.htm。

根据商务部发布的《对入境旅游消费结构状况的分析与思考》报告，到中国的入境旅游者用于住宿、餐饮、长途交通、游览等的基本旅游消费在总支出中的比例高达 67.1%，用于旅游购物、娱乐、邮电通讯消费等的非基本旅游消费仅占消费总额的 32.9%。而在旅游发达国家，基本旅游消费一般在 30%~40%，与之相比，我国基本旅游消费所占的比例偏高。

如能在贵州施行购物退税政策，会很好地促进旅游者消费。购物退税制度不仅对入境旅游者实行优惠，而且会对本国商品就地出口起到促进作用。据我国有关部门测算，每退回 1 元税，可收回 1.8 元，还可回收附加利益 4 元。

因此，目前世界上许多国家都对境外旅游者实施购物退税制度，以刺激国外旅游者在本国的消费[①]。

改革开放 30 多年来，我国经济取得长足进步，各类商品充足，商业条件较为成熟，海关监管设施也比较完备，尤其是一些特大城市的硬件设施已经达到了中等发达国家的水平。可以说，实施入境旅游者购物退税制度的各项条件已经具备。可由国家拨出退税专款授权海关负责，退还海外旅游者在中国境内购物时所含的增值税，退税比例可参照出口退税政策执行。具体做法如下：设立旅游商品专卖店，并在大型商店对外国旅游者开办商品退税业务，在消费者购物达到一定限额后，由具有退税资格的商店出具退税单，旅游者在出境时，经过海关核查后领取退税款。

（五）启动贵州瑞士旅游合作项目

1. 与瑞士旅游企业合作，设立合资企业开发旅游

我国对于外资进入旅游业的限制在 2007 时已经解除。2007 年 11 月 15 日，国家旅游局公布《已宣布失效和拟宣布失效规章目录》，其中《对〈设立外商控股、外商独资旅行社暂行规定〉的修订》（下称"修订"）赫然在列，该规章于 2008 年 3 月底失效。失效的理由为"中国入世承诺的过渡期结束后，对外资市场准入应实行国民待遇"。这意味着外资旅行社或

---

① 中国经济时报：《实施入境旅游者购物退税制度正当其时》，http://jjsb.cet.com.cn/show_103016.html。

将获得出境游经营权。2009年11月,国务院通过《关于加快发展旅游业的意见》,将放宽旅游市场准入,鼓励社会资本和各种所有制企业公平参与,积极引进外资旅游企业。

与瑞士成熟的、有实力的品牌旅游企业合作,既要"请进来",吸引瑞士企业到贵州投资旅游,建设合资公司开发经营贵州旅游;也要"走出去",与瑞士企业合作到欧洲市场经营。

这种合作模式预期效益非常可观。这有利于贵州旅游管理者、经营者学习、消化和掌握瑞士旅游的先进经验;有利于引入瑞士旅游的先进理念和管理,培养本土人才;有利于共享瑞士旅游的国际客源;有利于借助瑞士的优质平台,实施贵州旅游的国际战略,将贵州旅游资源和产品推向国际市场。

2. 启动贵州瑞士旅游教育合作,发展和创新旅游职业教育

贵州应当学习瑞士的旅游职业教育经验,向瑞士高水准的职业教育看齐。瑞士高度重视旅游教育与旅游市场发展的结合,强调校企合作的模式。包括旅游、酒店管理等专业在内的职业教育推行"双元制"的培养模式,即青少年既在企业里接受职业技能及与之紧密相关的工艺学习,又在职业学校里接受职业专业理论和普通文化知识教育。它是一种将企业与学校、理论知识与实践技能紧密结合,以培养高水平专业技术工人为目标的职业教育制度;是联邦政府、州政府和各行业机构三方合作的管理机制,由企业、学校和职教中心三方共同举办职业教育。企业职业教育的教学时间与职业学校相互衔接,建立企业实践教学基地,推动校企合作高质量运行,40%的时间在学校学习基础文化理论,60%的时间在企业职教中心接收技能培训。两年后学生可获得职业教育与培训证书[①]。

启动贵州旅游职业教育与瑞士的合作,引入旅游教育先进经验。推动贵州省旅游管理部门、企业、教育机构与瑞士旅游管理部门、企业和教育机构达成合作协议,双方在教育教学、学者交流、互派留学生、职业培训和科学研究等领域开展多种形式的合作。

---

① 吴全全:《德国、瑞士职业教育校企合作的特色及启示》,《中国职业技术教育》2011年第27期。

主要参考文献

中文文献

(1) 专著

1. 潘家华、张永生：《公平获取可持续发展——关于应对气候变化科学认知的报告》，知识产权出版社，2012。

2. 潘家华：《中国人类发展报告 2013 年（可持续与宜居城市——迈向生态文明）》，中国对外翻译出版有限公司，2013。

3. 姚宝：《当代瑞士社会与文化》，上海外研教育出版社，2007。

4. 风同学：《左右瑞士》，北京出版社，2012。

5. 李兰兰：《Fodor's 黄金旅游指南：瑞士》，电子工业出版社，2013。

6. 黄正平、谢曙光：《日内瓦与瑞士法语区：自然山水与历史风云的交响曲》，社会科学文献出版社，2004。

7. 许晓娟：《瑞士公众参与立法制度研究》，法律出版社，2013。

8. 卢铭君：《瑞士简史教程》，上海译文出版社，2012。

9. 他石：《瑞士联邦 700 年》，中国国际广播出版社，1990。

10. 任丁秋、杨解朴等编著《瑞士》，社会科学文献出版社 2006。

11. 徐静编《贵州生态文明发展报告（综合卷）》，社会科学文献出版社，2012。

12. 厉以宁、雷明编著《科学发展 构建和谐 贵州省毕节地区的开发扶贫与生态建设》，经济科学出版社，2008。

13. 丹小娅：《贵州生态文明建设的探索与实践》，光明日报出版社，2012。

14. 李娟：《中国特色社会主义生态文明建设研究》，经济科学出版社，2013。

15. 尚宏琦、孙凤主编《瑞士及欧盟河流管理研究》，黄河水利出版社，2008。

16. 刘军：《千面之国——告诉你一个真瑞士》，新华出版社，1999。

17. 余贵忠：《贵州省少数民族地区环境保护法律问题研究》，贵州大学出版社，2011。

18. 李裴、邓玲主编《贵阳自然生态系统和环境保护》，贵州人民出版社，2013。

19. 韩会凡主编《环境保护法律法规》，中国民主法制出版社，2013。

20. 张剑波：《低碳经济法律制度研究》，中国政法大学出版社，2013。

21. 朱伯玉、张福德：《低碳经济的政策法律规制》，中国社会科学出版社，2013。

22. 吴大华：《中国特色的循环经济发展研究》，科学出版社，2011。

23. 姚旻：《生态文明理念下的产业结构优化——以贵州为例》，经济科学出版社，2010。

24. 孙佑海编《循环经济法律保障机制研究》，中国法制出版社，2013。

25. 王天津：《环境资源产业经济结构与运行——西部民族地区的创新工程研究》，中国社会科学出版社，2010。

26. 李晓西等：《中国绿色经济与可持续发展》，人民出版社，2012。

27. 中国－瑞士联合研究小组：《中国—瑞士自由贸易协定联合可行性研究报告》，2010。

28. 龚晓宽：《贵州经济社会发展60年研究（1949~2009）》，中央文献出版社，2009。

29. 贵州省统计局：《国家统计局贵州调查总队编贵州统计年鉴（2012）》，中国统计出版社，2013。

（2）译著

1. 〔瑞士〕迪尔克·许茨著，李欣婕、曹煜译：《上帝导演的并购》，上海远东出版社，2008。

2. 〔瑞士〕拉斯洛·松鲍法维著，周亚敏译：《人类风险与全球治理：我们时代面临的最大挑战可能的解决方案》，中央编译出版社，2012。

3. 〔瑞士〕达盖尔著，杨豪中等译：《20世纪瑞士建筑》，中国建筑工业出版社，2009。

4. 〔日〕矶山友幸：《品牌王国瑞士的秘密（向瑞士学习七个智慧）》，中国社会科学出版社，2009。

5. 〔瑞士〕弗莱纳：《瑞士的联邦制》，中国方正出版社，2009。

6. 〔英〕米切尔编，贺力平译：《帕尔格雷夫世界历史统计：欧洲卷（1750~1993年）》（第四版），经济科学出版社，2002。

7. 〔英〕M. M. 波斯坦，H. J. 哈巴库克译著：《剑桥欧洲经济史》，经济科学出版社，2002。

8. 〔瑞〕瑞士联邦统计局：《瑞士统计年鉴（2012）》，瑞士联邦统计局网站。

(3) 期刊、报纸：

1. 何通：《从瑞士实践看后发展地区创新发展的路径选择》，《领导科学》2011年第6期。

2. 赵克志：《把贵州建设成为"东方瑞士"》，《贵州日报》2013年7月20日。

英文文献

1. Ver Berkmoes, Ryan (2013). *Discover Switzerland.* Lonely Planet Publications.

2. Zschokke, Heinrich (2012). *The History of Switzerland, for the Swiss People.* HardPress.

3. Heer, Oswald (2012). *The Primaeval World of Switzerland.* BiblioBazaar.

4. Pfisterer, Stefanie (2012). *International Arbitration in Switzerland: Swiss Law in a Nutshell Series.* International Specialized Book Services.

5. Hoffmann-Sommergruber, Karin (2012). *Medical Issues Related to Genetically Modified Plants of Relevance to Switzerland: NFP 59: Review of International Literature.* vdf Hochschulverlag ETH Zurich.

6. Hill, Margot (2012). *Climate Change and Water Governance: Adaptive Capacity in Chile and Switzerland.* Springer.

7. Swiss Federal Statistical Office, Swiss Agency for the Environment, Forests and Landscape (1997). *The Environment in Switzerland 1997: facts, figures, perspectives.* Federal Printing and Supplies Office.

8. Federal Office for the Environment FOEN (2013): *Forest Policy 2020. Visions, objectives and measures for the sustainable management of forests in Switzerland.* Federal Office for the Environment, Bern.

9. Petitpierre, Anne (2012). *Environmental Law in Switzerland.* Wolters Kluwer

Law & Business.

10. Martin Beniston（2004）. *Climatic Change and Its Impacts: An Overview Focusing on Switzerland*. Kluwer Academic Publishers.

11. Energy Policies of IEA Countries: *Switzerland 2012 Review*（2012）. Organization for Economic Cooperation & Development.

12. Weber（2012）. *Energy Law in Switzerland*. Kluwer Law International.

13. *Renewable Energy Equipment in Switzerland*（2000）. Icon Group International, Incorporated.

14. *Swiss Tourism Policy – background report*, July 2000, Organzation for Economic Co-operation and Development.

15. *Swiss Tourism in Figures 2011*, Edited by Swiss Tourism Federation（STF）, http://www.bfs.admin.ch/bfs/portal/en/tools/search.html.

16. Nicola Williams: *Lonely Planet Switzerland*, FSC, 2012.

后 记

贵州省哲学社会科学 2013 年重大委托课题"贵州与瑞士发展比较研究"于 2013 年 11 月 20 日通过贵州省社科规划办公室验收,顺利结题。同时,本课题成果得到了贵州省领导的高度重视和肯定性批示。

(一)贵州省人民政府省长陈敏尔 12 月 16 日批示:"这个研究报告很有价值,应提供有关方面研究借鉴。请德智同志阅处。"

(二)中共贵州省委副书记、贵州省生态文明建设领导小组组长李军 12 月 11 日批示:"有了较高质量的'贵州与瑞士发展比较研究'成果,请向建国同志和省社科院领导、专家表示谢意。11 月 29 日至 12 月 4 日,我带队考察了瑞士,收获很多。找时间与课题组交流一下。另外,我向克志书记汇报了考察的初步感想,克志书记要求制定一个贵州打造东方瑞士的行动计划(或者叫中长期方案),谋划到 2049 年建国 100 周年时的重大行动。目标坚定不移,工作坚持不懈,通过几代人的努力,实现打造东方瑞士的目标。不是说水平完全一样,可否提比较现实可行的目标,但始终以瑞士为师。请课题组继续完成这个任务。"

(三)贵州省人民政府副省长、贵州省生态文明建设领导小组副组长慕德贵 11 月 26 日批示:"省委、省政府提出贵州省要努力学习瑞士发展经验、建设'东方瑞士'的目标要求后,省社科院及时从对比研究角度入手,积极开展工作。此文总结瑞士建设生态文明做法,精炼到位,提炼出的启示及工作建议,有较好的针对性和可实施性,省相关部门在制度建设中应该积极吸取。"

12 月 25 日,贵州省社会科学院贵州与瑞士发展研究中心组织课题组成员认真学习了中共贵州省委十一届四次全会有关瑞士的内容,宣读了陈敏尔省长、李军副书记、慕德贵副省长对"贵州与瑞士发展比较研究"课题的批示，研究了2014年的工作目标和任务。《中共贵州省委关于贯彻落实〈中共中央关于全面深化改革若干重大问题的决定〉的实施意见》中提出"建立与瑞士合作常态机制，建设中瑞自由贸易协定示范区""办好生态文明贵阳国际论坛……打造新的对外交流合作平台"。省委书记赵克志在省委十一届四次全会讲话中提出，"开展'携手瑞士绿色赶超'对话活动，加强生态文明建设和山地经济方面的交流合作，努力推进生态文明先行区建设。成立省生态文明建设领导小组，组织编制创建全国生态文明先行区规划，积极探索建立符合规则实际的生态文明制度体系"。这些要求具体而明确，任重而道远。

为贯彻落实好省领导的批示精神，做好课题成果的转化工作，我们决定将《贵州与瑞士发展比较研究》交中国社会科学院社会科学文献出版社出版，为2014年6月召开的由中国社会科学院学部工作局（科研局）、贵州省社会科学院主办的"第二届后发赶超论坛"和7月10~12日"生态文明贵阳国际论坛"提供资料。6月23~30日，根据李军副书记的安排，课题组成员吴大华、李洁、黄昊、王彬、魏霞赴瑞士学习考察，再次对书稿做了修正。

本书的执笔分工情况：

总报告

潘善斌（贵州民族大学民族科学研究院副院长、法学院教授，贵州省社会科学院法治研究中心研究员，法学博士）

黄勇（贵州省社会科学院区域经济研究所所长、研究员）

李洁（贵州省社会科学院工业经济研究所研究员、贵州与瑞士发展比较研究中心副主任、法学博士、中国社会科学院工业经济研究所博士后研究人员）

王彬（贵州省社会科学院区域经济研究所助理研究员）

王前（贵州省社会科学院区域经济研究所助理研究员）

吴大华（贵州省社会科学院院长、二级研究员、贵州与瑞士发展比较研究中心主任、法学博士、博士生导师）

上篇　贵州与瑞士生态文明发展比较研究

第一章　姚旻（贵州财经大学教授、欠发达地区经济发展研究中心研究员、经济学博士）

第二章、第五章　潘善斌（贵州民族大学民族科学研究院副院长、法学院教授，贵州省社会科学院法治研究中心研究员，法学博士）

第三章　魏霞（贵州省社会科学院区域经济研究所副研究员）

第四章　邓琳君（贵州省社会科学院法治研究中心副研究员、华南理工大学法学院2012级博士研究生）

第六章　黄昊（贵州省社会科学院社会研究所副研究员、哲学博士）

中篇　贵州与瑞士山地经济发展比较研究

第一章　吴杰（贵州省社会科学院区域经济研究所副研究员）

第二章　朱薇（贵州省社会科学院区域经济研究所副研究员、管理学博士）

第三章　蔡伟（贵州省社会科学院区域经济研究所助理研究员）
　　　　陈绍宥（贵州省社会科学院区域经济研究所助理研究员）
　　　　吴杰（贵州省社会科学院区域经济研究所助理研究员）

第四章　王彬（贵州省社会科学院区域经济经济研究所助理研究员）

第五章　宋明（贵州省社会科学院副院长、贵州与瑞士发展比较研究中心副主任、研究员）、黄勇、蔡伟、陈绍宥、吴杰、王彬、王前

下篇　贵州与瑞士生态文化旅游发展比较研究

第一章　李景勃（贵州大学管理学院教授）

第二章　蒋莉莉（贵州省社会科学院工业经济研究所副研究员）
　　　　贾梦嫣（贵州省社会科学院法律研究所助理研究员）

第三章　郑子运（贵州省社会科学院文化研究所副研究员、文学博士）
　　　　李景勃（贵州大学管理学院教授）

第四章　李洁、蒋楚麟（贵州省社会科学院城市经济研究所副研究员）

第五章　刘云飞（贵州财经大学法学院副教授、法学博士）

后 记

前言、后记：吴大华

本书英文翻译：前言及总报告目录（贾梦嫣）、上篇目录（邓琳君）、中篇目录（朱薇）、下篇目录（蒋楚麟）。

除上述撰稿人员外，本课题组成员还有：田洪（中共贵州省委政策研究室原副主任，现省委副秘书长）、杨军（贵州省政府发展研究中心秘书长）、郑云跃（贵州省委政策研究室经济处处长）、程进（贵州省政府发展研究中心工业经济研究处处长）、刘京纬（贵州省改革与发展委员会经济研究所研究员）、辛纪元（贵州师范大学法学院讲师、云南大学法学院博士研究生）、卫肖晔（贵州省社会科学院图书信息中心馆员），他们或参与课题论证，或收集提供资料，对本课题的完成亦有贡献。

全书由主编修改定稿。贵州民族大学法学院硕士研究生喻琴瑶、聂雪协助主编承担了本书部分编务工作。

最后，衷心感谢社会科学文献出版社社长谢寿光、皮书出版分社社长邓泳红对本书出版的鼎力支持，感谢责任编辑陈颖所付出的辛勤劳动。

图书在版编目(CIP)数据

贵州与瑞士发展比较研究/吴大华主编.—北京：社会科学文献出版社，2014.7
 ISBN 978 - 7 - 5097 - 5664 - 5

Ⅰ.①贵… Ⅱ.①吴… Ⅲ.①经济发展 - 对比研究 - 贵州省、瑞士 Ⅳ.①F127.73 ②F152.24

中国版本图书馆 CIP 数据核字（2014）第 026908 号

贵州与瑞士发展比较研究

主　　编／吴大华
副 主 编／李　洁　潘善斌　黄　勇

出 版 人／谢寿光
出 版 者／社会科学文献出版社
地　　址／北京市西城区北三环中路甲 29 号院 3 号楼华龙大厦
邮政编码／100029

责任部门／皮书出版分社　(010) 59367127　　责任编辑／陈　颖
电子信箱／pishubu@ ssap. cn　　　　　　　　责任校对／秦　晶　谢　敏
项目统筹／邓泳红　陈　颖　　　　　　　　　责任印制／岳　阳
经　　销／社会科学文献出版社市场营销中心　(010) 59367081　59367089
读者服务／读者服务中心　(010) 59367028

印　　装／三河市尚艺印装有限公司
开　　本／787mm×1092mm　1/16　　　印　张／25.5
版　　次／2014 年 7 月第 1 版　　　　　字　数／395 千字
印　　次／2014 年 7 月第 1 次印刷
书　　号／ISBN 978 - 7 - 5097 - 5664 - 5
定　　价／79.00 元

本书如有破损、缺页、装订错误，请与本社读者服务中心联系更换
▲ 版权所有　翻印必究